Die
VEREINFACHTE
KURZE
BIBEL

Eine kurze chronologische Zusammenfassung
des Alten und Neuen Testaments

Zusammengefasst, geordnet und erläutert von

Peter J. Bylsma

BYBLIO
PRESS
Inspire, Inform,
and Transform

Anfragen und Buchbestellungen richten Sie bitte an:
Byblio Press
11410 NE 124 St., #260
Kirkland, WA 98034 USA
info@bybliopress.com
1-321-425-5757

Informationen zur Bestellung: Dieses Buch kann beim Verlag unter der oben genannten Adresse bestellt werden. Für Unternehmen, Verbände und andere Personen sind Sonderrabatte bei der Abnahme von Mengen erhältlich. Für weitere Informationen wenden Sie sich bitte an den Verlag unter der oben genannten Adresse.

www.shortbible.com
Karten erstellt von David C. Hoerlein
Gedruckt in den Vereinigten Staaten von Amerika

ISBN: 978-1-964060-17-0 (SC)
ISBN: 978-1-964060-18-7 (eB)

Library of Congress Control Number: 2024917818

INHALT

Vorwort v

Einführung 1

Teil 1: Das Alte Testament **7**

1 Der Anfang 9

2 Jakob kehrt nach Kanaan zurück 16

3 Leben in Ägypten 21

4 Die Israeliten verlassen Ägypten 27

5 Leben in der Wildnis 34

6 Die Besetzung von Kanaan 41

7 Israel kämpft in Kanaan 45

8 Krönung eines vereinigenden Königs 51

9 König David und König Salomo 57

10 Das geteilte Königreich 62

11 Beide Königreiche fallen 73

12 Leben im Exil, dann Wiederherstellung 80

13 Einzigartige Bücher im Alten Testament 95

Teil 2: Das Neue Testament **107**

14 Die Ankunft des Messias 109

15 Taten von Jesus 122

16 Lehren von Jesus 138

17 Verhaftung, Gerichtsverhandlung und Hinrichtung 158

18 Leben nach dem Tod 169

19 Die Apostel reagieren und zerstreuen sich 175

20 Pauls Reisen 186

21 Von Jerusalem nach Rom 196

22 Die Briefe des Paulus an die Gläubigen 203

23 Andere Briefe an Gläubige 223

24 Vorhersagen über die Zukunft...230

Epilog...237

Die Perspektive Des Autors...239

Anhänge **245**

  A Bücher der Bibel..246

  B Chronologie der biblischen Hauptfiguren und Ereignisse 247

  C Vorschläge für weitere Lektüre..249

  D Glossar der wichtigsten Begriffe 250

  E Schriftliche Referenzen...266

  F Abgleich mit biblischen Büchern...275

  G Karten 276

VORWORT

Ich begann mit dem Schreiben *Der Kurze Bibel* im Frühjahr 2020, als die COVID-19-Pandemie ausbrach. Ich hatte die Bibel mehr als 50 Jahre lang studiert, aber ich verstand nicht, wie all ihre Teile zu einer Gesamtgeschichte passen. Die biblischen Geschichten waren wie Teile eines Puzzles, die ich nicht zusammensetzen konnte, weil ich kein Bild auf der Schachtel sehen konnte. Viele Menschen, die die ganze Bibel lesen wollten, haben es nicht geschafft, weil sie so lang und an manchen Stellen so kompliziert ist und sie nicht die Zeit hatten, sie ganz zu lesen.

Nachdem ich im Jahr 2021 *Der Kurze Bibel* veröffentlicht hatte, wurde mir klar, dass eine noch kürzere Zusammenfassung der gesamten Bibel gebraucht wurde, und zwar in einer einfacheren Sprache, damit sie von und für Kinder ab 10 Jahren gelesen werden kann. Daraufhin habe ich *Die Vereinfachte Kurze Bibel* geschrieben. Sie ist für Christen gedacht, die noch nie die ganze Bibel gelesen haben, und für diejenigen, die ein interessantes Buch mit wichtigen Botschaften über das Leben lesen wollen, aber keine Zeit haben, ein langes Buch zu lesen.

Wie bei den anderen veröffentlichten Versionen *Der Kurze Bibel* werde ich 90 % aller Tantiemen, die ich über die Bylsma Foundation erhalte, an gemeinnützige Organisationen spenden, die Menschen in Not helfen, sich für Gerechtigkeit in der Welt einsetzen, die Wahrheit suchen und verbreiten, anderen helfen, die Geschichten und Bedeutungen der Bibel zu verstehen, und diejenigen ermutigen, die eine gute Nachricht brauchen. Ich danke auch Stephen Bylsma und Karin Brown für ihre Hilfe bei dieser deutschen Übersetzung.

Peter J. Bylsma
April 2024

EINFÜHRUNG

---◆◆◆---

D ie Heilige Bibel ist eine Sammlung von 66 antiken Dokumenten, die von vielen Autoren über einen Zeitraum von 2.000 Jahren verfasst wurden. Im späten vierten Jahrhundert prüften die Kirchenführer alle verfügbaren Dokumente und entschieden sich für eine endgültige Sammlung, die heute als *Kanon* bekannt ist. Die Bücher wurden dann in ihrer heutigen Reihenfolge angeordnet und aus dem hebräischen und griechischen Originaltext ins Lateinische übersetzt.

Einige der Dokumente („Bücher") sind recht lang, während andere nur einige Absätze umfassen. Diese Bücher wurden in Kapitel und Verse unterteilt, damit die Leser bestimmte Passagen leicht finden können. Die gesamte Bibel umfasst mehr als 1.100 Kapitel, und es würde mehr als 2.000 Seiten erfordern, sie in der Form eines modernen Buches zu veröffentlichen. Die Namen aller Bücher finden Sie in Anhang A.

Die Bibel besteht aus zwei Teilen. Das Alte Testament besteht aus 39 Büchern und umspannt etwa 1 500 Jahre Geschichte der Israeliten. Das Neue Testament besteht aus 27 Büchern und umfasst die Ereignisse im ersten Jahrhundert nach Christus in Palästina und im östlichen Mittelmeerraum. Der erste Teil dieses Buches fasst das Alte Testament zusammen, der zweite Teil das Neue Testament. Zwischen den in den beiden Teilen beschriebenen Ereignissen liegt ein Zeitraum von 400 Jahren, auf den in Kapitel 14 eingegangen wird.

Im Laufe der Jahrhunderte wurden verschiedene Versionen der Bibel verfasst. Die früheste englische Version wurde in den frühen 1600er Jahren von Religionsgelehrten erstellt, die für König Jakobus von England arbeiteten. Daraufhin entstanden Übersetzungen in andere Sprachen, und heute gibt es viele Übersetzungen und Versionen der Bibel, darunter auch paraphrasierte Versionen, die leichter zu lesen und zu verstehen sind (siehe Anhang C).

Inhalt der Bibel

In den Büchern der Bibel finden sich verschiedene Arten von Literatur. Dazu gehören Erzählungen über verschiedene Helden, historische

Berichte, juristische Darstellungen, Biografien, Gedichte, Genealogien und Volkszählungsinformationen, Weisheitsliteratur und Sprichwörter, Sammlungen von Kurzgeschichten, Gleichnisse, inspirierende Briefe und symbolträchtige Vorhersagen über die Zukunft.

Der Inhalt der Bibel enthält oft keine Details, die der Leser wissen möchte. Im Gegensatz dazu enthalten einige Abschnitte viele Details, von denen einige nicht wichtig sind. Die Inhalte sind nicht in der richtigen Reihenfolge dargestellt, was es schwierig macht, einige der wichtigsten Ereignisse zu verstehen. Die meisten Schriften stammen aus der Zeit, in der die Landwirtschaft die Hauptbeschäftigung war, daher gibt es viele Verweise und Metaphern, die sich auf damals übliche Dinge beziehen (Schafe, Ziegen, Erde, Saatgut, Wasser, Weizen, Fische, Weinberge, die Wüste). Die Geschichten sind oft reich an Symbolen, und Dialoge mischen sich mit Erzählungen.

Die Bibel ist ein ernstes Buch, das wenig Humor oder Romantik hat. Es gibt viele traurige Stellen, aber auch viele Helden und Siege. Es gibt auch große Lücken in den biblischen Erzählungen, die gefüllt werden müssen, damit moderne Leser den Kontext der Geschichten verstehen können.

Zusammenfassung der wichtigsten Punkte

Die Bibel beschreibt einen liebenden und vergebenden Gott, der sich eine Beziehung zu den Menschen in einer Welt wünscht, in der Gut und Böse nebeneinander bestehen. Der Begriff *Gott* beschreibt eine mächtige Kraft, die verschiedene Formen hat, ähnlich wie Wasser zwei andere Formen hat (Dampf und Eis). Der Begriff *Herr* wird auch als Wort für Gott verwendet, und Gott hat eine geistige Form. Der Mensch ist unter allen Lebewesen einzigartig, weil er nach Gottes Ebenbild geschaffen wurde: Wir können zwischen richtig und falsch unterscheiden, wir können enge Beziehungen zu Gott und anderen Menschen haben und wir können andere zutiefst und aufopfernd lieben.

In der Bibel gibt es eine Reihe von Konzepten, die sich vom Anfang der Geschichte bis zum Ende durchziehen.

- Die Welt hat eine physische Dimension, die man sehen kann, und eine unsichtbare Dimension, die übernatürlich und geistig ist und die man nicht sehen kann.
- Unsichtbare Mächte haben ungewöhnliche Kräfte. Einige Kräfte sind gut und liebevoll, aber andere haben böse Motive, die schlechte Dinge tun und versuchen, das Gute zu zerstören.

- Es gibt nur eine wahre und höchste Kraft (Gott). Manche Menschen glauben, dass es viele Götter gibt, aber diese Götter sind nicht wie der wahre Gott. Während sich Gottes Wesen nicht ändert, sind Gottes Methoden unvorhersehbar, flexibel und ändern sich oft. Gottes Meinung kann sich ändern, wenn er die aufrichtigen Bitten der Menschen („Gebete") hört.

- Es gibt ein Leben nach dem physischen Tod, und Gott entscheidet, was mit einem Menschen nach seinem Tod geschieht. Gott liebt und vergibt allen Menschen auf der Welt, so dass es für jeden möglich ist, nach dem Tod in irgendeiner Form ein glückliches Leben zu führen. Das gilt für alle Menschen, unabhängig davon, was sie in ihrem Leben getan haben.

- Gott ist immer gut, barmherzig, vergebend, geduldig und liebevoll. Gott möchte, dass alle Menschen ein gutes Leben führen und gibt den Menschen weit mehr als das, was wir verdienen (diese unverdiente Güte wird „Gnade" genannt).

- Gott möchte mit allen Menschen auf der Welt eine liebevolle Beziehung haben. Es spielt keine Rolle, wie sie aussehen, wo sie geboren wurden oder welche Art von Familie oder Tradition sie haben.

- Es gibt richtige und falsche Wege zu leben. Gottes Anweisungen und Gebote zu befolgen, hilft uns, die Probleme des Lebens zu bewältigen. Wenn wir diese Anweisungen und Gebote nicht befolgen, kann das zu schweren Kämpfen und einer Trennung von Gott führen. Mit Gottes Hilfe können wir unsere Wege ändern und Gutes tun.

- Gott hat Menschen ausgewählt, um der Welt zu zeigen, wie das Leben und die Beziehungen auf der Erde aussehen sollten. Zuerst benutzte Gott Einzelpersonen und Familien, dann einen besonderen Volksstamm (die Israeliten), der in einem bestimmten Gebiet der Welt lebte (Kanaan, heute bekannt als Palästina). Wenn diese Menschen selbstsüchtig waren, Gottes Lehren nicht befolgten und nicht auf die richtige Weise lebten, sandte Gott ihnen durch mutige Menschen Botschaften, um sie daran zu erinnern, wie sie leben sollten. Als die Menschen des Stammes konsequent ungehorsam waren, nahm Gott alle Menschen auf der Welt in seine Familie auf. Gottes Volk ist aufgerufen, andere zu lieben und dafür zu sorgen, dass das Leben für alle fair ist (Gerechtigkeit).

- Wenn Beziehungen zerbrochen oder angespannt sind, ist eine Form von Opfern erforderlich, um die Beziehung zu heilen. Diese Opfer müssen jedoch aufrichtig sein – unsere Motive und Handlungen müssen zeigen, dass es uns leid tut und wir die Beziehung wiederherstellen wollen.

- Das Leben ist unvorhersehbar und oft ungerecht. Unsere Pläne werden durch unerwartete Ereignisse durchkreuzt, die sich unserer Kontrolle entziehen. Gott fordert unser Leben, unsere Herzen und unsere Prioritäten auf ungewöhnliche Weise heraus, die unsere Richtung ändert. In einer Welt, in der Gut und Böse nebeneinander existieren, leiden gute Menschen und böse Menschen gedeihen. Die Treue zu Gott und die Art und Weise, wie wir auf unsere Umstände reagieren, sind das Wichtigste. Gottes grenzenlose Liebe, Vergebung und Gnade sind wunderbare Geschenke für alle Menschen, auch wenn keiner von uns sie verdient.
- Gott möchte, dass die Menschen denen helfen, die in Not sind. Gott kümmert sich besonders um Fremde und Kranke, Arme, Verlassene, Entmutigte und Menschen ohne Unterstützung. Wenn man diesen Menschen hilft, beweist man, dass man Gott gehorcht.
- Gottes Wege und Wünsche für uns unterscheiden sich oft von dem, wie wir normalerweise reagieren. Wir sollen zum Beispiel unseren Feind lieben und uns auf Gott und andere verlassen, anstatt zu tun, was wir wollen, oder zu versuchen, die Dinge selbst zu erledigen.

Letztlich ist die Bibel eine lange und komplexe Liebesgeschichte. Diese Liebe ist nicht körperlich, emotional oder sentimental. Vielmehr ist es die Form der Liebe, die immer andere unterstützt, verteidigt und für sie Opfer bringt und ständig nach dem sucht, was richtig und das Beste für die Welt ist. Die Bibel fordert jeden auf, aus ihren Geschichten und Lehren zu lernen und zu überlegen, ob er dieser Lebensweise folgen soll.

Die Auslegung der Bibel

Die Auslegung der Bibel kann eine Herausforderung sein. In manchen Fällen erklärt der Autor oder die Figur dem Publikum, was die Geschichte bedeutet. In anderen Fällen erzählt der Autor einfach eine Geschichte, ohne etwas anderes zu sagen, in der Regel, weil das Publikum die Aussage verstanden hat. Der Leser muss also das Umfeld verstehen, um die volle Bedeutung einiger Geschichten zu erfassen.

Manchmal werden spezifische Leitlinien für Menschen an einem bestimmten Ort und zu einer bestimmten Zeit verfasst, die dann möglicherweise nicht für Menschen in anderen Gebieten oder zu anderen Zeiten gelten – die Leitlinien sind keine allgemeingültige Wahrheit, an die sich jeder immer halten muss. Korrekte

Interpretationen sind im Allgemeinen diejenigen, die mit den Hauptthemen, die sich durch alle Dokumente ziehen, übereinstimmen.

Obwohl die biblischen Schriften der Welt Wahrheiten über Gut und Böse vermitteln, ist nicht alles, was geschrieben wurde, wörtlich wahr. Die verschiedenen Autoren benutzten unterschiedliche Methoden, um wesentliche Bedeutungen zu vermitteln, wie Allegorien, Metaphern, Übertreibungen und Gleichnisse. Ihre Zuhörer wussten, dass sie eine Aussage machen wollten und nicht wörtlich zu nehmen waren oder historische Fakten wiedergeben sollten.

Das Wesen Gottes

Der hebräische Begriff *Gott* ist ein Pluralnomen für eine mächtige Kraft, die verschiedene Formen hat, ähnlich wie Elemente und Verbindungen verschiedene Formen haben (fest, flüssig, gasförmig). Der Begriff *Herr* wird in den biblischen Schriften als ein anderes Wort für Gott verwendet. Die verschiedenen Bezeichnungen für Gott waren in der Regel maskuline Pronomen (*er, sein, ihm*) oder der Begriff *Vater*. Gott ist jedoch keine männliche Gottheit und ist weder männlich noch weiblich. Als multidimensionale Kraft schuf Gott sowohl männliche als auch weibliche Menschen nach seinem „Ebenbild", die fähig sind, zwischen Recht und Unrecht zu unterscheiden, eine Seele besitzen, sich ihrer selbst bewusst sind und ihre Umgebung wahrnehmen, die fähig sind, sinnvolle Beziehungen zu Gott und anderen zu unterhalten, und die bereit sind, andere aufopferungsvoll zu lieben.

Gott kommuniziert mit den Menschen auf viele verschiedene Arten. Obwohl die Ereignisse in den Büchern Jahrhunderte zurückliegen, gibt es Beweise dafür, dass Gott weiterhin auf all diese Arten mit den Menschen kommuniziert.

1. Die überwältigende Schönheit des Universums und seine vorhersehbaren Zyklen und „Naturgesetze" haben die Menschen dazu inspiriert, den Planeten und die jenseitigen Welten als eine geordnete und schöne Schöpfung zu betrachten, die nicht zufällig entstanden ist.
2. Gott kommuniziert durch einen „Geist", der den menschlichen Verstand und die Gefühle beeinflusst und den Menschen bei ihren moralischen Entscheidungen Orientierung gibt.
3. Wenn Menschen sich die Zeit nehmen, zuzuhören und nach Orientierung zu suchen, kann Kommunikation durch Einsichten und eine unhörbare „Stimme" im Kopf stattfinden.

4. Manchmal ist die Kommunikation direkter – durch Träume, Visionen oder Botschaften von Engeln oder „heiligen Fremden".

5. Bei seltenen Gelegenheiten unterbricht Gott die normalen Naturgesetze, um direkt in die menschlichen Aktivitäten einzugreifen, wobei er oft seltene Naturereignisse zu strategischen Zeitpunkten beeinflusst. Diese Ereignisse werden „Wunder" genannt.

6. Manchmal werden Menschen vom Geist inspiriert, die Worte Gottes auf außergewöhnliche und überzeugende Weise zu anderen zu sprechen.

7. Andere Gläubige geben gottgefällige Ratschläge und weisen andere zurecht, indem sie ihre „geistlichen Gaben" einsetzen.

8. Die Bibel selbst steht zum Studium zur Verfügung, so dass wir noch lange nach den Ereignissen etwas über Gottes Wege lernen können.

9. Schließlich nahm Gott eine menschliche Gestalt an und lebte auf der Erde, um uns das konkreteste Beispiel dafür zu geben, wie wir leben und einander lieben sollen.

Gott setzt viele verschiedene Strategien und Taktiken ein, um das übergeordnete Ziel zu erreichen, der Welt zu zeigen, wie sie leben soll. Viele Personen in der Bibel sprechen für Gott, und einige von ihnen handeln und sprechen auf ungewöhnliche und bizarre Weise. Es geschehen verschiedene Arten von Wundern. Bestrafung erfolgt in verschiedenen Formen, manchmal auf unerwartete Weise. Während sich das Wesen Gottes nicht ändert, sind seine Methoden unvorhersehbar und ändern sich oft.

Aufbau und Inhalt dieses Buches

Teil 1 fasst das Alte Testament zusammen, wobei in Kapitel 13 einzelne Bücher beschrieben werden, die nicht in eine chronologische Darstellung passen. Teil 2 fasst das Neue Testament zusammen. Ein Zeitraum von 400 Jahren trennt die im Alten und Neuen Testament beschriebenen Ereignisse, und Kapitel 14 gibt Auskunft darüber, was in dieser Zeit geschah.

Die Anhänge am Ende des Buches enthalten die Namen aller Bücher der Bibel, eine Zeittafel mit den wichtigsten Ereignissen, Vorschläge für weitere Lektüre, einen Index der wichtigsten Namen und Themen, die zitierten Abschnitte der Bibel, die Zuordnung der Kapitel dieses Buches zu den Büchern der Bibel, eine Aussprachehilfe und Karten, die zeigen, wo die wichtigsten Ereignisse stattfanden.

Erster Teil

Das Alte Testament

KAPITEL 1

———————◆•◆•◆———————

DER ANFANG

Die Schöpfung, böse Einflüsse und die ersten Vereinbarungen

Bevor die Zeit begann oder irgendetwas existierte, war ein multidimensionaler Gott im Universum präsent. Dieser Gott war allmächtig, existierte überall und wusste alles. Gottes Charakter war durch und durch gut, vergebend, hilfreich und freundlich, und Gott schuf ständig neue Dinge. Gott schuf zunächst Engel, die den Schöpfer anbeten und ihm bei seiner Arbeit helfen sollten. Gott schuf das Licht, dann eine physische Welt, die aus einer außergewöhnlichen Anzahl von Sternen und Planeten bestand. Auf einem einzigen Planeten schuf Gott Wasser und trockenes Land, das schließlich lebende Organismen hervorbrachte – Pflanzen und Tiere auf dem Land und in den Gewässern, die sich alle selbst erhalten konnten. Und alles war gut.

Aber einige der Engel waren neidisch auf Gottes Macht und wollten sie für sich selbst. Sie rebellierten und brachten das Böse in das Universum. Alles, was gut war, existiert jetzt neben korrupten Kräften, die gegen das Gute kämpfen.

Dann schuf Gott die wichtigste Schöpfung, die Menschen, die einzigartig auf dem einzigartigen Planeten waren. Gott wollte eine Beziehung zu ihnen haben, also gab er ihnen einige der gleichen Eigenschaften wie Gott – kreativ, mit dem Bedürfnis, mit anderen in Beziehung zu treten, fähig, zwischen richtig und falsch zu unterscheiden, fähig, andere bedingungslos zu lieben und bereit, die Interessen anderer vor die eigenen zu stellen. Die beiden menschlichen „Ebenbilder Gottes", Mann und Frau, schlossen sich zusammen und zeugten Kinder, damit die menschliche Rasse fortbestehen und wachsen konnte. Gott gab den Menschen den gesamten Planeten und all seine Lebewesen zur Verfügung. Die Menschen sollten sich um den Planeten kümmern und bestimmte Regeln befolgen, damit sie sich alle selbst erhalten und die Harmonie aufrechterhalten können. Gott hielt dies alles für sehr gut.

Zunächst genossen die Menschen ein perfektes und glückliches Leben auf dem Planeten und folgten den Anweisungen Gottes. Doch irgendwann drang der führende böse Engel (ein Widersacher namens Satan) in ihr Bewusstsein ein und säte die Saat des Zweifels, wie gut das Leben wirklich war. Die Menschen glaubten schließlich den Lügen des bösen Engels und verletzten die Regeln, die Gott ihnen auferlegt hatte. Dieser Ungehorsam und Egoismus infizierte die Menschen mit einer unsichtbaren Krankheit namens Sünde, die mit ihrer unsichtbaren Natur des Guten koexistierte. Das Böse brachte Schmerz mit sich und machte das Leben zu einem Kampf.

Gott war wütend, dass Satan die beste Schöpfung geschädigt hatte. Gott hatte den Menschen erlaubt, Entscheidungen über ihr Leben zu treffen, und wollte eine Beziehung zu den Menschen, aber nur, wenn die Menschen diese Art von Beziehung wollten. Gott wusste, dass angesichts des Bösen in der Welt einige sich gegen eine Beziehung zu Gott entscheiden und stattdessen ihren eigenen Weg gehen würden. Und viele Menschen und Engel entschieden sich dafür, den Wegen des Bösen zu folgen. Doch anstatt das Böse zu vernichten, ließ Gott das Böse bestehen – alles Böse zu töten, würde bedeuten, auch alle Menschen zu töten. So leben wir nun in einer Welt, in der Gott gegen Satan und andere böse Mächte kämpft, bis zu einer Zeit, in der eine Seite siegen wird.

Niemand weiß, wann, wo oder wie all diese Ereignisse stattgefunden haben. Was wir wissen, ist, dass (1) eine gute Kraft das Universum und alle Dinge darin erschaffen hat, (2) die Menschen Entscheidungen treffen, die entweder gut oder böse sein können, und (3) Gott immer wieder die Vorteile einer guten Entscheidung offenbart. Gott hilft den Menschen, in guten Bahnen zu denken und zu handeln, und ergreift manchmal direkte Maßnahmen, um das Böse zu bekämpfen, damit sie ein besseres Leben und sinnvolle Beziehungen zu Gott und zu anderen Menschen genießen können. Dennoch gibt es immer noch böse Kräfte, die das Gute stören wollen. Die meiste Zeit zeigen sich die Einflüsse von Gut und Böse in den Handlungen von Einzelpersonen, Organisationen und der Art und Weise, wie Menschen in der Welt zusammenleben.

Adam, Eva und Noah

Die Aufzeichnungen über die frühesten menschlichen Aktivitäten beschreiben das Zusammenspiel von guten und bösen Kräften in der Welt. Das erste bekannte Paar, Adam und Eva, lebte in einem Garten namens Eden und hatte zwei Söhne. Der ältere Bruder (Kain) tötete seinen jüngeren Bruder (Abel) aus Eifersucht. Kain wurde von der Familie weggeschickt und gründete seine eigene Familie an einem anderen Ort. Adam und Eva bekamen dann weitere Kinder, die wiederum eigene Kinder bekamen – schließlich lebten Tausende von Menschen auf der Erde.

Alle Menschen auf der Erde haben im Laufe der Zeit miteinander interagiert. Aber als die menschliche Bevölkerung wuchs, wurde das Leben immer gewalttätiger und korrupter, was viel Schmerz und Traurigkeit mit sich brachte. Schließlich gab es so viel Böses in der Welt, dass Gott einen Weg fand, das Böse zu beseitigen. Gott rief Noah, einen guten Mann mit einer guten Familie, dazu auf, ein großes Schiff zu bauen, das seine gesamte Familie und eine kleine Anzahl aller bekannten Tierarten aufnehmen konnte. Als das Schiff fertig war, ließ Gott für eine sehr lange Zeit schwere Regenfälle fallen. Dies verursachte eine gewaltige Flut und sehr hohe Wasserstände, die alle Menschen und Tiere, die zurückblieben, ertränkten.

Schließlich hörte es auf zu regnen, und der Wasserspiegel sank so weit, dass die Pflanzen freigelegt wurden und wieder zu wachsen begannen. Das Schiff landete schließlich auf einer Anhöhe, und alle Tiere und Familienmitglieder verließen die Arche und richteten ihre Häuser wieder ein. Noah und seine Familie folgten der örtlichen Tradition, einem Gott, den sie nicht kannten, ein Dankopfer zu verbrennen. Ein Regenbogen erschien, ein Zeichen dafür, dass Gott nie wieder alles Böse auf der Erde auslöschen würde.

Abraham und Sarah

Vor etwa 4.000 Jahren befahl Gott einem Mann namens Abram, nach Kanaan zu ziehen (dieses Gebiet heißt heute Palästina). Er lebte mit seiner Frau Sarai in der Stadt Ur im Südosten Iraks. Kanaan lag an der Ostküste des Mittelmeers und hatte einen sehr guten Boden. Damals verband es die Haupthandelsrouten von Afrika, Asien und Europa, so dass seine Bewohner häufig mit Menschen aus vielen Teilen der Welt in Kontakt kamen. Abram gehorchte Gott und zog mit seinem Haus 1.000 Meilen nach Kanaan.

Schließlich sagte Gott zu Abram, dass er einen bestimmten Volksstamm anführen würde, der anderen zeigen sollte, wie die Menschen in der Welt leben sollten. Die Mitglieder seiner Familie und seine Nachkommen sollten Gottes Geboten gehorchen und andere gerecht behandeln. Gott gab Abram ein Versprechen: „Ich will dich zu einem großen Volk machen und dich segnen und deinen Namen groß machen. Du wirst ein Segen sein, und alle Familien auf der Erde werden gesegnet werden", Gott sagte Abram, dass seine Nachkommenschaft so zahlreich wie die Sterne werden würde.

Abram war überzeugt, dass er auf diesen Gott vertrauen sollte. Er hatte Gott gehorcht und seine Heimat für eine unbekannte Zukunft verlassen, und

Gott betrachtete dies als ein Zeichen der Gerechtigkeit (heiliges Leben). Sein Name wurde in Abraham geändert und Sarai wurde zu Sarah.

Gott änderte die Verheißung an Abraham schließlich in eine gegenseitige Vereinbarung („Bund"). Abrahams Nachkommen sollten sehr fruchtbar sein und die Region beherrschen, solange seine Nachkommen Gott vertrauten und ihm gehorchten. Als Zeichen der Vereinbarung mussten alle männlichen Nachkommen Abrahams beschnitten werden. Dies galt auch für ihre Diener und Sklaven aus anderen Stämmen. Dies sollte diejenigen, die ihrem Gott folgten, von allen anderen unterscheiden. Jeder männliche Nachkomme, der nicht beschnitten war, entschied sich gegen die Vereinbarung.

Aber nachdem Sarah viele Jahre lang versucht hatte, ein Kind zu bekommen, konnte sie nicht schwanger werden. Das machte es für Abraham unmöglich, Nachkommen zu haben. Also riet Sarah ihm, ein Kind mit Hagar, ihrer Dienerin aus Ägypten, zu bekommen. Hagar bekam einen Jungen, und als er älter wurde, wurde Sara sehr eifersüchtig und wollte selbst ein Kind haben. Sie behandelte sowohl Hagar als auch den Jungen hart, so dass sie ihr Zuhause verließen und in die Wüste gingen. Ein Engel sagte zu Hagar, dass der Junge Ismael heißen sollte und dass seine Nachkommen im Osten siedeln und so zahlreich wie die Sterne sein würden.

Als Sarah schon weit über das gebärfähige Alter hinaus war, sagte ein Engel ihr und Abraham, dass sie ein Kind bekommen würden. Beide lachten über diese Vorstellung, aber Gott sagte, dass in einem Jahr ein Junge geboren werden würde, der Isaak („Kind der Verheißung") heißen sollte. Isaak wurde bald darauf in Beerscheba geboren, einer wüstenähnlichen Stadt südwestlich von Kanaan.

Gott prüft Abraham

Als Isaak noch ein Junge war, stellte Gott den Glauben Abrahams auf die Probe. Gott befahl Abraham, Isaak auf einen entfernten Berg zu bringen, um ihn dort als Opfer zu verbrennen. Als Zeichen seines Glaubens an Gott tat Abraham, was ihm gesagt wurde. Er und Isaak reisten zu dem Berg und nahmen Holz, Feuer und ein Messer mit, um das Opfer darzubringen.

Als sie den Berg erklommen, fragte Isaak seinen Vater, wo das Lamm sei, das als Opfergabe verbrannt werden sollte. Abraham sagte, Gott würde das Lamm zur Verfügung stellen. Dann baute Abraham einen Altar und legte das Holz bereit; dann fesselte er Isaak und legte ihn auf das Holz auf dem Altar. Als Abraham Isaak gerade töten wollte, hörte er eine Stimme, die sagte: „Töte den Jungen nicht. Da du bereit warst, deinen einzigen Sohn für mich zu töten, weiß ich, dass du mir gehorchen wirst", Da sah Abraham in einem Busch einen Ziegenbock und opferte ihn anstelle von Isaak.

Die Stimme fuhr fort: „Weil du mir gehorcht hast, werde ich dich segnen und deine Nachkommenschaft so vermehren, dass sie wie die Sterne am Himmel und der Sand am Meer sind. Alle Völker der Erde werden durch deine Nachkommen gesegnet werden".

Isaak und Rebekka

Als Isaak ein Mann wurde, schickte Abraham seinen obersten Berater nach Haran, um für Isaak eine geeignete Frau zu finden. Abraham hatte auf seinem Weg nach Kanaan dort Halt gemacht, und einige seiner Verwandten lebten dort (die Stadt lag etwa 500 Meilen nördlich in der Südtürkei). Die Frau musste mit ihm verwandt sein, einen gütigen Geist haben und freundlich zu Fremden sein. Eine sehr schöne und ehrliche Frau namens Rebekka hatte diese Eigenschaften, und ihre Familie war einverstanden, dass sie Isaak heiratete. Nach der Heirat lebten sie viele Jahre lang mit Abraham und Sara und ihren Verwandten in der Nähe von Beerscheba.

Esau und Jakob

Auch Isaak und Rebekka hatten viele Jahre lang Mühe, ein Kind zu bekommen, aber schließlich bekamen sie Zwillinge. Das erste Baby, Esau, hatte rotes Haar. Das zweite Kind wurde Jakob genannt und hatte glattes Haar. Esau war Isaaks Lieblingskind, und Jakob war Rebekkas Lieblingskind. Eines Tages kam Esau sehr hungrig ins Zelt und bat Jakob um etwas von dem Eintopf, den er zubereitet hatte. Jakob sagte, er würde ihm das Essen geben, wenn Esau ihm die Rechte des erstgeborenen Sohnes überlassen würde. Esau willigte ein, sein beträchtliches Erbe gegen das Essen einzutauschen.

Als Isaak im Sterben lag und fast erblindet war, bat er Esau, etwas zu jagen und zu kochen, damit er es essen und Esau als erstgeborenen Sohn segnen konnte. Rebekka hörte das Gespräch der beiden und schmiedete einen Plan, um Isaak dazu zu bringen, stattdessen Jakob zu segnen. Sie riet Jakob, zwei junge Ziegen von der nahe gelegenen Herde zu schlachten, damit sie gekocht und Isaak serviert werden konnten, bevor Esau von der Jagd zurückkehrte. Jakob hielt das für keine gute Idee – er wusste, dass sein Vater den Unterschied zwischen seinen beiden Söhnen erkennen konnte.

Aber Jakob tat, was ihm gesagt wurde, und Rebekka kochte die Tiere. Dann ließ sie Jakob Esaus Kleider anziehen, damit Isaak ihn für Esau halten würde, wenn sie sich näher kämen. Jakob sagte, er sei Esau, und Isaak war verwirrt, als er Jakobs Stimme hörte, so kurz nachdem er Esau auf die Jagd geschickt hatte. Als Jakob sich näherte, fühlte und roch Isaak die Kleidung von Esau und fragte mehrmals, ob es Esau sei. Jakob log noch mehrere Male und sagte, er sei Esau. Weil Isaak fast blind war, erkannte er Jakob nicht.

Schließlich glaubte Isaak Jakobs Lügen und segnete Jakob anstelle von Esau. Im Segen sagte Isaak: „Möge Gott dir guten Boden und reichlich Getreide und Wein geben. Mögen Menschen und Völker dir dienen. Führe deine Brüder. Wer dich segnet, wird gesegnet werden, und wer dir flucht, wird verflucht werden".

Gleich nachdem Isaak Jakob gesegnet hatte, kam Esau vom Feld zurück. Isaak erkannte, dass er betrogen worden war, als er Esaus Stimme hörte. Aber Isaak nahm den Segen, den er Jakob gegeben hatte, nicht zurück und segnete Esau auch nicht erneut. Das machte Esau sehr wütend – er hatte sowohl sein Erstgeburtsrecht als auch den väterlichen Segen verloren (beides wurde normalerweise dem erstgeborenen Sohn gegeben). Esau plante, Jakob zu töten, aber Rebekka erfuhr von dem Plan und schickte Jakob weg, damit er in Sicherheit war.

Jakob und seine Familie

Jakob zog nach Haran, wo Rebekka gelebt hatte. Auf dem Weg dorthin träumte er, dass sich seine Nachkommenschaft in alle Himmelsrichtungen ausbreiten würde und dass durch seine Nachkommenschaft alle Geschlechter der Erde gesegnet werden würden. Dies war dieselbe Botschaft, die Gott sowohl Abraham als auch Isaak gegeben hatte.

Jakob lernte in Haran bald ein schönes Hirtenmädchen namens Rahel kennen. Sie war seine Cousine (die Tochter von Laban, dem Bruder von Rebekka). Jakob wollte Rahel zur Frau haben und erklärte sich bereit, sieben Jahre lang für Laban zu arbeiten, um sie zu bezahlen. Aber Rahel hatte eine weniger attraktive ältere Schwester, Lea, und es war üblich, dass die älteste Tochter zuerst geheiratet wurde. Als Jakob mit der Arbeit für Rahel fertig war, sagte Laban, er müsse auch für Lea bezahlen. Also arbeitete Jakob sieben weitere Jahre, um für Rahel zu bezahlen.

Während Jakob für Laban arbeitete, gründete er seine Familie mit den beiden Frauen. Jakob liebte Rahel mehr als Lea, was zu einer Spaltung zwischen den

Schwestern führte. Lea hatte vier Söhne – Ruben, Simeon, Levi und Juda. Rahel konnte keine Kinder bekommen, was zu weiteren Spannungen zwischen den beiden Frauen führte. Rahel war eifersüchtig auf Lea und wollte selbst Kinder haben. Rahel willigte ein, Jakob ihre Magd Bilha als weitere Frau zu überlassen, um Kinder zu haben, die als ihre eigenen Nachkommen gelten würden. Bilha hatte zwei Söhne, Dan und Naftali.

Als Lea sah, wie Rahels Familie wuchs, beschloss sie, Jakob ihre Magd Silpa zur Frau zu geben. Zilpa bekam zwei Söhne, Gad und Asser. Dann bekam Lea zwei weitere Söhne, Issaschar und Sebulon, und eine Tochter, Dina. Schließlich, nach all den Jahren, in denen sie kein Kind bekommen konnte, wurde Rahel überraschend selbst schwanger und gebar einen Sohn namens Josef.

Nachdem Jakob seine Schulden bei Labans Töchtern abgearbeitet hatte, arbeitete er weitere sechs Jahre für Laban, und beide Familien kamen zu Wohlstand. Jakob bereitete sich dann darauf vor, nach Kanaan zurückzukehren, wo er Isaaks Besitz erben, seine Familie aufbauen und seinen eigenen Weg gehen würde. Jakob war sehr erfolgreich in der Aufzucht gesunder Tiere, was Labans Söhne eifersüchtig machte. Bevor sie nach Kanaan zurückkehrte, stahl Rahel einige wertvolle Götzen aus Labans Haus. Die Familie reiste ab, ohne das übliche Abschiedsfest zu feiern. Als Laban und seine Brüder den Diebstahl und die Abreise von Jakobs Familie entdeckten, dachten sie, Jakob wolle fliehen. Labans Familie jagte Jakob und seiner Karawane eine Woche lang hinterher. Als sie sie einholten, stellten sie Jakob wegen des Diebstahls zur Rede. Er war von ihrer Anschuldigung überrascht und forderte Laban auf, nach den gestohlenen Gegenständen zu suchen. Er sagte, dass derjenige, der die Götzen habe, sterben werde (er wusste nicht, dass Rahel sie aus Labans Haus gestohlen hatte).

Rahel setzte sich auf die gestohlenen Götzen, so dass Laban nicht fand, was sie gestohlen hatte, und Jakob fühlte sich zu Unrecht beschuldigt. Er hatte Laban zu seinem Reichtum verholfen und war sechs Jahre lang nicht bezahlt worden. Schließlich einigten sie sich als Cousins darauf, sich gegenseitig zu unterstützen, und verließen einander als Freunde.

KAPITEL 2

———◆•◆•◆———

JAKOB KEHRT NACH KANAAN ZURÜCK
Familienkrisen und ein Umzug nach Ägypten

Als Jakob in Richtung Kanaan reiste, schickte er Nachrichten anEsau, um ihm mitzuteilen, dass er nach Hause käme und seinen Reichtum mit ihm teilen würde. Esau ging Jakobs Karawane entgegen, und Jakob schickte ihm einige Tiere als Geschenke, um Esau glücklich zu machen. Unterwegs begegnete Jakob einem Fremden und rang mehrere Stunden lang mit ihm, aber keiner konnte gewinnen. Der Fremde wollte aufhören zu kämpfen, aber Jakob sagte, er würde nicht aufhören, bis er den Segen des Fremden erhalten hätte. Der Fremde segnete ihn und sagte, dass sein Name Israel sein würde.

Als Esau und seine Männer Jakob und seine Familie erreichten. Jakob stand vor seiner Familie und seiner Karawane, als er Esau und seinen Männern begegnete; Rahel und Joseph waren die letzten in der Gruppe. Jakob verbeugte sich vor Esau, um ihm die Ehre zu erweisen, aber zu Jakobs Überraschung umarmte Esau ihn und sie weinten in den Armen des anderen. Esau kehrte dann in sein Haus in Edom zurück, und Jakob reiste in die Nähe der Stadt Sichem. Als Dina in die Stadt ging, wurde sie angegriffen, weil sie so schön war. Jakobs Söhne fanden heraus, was passiert war, und rächten sich an der Stadt, indem sie alle Männer in der Stadt töteten.

Jakob erfuhr von diesen Verbrechen und war sehr verärgert – jeder in der Gegend würde sich gegen sie wenden. Als Jakob und seine Familie weiter in den Süden zogen, hatten die Menschen entlang des Weges Angst vor ihnen, und niemand störte sie.

Rahel starb später bei der Geburt eines weiteren Sohnes, Benjamin. Jakob hatte also 12 Söhne und eine Tochter – das waren die Kinder Israels: Ruben, Simeon, Levi, Juda, Issaschar, Sebulon, Dina, Dan, Naftali, Gad, Asser, Joseph und Benjamin.

Joseph und seine Brüder

Jakob liebte Joseph von allen seinen Söhnen am meisten und machte ihm einen bunten Mantel. Josef erzählte Jakob von den schlimmen Dingen, die seine

Brüder taten, und sie fingen an, ihn zu hassen und schikanierten ihn. Josef hatte Träume, in denen er der Chef seiner Brüder war, und das brachte sie dazu, ihn noch mehr zu hassen.

Eines Jahres wurde Joseph ausgesandt, um nach seinen Brüdern zu sehen, die gerade auf einer besseren Weide grasten. Als die Brüder ihn kommen sahen, schmiedeten sie einen Plan, um ihn loszuwerden. Sie rissen ihm den bunten Mantel ab, warfen ihn in eine tiefe Grube und verkauften ihn an ausländische Händler, die ihn nach Ägypten brachten. Dann bestrichen die Brüder Josefs Mantel mit Tierblut und brachten ihn zu Jakob, der glaubte, Josef sei von einem wilden Tier getötet worden. Jakob wurde so traurig, dass er wochenlang ununterbrochen weinte. Niemand konnte ihn trösten.

Joseph in Ägypten

Die Händler verkauften Joseph an Potiphar, den Anführer der Wächter des ägyptischen Königs (Pharao). Josef war so klug, dass Potiphar ihm die Verantwortung für alles in seinem Haus übertrug. Joseph war auch jung und gutaussehend, und Potiphars Frau versuchte mehrmals, ihn dazu zu bringen, sie zu lieben. Aber Josef wehrte sich. Eines Tages, als nur Josef und seine Frau zu Hause waren, versuchte die Frau, ihn leidenschaftlich zu umarmen, aber Josef rannte aus dem Haus. Um sich zu rächen, erzählte die Frau Potiphar, Joseph habe sie angegriffen, sei aber weggelaufen, als sie schrie. Potiphar warf Josef daraufhin ins Gefängnis.

Aber Joseph war ein Anführer im Gefängnis. Er deutete die Träume einiger Gefangener, und die Ereignisse, die er vorhersagte, wurden wahr. Ein Gefangener kannte den König gut und erfuhr alles, was mit Josef geschehen war. Als der Mann das Gefängnis verließ und zurückkehrte, um dem König zu dienen, erzählte er dem Pharao, dass Josef Träume deuten konnte. Wenn der Pharao Träume hatte, die er nicht verstand, ließ er sie sich von Josef erklären. Josef sagte, er sei nur ein Sprecher seines Gottes, der der wahre Deuter sei.

Joseph erzählte dem Pharao, dass die Träume sieben Jahre mit sehr guten Ernten voraussagten, dann aber sieben Jahre mit einer schweren Hungersnot. Joseph schlug vor, dass der Pharao einen Weisen anheuern sollte, der ein System zur Lagerung zusätzlicher Lebensmittel in den Jahren des Überflusses einrichten sollte, damit die Lebensmittel in den Jahren der Hungersnot verwendet werden konnten.

Dem Pharao gefiel dieser Plan sehr gut und er erkannte, dass Josef über gottgegebene Weisheit verfügte. Der Pharao beauftragte Josef, einen Ausländer, der damals erst 30 Jahre alt war, mit der Leitung des gesamten ägyptischen Königreichs – nur der Pharao hatte eine höhere Position. Josef führte den Plan aus, während der sieben Jahre mit guten Ernten Lebensmittel für die kommende Hungersnot zu lagern. Währenddessen gründete Josef mit seiner ägyptischen Frau eine Familie und bekam zwei Söhne, Manasse und Ephraim.

Die Hungersnot bringt die Israeliten nach Ägypten

Die Hungersnot betraf die gesamte Region, auch Kanaan, und das Getreide für Brot war das einzige, was wuchs. Die Menschen kamen von überall her nach Ägypten, um sich zu ernähren, und Jakob schickte 10 seiner Söhne nach Ägypten, um Getreide zu kaufen, während Benjamin zurückblieb. Als die Brüder ankamen, gingen sie zu Josef, um Getreide zu kaufen, denn er war für alle Lebensmittel in Ägypten zuständig. Aber Josefs Brüder erkannten ihn nicht, weil er sich verkleidete, als er sie kommen sah, und weil sie alle dachten, er sei tot.

Joseph begann sie hart zu befragen und beschuldigte sie, Spione zu sein, die Informationen über Ägypten haben wollten. Als er sie nach ihrer Familie befragte, sagten sie, ihr Vater und ein Bruder lebten noch in Kanaan. Die Brüder berieten sich unter vier Augen und sagten, dass sie nun für ihre Sünde, Josef schlecht behandelt und ihn verkauft zu haben, bezahlen müssten. Die Brüder wussten nicht, dass Josef verstehen konnte, was sie sagten, denn er kannte ihre Sprache. Josef war so ergriffen, als er seine Brüder sah, dass er den Raum verlassen musste, um in Ruhe zu weinen.

Als Joseph zurückkehrte, war er gnädig und verkaufte ihnen Getreide für die Rückreise nach Kanaan. Außerdem gab er ihnen Vorräte für ihre Heimreise mit. Aber er ließ Simeon im Gefängnis zurück, bis alle Brüder, einschließlich Benjamin, gemeinsam zurückkehren konnten. Als die Brüder auf der Heimreise anhielten, um ihre Esel zu füttern, fanden sie das gesamte Geld, mit dem sie das Getreide bezahlt hatten, in den Futtersäcken ihrer Esel.

Jakob war sehr besorgt, als die Brüder nach Hause kamen und ihm erzählten, was in Ägypten geschehen war. Er wollte nicht, dass Benjamin mit ihnen nach Ägypten zurückkehrt – er wollte Rahels anderen Sohn nicht verlieren. Als ihr ganzes Getreide aufgebraucht war, bat Jakob seine Söhne, nach Ägypten zu gehen, um neues Getreide zu kaufen, und sie nahmen Benjamin mit.

Als sie alle zu Josef gingen, berichteten sie, dass ihr Vater noch am Leben sei, und stellten Benjamin als den jüngsten Bruder vor. Josef war so gerührt, als er Benjamin sah, dass er erneut den Raum verlassen musste, um seine Tränen zu verbergen. Nachdem er sich wieder gefasst hatte, kehrte Josef zurück und gab ihnen allen eine erstaunliche Menge an Essen (Benjamin bekam viel mehr als die anderen). Simeon wurde aus dem Gefängnis entlassen und war da, und alle Brüder waren erstaunt, dass sie so gut behandelt wurden.

Dann spielte Josef den Brüdern einen Trick vor. Er ließ seinen Diener alle ihre Säcke mit Lebensmitteln füllen und ihr Geld oben in die Säcke legen. Aber der Knecht vergrub Josefs Silberbecher in Benjamins Sack. Nachdem die Brüder die Stadt verlassen hatten, schickte Josef den Diener los, um sie zu fangen und beschuldigte sie, den Becher gestohlen zu haben. Sie leugneten, etwas genommen zu haben, was ihnen nicht gehörte. Sie einigten sich darauf, dass jeder, der etwas gestohlen haben sollte, Josephs Sklave werden würde. Nach einer kurzen Suche fand der Diener den Becher in Benjamins Sack.

Alle Brüder waren sehr verärgert und kehrten sofort zu Josef zurück. Juda, einer der älteren Brüder, sprach unter vier Augen mit Josef und erzählte ihm, dass ihr Vater nicht wollte, dass der jüngste Sohn mit ihnen nach Ägypten ging – er hatte bereits einen Sohn von seiner Lieblingsfrau verloren und wollte nicht auch noch den anderen verlieren. Aber Jakob erlaubte Benjamin, nach Ägypten zu gehen, weil es eine Bedingung dafür war, dass sie mehr Getreide kaufen konnten. Juda sagte, wenn Benjamin nicht mit ihnen zurückkehren könne, würde ihr Vater mit Sicherheit sterben. Juda bot sich daraufhin an, anstelle von Benjamin Sklave zu werden.

An diesem Punkt konnte Josef sich nicht mehr zurückhalten. Er ließ alle aus dem Haus gehen, außer den 11 Brüdern. Er weinte so laut, dass alle Nachbarn ihn hören konnten. Dann erzählte er seinen Brüdern seine wahre Identität, aber sie verstanden ihn nicht. Er ließ sie näher kommen und sprach leise mit ihnen:

> Ich bin dein Bruder Joseph. Ihr habt mich an Männer verkauft, die nach Ägypten gehen. Seid nicht traurig oder zornig über euch selbst; Gott hat mich vor euch hergeschickt, um euer Leben zu retten. Die Hungersnot dauert schon zwei Jahre an und wird noch fünf Jahre andauern. Gott hat mich vor euch hergeschickt, um euch als Überrest auf der Erde zu erhalten und euch am Leben zu lassen. Nicht du hast mich hierher geschickt, sondern Gott, der mich dem Pharao wie einen Vater und zum Herrn über sein

ganzes Haus und zum Herrscher über ganz Ägypten gemacht hat. Geh nach Hause und sag unserem Vater, dass ich am Leben bin und dass ihr alle im Land Goschen leben und in meiner Nähe sein werdet. Du und dein Haus werden sehr arm bleiben, wenn du nicht kommst.

Die Brüder kehrten nach Hause zurück und erzählten Jakob alles über die Reise und darüber, dass Josef noch lebte und ein Herrscher in Ägypten war. Der Pharao freute sich, dass Josefs Brüder nach Ägypten gekommen waren, und lud Jakob und alle seine Verwandten ein, nach Ägypten zu ziehen, wo das Leben gut war und wo sie alle auf dem besten Land leben würden. Alle zogen nach Ägypten und brachten ihr ganzes Vieh und ihre Besitztümer mit. Gott sprach zu Jakob im Traum: „Ich bin der Gott deines Vaters; ich werde mit dir in Ägypten sein und dich wieder nach Kanaan hinaufführen".

Joseph ritt mit seinem Wagen nach Goschen, um Jakob und den Rest der Familie zu treffen, als sie dort ankamen. Sie bekamen das beste Land im Nildelta, und Josef versorgte alle Familien mit Nahrung.

KAPITEL 3

LEBEN IN ÄGYPTEN

Gott rettet die Israeliten aus der Unterdrückung

Jakob und seine Großfamilie lebten 17 Jahre lang in Goschen. Bevor er starb, segnete er seine 12 Söhne und Josephs zwei Söhne, Manasse und Ephraim. Nach seinem Tod befürchteten Josefs Brüder, dass er ihnen böse sein würde, weil sie ihm so viel Schreckliches angetan hatten. Sie baten ihn, ihnen zu vergeben, und warfen sich vor ihm nieder. Doch Josef erklärte ihnen, dass er sich um sie kümmern würde, auch wenn sie ihn schlecht behandelt hätten. Gott hatte all die schlechten Dinge in etwas Gutes verwandelt.

Israeliten leiden in Ägypten

Der Stamm Jakobs und seine Nachkommen wurden Israeliten genannt und sprachen die hebräische Sprache. Nach dem Tod von Joseph und seinen Brüdern gediehen sie weiter und wurden immer zahlreicher. Aber ein neuer Pharao kümmerte sich nicht darum, was Joseph getan hatte, und bemerkte, dass die Israeliten den Ägyptern zahlenmäßig überlegen waren. Er beschloss, die Israeliten zu Sklaven zu machen, und ließ sie auf den Feldern arbeiten und die Städte Ägyptens bauen. Als die israelitische Bevölkerung weiter wuchs, befahl der Pharao den ägyptischen Ammen, alle ihre kleinen Jungen zu töten. Die Israeliten litten große Not und schrien zu ihrem Gott.

Mose wird geboren und spricht dann mit Gott

Eine israelitische Familie mit einem Jungen und einem Mädchen bekam in dieser Zeit einen weiteren kleinen Jungen. Sie hatten Angst, dass die Ägypter ihn töten würden, und versteckten ihn deshalb drei Monate lang. Aber bald merkten sie, dass sie ihn nicht länger verstecken konnten, also legten sie ihn in einen Korb und stießen ihn in die Pflanzen, die am Ufer des Nils wuchsen. Seine Schwester versteckte sich und beobachtete, was mit dem schwimmenden Korb passieren würde.

Die Tochter des Pharaos badete gerade in der Nähe und sah den Korb. Sie holte ihn heraus und erkannte, dass er einen israelitischen Jungen enthielt. Er weinte, und sie hatte Mitleid mit ihm. Die Schwester kam zur Tochter des Pharaos und fragte: „Soll ich jemanden holen, der ihn für dich stillt?" Die Tochter des Pharaos stimmte zu, und das Mädchen ließ es von der Mutter des Babys stillen, bis es feste Nahrung zu sich nehmen konnte. Dann adoptierte die Tochter des Pharaos ihn als ihr eigenes Kind. Sie nannte ihn Mose.

Als Adoptivenkel des Pharaos wurde Mose sehr gebildet und ein guter Schriftsteller. Als er älter wurde, fand er heraus, dass er adoptiert war und wer seine richtige Mutter und sein richtiger Vater waren. Er begann, die Israeliten zu lieben, und musste mit ansehen, wie sie hart behandelt wurden. Eines Tages sah er einen Ägypter, der einen israelitischen Arbeiter schlug. Als Mose dachte, dass niemand zusah, tötete er den Ägypter. Aber einige Israeliten sahen, was passiert war, und schließlich erfuhr der Pharao davon. Der Pharao versuchte, Mose zu töten, aber Mose entkam nach Midian, einer mehrere hundert Meilen entfernten Wüstenregion.

Als Mose in Midian war, heiratete er die Tochter des Jethro und gründete eine Familie. Mose hütete die Herden des Jethro, und als er am Fuße eines Berges war, erschien ihm ein Engel in einem brennenden Busch. Aber das Feuer verbrannte den Busch nicht, und Mose versuchte herauszufinden, warum.

Da ertönte eine Stimme aus dem Busch. „Mose! Komm nicht näher. Zieh deine Sandalen aus, denn du befindest dich auf heiligem Boden. Ich bin der Gott von Abraham, Isaak und Jakob. Ich habe das Leid meines Volkes in Ägypten gesehen und seine Schreie gehört. Ich bin gekommen, um sie zu befreien und in ein gutes Land zu führen, in dem Milch und Honig fließen. Ich sende dich zum Pharao, damit du mein Volk, das Volk Israel, aus Ägypten herausführst".

Aber Mose sagte zu Gott: „Wer bin ich, dass ich zum Pharao gehe und sie alle aus Ägypten heraushole?"

Gott antwortete: „Ich werde mit dir sein, und wenn du sie aus Ägypten herausgeführt hast, sollst du Gott auf diesem Berg anbeten".

Mose antwortete: „Die Israeliten werden deinen Namen wissen wollen. Was soll ich ihnen sagen?" Gott sagte zu Mose:

Sag: ICH BIN hat mich gesandt. Der Gott unserer Väter – Abraham, Isaak und Jakob – hat mich gesandt. Sag den Ältesten Israels: „Der Herr ist mir erschienen und hat gesagt: ‚Ich mache mir Sorgen um euch und um das, was euch in Ägypten angetan wird. Deshalb werde ich euch aus der Sklaverei befreien und euch nach Kanaan führen, in ein Land, in dem Milch und Honig fließen."' Sie werden auf dich hören. Dann sollst du mit den Ältesten der Israeliten zum König von Ägypten sagen: „Der Herr, der Gott der Israeliten, ist uns entgegengekommen. Bitte lass uns in die Wüste gehen, damit wir unserem Gott opfern können". Aber ich weiß, dass der König euch nicht ziehen lassen wird, es sei denn, er wird gezwungen, es zu tun. Dann werde ich Ägypten mit vielen Wundern schlagen, und danach wird er euch ziehen lassen. Die ägyptischen Nachbarn werden euch Silber, Gold und Kleidung geben, damit ihr sie mitnehmen könnt.

Mose hatte immer noch Bedenken, das zu tun, was Gott von ihm wollte. Er fragte: „Was ist, wenn sie mir nicht glauben und nicht auf mich hören wollen? Sie könnten sagen, sie zweifeln daran, dass du mir erschienen bist".

Der Herr sagte zu ihm: „Was ist das in deiner Hand?"

Und er sagte: „Ein Holzstab".

Dann sagte der Herr: „Wirf es auf die Erde". Mose warf ihn auf die Erde, und er verwandelte sich in eine Schlange, die Mose erschreckte. Aber der Herr sagte: „Packe sie am Schwanz", und als Mose das tat, verwandelte sich die Schlange wieder in seinen Stab.

Dann sagte der Herr: „un stecke deine Hand in dein Gewand". Als Mose das tat und sie dann wieder herausnahm, sah seine Hand weiß aus wie Lepra (eine gefürchtete Hautkrankheit). Dann sagte der Herr: „Stecke deine Hand wieder in dein Gewand". Als er sie hineinsteckte und wieder herausnahm, war seine Haut wieder normal.

Der Herr fuhr fort: „Wenn sie dir wegen des ersten Zeichens nicht glauben wollen, werden sie vielleicht wegen des zweiten Zeichens glauben. Wenn sie aber nach den beiden Zeichen nicht glauben wollen, dann nimm etwas Wasser aus dem Nil und schütte es auf die Erde. Das Wasser wird auf dem Boden zu Blut werden".

Mose erfand weitere Ausreden, warum er nicht nach Ägypten zurückkehren sollte. Er sagte zu Gott: „Ich bin kein guter Redner und ich spreche langsam. Bitte schicke jemand anderen". Der Herr war verärgert über Mose' Ausreden und fuhr fort:

Wer hat deinen Mund gemacht? Wer macht einen Menschen taub oder blind? Ich mache das! Nun geh! Ich werde in deinem Mund sein und dich lehren, was du sagen sollst. Dein älterer Bruder Aaron ist ein guter Redner. Er kommt jetzt zu dir. Sag ihm, was ich dir gesagt habe, und er wird für dich sprechen. Nimm den Stab, damit du die Zeichen machen kannst, damit alle sehen, dass Gott mit dir ist.

Mose kehrt nach Ägypten zurück

Mose traf dann Aaron und sie gingen zurück nach Ägypten. Er erklärte ihm, was Gott ihm gesagt hatte, und zeigte ihm die Zeichen, die er mit Gottes Hilfe tun konnte. Als die beiden in Ägypten ankamen, trafen sie sich mit den Führern der Israeliten. Aaron erzählte ihnen, was Gott zu Mose gesagt hatte, und Mose führte dem Volk die Zeichen vor. Das Volk glaubte, und als sie hörten, dass Gott sich um sie sorgte und wusste, was mit ihnen geschah, verneigten sie sich und beteten ihren Herrn an.

Mose vollbrachte auch alle Zeichen vor dem neuen König. Aaron sagte zum Pharao: „Unser Herr, der Gott Israels, sagt: ‚Lass mein Volk ziehen, damit sie mir in der Wüste ein Fest feiern können.‘“ Aber der König ließ sie nicht gehen – er konnte es sich nicht leisten, so viele Arbeiter gehen zu lassen.

Dann ließ der Pharao die Israeliten noch härter arbeiten. Er ließ sie ihr eigenes Stroh für die Ziegelsteine besorgen, die sie herstellten, aber sie mussten immer noch die gleiche Anzahl von Ziegeln herstellen. Als sie nicht genug Ziegel herstellten, wurden die israelitischen Aufseher geschlagen und das Volk der Faulheit bezichtigt. Die Aufseher waren wütend auf Mose, weil er zurückkam und ihre Arbeit noch härter machte.

Mose bereute es, nach Ägypten zurückgekehrt zu sein, weil er die Dinge nicht besser, sondern schlechter gemacht hatte. Als Mose dem Volk erneut erzählte, dass der Herr versprochen hatte, sie aus Ägypten zu befreien, glaubten sie nicht daran, dass dies geschehen würde. Alle konnten nur daran denken, wie grausam ihr Leben geworden war.

Der Herr befahl Mose und Aaron, zum Pharao zurückzugehen und ihm erneut zu sagen, er solle das Volk Israel ziehen lassen. Sie sagten dies dem Pharao viele Male, und jedes Mal zeigten sie dem Pharao Gottes Macht in irgendeiner Form von Drangsal, die nur die Ägypter traf. Jedes Mal sagte Mose durch Aaron zum Pharao, dass der Gott der Israeliten gesagt hatte: „Lass mein Volk ziehen, damit es mir dient". Jedes Mal willigte der Pharao ein, sie ziehen zu lassen, und jedes Mal beendete Mose die Bedrängnis, indem er seine Hand ausstreckte.

Aber jedes Mal, wenn sich die Lage besserte, änderte der Pharao seine Meinung und weigerte sich, das Volk ziehen zu lassen.

Diese Taten zeigten, dass die Macht des israelitischen Gottes viel stärker war als die magischen Kräfte der Priester der ägyptischen Götter. Hier sind einige der Dinge, die passiert sind.

- Mose und Aaron schlugen zuerst mit ihren Stäben auf den Nil, und das ganze Wasser verwandelte sich in Blut. Sie streckten ihre Hände über alle Arten von Wasser, und sie verwandelten sich alle in Blut. Die Fische starben und das Wasser war so verschmutzt, dass die Ägypter es nicht mehr trinken konnten.
- Frösche überfielen alles in der Welt der Ägypter und Schwärme von Mücken, Fliegen und Heuschrecken erfüllten die Luft.
- Mose und Aaron verursachten Krankheiten, die das gesamte ägyptische Vieh töteten, Hagelstürme, die die gesamte Ernte, die Tiere und die Menschen, die sich im Freien aufhielten, vernichteten, und Hautgeschwüre, die bei den Ägyptern und ihren Tieren ausbrachen.

Eine letzte Bedrängnis überzeugte den Pharao, sie ziehen zu lassen. Gott befahl Mose, dass alle Israeliten Gold, Silber und Kleidung von ihren Nachbarn sammeln sollten. Die meisten Ägypter respektierten die Israeliten und gaben ihnen, was sie erbaten. Dann, um Mitternacht, ließ Gott alle erstgeborenen Kinder und das Vieh sterben. Doch die Israeliten konnten diese Katastrophe vermeiden, wenn sie bestimmte Anweisungen befolgten. Sie sollten in der Dämmerung ein junges, makelloses Lamm schlachten und dann etwas von dem Blut des Lamms über der Tür und an den Türpfosten ihres Hauses verteilen. Sie sollten ein Lamm braten und alles sehr schnell essen, zusammen mit bitteren Kräutern und Fladenbrot. Das Blut an den Türen war ein Zeichen für Gott, dass der Todesengel über die Familie, die im Haus lebte, hinweggehen und die Erstgeborenen vom Tod verschonen sollte. Die Menschen durften bis zum Morgen nicht vor die Tür gehen und mussten alle Reste dieses „Passah" – Mahls verbrennen. Und sie sollten sich an diese Ereignisse erinnern, indem sie die Schritte wiederholten, die sie unternommen hatten, und es zu einer ständigen jährlichen Feier machen, um sich daran zu erinnern, wie Gott sie aus der Sklaverei gerettet hatte. In dieser Nacht taten die Israeliten, was Mose ihnen aufgetragen hatte.

Mose hatte dem Pharao gesagt: „Mein Gott spricht zu dir: ‚Israel ist mein Sohn, mein Erstgeborener, der mir dienen soll. Aber du weigerst dich, ihn gehen zu lassen. Darum werde ich deinen Erstgeborenen töten.'" Und in dieser Nacht geschah alles so, wie Gott es gesagt hatte. In jedem Haushalt in Ägypten, außer bei den Israeliten, starben die Erstgeborenen der Familie und das Vieh, unschuldige Opfer des andauernden Krieges zwischen Gut und Böse.

Der Pharao war in dieser Nacht so aufgebracht, dass er allen Israeliten und ihrem Vieh befahl, Ägypten so schnell wie möglich zu verlassen. An dem Massenexodus nahmen etwa 600.000 Männer teil, zusammen mit ihren Frauen, Kindern und ihrem Vieh. Einige Sklaven und Ausländer verließen Ägypten mit ihnen. Die Nachkommen Jakobs hatten mehr als 400 Jahre in Ägypten verbracht, und nun machten sie sich auf den Weg zurück nach Kanaan.

KAPITEL 4

---•◆•---

DIE ISRAELITEN VERLASSEN ÄGYPTEN

Gott unterstützt die verärgerten Israeliten und gibt ihnen Gesetze für das Leben

Mose führte die Israeliten nach Süden zum Roten Meer. Tagsüber folgten sie den Wolkensäulen, nachts den Feuersäulen. Kurz nachdem sie aufgebrochen waren, kamen sie an den Rand eines großen Gewässers. Der Pharao verfolgte, wohin die Israeliten gingen, und wollte, dass sie zurückkehrten, um wieder Sklaven zu werden. Er wusste, dass sie in der Nähe waren und sich in der Wüste hinter dem Wasser verschanzt hatten. Der Pharao dachte, sie könnten leicht gefangen genommen werden, und schickte sein Heer mit Streitwagen und Pferden aus, um sie zu töten und gefangen zu nehmen.

Als die Israeliten das ägyptische Heer herannahen sahen, bekamen sie Angst und wurden wütend auf Mose, weil er sie aus Ägypten herausgeführt hatte. Sie meinten, es sei besser, als Sklaven in Ägypten zu leben, als in der Wüste zu sterben.

Gott befahl Mose, das Volk auf das Wasser zugehen zu lassen und seinen Stab und seine Hand über das Meer zu heben, um das Wasser zu teilen, damit alle trockenen Fußes hinübergehen konnten. Währenddessen schob sich in der Nacht eine Wolkensäule zwischen die Israeliten und das ägyptische Heer, um die Israeliten vor Angriffen zu schützen. Mose hob seinen Stab und seine Hand über das Wasser, wodurch ein starker Wind aufkam, der das Wasser teilte und den Boden trocknete. Die Israeliten gingen dann auf dem trockenen Boden auf die andere Seite.

Am Morgen verfolgten die Ägypter die Israeliten mit ihren Wagen und Pferden auf demselben Weg durch das Wasser. Nachdem alle Israeliten auf die andere Seite gelangt waren, erhob Mose seinen Stab und seine Hand erneut über das Wasser und stoppte den Wind. Das Wasser kehrte schnell auf seinen normalen Stand zurück und stieg schnell um die gesamte ägyptische Armee herum. Jeder ägyptische Soldat und jedes Pferd ertranken.

Als die Menschen die Leichen im Wasser treiben sahen, waren sie überwältigt von Gottes Macht und glaubten Mose. Sie feierten ihren Sieg und ehrten Gott, der sie befreit und ihren Feind besiegt hatte. Die Israeliten konnten sich den Sieg über die ägyptische Armee nicht anrechnen lassen; dafür war allein Gott verantwortlich.

Mose führt das Volk durch die Wüste

Als Mose die Israeliten in die Wüste führte, erlebten sie viele Nöte. Sie konnten nicht genug Wasser zum Trinken finden, aber Gott sorgte auf wundersame Weise für Wasser. Sie wurden von Soldaten eines benachbarten Stammes angegriffen, aber Josua führte die Israeliten zum Sieg. Das Land wurde felsig und konnte keine Nahrung hervorbringen. Als das Volk über seinen Hunger klagte und an das Essen in Ägypten dachte, ließ Gott am Morgen eine süße, knusperähnliche Substanz (Manna oder „Brot") wie Frost auf den Boden fallen und in der Nacht Vögel („Fleisch") vom Himmel fallen. Das Brot war nur einen Tag haltbar (es würde in der Sonne schmelzen oder am nächsten Morgen verfaulen). Am sechsten Tag der Woche würde doppelt so viel auf dem Boden liegen, und wenn es gekocht würde, würde es zwei Tage reichen. Mose sagte dem Volk, dass Gott wolle, dass sie die Reste des sechsten Tages nehmen und am siebten (letzten) Tag der Woche keine Arbeit verrichten sollten. Dies begründete die Tradition des „Sabbats", eines Tages der Ruhe am Ende der Woche.

Als die Israeliten in der Nähe von Midian waren, traf Mose wieder auf Jethro und kam zu seiner Familie zurück. Jethro sagte ihm, dass die Beaufsichtigung des ganzen Volkes eine zu große Aufgabe für eine Person sei. Er sagte, Mose solle Gottes Vertreter beim Volk sein und es über Gottes Gesetze und seine Lebensweise belehren. Aber Mose sollte gute Männer auswählen, die Gott liebten und Unehrlichkeit hassten, um als Führer und Richter gute Ratschläge zu geben und kleinere Meinungsverschiedenheiten auszuräumen. Mose sollte sich nur um die großen Probleme kümmern. Mose befolgte Jethros Rat und richtete ein System ein, das sicherstellte, dass alle Anführer ordnungsgemäß beaufsichtigt wurden.

Als die Israeliten am Fuße des Berges Sinai lagerten, schloss Gott einen Vertrag mit dem Volk. Gott sagte zu Mose: „Sag den Angehörigen des Hauses Jakob und den Söhnen Israels: ‚Ihr habt gesehen, was ich mit den Ägyptern gemacht habe. Wenn ihr meine Gebote und Gesetze befolgt, dann werdet ihr mein Volk sein. Ihr sollt mir ein heiliges Volk sein, und ich werde euch beschützen und gesund erhalten.'" Mose erzählte dem Volk, was Gott gesagt hatte, und das Volk willigte ein, zu gehorchen.

Die wichtigsten Befehle und andere Gesetze

Dann kam Gott in einer feurigen Rauchwolke, die den Berg bedeckte, auf den Berg Sinai herab, und Mose stieg auf die Spitze des Berges, wo er Gott begegnete, der sagte: „Ich bin der Herr, dein Gott, der dich aus Ägypten und der Sklaverei herausgeführt hat. Ich bin ein eifersüchtiger Gott, der die Sünden der Eltern, die mich hassen, auf ihre Kinder lädt. Aber denen, die mich lieben und meine Gebote halten, will ich Gnade erweisen". Dann sprach Gott diese 10 Gebote zu Mose.

> (1) Ich soll euer einziger Gott sein. (2) Du sollst dir kein Götzenbild machen oder etwas, das wie ein Gott aussieht, und du sollst sie nicht anbeten oder ihnen dienen. (3) Du sollst meinen Namen nicht leichtfertig benutzen oder aussprechen, sondern ihn mit großem Respekt behandeln. (4) Denkt an den Sabbattag – haltet ihn heilig. An sechs Tagen sollst du alle deine Arbeiten verrichten, aber am siebten Tag soll niemand in deinem Haus arbeiten, auch nicht deine Sklaven, Tiere und Besucher, die bei dir wohnen. (5) Ehre deinen Vater und deine Mutter, damit du ein langes Leben hast. (6) Du sollst nicht morden. (7) Du sollst nicht ehebrechen. (8) Du sollst nicht stehlen. (9) Lüge nicht gegen andere. (10) Begehre nichts, was deinem Nächsten gehört – weder sein Haus, noch seine Frau, noch sein Gesinde, noch seine Tiere.

Zusätzlich zu diesen 10 Geboten gab Gott Mose viele Gesetze, die das Volk befolgen sollte. Die meisten bezogen sich darauf, für Gerechtigkeit zu sorgen und sicherzustellen, dass die Menschen auf die richtige Weise leben.

- Es gab Gesetze über den Besitz von Sklaven (wenn jemand einen israelitischen Sklaven kauft, muss der Sklave im siebten Jahr ohne weitere Zahlung frei werden).
- Es gab Gesetze über Körperverletzungen. Zum Beispiel: „Wer einen anderen Menschen tötet oder entführt oder seinen Vater oder seine Mutter verflucht, wird mit dem Tod bestraft. Und wenn es zu einem Kampf kommt, ist die Strafe gleich dem, was passiert ist: ein Leben für ein Leben, Auge für Auge, Zahn für Zahn, Hand für Hand".
- Es gab Gesetze über Eigentumsrechte und Beziehungen. Dazu gehört: „Jeder, der einem anderen Gott ein Opfer bringt, wird vernichtet. Behandelt Fremde nicht schlecht, denn ihr wart Fremde in Ägypten. Tut keiner Witwe

und keinem Waisen etwas zuleide. Wenn ihr sie verletzt und sie zu mir schreien, werde ich ihr Schreien hören und zornig werden".

- Es gab Gesetze über Geld. „Wenn du jemandem aus meinem Volk, der arm ist, Geld leihst, darfst du keine Zinsen verlangen. Du darfst die Opfergaben aus deiner Ernte nicht verzögern".

- Es gab Gesetze zur Gerechtigkeit und zu den Grundsätzen eines korrekten Lebens. „Schließe dich nicht einem bösen Menschen an und erzähle keine Lügen. Wenn du das Tier deines Feindes triffst, das sich verirrt hat, musst du es ihm zurückgeben. Du darfst keine Bestechung annehmen, denn sie macht die Menschen blind für die Wahrheit und kann anderen schaden. Sei nett zu Fremden – du weißt, wie es ist, in einem anderen Land zu leben. Erntet euer Land sechs Jahre lang, aber im siebten Jahr sollt ihr nichts tun und die Bedürftigen davon essen lassen".

Gott sagte Mose, dass ein Engel sie auf ihrem Weg nach Kanaan bewachen würde. Wenn das Volk Gott gehorchte, würde es alle besiegen, die versuchten, es aufzuhalten. Sie sollten nichts behalten, was mit den Göttern der Stämme zu tun hatte, die sie eroberten. Sie würden ein riesiges Gebiet kontrollieren und es nur für sich selbst behalten, denn andere Stämme unter ihnen leben zu lassen, würde ihrer Lebensweise und ihrer Liebe zu Gott schaden.

Mose kam vom Berg herunter und erzählte dem Volk, was Gott gesagt hatte. Das Volk hörte zu und sagte, dass es Gottes Gebote und Gesetze befolgen würde. Mose schrieb alles auf, was Gott ihm gesagt hatte, um die Gebote und Gesetze als Erinnerung für andere in der Zukunft zu bewahren.

Weitere Ausflüge auf den Berg

Gott rief Mose erneut auf den Berg und nahm Josua mit. Sie blieben 40 Tage lang. Gott befahl Mose, dass das Volk einen Teil seines Besitzes zum Bau einer Stiftshütte beisteuern sollte, in der Gott mit dem Volk wohnen würde. Außerdem sollte eine große verzierte Kiste (die Bundeslade) gebaut werden, in der die heiligen Gegenstände aufbewahrt werden sollten, die auf dem Weg nach Kanaan gesammelt worden waren. Weitere Gegenstände sollten für die Stiftshütte angefertigt werden, und Gott gab Mose ausführliche Anweisungen, wie alle diese Gegenstände hergestellt und verwendet werden sollten. Gott gab Mose detaillierte Anweisungen, wie die Priester Opfer darbringen und andere gottesdienstliche Handlungen vollziehen sollten. Mose Bruder Aaron sollte der Hohepriester sein, und auch seine Söhne sollten Priester sein. Nachdem Gott diese Anweisungen gegeben hatte, stieg Mose mit zwei flachen Steintafeln, auf denen die 10 Gebote geschrieben waren, vom Berg hinunter.

Als Mose und Josua zurückkehrten, sahen sie, dass ein Teil des Volkes eine goldene Statue eines Kalbes gebaut hatte. Da Mose und Josua seit Wochen auf den Berg gestiegen und nicht zurückgekommen waren, dachten die Leute, sie seien tot und sagten Aaron, er solle das goldene Kalb als den Gott erschaffen, dem sie folgen sollten. Die Menschen beteten das Kalb an und brachten ihm Opfer dar.

Mose war sehr wütend, als er das goldene Kalb und die Menschen sah, die darum tanzten. Mose warf die Steintafeln auf den Boden und zerbrach sie in Stücke. Mose ließ das goldene Kalb auf dem Boden verbrennen. Dann rief er dem Volk zu: „Diejenigen von euch, die für den Herrn leben, kommen zu mir!" Die Nachkommen Levis und viele andere versammelten sich mit Mose. Dann befahl Mose den Leviten, diejenigen zu töten, die nicht zu ihm kommen wollten. Etwa 3.000 rebellische und ungehorsame Männer wurden getötet. Auf diese Weise entledigten sich die Israeliten der Menschen, die ihnen auf ihrer Reise Probleme bereiten würden.

Dann sagte Mose denen, die das goldene Kalb angebetet hatten, dass sie eine große Sünde begangen hatten. Mose bat Gott, ihnen zu verzeihen. Gott war sehr zornig, bezeichnete das Volk als sehr starrsinnig in seinem Widerstand gegen Veränderungen und wollte sie alle vernichten. Aber Mose erinnerte Gott an die Verheißung, sie zu einem großen Volk zu machen. Gott überlegte es sich daraufhin anders und befahl Mose, das Volk weiter nach Kanaan zu führen.

Dann stieg Mose ein drittes Mal auf den Berg. Er ätzte zwei weitere Steintafeln mit den 10 Geboten, um diejenigen zu ersetzen, die zerbrochen waren. Gott erzählte Mose erneut von der ursprünglichen Vereinbarung, die er mit Abraham, Isaak und Jakob getroffen hatte: Die Israeliten waren Gottes Volk und sollten gesegnet werden, nach Kanaan ziehen und Gottes Gebote und Gesetze befolgen. Als Mose nach 40 Tagen vom Berg herunterkam, „glühte" sein Gesicht. Dann gab er Anweisungen, wie die Stiftshütte zu bauen sei, und zwar so, wie sie nach Gottes Worten aussehen sollte. Als sie fertig war, wurden die Priester, die darin arbeiten sollten, in einer Zeremonie gesegnet. Als die Zeremonien beendet waren, bedeckte eine Wolke das Zelt der Stiftshütte, und Gott erfüllte es. Der Gott, der Israel befreit und gerettet hatte, lebte endlich mit dem auserwählten Volk.

Mehr Regeln für das Leben

Gott verbrachte noch einige Monate damit, Mose viele Regeln darüber zu geben, wie die Priester ihre religiösen Angelegenheiten regeln sollten, wie die Menschen anbeten sollten und wie Israel – als Volk Gottes – als Gemeinschaft leben sollte. Aaron und seine Nachkommen, die alle aus dem Stamm Levi stammten, wurden offiziell zu Priestern ernannt.

Einige der Regeln waren spezifische Gesetze, während andere allgemeine Grundsätze waren. Gott war heilig, und die Israeliten waren dazu auserwählt worden, ein heiliges Volk zu sein, Gottes Vertreter auf Erden, um anderen zu zeigen, wie sie leben und Gott verherrlichen sollten. Da die Menschen aber immer in irgendeiner Weise sündigen, sollten sie vor Gott treten und Buße tun, indem sie Opfer und Brandopfer darbrachten, um ihre Reue zu bekunden und von ihren Sünden gereinigt zu werden. Die Opfer, die in der Stiftshütte dargebracht wurden, mussten von hoher Qualität sein, d. h. sie durften nur das beste Getreide und die besten Tiere enthalten, die keine Mängel aufwiesen, was Vollkommenheit symbolisierte.

Das Blutvergießen war der Schlüssel zum Opfer, um die zerrüttete Beziehung zwischen Gott und den Menschen wiederherzustellen. Gott sagte zu Mose: „Das Leben des Körpers ist im Blut". Das Blut sollte von Tieren stammen, nicht von Menschen. Durch Opfer und Gaben vergab Gott dem Volk, trennte es von seinen Sünden und stellte die Beziehung zwischen Gott und den Menschen wieder her. Mit dieser Idee verbunden war ein besonderer Versöhnungstag, der einmal im Jahr begangen werden sollte. Dabei wurde ein Ziegenbock geopfert und der Hohepriester legte seine Hände auf den Kopf eines anderen Ziegenbocks, bekannte alle Sünden des Volkes und übertrug die Sünden des Volkes auf diesen Ziegenbock. Dieser zweite Bock wurde dann in die Wüste entlassen, um zu symbolisieren, dass die Sünden des Volkes beseitigt waren (ein „Sündenbock").

Mose gab detaillierte Anweisungen darüber, was man essen durfte und was nicht, was man anfassen durfte und was nicht. Die Anweisungen waren praktisch und trugen zur Erhaltung der Gesundheit des Volkes bei. Wer zum Beispiel an einer Hautkrankheit litt, musste unter Quarantäne gestellt werden und sich von anderen distanzieren – er musste das Lager verlassen, zerrissene Kleidung tragen, durfte sich nicht kämmen und musste den anderen „Unrein!" rufen, bis sie gesund waren. Es mussten neue Waschmethoden angewandt werden, die für die damalige Zeit recht fortschrittlich waren; wenn sie befolgt wurden, verschafften diese Methoden den Israeliten einen Vorteil im Kampf und bei der Frage, wie lange sie leben würden.

Die meisten dieser Regeln bezogen sich auf religiöse Zeremonien und gesundheitliche Angelegenheiten, einige Regeln betrafen jedoch auch die Grundsätze von Moral und Gerechtigkeit. So gab es zum Beispiel Regeln und Strafen für bestimmte Verbrechen, und den Menschen wurde befohlen, „deinen Nächsten zu lieben wie dich selbst". Reiche und Arme sollten in gleicher Weise beurteilt werden. Fremde sollten genauso akzeptiert und geliebt werden wie alle anderen, so wie die Ägypter die Israeliten während der Hungersnot aufgenommen hatten. Ein Feld durfte nicht bis an den Rand abgeerntet werden, und die Armen und Ausländer durften das Essen am Rand sowie alles, was bei der ersten Ernte auf den Boden fiel, essen.

Es wurde ein Sabbatjahr eingeführt, das dem wöchentlichen Sabbat ähnlich war. Im siebten Jahr durfte das Land nicht bestellt werden, und die daraus gewonnenen Nahrungsmittel standen jedem zur freien Verfügung, der sie haben wollte. Die Lebensmittel aus dem sechsten Jahr sollten so aufbewahrt werden, dass sie für das siebte Jahr reichten (ähnlich wie das Manna auf wöchentlicher Basis behandelt wurde). Und alle 50 Jahre – das zusätzliche Jahr nach sieben Sabbatjahrzyklen – wurde das Jubeljahr gefeiert. Die Besitztümer der Armen, die verkauft worden waren, damit die Armen überleben konnten, mussten an die ursprünglichen Besitzer zurückgegeben werden.

Die Regeln und Anweisungen endeten mit Hinweisen auf die Konsequenzen, die sich aus der Art und Weise ergeben, wie die Menschen leben. Es gibt viele Belohnungen und Segnungen für diejenigen, die Gottes Gesetze und Gebote befolgen, aber es gibt auch Strafen, wenn die Menschen nicht gehorchen. Wenn das Volk Israel seine Vereinbarung mit Gott bricht, verliert es sein Land, wird über die ganze Region verstreut und wird zum Sklaven seiner Feinde. Doch selbst wenn Menschen ungehorsam sind, gibt es Vergebung und Versöhnung, wenn es den Menschen leid tut, sie sich entschuldigen und wieder anfangen, Gott zu gehorchen. Wer Gott ungehorsam ist, wird nicht dauerhaft verurteilt – es gibt immer einen Weg, sich die Vorteile der Vereinbarung wieder zu verdienen. Gottes Wesen ist vergebend und extravagant, wenn es darum geht, mit den Menschen, der wertvollsten Schöpfung, eine Beziehung einzugehen.

KAPITEL 5

——— ◆·◆·◆ ———

LEBEN IN DER WILDNIS

Mangelnder Glaube verlängert die Reise zurück nach Kanaan

Als die Israeliten ihr Lager am Fuße des Berges Sinai aufschlugen, waren sie mehrere Millionen Menschen, darunter ein Heer von etwa 600.000 Mann.[1] Der gesamte Stamm der Leviten kümmerte sich um alles, was mit der Stiftshütte zusammenhing und war Gott geweiht. Die Stiftshütte befand sich in der Mitte aller Lager, und Mose stellte Regeln für den Umgang mit Kranken und Dieben auf. Diejenigen, die sich Gott für eine begrenzte Zeit widmen wollten, legten ein Nasiräer-Gelübde ab: Sie durften keine Weintrauben essen, keine Toten berühren und ihren Kopf nicht rasieren (ein Zeichen für andere, dass sie das Gelübde abgelegt hatten).

Ein Jahr nach dem Auszug aus Ägypten feierte das Volk das Passahfest, und Mose gab den Priestern den Segen Gottes, den sie dem Volk sagen sollten: „Der Herr segne dich und behüte dich. Der Herr lasse sein Angesicht leuchten über euch und sei euch gnädig. Der Herr wende sein Angesicht zu euch und gebe euch Frieden".

Krisen auf dem Weg nach Kanaan

Dann machten sich die Israeliten auf den Weg nach Kanaan, das etwa 250 Meilen nördlich lag. Gott war in der Stiftshütte, und als die Wolke von der Stiftshütte aufstieg, zogen die Israeliten weiter. Die Priester benutzten Trompeten aus Tierhörnern, um Versammlungen anzukündigen, den Zeitpunkt des Aufbruchs

---

[1] Die sehr großen Zahlen, die in den heiligen Schriften stehen, entsprechen möglicherweise nicht unserem Verständnis von Zahlen. Es ist unwahrscheinlich, dass mehrere Millionen Menschen über längere Zeit in Gegenden überleben konnten, in denen es wenig Wasser gab. Die Israeliten hatten vielleicht eine andere Methode zum Zählen von Menschen und Tieren, und das Wort „Tausend" bedeutet vielleicht nicht dasselbe wie heute (vielleicht wurde bei einigen Zahlen eine 0 hinzugefügt, so dass aus 60.000 600.000 wurden, als einige der frühen Geschichten viel später von anderen kopiert wurden). Das sehr hohe Alter, in dem die Menschen gelebt haben sollen, könnte auf eine andere Art und Weise zurückzuführen sein, wie Zahlen zur Messung der Zeit verwendet wurden. Methusalem soll der am längsten lebende Mensch gewesen sein und im Alter von 969 Jahren gestorben sein (siehe Genesis 5,7), aber sein Alter wurde ursprünglich mit einer Nachkommastelle angegeben, so dass er etwa 97 Jahre alt geworden wäre.

zu signalisieren, sich auf eine Schlacht vorzubereiten und während ihrer Feste Opfer zu bringen.

Nachdem sie 30 Meilen gewandert waren, begannen einige der Leute, sich über das Essen zu beschweren. Sie träumten von den Speisen, die sie in Ägypten gegessen hatten, vor allem von Fleisch, und waren es leid, jeden Tag dasselbe zu essen. Gott war über ihre Haltung verärgert, was Mose Angst machte und ihn glauben ließ, er sei mit seiner Aufgabe überfordert. Mose sagte zu Gott: „Ich kann mich nicht allein um all diese Menschen kümmern; die Last, die auf mir lastet, ist zu groß. Töte mich jetzt". Gott befahl Mose, 70 Männer um sein Zelt zu versammeln, und der Geist erfüllte sie, so dass auch sie weise wurden und das Volk führen konnten.

Spione gehen nach Kanaan

Als sich die Israeliten Kanaan näherten, beauftragte Gott Mose, aus jedem der 12 Stämme einen Mann nach Kanaan gehen zu lassen, um Informationen darüber zu sammeln, wer dort lebte und welche Nahrungsmittel angebaut wurden. Mose sagte zu den 12 Kundschaftern: „Geht und seht, ob das Volk stark oder schwach ist, ob es wenige oder viele sind. Findet heraus, ob das Land gut oder schlecht ist, ob der Boden fruchtbar oder arm ist und ob es Bäume gibt. Findet heraus, in was für Städten sie leben und ob sie Mauern oder Befestigungen haben. Wenn du kannst, bringe einige Früchte des Landes mit".

Die 12 Kundschafter erkundeten die Region gründlich und kehrten nach 40 Tagen zurück. Sie berichteten, dass das Land hervorragend sei, aber die Menschen seien stark und im Kampf schwer zu besiegen. Zehn Spione sagten, es sei unmöglich, Kanaan einzunehmen, weil die Städte groß und gut verteidigt seien und die verschiedenen Stämme starke Kämpfer hätten. Das Volk war riesig – die Spione fühlten sich im Vergleich zu ihnen wie Heuschrecken.

Aber zwei der Kundschafter, Kaleb und Josua, waren anderer Meinung. Sie sagten: „Gott wird uns in das Land führen, wenn der Herr Gefallen an uns findet. Wenn wir uns nicht gegen den Herrn auflehnen und uns nicht vor den Menschen, die dort leben, fürchten, werden wir sie verschlingen. Ihr Schutz ist weg, wenn der Herr mit uns ist".

Die 10 Zweifler überzeugten die Führer, dass eine erfolgreiche Invasion unmöglich sei. Dann schrien sie Mose und Aaron an, weil sie sie auf eine sinnlose Reise geführt hatten. Sie drohten, Kaleb und Josua zu steinigen, und zogen sogar in Erwägung, Mose durch einen Führer zu ersetzen, der sie zurück nach Ägypten führen würde.

Gott war sehr verärgert über die Israeliten und sagte zu Mose: „Wie lange werden sie sich weigern, an mich zu glauben, obwohl ich alles für sie getan habe? Ich werde sie mit einer Plage schlagen und sie vernichten".

Aber Mose argumentierte, dass Gottes Ruf geschädigt würde, wenn alle anderen Nationen wüssten, was Gott den Israeliten versprochen hatte. „Die Völker werden sagen, dass du nicht in der Lage warst, dein Volk in das Land zu bringen, das du ihnen versprochen hast, und dass du sie in der Wüste abgeschlachtet hast. Du bist bekannt als der Gott, der langsam zum Zorn ist, der voller Liebe ist und der unsere Sünde und Rebellion vergibt. Als liebender Gott vergibst du die Sünden dieses Volkes, so wie du ihnen jedes Mal vergeben hast, seit sie Ägypten verlassen haben".

Der Herr war mit Mose einverstanden. „Ich werde ihnen vergeben, wie du gebeten hast. Aber niemand, der mindestens 20 Jahre alt ist, außer Kaleb und Josua, wird nach Kanaan kommen, wie ich es ihnen versprochen habe. Sie werden in der Wüste sterben. Ihre Kinder werden für ihre Untreue büßen, indem sie 40 Jahre lang als Hirten in der Wüste arbeiten, ein Jahr für jeden Tag, den die Kundschafter das Land erkundet haben. Sie werden für ihre Sünden leiden und erfahren, wie es ist, mich gegen sich zu haben".

Gott befahl Mose, das Volk in die Wüste zurück zum Roten Meer zu führen. Die 10 Kundschafter, die die Menge aufgewiegelt hatten, wurden von einer Plage heimgesucht und starben. Nachdem das Volk gesehen hatte, dass diese Spione gestorben waren, und angesichts der Aussicht auf weitere 40 Jahre Wanderschaft in der Wüste, tat es Buße. Doch viele ihrer Bekenntnisse waren nicht echt; sie hatten nur Buße getan, damit die Reise nach Kanaan fortgesetzt werden konnte. Mose sagte ihnen, dass sie zusammenbleiben und alle zurück in die Wüste gehen müssten und dass Gott niemandem beistehen würde, der die Gruppe verließ. Aber einige von ihnen bestanden darauf, allein nach Norden zu ziehen und in Kanaan einzumarschieren. Als sie das taten, wurden sie besiegt.

Mose wird herausgefordert

Als das Volk sich anschickte, nach Süden zu ziehen, brachten vier Männer 250 hoch angesehene Gemeindeleiter zu ihm und stellten seine Autorität in Frage. Einer der Rebellen war ein Levit, der die priesterliche Autorität von Aarons Familie in Frage stellte. Mose forderte sie alle auf, am nächsten Tag zu seinem

Zelt zurückzukommen. Als sie am nächsten Tag zurückkamen, befahl Gott Mose und Aaron, zur Seite zu treten. Dann sagte Mose zu denen, die sich in der Nähe der Zelte versammelt hatten: „Wenn diese Rebellenführer einen normalen Tod sterben, dann hat mich der Herr nicht gesandt. Aber wenn der Herr etwas Ungewöhnliches tut, dann wisst ihr, dass diese Männer Gott mit Verachtung behandelt haben". Als Mose dies sagte, riss die Erde auseinander, und die Rebellenführer und ihre Häuser fielen in eine Öffnung in der Erde. Dann schloss sich die Erde, und sie waren alle verschwunden. Dann verbrannte das Feuer die 250 anderen Männer.

Am nächsten Tag war die gesamte Gemeinschaft Israels wütend auf Mose und Aaron und beschwerte sich, dass sie viele von Gottes Volk getötet hatten. Anführer aus jedem der 12 Stämme stellten Mose und Aaron zur Rede. Gott ließ die Israeliten von einer Plage befallen, die erst aufhörte, als Aaron schnell lief, um ein Opfer zu bringen. Doch als er dies getan hatte, waren bereits Tausende von Menschen gestorben.

Mose geht weiter voran

Als die Israeliten in die Wüste zogen, gab es wenig Wasser, weil so viele Menschen am Rande der Wüste lebten. Die Menschen begannen wieder zu klagen und wünschten sich, sie wären tot oder zurück in Ägypten. Gott befahl Mose, einen langen Stock zu nehmen und dem Felsen vor ihnen zu sagen, er solle Wasser hervorbringen. Als sich das Volk vor dem Felsen versammelte, wurde Mose ungeduldig und schlug zweimal mit dem Stock auf den Felsen, so dass ein Schwall Wasser herausprudelte. Aber Mose ehrte Gott dabei nicht und schlug den Felsen, anstatt ihm zu sagen, er solle Wasser sprudeln lassen. Wegen seiner Ungeduld sagte Gott zu Mose und Aaron, dass sie Kanaan nicht betreten dürften.

Mose führte das Volk nach Süden durch ein Tal, das von einigen ihrer Feinde kontrolliert wurde, und das Volk beklagte sich erneut über den Mangel an Wasser und Brot und das miserable Essen. Um sie zu bestrafen, schickte Gott giftige Schlangen, und viele Israeliten wurden gebissen und starben. Das Volk gestand und bat Mose, Gott möge die Schlangen wegnehmen. Der Herr befahl Mose, eine bronzene Schlange anzufertigen und sie auf einen Pfahl zu stecken, so dass jeder, der gebissen wurde, sie ansehen und am Leben bleiben konnte.

Auf dem Weg nach Kanaan

Die Israeliten kehrten dann in eine Region östlich von Kanaan zurück, wo sie unterwegs auf verschiedene Feinde trafen. Die Israeliten gewannen alle Kämpfe und eroberten das Land auf der Ostseite des Salzsees. Sie lagerten östlich des Jordans gegenüber von Jericho, einer großen und mächtigen Stadt.

Mose und die anderen israelitischen Führer machten sich bereit, den Jordan nach Kanaan zu überqueren. Die Zahl der Soldaten in ihrem Heer war ungefähr dieselbe wie beim Auszug der Israeliten aus Ägypten mehr als 40 Jahre zuvor. Aber nur zwei von ihnen waren dieselben: Kaleb und Josua, die beiden Kundschafter, die geglaubt hatten, dass Gott sie zum Sieg in Kanaan führen würde.

Dann gab Gott Mose genaue Anweisungen, was das Volk tun sollte, wenn es in Kanaan einzog.

> Wenn du den Jordan überquerst und nach Kanaan kommst, dann vertreibe alle seine Bewohner und zerstöre alle Bilder und Götzen ihrer Götter und reiße alle ihre Altäre nieder. Besiedelt das Land und lasst euch dort nieder, denn ich habe es euch gegeben. Wenn ihr sie nicht vertreibt, werden die Übriggebliebenen für euch zu Stolpersteinen werden – sie werden euch Schwierigkeiten machen, und dann werde ich mit euch tun, was ich mit ihnen vorhabe.

Da Mose nicht nach Kanaan einziehen konnte, wählte Gott Josua als neuen Anführer der Israeliten aus. Mose gab Anweisungen, wie Opfergaben und Feste in Kanaan stattfinden sollten. Er schrieb auch alle wichtigen Ereignisse auf, die sich nach dem Auszug der Israeliten aus Ägypten ereignet hatten, und was Gott zu ihm gesagt hatte.

Mose spricht seine letzten Worte

Bevor das Volk den Jordan nach Kanaan überquerte, sprach Mose zu ihnen und fasste die wichtigsten Ereignisse der vergangenen 40 Jahre zusammen. Er betonte, wie wichtig es sei, Gott zu ehren, die Gebote zu halten und die Regeln zu befolgen, die er aufgestellt hatte – sie alle stammten von Gott.

Mose warnte das Volk auch vor den Folgen, wenn es nicht treu war. Er wusste, dass ihre größte Herausforderung geistlicher Natur sein würde. Er sagte ihnen:

Wenn ihr verdorben werdet und in den Augen des Herrn Böses tut, wird Gott zornig werden, und ihr werdet schnell aus dem Land verschwinden. Der Herr wird euch unter andere Völker zerstreuen, und nur wenige von euch werden überleben. Aber wenn ihr von dort aus den Herrn mit ganzem Herzen und ganzer Seele sucht, werdet ihr Gott finden. Später werdet ihr zu dem Herrn zurückkehren, der barmherzig ist und der euch nicht verlassen oder vernichten wird und der die Verheißungen, die er euren Vorfahren gegeben hat, nicht vergessen wird. Höre, o Israel! Der Herr, unser Gott, ist ein einziger Herr. Du sollst den Herrn, deinen Gott, lieben mit ganzem Herzen, mit ganzer Seele und mit all deiner Kraft.

Mose gab weitere Anweisungen darüber, was geschehen sollte, wenn die Israeliten Kanaan betraten. Gott würde sie zum Sieg über die größeren und stärkeren Völker führen, und diese Völker müssten vollständig vernichtet werden. Die Israeliten sollten sich von den Völkern, die Kanaan besetzt hielten, nicht einschüchtern lassen, denn der „große und ehrfurchtgebietende" Gott war mit ihnen. Sie durften keine Verträge mit den anderen Völkern schließen und ihnen keine Gnade erweisen. Sie durften keine Mischehen mit den Familien anderer Völker eingehen, weil dies die Israeliten dazu bringen würde, anderen Göttern zu folgen. Alles, was mit einem anderen Gott zu tun hatte, musste zerstört werden.

Um die Israeliten davor zu bewahren, sich über ihren Erfolg zu brüsten, sagte Mose zu ihnen: „Nicht weil ihr gerecht oder gut seid, werdet ihr Land in Besitz nehmen. Vielmehr ist es wegen der Bosheit dieser Völker. Schließlich hält Gott uns für ein halsstarriges Volk". Das Volk sollte Gott lieben und ihm gehorchen, und zwar nicht auf eine formale und routinemäßige Weise, sondern weil Gott den Israeliten zuvor auf vielfältige Weise seine Liebe gezeigt hatte. Die Liebe war das Herzstück der Beziehung – sie musste sowohl von Gott als auch von den Israeliten gezeigt werden.

Mose forderte das Volk auf, sich an Gottes Güte zu erinnern, indem er die Geschichten darüber las, wie Gott sie aus Ägypten befreit hatte und was seitdem alles geschehen war. Mose sagte ihnen, sie sollten sich mit Erinnerungen an diese Güte umgeben und Gottes Geboten gehorchen. Er gab ihnen diese Botschaft von Gott mit:

Nehmt meine Worte in euer Herz und euren Verstand auf und schreibt sie als Zeichen auf eure Hände und eure Stirn. Bringt sie euren Kindern bei und sprecht darüber, wenn ihr zu Hause seid und auf der Straße geht, wenn ihr euch hinlegt und aufsteht. Ich lege euch einen Segen und einen Fluch vor. Du wirst gesegnet werden, wenn du auf meine Gebote hörst, aber du wirst verflucht werden, wenn du nicht auf meine Gebote hörst und dich von mir abwendest und anderen Göttern folgst.

Mose sagte dem Volk, dass Gott sie nur aufforderte, den Herrn zu achten. „Seid gehorsam, liebt und dient dem Herrn von ganzem Herzen und von ganzer Seele. Haltet euch an die Gebote und Verordnungen Gottes, die ich euch heute zu eurem eigenen Besten gebe. Das ist nicht allzu schwer für dich. Heute stelle ich dir Leben und Wohlstand oder Tod und Verderben vor Augen. Wähle das Leben".

Mose sagte Josua, dass der Herr mit ihm war, ihm vorausgegangen war und ihn nie verlassen würde. Deshalb solle er keine Angst haben und sich nicht entmutigen lassen. Gott sprach im Geheimen zu Mose und Josua und sagte, das Volk würde sich tatsächlich von Gott abwenden. Die vergangenen 40 Jahre hatten bewiesen, dass die Israeliten von Natur aus rebellisch und stur waren, eine kurze Aufmerksamkeitsspanne hatten, oft vergaßen und Gottes Segnungen für selbstverständlich hielten. Gott befahl Mose, ein Lied zu schreiben, das die Menschen singen könnten, wenn es ihnen in Zukunft schlecht gehen würde. Das Lied beschrieb, wie der gute Gott sie verlassen hatte, weil sie Gottes Geboten nicht treu waren. Die Israeliten würden das Lied singen und sich daran erinnern, warum sie litten.

Mose sah Kanaan von einem Hügel östlich des Jordans aus. Nach seinem Tod befahl Josua dem Volk, sich bereit zu machen, den Jordan zu überqueren und nach Kanaan zu ziehen.

KAPITEL 6

---·•◆•·---

DIE BESETZUNG VON KANAAN

Josuas Siege beseitigen die meisten Bereiche des Götzendienstes

As die Israeliten in der Nähe von Jericho lagerten, lebten viele verschiedene „Völker" in Kanaan, und die Stämme kamen nicht miteinander aus. Viele der Städte hatten starke Mauern, und ihre Anführer zahlten an mächtigere Völker, um nicht eingenommen zu werden. Die Völker, die Kanaan besetzt hielten, glaubten an viele Götter, von denen die Menschen jedoch schreckliche Dinge verlangten. Die Menschen glaubten zum Beispiel, ihre Götter wollten, dass man Kinder als Opfer tötet.

Israel überquert den Jordan und greift Jericho an

Josua schickte zwei Spione aus, um mehr über Jericho zu erfahren, die erste Stadt, die sie einnehmen würden. Sie trafen eine sündige Frau namens Rahab, die ihnen mitteilte, dass jeder in Kanaan bereits von den Israeliten und ihrem mächtigen Gott wusste und dass sie vorhatten, das ganze Land zu erobern. Alle hatten große Angst vor ihnen.

Die Spione wurden schnell entdeckt, als sie Rahab besuchten, und die Stadtwachen gingen zu ihrem Haus und forderten sie auf, sie freizulassen. Aber sie versteckte sie auf ihrem Dach und sagte den Wachen, sie seien nicht mehr da. Die Wächter glaubten ihr und gingen, um sie zu suchen. Daraufhin bat Rahab sie, sie und ihre Familie vor der bevorstehenden Zerstörung zu verschonen – sie hatte sie gerettet und wollte auch gerettet werden. Die Spione schmiedeten einen Plan, um sicherzustellen, dass sie nicht beim Angriff auf die Stadt starb. Dann ließ sie die beiden Spione an einem Seil durch ein Fenster in der Mauer auf den Boden hinunter, und sie machten sich auf den Weg über den Fluss zu Josua.

Am nächsten Morgen befahl Josua den Israeliten, sich am Jordan zu versammeln, der im Frühjahr Hochwasser führte. Die Priester trugen die Bundeslade an den Rand des Flusses, und der Fluss hörte auf zu fließen, kurz nachdem sie ihr Futter ins Wasser gelegt hatten. (15 Meilen flussaufwärts war gerade ein riesiger Felsbrocken aus dem Berghang gebrochen, wodurch sich ein Stausee gebildet hatte und der Fluss nicht mehr floss.) Die Menschen überquerten den Fluss und schlugen ihr Lager in der Nähe von Jericho auf. Die Menschen staunten über die Macht Gottes.

Die Tore Jerichos waren verschlossen, da es eine Schlacht mit den Israeliten erwartete. Aber Josua griff nicht an. Stattdessen befahl der Herr Josua, das gesamte Heer sechs Tage lang einmal am Tag um die Stadt marschieren zu lassen. Die Priester führten die Parade an und bliesen ihre Trompeten, während andere Priester die Lade trugen und das Heer hinter ihnen herging. Das Heer marschierte schweigend mit. Am siebten Tag zogen sie siebenmal um die Stadt, und als das Heer einen langen Trompetenstoß hörte, stießen sie alle einen lauten Schrei aus. Die Mauern der Stadt stürzten ein, und das Heer stürmte in die ungeschützte Stadt und tötete alle bis auf Rahab und ihre Familienangehörigen, die bei den Israeliten bleiben durften. Josua brannte Jericho bis auf die Grundmauern nieder und verfluchte die Stadt.

Es sprach sich schnell in der Region herum, was mit Jericho geschehen war. Die verschiedenen Könige, die das ganze Land in Kanaan beherrschten, wussten, dass Israels Gott viel stärker war als der ihre, und sie verloren den Mut zu kämpfen. Die Israeliten griffen viele andere Städte in der Region an, aber wenn jemand Wertgegenstände für sich behielt, verlor die Armee die Schlacht und der Dieb wurde getötet.

Die Einwohner von Gibeon erkannten, dass sie dem Untergang geweiht waren, und verleiteten Israel zu einem Friedensvertrag mit ihnen. Sie gaben sich als arme Fremde aus, die sich als Diener Israels anboten. Josua schloss einen Vertrag mit den Gibeonitern, fand aber bald heraus, dass es ein Trick war. Dennoch hielt er den Vertrag ein – die Gibeoniter wurden nicht getötet, sondern wegen ihres Betrugs dazu verflucht, Israel als Diener zu dienen.

Die benachbarten Könige schlossen ihre Armeen zusammen, um mit einem einzigen Heer gegen die Israeliten zu kämpfen. Sie griffen Gibeon an, aber Josua und sein Heer marschierten die ganze Nacht durch und überraschten die Angreifer am Morgen. Die Israeliten kämpften den ganzen Tag und besiegten alle gegnerischen Heere bei Gibeon. Dann verfolgten sie die sich zurückziehenden Heere und töteten die Könige der angreifenden Heere. Josua und sein Heer zogen weiter nach Süden und eroberten viele andere Städte, ohne Überlebende zu hinterlassen. Als er fertig war, hatte er die gesamte Region erobert, vom Zentrum Kanaans bis hin zu allen Gebieten südlich davon.

Josua lenkt die Angriffe nach Norden

Dann wandte er sich mit seinem Heer nach Norden. Die Völker im Norden Kanaans erfuhren, was mit den Heeren im mittleren und südlichen Kanaan geschehen war, und schlossen sich zusammen, um gegen Israels Heer zu kämpfen. In einem Überraschungsangriff schlug das israelitische Heer die vereinten Streitkräfte einiger gegnerischer Heere und besiegte dann das gewaltige, von Streitwagen geführte Heer der großen Stadt Hazor und brannte sie nieder. Anschließend verfolgte Israels Armee die sich zurückziehenden Armeen der nördlichen Völker bis nach Phönizien. Alle wurden getötet, aber außer Hazor wurde keine Stadt zerstört, denn sie sollte in Zukunft von den Israeliten genutzt werden. Die Israeliten behielten das gesamte Vieh und die Wertsachen des Volkes für sich. Damit waren alle Kämpfe beendet.

Die Eroberung ist abgeschlossen

Es dauerte sieben Jahre, bis Josua alle Schlachten beendet hatte, und 31 Königreiche in Kanaan waren erobert worden. Nur die Bewohner von Gibeon schlossen einen Friedensvertrag mit Israel, und sie waren Israels Diener. Aber einige Gebiete waren nicht besetzt, und so lebten immer noch Menschen aus anderen Stämmen in der Region. Josua hatte im Wesentlichen getan, was Gott und Mose ihm aufgetragen hatten – die Bewohner Kanaans, die ein kaltes Herz gegen den einen wahren Gott hatten, zu beseitigen. So konnten sich die Israeliten im verheißenen Land niederlassen, aber sie lebten immer noch mit Ungläubigen zusammen.

Josua verteilte das Land an die 12 Stämme Israels entsprechend der Zahl ihrer Mitglieder: Die größeren Stämme erhielten mehr Land. Die Heere von drei Stämmen erhielten Land, das sie östlich des Jordan haben wollten. Die Leviten sollten 48 Städte innerhalb des Landes eines jeden Stammes und Land außerhalb dieser Städte für ihre Tiere erhalten.[2] Sechs Städte, die der Stamm Levi geerbt hatte, wurden als „sichere Zufluchtsorte" bestimmt, damit die Menschen sich in Sicherheit bringen konnten, wenn sie versehentlich jemanden getötet hatten. Die Stämme legten Städte und Weidegebiete für die Leviten fest. Kaleb, der einzige andere Überlebende der vorherigen Generation, der neben

---

[2] Die 12 Stämme, die Land erbten, waren Ruben, Simeon, Juda, Issaschar, Sebulon, Benjamin, Dan, Naftali, Gad, Asser und die beiden Söhne Josephs, Ephraim und Manasse. Der Stamm der Levi erhielt Städte unter den 12 Stämmen.

Josua nach Kanaan gezogen war, erhielt die Stadt Hebron. Silo wurde zum religiösen Zentrum, in dem die Bundeslade aufbewahrt wurde und wo nationale Streitigkeiten ausgetragen wurden.

Als Josua das Land an die Stämme verteilte, war er schon ein alter Mann. Er versammelte die Anführer der Stämme, um sie daran zu erinnern, dem einen wahren Gott treu zu bleiben und sich nicht mit den Kanaanitern zu vermischen, die in der Region lebten. Er erinnerte sie daran, dass ihnen Gutes widerfuhr, weil sie Gott gehorchten, aber dass Gott sie vernichten würde, wenn sie sich böse verhielten. Die Kämpfe und die Säuberung Kanaans sollten die bösen Mächte in der Region vernichten, der Welt die Macht von Israels Gott demonstrieren und eine Gesellschaft heiliger Menschen schaffen, die keine Kompromisse mit dem Bösen eingingen. Das sagte er den Anwesenden:

> Fürchte den Herrn und diene Gott mit aller Treue. Verabschiede dich von allen Göttern, die deine Vorfahren in der Vergangenheit angebetet haben. Wenn es dir aber schwerfällt, dem Herrn zu dienen, dann musst du dich entscheiden, wem du dienen willst, ob es die Götter sind, denen deine Vorfahren gedient haben, oder die Götter der Menschen, die in dem Land leben, in dem du wohnst. Aber was mich und meine Familie betrifft, wir werden dem Herrn dienen.

Die Führer versprachen, dem Herrn zu vertrauen, ihm zu dienen und ihn anzubeten, Gottes Gebote und Verordnungen zu befolgen und sich nicht mit dem kanaanitischen Volk zu vermischen.

KAPITEL 7

ISRAEL KÄMPFT IN KANAAN

Stämme trennen sich, geben ihren Glauben auf und beginnen, Gottes Segen zu verlieren

Aufgrund der großen Entfernungen und der mangelnden Einigkeit der 12 Stämme gab es keinen Ort, an dem die Stammesführer Entscheidungen treffen oder festlegen konnten, wie sie zusammenarbeiten wollten. Infolgedessen entwickelte jeder Stamm seine eigenen Methoden, um in dem Gebiet zu leben, in dem er sich niederließ. Die Stämme lieferten sich Kämpfe mit denen, die noch in der Region lebten. Mehrere große Städte wurden immer noch von den Kanaanitern kontrolliert, weil die Israeliten in ihrem Gebiet nicht stark genug waren, um sie im Kampf zu besiegen. In einigen Fällen bauten die Einheimischen die Städte wieder auf, die die Israeliten zerstört hatten, und wurden wieder mächtig. Einige Israeliten schlossen Freundschaft mit den Kanaanitern und übernahmen ihre Lebensweise, einschließlich der Teilnahme an religiösen Zeremonien für andere Götter. Die Mischehen führten zu einer weiteren Verschlechterung der Treue der Israeliten zu Gottes Geboten und religiösen Ritualen. Mose hatte das Volk gewarnt, diese Dinge nicht zu tun, und das Volk hatte versprochen, sie nicht zu tun. Aber die meisten Menschen taten, was sie wollten.

In den nächsten Jahrhunderten verließen die Israeliten ihren Glauben an Gott so oft, dass Gott die Segnungen, die Mose und Josua versprochen worden waren, wieder wegnahm. Diese geistliche Untreue, bei der das Volk die Versprechen brach, die es gegeben hatte, um Gott treu zu bleiben, führte dazu, dass es von anderen beherrscht wurde. Verschiedene gottesgläubige israelitische Führer halfen den Stämmen, diese Herrschaft zu überwinden, und schufen Zeiten des Friedens und des Wohlstands, bis die nächste Runde der Untreue kam.

Regelmäßige Unterdrückung und Siege

Die Israeliten wurden zunächst von ihren nördlichen Feinden angegriffen, die sie acht Jahre lang sehr hart behandelten. Othniel, ein Richter und militärischer Anführer aus dem Stamm Juda und Kalebs jüngerer Bruder, besiegte die Armeen, woraufhin 40 Jahre lang Frieden herrschte. Doch die Israeliten taten erneut Böses vor Gott, und ein anderer Stamm im Osten fiel in sie ein und übernahm für 18 Jahre die Kontrolle über Kanaan. Ehud aus dem Stamm Benjamin überlistete und tötete den fremden König und errang einen militärischen Sieg über diese Armee. Daraufhin herrschte 80 Jahre lang Frieden.

Danach wurde die Region von kanaanitischen Mächten mit Sitz in Hazor, das wieder aufgebaut worden war, übernommen. Die israelitische Prophetin und Richterin Debora kümmerte sich um die Streitigkeiten unter den Israeliten, während sie zusah, wie ihrem Volk Böses angetan wurde. (Propheten sprachen Gottes Gedanken und Lehren zum Volk und zu den Führern, und manchmal machten sie Vorhersagen über die Zukunft.) Gott sagte ihr, sie solle sich an einen Mann namens Barak wenden und ihm sagen, dass der Herr wolle, dass er das Heer gegen das starke Heer von Hazor anführe. Gott versprach Barak einen Sieg, aber er würde nur gehen, wenn Debora mit ihm käme. Sie willigte ein, und gemeinsam besiegten sie das Heer von Hazor, als dessen schwere eiserne Streitwagen im Schlamm stecken blieben, nachdem es kurz vor der Schlacht heftig geregnet hatte; auf ihren Sieg folgten 40 Jahre des Friedens.

Gideon und Jephthah

Schließlich wurde Israel wieder untreu und tat allerlei Böses. Feindliche Nomaden aus Midian überfielen manchmal die Nahrung und die Tiere der Israeliten. Diese regelmäßigen Überfälle trieben die Israeliten dazu, in Höhlen und auf Hügeln zu leben.

Als die Israeliten Gott um Hilfe baten, berief der Herr Gideon, einen jungen Bauern, zu ihrem Anführer. Ein Fremder sagte ihm, dass Gott ihn zu einem mächtigen Krieger machen würde, aber er bezweifelte, dass dies möglich war. Er hatte keine Ausbildung, stammte aus einem kleinen Dorf im schwächsten Stamm und war der Jüngste in seiner Familie. Er wusste, dass Gott die Stämme Israels wegen ihrer anhaltenden Sündhaftigkeit im Stich gelassen hatte. Aber der Fremde sagte, Gott werde mit ihm sein und alle Midianiter vertreiben.

Gideon wollte ein Zeichen, um zu beweisen, dass Gott mit ihm war. Es geschahen mehrere Wunder, um Gideon zu beweisen, dass Gott ihn auserwählt hatte, das Heer zu führen, und dass er siegreich sein würde. Gideon hatte mehr als 32 000 Mann in seinem Heer, aber Gott sagte ihm, dass dies zu viel sei – wenn er die Schlacht gewinnen würde, würden die Menschen Gott keinen Glauben schenken. Nach einer Reihe von Versuchen, die Zahl der Männer im Heer zu verringern, hatte Gideon schließlich nur noch 300 Männer. Wenn Gideon mit einer so kleinen Armee eine Schlacht gegen alle Widrigkeiten gewinnen würde, würde nur Gott die Anerkennung bekommen.

Gideons Männer starteten in der Nacht einen Überraschungsangriff, der Verwirrung und Panik unter den Feinden auslöste, die begannen, sich gegenseitig zu bekämpfen. Viele von ihnen zogen sich zurück und wurden von Gideons Männern über eine Strecke von 40 Meilen bis weit über den Jordan hinaus verfolgt. Mehr als 135.000 feindliche Soldaten und Anführer wurden in dieser langen Schlacht getötet.

Nach den Schlachten wollten die Israeliten Gideon zu ihrem König machen und seine Söhne zu ihren Nachfolgekönigen. Aber er weigerte sich und sagte, Gott sei ihr König. Er verlangte jedoch von jedem, der dem Feind Gold abnahm, einen goldenen Ohrring. Das Volk gab Gideon 43 Pfund Gold, und er ließ sich ein kunstvolles Gewand anfertigen und nahm es mit in seine Heimatstadt. Dort wurde es zu einem heiligen Kleidungsstück, das die Menschen mehr verehrten als Gott.

Der Sieg brachte den Israeliten 40 Jahre Frieden. Aber als Gideon starb, begannen die Israeliten, den lokalen Gott Baal anzubeten. Sie vergaßen, was Gideon und der Herr für sie getan hatten. Nachdem mehrere Richter Israel durch 45 Jahre Frieden geführt hatten, begannen die Israeliten wieder, Baal und andere Götter anzubeten, und fremde Mächte übernahmen die Region und misshandelten die Israeliten.

Nachdem die Israeliten 18 Jahre lang von den Ammonitern im Osten beherrscht worden waren, baten sie Gott um Vergebung ihrer vergangenen Sünden. Sie zerstörten ihre fremden Götter und dienten dem Herrn. Dann baten sie Jephthah, eine Armee anzuführen, um diese fremde Macht zu besiegen. Jephthah war ein unehelicher Sohn, der von seinen Halbbrüdern misshandelt worden war. Er lief weg und lebte mit obdachlosen Männern am Rande der Wüste. Er war als furchtloser Krieger berühmt geworden, der eine Bande von Banditen anführte. Die Israeliten sagten, wenn er die Schlacht gewinnen würde, würden sie ihn zu ihrem Anführer machen.

Jephthah stimmte zu und versuchte zunächst, mit dem feindlichen König eine friedliche Lösung für einen Landstreit auszuhandeln, was jedoch misslang. Jephthah zog daraufhin los, zerstörte 20 Städte des Feindes und führte ganz Israel sechs Jahre lang an, bis er starb.

Simson und die Philister

Auf Jephthah folgten verschiedene Richter, die weitere 25 Jahre amtierten, aber danach wandten sich die Israeliten vom Herrn ab und folgten fremden Göttern. Sie gerieten unter die Herrschaft der Philister, eines starken Stammes, der fruchtbares Land am Mittelmeer besetzte. Ihre Herrschaft über Kanaan dauerte 40 Jahre.

Ein Engel sagte einem Ehepaar, das in der Nähe der Philister lebte und keine Kinder bekommen konnte, dass sie einen Sohn bekommen würden. Er würde von Geburt an ein Nasiräer sein – er würde keine Weintraube essen, keinen Toten berühren und kein Haar auf seinem Kopf schneiden. Der Junge würde Israel von den Philistern befreien. Als der Junge geboren wurde, nannten sie ihn Simson.

Simson wurde durch seine große Stärke berühmt. Aber er war auch impulsiv und jähzornig und es fehlte ihm an Weisheit und einem guten moralischen Charakter. So schlief er zum Beispiel mit fremden Frauen, heiratete Ausländerinnen und brach oft sein Gelübde, keine Leiche zu berühren. Aufgrund seiner Tapferkeit und großen Stärke tötete er Tausende von Philistern und herrschte 20 Jahre lang über Israel.

Delilah

Gegen Ende seiner Regierungszeit verliebte sich Simson in eine Frau namens Delila. Die Philister baten sie, herauszufinden, warum Simson so stark war, und sie bezahlten sie, um sein Geheimnis zu erfahren. Delila fragte Simson mehrere Male, wie er so stark geworden war. Jedes Mal log er darüber, und jedes Mal erzählte Delila den Philistern, was er gesagt hatte. Als die Philister versuchten, ihn gefangen zu nehmen, wehrte er sie ab, weil er immer noch stark war.

Delila beschwerte sich mehrmals bei Simson darüber, dass er sie belogen hatte. Sie sagte, er liebe sie nicht und habe sie wie eine Närrin dastehen lassen. Sie nörgelte Tag für Tag an ihm herum, bis er ihre Nörgelei satt hatte. Simson begriff nicht, was Delila vorhatte, und sagte ihr schließlich, dass er seine Kraft verlieren würde, wenn man ihm die Haare abschnitt. Delila erzählte den Philistern dieses Geheimnis, und nachdem sie ihm im Schlaf die Haare abgeschnitten hatte, verließ Gott ihn, und die Philister konnten ihn leicht gefangen nehmen. Sie stachen ihm die Augen aus, machten ihn zu einem Gefangenen und zwangen ihn, Getreide zu mahlen.

Mit der Zeit wurden Simsons Haare länger und er kam wieder zu Kräften. Als die Philister Simson aus dem Gefängnis holten, um sich vor einer großen Menschenmenge über ihn lustig zu machen, ließ er ihn zwischen zwei Säulen stellen, die das Gebäude stützten, damit er sich an ihnen anlehnen konnte.

Daraufhin betete Simson zum Herrn: „Bitte, Herr, vergiss mich nicht. Stärke mich noch einmal und lass mich an den Philistern Rache für meine beiden Augen nehmen". Dann stemmte sich Simson zwischen die beiden mittleren Säulen, die den Tempel stützten, und stieß mit aller Kraft gegen die Säulen. Der Tempel stürzte ein und tötete alle, die sich darin befanden.

Naomi und Rut

Während dieser unruhigen Zeiten zogen die Mitglieder der israelitischen Stämme in der Region umher. Die Wanderungen erfolgten aufgrund von Kämpfen, Hungersnöten und um Familienmitglieder zusammenzubringen. Während einer Hungersnot zog eine kleine Familie, die in Bethlehem lebte, jenseits des Salzsees. Der Ehemann starb und hinterließ seine Frau Naomi und zwei Söhne. Die Söhne heirateten Orpah und Rut, zwei Frauen aus der Gegend. Als die Söhne starben, blieben nur noch Naomi und ihre beiden Schwiegertöchter übrig.

Naomi hörte, dass Gott in Juda für Nahrung gesorgt hatte, aber sie wollte allein gehen, damit Orpa und Rut wieder heiraten konnten. Rut bestand darauf, mit Naomi zu gehen, und sagte: „Wo du hingehst, da will ich auch hingehen; wo du wohnst, da will ich auch wohnen. Dein Volk wird mein Volk sein, dein Gott wird mein Gott sein. Wo du stirbst, werde ich sterben und dort begraben werden. Möge der Herr mit mir hart umgehen, wenn ich zulasse, dass uns etwas anderes als der Tod trennt". Sie gab ihr bisheriges Leben auf und schloss sich den Wegen der Israeliten an.

Als Naomi und Rut in Bethlehem ankamen, sagte Rut, sie wolle auf den Gerstenfeldern arbeiten, die gerade abgeerntet wurden. Sie arbeitete schließlich für Boas, einen wohlhabenden Landbesitzer, der mit Naomis verstorbenem Mann verwandt war. Als Boas Rut auf dem Feld sah, erfuhr er, dass sie die Schwiegertochter von Naomi und eine fleißige Arbeiterin war.

Boas bat Rut, für ihn zu arbeiten und die Felder zu hüten. Rut verbeugte sich vor Boas und fragte ihn: „Warum hast du mich bemerkt und magst mich, obwohl ich eine Fremde bin?"

Boas antwortete: „Man hat mir erzählt, was du nach dem Tod deines Mannes für deine Schwiegermutter getan hast und wie du deine Eltern und deine Heimat verlassen hast, um hierher zu kommen und mit Menschen zu leben, die du nicht kennst. Möge der Gott Israels dich belohnen".

Rut antwortete Boas: „Möge ich in deinen Augen weiterhin beliebt sein. Du hast mich beruhigt, indem du so freundlich zu mir gesprochen hast, obwohl ich nicht zu deinen Dienern gehöre". Boas gab ihr etwas zu essen mit auf den Weg, und Rut erzählte Naomi, was an diesem Tag geschehen war.

Rut arbeitete in jenem Jahr noch mehrere Ernten lang für Boas und lebte zu Hause bei Naomi. Schließlich heirateten sie und bekamen einen Sohn namens Obed, der später der Vater von Isai wurde, der einen Sohn namens David hatte, der Israels größter Führer werden sollte. Ruts Status hatte sich aufgrund ihrer Integrität und ihres Mutes, ihre Zugehörigkeit zu ändern, dramatisch verändert.

Andere Konflikte und Friedensperioden

In diesen Jahrhunderten gab es ein einheitliches Muster. Die Israeliten fingen an, Gott zu ehren, aber sie wurden bequem, passten sich den örtlichen Bräuchen und der Kultur an und vergaßen allmählich, Gott zu folgen. Dies führte zu Unterdrückung durch andere und dazu, dass das Volk die Erfahrung machte, dass Gottes Segen ausblieb. Wenn es den Israeliten wirklich schlecht ging, riefen sie Gott um Hilfe an, und verschiedene Helden traten auf, um die Unterdrücker zu besiegen. Ihre Siege waren der Macht Gottes zu verdanken, nicht der Macht der israelischen Armeen. Gerade durch menschliche Schwäche und Begrenztheit wurden Gottes Macht und Herrlichkeit offenbar. Gott blieb treu und vergab denjenigen, die um Hilfe riefen, die die Regeln für ein gutes Leben befolgten und die gläubig waren. Die Siege stellten den Frieden (hebräisch: *Schalom*) und die Gerechtigkeit wieder her, bis der Zyklus des Niedergangs erneut begann.

KAPITEL 8

---◆---

KRÖNUNG EINES VEREINIGENDEN KÖNIGS

Erster nationaler Status mit gemischten Ergebnissen

Die verschiedenen israelitischen Stämme bekämpften sich untereinander und waren manchmal verärgert, wenn sie in Schlachten, in denen sie einen Sieg errungen hätten, außen vor gelassen wurden. Die Stämme bekämpften sich auch, weil es zwischen Mitgliedern der verschiedenen Stämme zu Beleidigungen kam. Während dieser Bürgerkriege bestahlen sich die Angehörigen der verschiedenen Stämme gegenseitig und nahmen sich sogar Frauen aus anderen Stämmen zur Frau. Die Stämme empfanden keine Loyalität zueinander und waren eifersüchtig aufeinander. Es gab keinen König, und jeder Stamm handelte in seinem eigenen Interesse.

Ohne einen vereinigenden König und eine Möglichkeit, den nächsten König zu wählen, hatten die Stämme Israels wenig Ansehen in der Region. Die Philister stellten die größte Bedrohung für Israel dar – ihre Armee und ihre Wirtschaft waren stark, während die Israels schwach war. Israel hatte auch im Norden und Osten Feinde, und das Meer an der Westgrenze war kein Vorteil, da Israel keine Erfahrung mit großen Schiffen hatte. Israel war von Schwierigkeiten umgeben und musste sich verteidigen, aber die 12 Stämme arbeiteten nicht zusammen, um dies zu tun.

Samuel, der Prophet und Richter

In dieser Zeit wurde das religiöse Leben in Israel weitgehend vernachlässigt. Die Priester verhielten sich unangemessen und nutzten die Menschen aus, die zur Stiftshütte in Silo kamen, um anzubeten und zu opfern.

Eine kinderlose Frau namens Hannah kam eines Tages in die Stiftshütte und weinte leidenschaftlich. Seit vielen Jahren wünschte sie sich ein Kind, und sie legte ein Gelübde vor Gott ab: „Wenn du mir einen Sohn schenkst, will ich ihn dir geben, so lange er lebt". Der Hohepriester sah Hanna beten und fragte sie nach ihrem Gebet. Er sagte ihr: „Geh in Frieden. Möge der Gott Israels dir gewähren, worum du gebeten hast". Sie ging ermutigt, und Gott erfüllte ihre Bitte – sie bekam einen Sohn und nannte ihn Samuel.

Samuel arbeitete und lebte als Junge in der Stiftshütte und nahm seine Pflichten ernst. Eines Nachts hörte er, wie jemand seinen Namen rief. Schließlich erfuhr er, dass es Gott war, der ihn rief. Gott sagte, dass der Hohepriester und seine Söhne vernichtet werden würden, weil sie Gott nicht so ehrten, wie sie sollten, und sie starben später im Kampf. Es sprach sich in ganz Israel herum, dass Samuel, der noch ein Junge war, ein Prophet Gottes war.

Die Philister beherrschten und misshandelten die Israeliten 20 Jahre lang, bis Israel sich schließlich dem Herrn zuwandte. Samuel forderte das Volk auf, seine fremden Götter zu vernichten und Gott zu folgen. Das Volk legte seine anderen Götter ab und diente nur noch dem Herrn. Samuel versammelte daraufhin die Israeliten in einer Stadt und betete für sie. Die Philister hörten von der Versammlung und griffen die Israeliten an. Doch Gott ließ ein Gewitter über der Region niedergehen, und die Philister zogen sich zurück. Die Israeliten verfolgten und töteten viele von ihnen, und die Philister hörten viele Jahre lang auf, Israel anzugreifen.

Samuel war für den Rest seines Lebens Richter und religiöser Führer in ganz Israel. Er reiste von Stadt zu Stadt und fällte Rechtsentscheidungen, befreite Städte, die von den Philistern erobert worden waren, und vertrieb Philister, die in anderen Gebieten lebten. Während Samuels Amtszeit herrschte Frieden zwischen Israel und seinen Nachbarn.

Saul, Israels erster König

Als Samuel alt war, baten ihn die Ältesten, einen König zu ernennen, der das Volk führen sollte – sie wollten wie die anderen Völker sein, die einen König hatten. Der Herr sagte Samuel, dass sie Gott als Israels Führer ablehnten und dass ein König für die Israeliten bedeuten würde, dass sie viel Geld und Zeit aufwenden und viele Leute einstellen müssten, um dem König zu dienen und das Königreich zu schützen.

Als Samuel beschrieb, was passieren würde, wenn sie einen König bekämen, hörte das Volk nicht auf ihn. Sie sagten, sie wollten einen König haben und so sein wie andere Völker. Gott sagte Samuel, er solle einen König ernennen, und dass am nächsten Tag ein Mann aus dem Stamm Benjamin (dem kleinsten und am wenigsten angesehenen der zwölf Stämme) in die Stadt kommen würde, der Israels erster König sein sollte. Am nächsten Tag kam ein großer und gut aussehender Mann namens Saul in die Stadt, um seine Esel zu holen. Samuel traf Saul und sagte ihm unter vier Augen, dass er der erste König Israels werden würde. Samuel segnete ihn und beschrieb, was am nächsten Tag geschehen würde, um Saul zu bestätigen, dass er der Auserwählte war. Saul wurde ein anderer Mensch, und am nächsten Tag geschah alles, was Samuel vorausgesagt hatte. Gottes Geist erfüllte Saul, und er sprach die Wahrheit deutlich aus. Die Menschen, die Saul kannten, waren erstaunt über seine veränderte Persönlichkeit.

Samuel führte dann ein Verfahren mit den Führern aller Stämme durch, um einen König auszuwählen. Sie zogen Strohhalme, um einen Stamm auszuwählen, dann taten sie dasselbe, um einen Clan auszuwählen, und dann wieder, um eine Familie in diesem Clan auszuwählen, und schließlich einen Mann innerhalb der Familie. Diese Methode der Entscheidungsfindung wurde oft als Möglichkeit für Gott genutzt, eine Entscheidung zu treffen. Schließlich wurde Saul ausgewählt, und als er dem Volk vorgeführt wurde, war er eindeutig der Beste unter den Anwesenden. Samuel sagte zu ihnen: „Seht den Mann, den der Herr erwählt hat. Es gibt keinen wie ihn im ganzen Volk". Das Volk antwortete laut: „Es lebe der König!" Er war zu diesem Zeitpunkt 30 Jahre alt.

Samuel hielt dann seine letzte Rede an die Israeliten und erinnerte sie an ihre Vergangenheit. Er sagte, dass Gott sie liebte und dass sie Gott lieben und ehren sollten. Aber sie wollten einen König, und jetzt hatten sie einen. Solange das Volk dem Herrn diente und ihm gehorchte, würde alles gut gehen. Wenn sie jedoch abfielen, wie sie es in der Vergangenheit getan hatten, würde Gottes Hand gegen Israel und seinen König sein, genau wie in der Vergangenheit. Einen König zu haben, würde sie nicht retten.

Sauls Schwächen

Trotz seiner beeindruckenden körperlichen Erscheinung hatte Saul persönliche Schwächen, die seine Chancen auf Größe zunichte machten. Er war unsicher und hielt nicht viel von sich selbst. Er stammte aus dem kleinsten Stamm und machte sich ständig Gedanken darüber, was andere von ihm dachten. Auf dem Schlachtfeld wurde deutlich, dass es ihm an Vertrauen in seine militärischen Strategien mangelte. Er hatte kein gutes Urteilsvermögen im Umgang mit anderen, misstraute den Motiven anderer, war neidisch, wenn andere Anerkennung erhielten, und errichtete Denkmäler, um sich selbst zu ehren.

Aber das Schlimmste war, dass er Gott nicht gehorchte. Er bekam Angst und opferte zu früh, als es so aussah, als könnte er eine Schlacht verlieren. Vor einer wichtigen Schlacht sagte Samuel zu Saul, dass Gott wolle, dass er ihr Volk und all ihren Besitz vollständig vernichte. Doch nachdem er die Schlacht gewonnen hatte, verschonte Saul ihren König, und seine Soldaten überredeten ihn, ihnen die besten Tiere zu überlassen. Als Samuel nach der Schlacht mit Saul zusammentraf, sagte dieser, dass alles zerstört worden sei. Aber Samuel wusste, dass das nicht stimmte, denn er hörte im Hintergrund die Geräusche von Schafen und Rindern.

Sauls Ausrede war, dass seine Soldaten die Tiere behielten, um sie als Opfergaben zu verwenden. Samuel war wütend und sagte: „Hat der Herr mehr Freude an euren Opfern und Schlachtopfern als daran, Gott zu gehorchen? Gott zu gehorchen ist wichtiger als das Opfern von gemästeten Tieren. Rebellion ist Sünde und Stolz ist böse. Weil du das Wort des Herrn abgelehnt hast, hat Gott dich als König abgelehnt". Samuel sprach nie wieder mit Saul.

David erhebt sich, Saul fällt

Während Samuel um Saul und Israel trauerte, ließ der Herr ihn nach Bethlehem gehen und sich mit Isai, dem Enkel von Boas und Rut, treffen, um den nächsten König zu bestimmen. Der erste Sohn, der Samuel erschien, war Eliab, der eine sehr beeindruckende Erscheinung hatte. Samuel dachte, dass dies sicher der Mann sein würde, den Gott als König haben wollte. Aber Gott sagte zu Samuel: „Nein, achte nicht auf sein Aussehen oder seine Größe. Gott achtet nicht auf das, was die Menschen sehen, auf ihre äußere Erscheinung. Der Herr schaut auf das Herz".

Isai brachte sieben seiner Söhne zu Samuel, der sie alle ablehnte. Er fragte, ob es noch andere gäbe, und der jüngste hütete gerade Schafe. David wurde gerufen und betrat den Raum, sehr gesund und gut aussehend. Samuel sagte, dass David der nächste König werden solle. David war ein guter Redner, ein tapferer Krieger, ein Musiker und ein Dichter. Als Saul von bösen Geistern geplagt wurde, erzählten ihm seine Diener von Davids Fähigkeit, die Leier (eine kleine Harfe) zu spielen, was Sauls Geister besänftigte. Saul ließ ihn oft zu sich kommen, während David weiterhin als Hirte die Herden seiner Familie hütete.

Goliath

Als die Philister drohten, Israel erneut zu überfallen, standen sich die beiden Armeen auf den Hügeln oberhalb eines Tals gegenüber. Das Heer der Philister hatte eiserne und bronzene Rüstungen und einen Soldaten namens Goliath, der fast zwei Meter groß war. Er war schwer gepanzert und hatte schwere Waffen, die sich perfekt für den Nahkampf eigneten. Seine ungewöhnliche

Größe bedeutete jedoch, dass er eine Missbildung hatte, die ihn langsam und sehbehindert machte, so dass er von jemandem getötet werden konnte, der eine andere Methode anwendete.

Goliath ging mehr als einen Monat lang jeden Tag in das Tal und forderte Israel heraus, einen Soldaten in das Tal zu schicken, um ihm in einem Kampf zu begegnen, bei dem der Sieger alles bekommt. Die Seite des Verlierers sollte der Diener des anderen werden. Auf diese Weise würde es in einer großen Schlacht kein Blutvergießen geben. Saul und sein gesamtes Heer waren entsetzt über diese Herausforderung, und niemand meldete sich freiwillig zum Kampf gegen Goliath.

Mehrere Söhne Isais waren mit Saul auf dem Schlachtfeld, aber David war zu Hause und hütete Schafe. Jesse beauftragte ihn, seinen Brüdern Essen zu bringen, und als David ankam, erfuhr er von Goliaths Herausforderung. David meldete sich freiwillig, um gegen Goliath zu kämpfen, aber Saul sagte, er habe keine Chance gegen einen so großen und erfahrenen Kämpfer.

David sagte zu Saul: „Ich habe die Schafe meines Vaters gehütet, und wenn ein Löwe oder ein Bär ein Schaf angreift, töte ich es. Wenn ich einen Löwen oder einen Bären töten kann, dann kann ich auch diesen Philister töten. Er hat sich den Armeen des lebendigen Gottes widersetzt".

Saul willigte ein, David gegen Goliath kämpfen zu lassen. Saul legte David seine schwere Rüstung an, aber David sagte, er könne so nicht kämpfen. Stattdessen würde er die Waffen verwenden, die er als Hirte benutzt hatte: einen Holzstab, ein paar glatte Steine und eine Schleuder. Die Steine, die von der Schleuder schnell geschleudert wurden, konnten mehr als 100 Meilen pro Stunde zurücklegen und waren in den Händen eines geschickten Schleuderers tödlich, selbst aus Hunderten von Metern Entfernung. Mit Gott an seiner Seite und einer tödlichen Waffe in der Hand ging er voller Zuversicht in das Tal, um gegen Goliath zu kämpfen.

Als Goliath sah, wie klein David war und dass er keine Rüstung trug, verspottete er ihn und verfluchte ihn. Aber David sagte zu ihm: „Du kämpfst gegen mich mit Schwert und Speer, ich aber kämpfe gegen dich im Namen des Herrn, des Gottes der Heere Israels, dem du trotzt. So wird der Herr dich nun in meine Hände geben. Ich werde dir den Kopf abschlagen, und die ganze Welt wird erfahren, dass es einen Gott in Israel gibt".

Als Goliath näher kam, um anzugreifen, rannte David vorwärts, steckte einen Stein in seine Schleuder und schoss ihn direkt auf den Riesen. Der Stein traf Goliath an der Stirn und warf ihn zu Boden. David rannte hin, ergriff Goliaths Schwert, schlug dem Riesen den Kopf ab und hob ihn hoch, so dass alle ihn sehen konnten. Als die Philister sahen, dass Goliath tot war, drehten sie sich um und liefen davon. Das israelitische Heer verfolgte sie und tötete sie im Laufen.

Saul verfolgt David

David wurde sehr berühmt, und Saul nahm ihn in seinen Haushalt auf, wo David eine sehr enge Freundschaft mit Jonathan, Sauls Sohn, entwickelte. David war sehr erfolgreich, wenn er in die Schlacht zog, was seine Beliebtheit noch steigerte. Saul wurde eifersüchtig auf Davids Ruhm, als er hörte, wie das Volk nach den Schlachten sagte: „Saul hat seine Tausende erschlagen, David hat seine Zehntausende erschlagen". Saul wurde zunehmend paranoid und versuchte mehrmals, David zu töten, aber David konnte immer entkommen. Saul schickte ihn in die Schlacht, in der Hoffnung, dass er getötet werden würde, aber David kam immer als Sieger zurück.

Sauls Tochter wurde Davids Frau, und sie warnte ihn, dass Saul ihn töten wolle. David entkam und wurde mehrmals fast gefangen genommen, als Sauls Männer ihn durch die Gegend jagten. David hatte mehrere Gelegenheiten, Saul zu töten, aber jedes Mal entschied er sich dagegen, weil Saul von Gott zum König ernannt worden war. David wusste, dass er, wenn er König werden sollte, den Prozess nicht beschleunigen sollte, indem er Gottes Gebot, nicht zu morden, missachtete. Gottes Verfahren würde es ihm ermöglichen, auf die richtige Weise König zu werden. David versteckte sich an verschiedenen Orten und zog schließlich in das Gebiet der Philister, um sich in Sicherheit zu bringen.

Saul und seine Söhne wurden schließlich in einer Schlacht mit den Philistern getötet. Er erhielt kein königliches Begräbnis, und nach ihrem Sieg kontrollierten die Philister ganz Kanaan. Das Leben von Saul war eine Tragödie. Er stieg von bescheidenen Anfängen zu einer Position der Macht und des Ansehens auf, aber seine persönlichen Fehler, sein unangemessenes Verhalten und seine Entscheidungen, Gott nicht zu gehorchen, führten zum Verlust von Gottes Segen und zu einem schmachvollen Ende.

KAPITEL 9

---◆◆◆---

KÖNIG DAVID UND KÖNIG SALOMO
Fehlerhafte Charaktere führen in Israels goldenem Zeitalter

Als David von der Niederlage Israels und dem Tod Sauls erfuhr, wusste er, dass seine Zeit gekommen war, König zu werden. Er ging nach Hebron und wurde zum neuen König gesalbt. Aber einer von Sauls Söhnen wurde von anderen Stämmen zum nächsten König gekrönt. Die Familien beider Männer stritten sich mehrere Jahre lang darüber, wer der richtige König sei. Aus einer Reihe von Verhandlungen und Kämpfen zwischen den Anhängern der beiden Männer während dieses Bürgerkriegs ging David als König hervor. Er war 30 Jahre alt.

David regiert und Israel expandiert

Nachdem er König geworden war, griff David die fremden Mächte an, die Jerusalem besetzt hatten, und besiegte sie, und die Stadt wurde als Stadt Davids bekannt (wegen eines Hügels in der Stadt mit diesem Namen auch Zion genannt). Die Stadt wurde zur politischen und religiösen Hauptstadt des Landes, und mit Hilfe der Phönizier wurde ein großer Palast gebaut. Dieser Palast wurde zu Davids Wohnsitz. Er tanzte auf den Straßen Jerusalems, als die Bundeslade in die Stadt kam. David hatte viele Ehefrauen und viele andere Frauen, die ihm viele Kinder gebaren. (Viele Menschen wurden in der Schlacht getötet, also brauchte man viele Kinder, um die Bevölkerung stark zu halten. Die Frauen von Männern, die im Kampf gefallen waren, brauchten einen Mann, der sie unterstützte, also wurden sie die Ehefrauen anderer Männer).

Gott sagte zu David durch den Propheten Nathan: „Ich will deinen Namen groß machen. Ich werde meinem Volk einen Platz geben, damit es eine eigene Heimat hat und nicht mehr gestört wird. Wenn deine Tage vorüber sind, werde ich deinen Nachkommen erwecken, der dir nachfolgen soll, und ich werde sein Reich aufrichten. Wenn er Unrecht tut, werde ich ihn bestrafen, aber meine Liebe wird ihn nie verlassen. Dein Haus und dein Reich werden ewig bestehen".

Davids Armeen besiegten mehrmals die Philister und die Feinde im Südosten. Er drang weit nach Norden über Damaskus hinaus und nach Osten vor, um weitere Gebiete zu erobern. Der Herr schenkte David Siege, wo immer er auch hinkam, und er gab Gott immer die Ehre für die militärischen Siege und den materiellen Wohlstand, als das Reich expandierte.

David und Bathseba

Eines Abends sah David eine schöne junge Frau beim Baden. Er wollte wissen, wer sie war, und erfuhr, dass ihr Name Bathseba war. Sie war mit Urija verheiratet, einem Soldaten, der weit weg in einer Schlacht war. David rief sie in seinen Palast, und sie hatten Sex. Bald darauf teilte sie David mit, dass sie schwanger war. David sorgte dafür, dass Urija in der Schlacht getötet wurde. Dann heiratete David Bathseba und sie bekam sein Kind.

David dachte, er hätte das perfekte Verbrechen begangen. Niemand kannte die ganze Geschichte der Ereignisse, die zu Urias Tod führten. Aber Gott wusste es. Der Prophet Nathan erzählte David eine Geschichte über einen reichen Mann, der einen armen Mann bestohlen hatte. David war zornig auf den reichen Mann und sagte, er müsse sterben. Dann sagte Nathan zu David:

> Du bist der reiche Mann! Der Gott Israels sagt zu dir: „Ich habe dich zum König von Israel gesalbt und dich vor Saul gerettet. Ich habe dir sein Haus und seine Frauen gegeben. Ich habe dir ganz Israel und Juda gegeben. Warum hast du den Herrn verachtet, indem du Böses getan hast? Du hast Urija töten lassen und seine Frau genommen. Nun wird das Schwert nie mehr aus deinem Haus weichen. Deine Familie wird vom Bösen heimgesucht werden, und du wirst zusehen, wie ich deine Frauen nehme und sie jemandem gebe, der dir nahe steht. Ihr habt im Geheimen gesündigt, aber das alles wird am hellen Tag geschehen".

Nachdem David diese Prophezeiung gehört hatte, sagte er zu Nathan: „Ich habe gegen den Herrn gesündigt".

Nathan antwortete: „Der Herr hat dir deine Sünde vergeben – du wirst nicht sterben. Aber dein Kind wird wegen deiner Sünde sterben". Kurz nachdem Bathsebas Baby geboren war, wurde es krank und starb eine Woche später. Das Paar bekam bald darauf einen weiteren Jungen und nannte ihn Salomo.

David war ein nachsichtiger Vater, und viele Jahre lang herrschte Unfrieden in seiner Familie und im ganzen Reich. Wie Nathan vorausgesagt hatte, nahmen

Unmoral und Rebellion zu, und es gab viel Blutvergießen in Israel und in seiner Familie.

David plante schließlich den Bau eines prächtigen Tempels, und am Ende seiner Regierungszeit hielt er eine öffentliche Versammlung ab, um Salomo als seinen Nachfolger anzuerkennen (Salomo war noch keine 30 Jahre alt). Als David starb, wurde er in Jerusalem, der Stadt Davids, begraben. Er gilt bis heute als der größte Führer Israels, obwohl er und viele andere wegen seiner vielen Sünden leiden mussten.

König Salomo und der Tempel

Salomo war König in einer Zeit des Friedens und des Wohlstands. Seine wichtigste Errungenschaft war der Bau und die Einweihung eines dauerhaften Tempels, der zum zentralen Ort der religiösen Anbetung Israels wurde. Bis dahin wurde die Stiftshütte in Zelten angebetet. Israel schloss einen Friedensvertrag mit den Phöniziern, und diese stellten erfahrene Architekten und Techniker zur Verfügung, um den Tempel zu entwerfen, der den von Mose entworfenen Plänen für die Stiftshütte entsprach. Der Tempel hatte gigantische Ausmaße und beanspruchte doppelt so viel Land wie die Zelte der Stiftshütte. Der Tempeleingang hatte zum Beispiel riesige Säulen aus Bronze, die 24 Fuß hoch waren und einen Umfang von 18 Fuß hatten. Die riesigen Türen waren mit Goldeinlagen und kunstvollen Verzierungen versehen und führten in das Heiligtum, dessen Fußböden und Wände aus Libanon gefertigt waren – von innen war kein Stein zu sehen. Alle Steine für den Tempel wurden im Steinbruch behauen, so dass keine Werkzeuge dort, wo der Tempel gebaut wurde, ein Geräusch machten.

Die Fertigstellung des Tempels dauerte sieben Jahre, und als er fertig war, war das Volk so glücklich, dass es bei der Einweihung Tausende von Tieren opferte, um Gott seine Dankbarkeit zu zeigen. Bei der Einweihung betete Salomo öffentlich zu Gott.

Salomos Weisheit und Reichtum

Salomo war auch dafür bekannt, ein weiser König zu sein, der wusste, wie man mit komplexen und ungewöhnlichen Fällen umgeht. Er betete zu Gott um Weisheit, und er bekam sie. In einem Fall kamen zwei Frauen zu ihm, die beide behaupteten, die Mutter eines Kindes zu sein. Salomo sagte, da beide behaupteten, sie seien die Mutter, würde er das Kind in zwei Hälften teilen und jeder Frau einen Teil des Kindes geben. Als die eine Mutter das hörte, erklärte sie sich bereit, der anderen das Kind zu geben und damit zu zeigen, dass sie die wahre Mutter war.

Menschen aus der ganzen Welt kamen zu Salomo, um von seiner Weisheit zu lernen. Als die arabische Königin von Saba ihn mit vielen Rätseln besuchte, beantwortete er sie alle. Sie verließ ihn erstaunt und sagte, er sei viel weiser als alle sagten. Salomo schrieb auch viel über Weisheit.

Salomos Weisheit und sein hervorragendes Organisationstalent sorgten dafür, dass Israel Frieden mit seinen Nachbarn hielt, und trugen dazu bei, dass das Land durch seinen regen Handel mit anderen Ländern zu Wohlstand kam. Israel lag an der Kreuzung zwischen Europa, Asien und Afrika und konnte so mit anderen Ländern Handel treiben. Der wachsende Reichtum des Volkes sickerte nach oben, da es hohe Steuern zahlte, und mit den Geschenken der vielen Besucher wurde Salomo zum reichsten König der Welt.

Während seiner Herrschaft nahm sich Salomo viele Frauen, darunter auch Frauen aus anderen Nationen. Trotz der Warnung des Mose, keine Ausländerinnen zu heiraten, heiratete er die Tochter des ägyptischen Pharaos und Frauen aus fünf Nationen an Israels Grenzen. Er dehnte Israels Reich weiter aus als David und traf auf Frauen mit anderen Wertvorstellungen und Überzeugungen, die Salomo im Geiste der Flexibilität tolerierte. Sein Harem umfasste 700 Ehefrauen und Prinzessinnen und weitere 300 Frauen, die ihm weitere Kinder gebaren. Erfolg und Wohlstand trübten sein Urteilsvermögen, und er kompromittierte allmählich seine Werte, erwarb Götzenbilder und baute Altäre, um die Götter anzubeten, die mit seinen vielen Frauen verbunden waren. Damit missachtete er das erste Gebot Gottes. Wegen seines Ungehorsams sollte das Königreich nach Salomos Tod geteilt werden.

Gegen Ende der Regierungszeit Salomos erhoben sich Widersacher in der Umgebung des Königreichs und stellten seine Herrschaft in Frage.

Auch aus dem eigenen Land kamen Drohungen. Jerobeam war einer von Salomos Beamten und traf sich mit einem Propheten, der ihm sagte, dass Israel nach Salomos Tod in zwei Teile geteilt werden würde und dass Jerobeam der Anführer eines Teils des Königreichs sein würde. Salomo versuchte daraufhin, Jerobeam zu töten, aber Jerobeam floh nach Ägypten.

Salomo regierte 40 Jahre lang. Er wurde von seinem Sohn Rehabeam abgelöst. Sein Ruf als weiser Herrscher hält bis heute an, aber viele seiner Errungenschaften hingen von der sklavenähnlichen Arbeit der Israeliten ab, die stark besteuert wurden, um Israel groß zu machen. Es war fast 500 Jahre her, dass Mose die Israeliten aus Ägypten geführt und die Stiftshütte in der Wüste errichtet hatte. Nun war Israel ein Volk wie andere, mit einem König und einem festen Ort der Anbetung. Wie David war auch Salomos Erbe eine Mischung aus Größe und persönlichem Versagen.

KAPITEL 10

———— ◆·◆·◆ ————

DAS GETEILTE KÖNIGREICH

Böse Könige im Norden und Süden widersetzen sich den Warnungen der Propheten

Als Salomo starb, dachten zwei Männer, sie sollten König werden. Als Nachfolger Salomos wurde Rehabeam von den Stämmen Israels zum König gekrönt. Einige Anführer beschwerten sich jedoch, dass sie von den niedrigen Löhnen und den hohen Steuern, die Salomo ihnen auferlegte, befreit werden wollten. Jerobeam kehrte aus seinem Exil in Ägypten zurück und war bei ihnen. Als Rehabeam beschloss, diese Lasten nicht zu lindern und noch mehr vom Volk zu verlangen, verließen alle Stämme außer Juda das Land und machten Jerobeam zu ihrem König.

Das Land stand am Rande eines Bürgerkriegs. Doch der Krieg wurde abgewendet, als ein Prophet sagte, Gott wolle, dass sich die Stämme in zwei Königreiche aufteilten. Die Stämme Juda und Benjamin befanden sich im Süden und nannten sich *Juda*. Es war als *Südreich* bekannt und hatte seine Hauptstadt in Jerusalem. Die Angehörigen der 10 anderen Stämme im Norden nannten sich *Israel*, und ihre „Nation" wurde als *Nordreich* bezeichnet.

Die beiden Völker waren Rivalen und bekämpften sich in den folgenden Jahren oft. Die Grenze zwischen den beiden Königreichen verlief etwa 10 Meilen nördlich von Jerusalem. Beide Völker hatten 20 Könige, und ihre Teilung schmälerte die Macht der beiden Reiche. Infolgedessen wurden sie oft von fremden Eindringlingen angegriffen. Verschiedene Propheten sprachen und schrieben zu beiden Völkern, wenn ihr Volk von Gottes Weg abkam.

Das Nordreich und seine Propheten

Jerobeam veränderte die Art und Weise, wie die Religion im Norden praktiziert wurde. Er stellte goldene Kälber als ihre Götter auf und ernannte Priester, die keine Erfahrung in der Ausübung ihres Amtes hatten. Jeder konnte Priester werden, und es war ein leichter Job mit vielen Vorteilen. Jerobeam regierte

22 Jahre lang als König. Er widersetzte sich den Propheten, die seine bösen Entscheidungen anprangerten.

Von den 20 Königen des Nordens hatten einige eine sehr lange Regierungszeit (ein König regierte 41 Jahre lang), andere waren sehr kurz (ein König regierte nur sieben Tage lang). Fast alle Könige waren böse. Viele Propheten sprachen zu diesen Machthabern Gottes Wahrheit über die Notwendigkeit, sich von bösen Wegen abzuwenden, aber diese Propheten wurden gewöhnlich ignoriert oder getötet. Hier sind die Geschichten von einigen dieser Propheten.

Amos

In der zweiten Hälfte der Regierungszeit Jerobeams schrieb der Bauer Amos eine Botschaft Gottes an das Volk Gottes. Die Region erlebte ein einfaches Leben in einer Zeit des Wohlstandes. Doch der Reichtum war nicht gleichmäßig verteilt, und es gab viele soziale Ungerechtigkeiten. Durch selbstsüchtigen Luxus und die Unterdrückung der Armen lebten die Wohlhabenden gut, während viele andere zu kämpfen hatten. Moralische Korruption und Stolz waren in Israels Kultur allgegenwärtig.

Amos schrieb, dass religiöse Rituale bedeutungslos sind, wenn es an Fairness mangelt. Er kritisierte zunächst die soziale Ungerechtigkeit in anderen Nationen und sagte, dass das göttliche Gericht über sie kommen würde. Die Israeliten waren froh zu hören, dass ihre verhassten Nachbarn, die gottlosen Ausländer, bestraft werden würden! Dann erwähnte er die Schlechtigkeit der Israeliten im Südreich, die stolz darauf waren, wie religiös sie waren, aber Gott nicht gehorchten. Er wusste, dass seine Zuhörer aus dem Norden mit allem, was er bisher geschrieben hatte, übereinstimmen würden.

Aber dann beschrieb er all die Dinge, die im Nordreich geschahen. Soziale Missstände, Ungerechtigkeit, Unmoral, Gotteslästerung – all das gab es, genau wie in den Orten, die er gerade genannt hatte. Wenn andere eine Bestrafung verdienten, dann auch Israel. Es war sogar noch schlimmer, denn die Israeliten waren Gottes auserwähltes Volk und sollten es besser wissen. Das reiche Volk Israel hasste die Rechenschaftspflicht, widersetzte sich der Wahrheit, nahm Bestechungsgelder an, vernachlässigte die Armen und schikanierte die Gerechten. Ihre Bestrafung würde unausweichlich sein. Amos sagte ein Exil voraus, und nichts würde es aufhalten können. Diese Strafe würde das ganze Volk Gottes treffen, nicht nur die Menschen im Nordreich. Gott ließ sich nicht mit Opfern und Gaben bestechen, solange die Sündhaftigkeit des Volkes anhielt.

Der Hohepriester wollte Amos töten lassen, aber Amos wusste, dass er die Wahrheit Gottes sprach, und so verurteilte er weiterhin die Führer und das Volk. Am Ende sagte Amos voraus, dass die Israeliten aus dem Exil zurückkehren und eine Zeit des Friedens erleben würden und dass die Dynastie Davids durch einen Rest von Menschen, die treu blieben, fortbestehen würde.

Elia

Elia war der wichtigste Prophet, der im Nordreich die Wahrheit Gottes verkündete. Er lebte während der Herrschaft von Ahab und seiner bösen Frau Isebel. Nachdem Elia eine Dürre vorausgesagt hatte, die erst dann enden würde, wenn er es sagte, versteckte er sich in der Wüste und lebte dann bei einer sehr armen Witwe nördlich von Kanaan. Isebel schickte Männer aus, um ihn zu töten, und sie töteten auch andere Propheten auf ihrem Weg, aber sie konnten Elia nicht finden.

Gott befahl Elia, König Ahab zu sagen, dass die Dürre auftrat, weil Israel Gott nicht folgte. Elia befahl Ahab, 850 Propheten des Baal und anderer Götter auf den Berg Karmel zu rufen, um ihre Macht zu testen. Elia würde der einzige Prophet Gottes sein. Jede Seite hatte einen Stier, der durch das von ihrem Gott verursachte Feuer verbrannt werden sollte. Die Propheten des Königs gingen zuerst. Sie setzten einen Stier auf einen Altar und riefen Baal an, den Stier anzuzünden.

Nichts geschah. Die Propheten tanzten und beteten von morgens bis mittags, aber es entstand kein Feuer. Elia verspottete sie: „Schreit lauter! Sicherlich ist Baal ein Gott! Vielleicht ist er in Gedanken versunken, beschäftigt oder auf Reisen. Vielleicht schläft er auch". Die Propheten schrien noch lauter und schnitten sich. Sie rissen Elia's Altar nieder und beteten verzweifelt weiter, bis es Zeit für das Abendopfer war. Baal antwortete nicht.

Dann baute Elia seinen Altar wieder auf und grub einen Graben um seinen Altar herum. Er befahl den Propheten des Königs, Wasser auf den Stier zu gießen, so dass er völlig durchnässt war und das Wasser den Graben füllte. Dann betete Elia: „Gott Abrahams, Isaaks und Israels, lass heute alle wissen, dass du Gott in Israel bist und dass ich dein Diener bin". Feuer fiel vom Himmel und verbrannte den Stier, den Altar, die Erde und verzehrte das gesamte Wasser im Graben.

Da fielen alle, die zusahen, nieder und riefen: „Euer Herr ist Gott!" Elia befahl ihnen, alle Propheten des Baal zu töten, und sagte König Ahab, er solle nach Hause zurückkehren, bevor der Regen käme. Es begann heftig zu regnen, und die 40-monatige Dürre endete.

Als Isebel hörte, was geschehen war, wollte sie Elia töten. Er floh in die südliche Wüste, etwa 200 Meilen entfernt. Als er dort war, sagte Gott ihm im leisen Flüsterton, er solle nach Damaskus gehen, weit im Norden. Gott versicherte ihm, dass es noch 7.000 Menschen gab, die Gott verehrten und Baal nicht angebetet hatten.

Als Elia nach Norden reiste, fand er Elisa und salbte ihn zum nächsten Propheten. In den kommenden Jahren hatte Elia noch mehrere Begegnungen mit König Ahab und arbeitete mit Elisa zusammen, um dem Nordreich die Wahrheit zu sagen, bis Elia vor Elisas Augen von einem Wirbelsturm in den Himmel gerissen wurde. Ein großer Suchtrupp suchte drei Tage lang nach dem Leichnam von Elia, aber es wurde keine Leiche gefunden.

Elisa

Elisa wurde dann zum wichtigsten Propheten im Nordreich, und er vollbrachte viele Wunder unter den Menschen. In einem Fall hatte ein Syrer namens Naaman, der für Israels Armee arbeitete, eine auffällige Hautkrankheit. Er hatte eine israelitische Frau geheiratet, die ihm von den Heilungswundern Elisas erzählte. Er traf Elisa, der ihm sagte, er solle sich sieben Mal im Jordan waschen. Naaman ärgerte sich über diese Aufforderung, aber seine Diener sagten ihm, wenn Elisa ihn aufgefordert hätte, etwas Großes zu tun, das seine Kräfte beanspruchte, um geheilt zu werden, würde er es sicher tun. War er zu stolz, sich im Fluss zu waschen? Also demütigte sich Naaman und wusch sich im Fluss, und er wurde geheilt.

Israel und Syrien bekämpften sich gelegentlich und das Nordreich schrumpfte allmählich, da es Land verlor. Durch seine von Gott gegebene Einsicht informierte Elisa die israelischen Führer oft über die Pläne der Syrer, so dass Israel stets auf deren Angriffe vorbereitet war. Der syrische König dachte, es gäbe einen Verräter unter ihnen, aber er wurde darüber informiert, dass Elisa die Zukunft vorhersehen konnte und die Angriffe im Voraus kannte.

Der syrische König wollte Elisa daraufhin töten lassen. Als der König hörte, wo Elisa sich aufhielt, schickte er sein Heer aus, um die Stadt zu umzingeln. Am Morgen sah Elisas Diener die syrischen Streitwagen und fragte Elisa, was sie tun sollten. Elisa sagte: „Habt keine Angst. Wir haben viel mehr Streitwagen als sie. Öffne deine Augen und sieh sie".

Der Diener sah eine Vielzahl von Pferden und Wagen, die auf den Hügeln in Flammen standen. Als die Syrer sich der Stadt näherten, blendete Gott sie. Elisa sagte ihren Anführern dann, dass sie die falsche Stadt angreifen würden und er sie dorthin führen würde, wo sie denjenigen finden würden, den sie suchten. Elisa führte das blinde Heer nach Samaria, wo sich Israels König und Armee befanden. Als Gott ihnen die Augen öffnete, waren sie von ihren Feinden umgeben!

Der israelische König fragte Elisa, was er tun sollte. Elisa sagte, man solle dem syrischen Heer zu essen und zu trinken geben und sie dann nach Hause schicken. Der König befolgte Elisas Befehl, und nachdem die Syrer nach Hause zurückgekehrt waren, hörten sie für viele Jahre mit ihren Überfällen auf Israel auf.

Als die syrischen Angriffe wieder begannen, umzingelten sie Samaria und verhinderten, dass Lebensmittel in die Stadt gelangten. Dies verursachte eine Hungersnot in der Stadt. Elisa sagte den Menschen, dass Gott am nächsten Tag für Nahrung sorgen würde. Vier obdachlose Leprakranke, die in der Nähe der Stadt lebten, brauchten so dringend Nahrung, dass sie die Syrer um Essen baten. Als sie in das feindliche Lager kamen, fanden sie keine Soldaten vor. Stattdessen fanden sie jede Menge Lebensmittel und alle Tiere der Syrer. Mitten in der Nacht ließ Gott donnernde Geräusche ertönen, die an ein angreifendes Heer mit Streitwagen erinnerten, und das syrische Heer floh um sein Leben, weit über den Jordan hinaus. Die Einwohner von Samaria gingen hin und holten alle Lebensmittel und Tiere, die sie zurückgelassen hatten.

Hosea

Hosea war einer der letzten Propheten, der Israel vor seinem kommenden Untergang warnte. In Gedichten erzählte er seinen Zuhörern, dass Gott ihn gebeten hatte, eine Prostituierte zur Frau zu nehmen und mit ihr Kinder zu zeugen. Auf diese Weise würde er verstehen, wie Gott sich im Umgang mit einem untreuen Partner fühlt. Die Namen seiner Kinder deuteten darauf hin, dass Israel wie jemand war, der in einer Ehe untreu geworden war, indem er sich in andere Götter verliebte. Deshalb würde Gott sie verlassen, weil sie Ehebruch begangen hatten.

Hosea warnte Israel, dass sie von Gottes Schutz abgeschnitten und ihre Paläste und befestigten Städte zerstört werden würden. Gott will Barmherzigkeit und Anerkennung, nicht Opfer und Brandopfer. „Israel muss zu Gott zurückkehren, Liebe und Gerechtigkeit bewahren und immer auf Gott warten". Hosea beendete seine Botschaft wie Amos, der zuvor vorausgesagt hatte, dass Gott sie immer noch so lieben würde, wie Eltern ihre Kinder lieben. Gott vergibt und heilt die Gläubigen, und einige werden zurückkehren und in dem Land leben, das Gott ihnen gegeben hat.

Das südliche Königreich und seine Propheten

Wie die Könige im Norden waren auch viele der Könige von Juda Gott untreu. Im Südreich gab es längere Perioden des Friedens und des Wohlstands als im Norden und längere Perioden, in denen die Nachkommen Davids und Salomos auf die Propheten Gottes hörten und aufhörten, andere Götter anzubeten. Einige der Gläubigen, die im Norden lebten, liefen über und zogen in das Südreich – Jerusalem war immer noch geachtet und lag nahe der Grenze. Von den 20 Königen von Juda war Manasse am längsten König (55 Jahre), während mehrere andere nur drei Monate regierten.

Wie die Bewohner des Nordens taten auch die Bewohner Judas Böses in den Augen des Herrn. Unter Rehabeam, dem ersten König, errichteten die Menschen viele Altäre für andere Götter und benahmen sich auf dieselbe schreckliche Weise wie die, die ursprünglich in Kanaan lebten. Ägypten griff Jerusalem an und raubte alles Gold, das Salomo in den Tempel und den Königspalast gebracht hatte.

So wie die Propheten zu den Führern und Menschen im Norden sprachen und schrieben und Vorhersagen über kommende Ereignisse machten, so sprachen und schrieben verschiedene Propheten auf dieselbe Weise zu den Menschen im Südreich. Hier sind die Geschichten einiger dieser Propheten.

Joschafat

Joschafat war ein König, der 25 Jahre lang regierte. Er führte Reformen durch, die das Volk zu den religiösen Praktiken zurückbrachten, die unter David und Salomo üblich waren. Er ließ die Altäre für fremde Götter entfernen, und seine gute Politik brachte Frieden zwischen Juda und den Philistern und den arabischen Nationen. Auch mit dem Nordreich unterhielt er gute Beziehungen, so dass Juda keine Feinde an seinen Grenzen hatte. Diese religiöse und politische Politik führte zu Frieden und wirtschaftlichem Wohlstand im Südreich. Wenn er von einem Propheten zurechtgewiesen wurde, hörte er auf ihn und führte

Reformen durch. So setzte er zum Beispiel Richter ein, die auf Fairness achteten und keine Bestechungsgelder annahmen.

Doch Joschafat hörte nicht auf jeden Propheten, wenn er damit konfrontiert wurde, und einige seiner Verhaltensweisen wurden an seinen Sohn Jehoram weitergegeben, als sie gemeinsam regierten. Als Jehoram die volle Kontrolle über den Thron übernahm, fiel Juda wieder in die Götzenanbetung zurück und erlebte erneut Kriege. Jehoram ermordete sechs seiner Brüder und baute Altäre für Götzen. Sein einziger Sohn Ahasja setzte die grausame Herrschaft seines Vaters fort.

Jesaja und die Vorhersagen über einen kommenden König

Jesaja hat von allen Propheten am meisten geschrieben. Er wurde in einer Zeit des Wohlstands geboren, und in seinen umfangreichen Gedichten und anderen Schriften prangerte er den stetigen moralischen Verfall Israels aufgrund seiner Korruption und Ungerechtigkeit scharf an. Aber er gab auch große Hoffnung für die Zukunft. Gericht und Hoffnung sind in Jesajas Worten, die über viele Jahre hinweg geschrieben wurden, miteinander verwoben.

Zunächst schreibt er, dass Gott die Menschen in Juda und Jerusalem verdammt, weil sie verdorben und voller böser Wege sind. Ihre Opfer und religiösen Versammlungen sind sinnlos, weil die Menschen Gott nicht gehorchen. Durch Jesaja sagte Gott:

> Glaubt ihr, ich will all diese Opfer und Gaben? Der Geruch deines Weihrauchs ekelt mich an. Wenn ihr eure Hände zum Gebet erhebt, schaue ich euch nicht an; wenn ihr viele Gebete zu mir sprecht, höre ich nicht zu. Hört auf, Böses zu tun! An euren Händen klebt Blut, denn ihr seid nicht gerecht zu anderen gewesen, ihr habt denen nicht geholfen, die unter eurer Ungerechtigkeit leiden, und ihr habt die Waisen und Witwen nicht unterstützt.

Israel war wie Gottes Weinberg, und wenn er trotz der vielen Bemühungen des Besitzers keine Früchte trug, würde der Weinberg zerstört werden. Im wirklichen Leben wären die gottlosen Nationen der Assyrer und Babylonier die Zerstörer, die von Gott zur Bestrafung der Israeliten eingesetzt würden.

Jesaja gab auch Hoffnung auf Wiederherstellung. Obwohl die Israeliten besiegt und vernichtet werden würden, würde ein korrektes Leben zu Frieden für diejenigen führen, die Gott vertrauten. Schließlich würden die erobernden bösen Nationen gestürzt werden, und aus dem Rest der überlebenden Israeliten würde ein Nachkomme Davids an die Macht kommen und ein weltweites Königreich anführen, das für immer Bestand haben würde. Das Böse würde vernichtet werden, und Gottes Weinberg würde wieder fruchtbar sein.

Jesaja schrieb über den kommenden gerechten Führer als Immanuel („Gott mit uns"), der als „mächtiger Gott" in Menschengestalt die ganze Welt beherrschen wird. Gott sagt: „Ich lege einen kostbaren Eckstein für ein festes Fundament. Diejenigen, die sich darauf verlassen, brauchen niemals in Panik zu geraten. Die Menschen werden nach ihrer Gerechtigkeit, Fairness und korrekten Lebensweise beurteilt werden". Aber das Gericht und die Zerstörung werden zuerst kommen. Diejenigen, die glauben, brauchen sich keine Sorgen zu machen, denn die „Weizenkörner werden sich von der Spreu trennen". Sie hoffen auf das, was nach ihren Kämpfen kommt, und die, die warten, werden gesegnet, denn Gott gibt denen Kraft, die müde und schwach sind. „Diejenigen, die auf den Herrn hoffen, werden ihre Kraft erneuern. Sie werden hoch aufsteigen wie Adler, sie werden laufen und nicht müde werden, sie werden gehen und nicht müde werden".

Der Kommende wird als „Knecht" bezeichnet. Abraham war der erste Knecht Gottes, weil er dem Ruf gehorchte, nach Kanaan zu ziehen. Israel war ein Volk, das von Gott dazu auserwählt wurde, ein gehorsamer Diener und ein Zeuge für die Welt von Gottes Macht und Barmherzigkeit zu sein. Der kommende Diener wird den Geist Gottes haben, so dass sein Reich Gerechtigkeit schaffen wird, die sich auch auf andere Völker (die Nicht-Israeliten, auch „Heiden" genannt) erstreckt. Er wird unschuldig sein und richtig leben. Er wird wie ein Hirte sein, der sich liebevoll um seine jungen Schafe kümmert. Er wird aussehen wie ein normaler Mensch, aber er wird in anderer Hinsicht etwas ganz Besonderes sein – der einzige seiner Art, der auf der Erde wandelt. Dennoch wird er von vielen Menschen missverstanden und abgelehnt werden, und er wird auf grausame Weise getötet werden. Doch durch das Opfer seines eigenen Blutes wird dieser Diener alle Menschen von ihren Sünden erlösen und alle Menschen zu Gott bringen, auch diejenigen, die nicht zum Volk Israel gehören. Später wird er auferweckt und gepriesen werden.

Diese ungewöhnlichen Botschaften sind miteinander verwoben. Ein Mensch von großer Macht und Güte wird von denen, denen er dienen will, abgelehnt. Er wird seine Macht oder seine Vernunft nicht einsetzen, um sich zu verteidigen oder zu retten, und sein Tod bringt anderen das Leben. Er geht in die Hölle, besiegt den Tod und kehrt mächtiger als je zuvor zurück, und er gibt anderen etwas von seiner großen Macht. Der Diener ist der Größte von allen!

Jesaja schrieb ausführlich über den kommenden König für die Stämme Israel und Juda, die blind, taub und ungehorsam geworden waren. Er schrieb, dass Gott sagt:

> Siehst du nicht, dass ich etwas Neues mache? Ich baue einen Weg durch die Wildnis. Ich werde die Blinden auf Wege führen, die sie noch nicht kennen, und sie auf neue Pfade leiten. Ich werde die Dunkelheit in Licht verwandeln und die unebenen Stellen ebnen. Habt keine Angst – ich habe euch gerettet! Ich habe dich bei deinem Namen gerufen und du bist mein. Wenn du durch Wasser gehst, werde ich bei dir sein; die starken Ströme werden dich nicht wegschwemmen. Wenn du durch die Feuer des Lebens gehst, wirst du nicht verbrannt werden.

Der kommende König wird verachtet und abgelehnt werden, er wird viel Schmerz erleiden und wird nicht geachtet werden. Er wird von Gott als bestraft angesehen werden, aber er wird unsere Schmerzen auf sich nehmen und für unsere Sünden getötet werden. Seine Strafe wird uns Frieden bringen – durch seine Wunden werden wir geheilt werden. Auch wenn er keine Gewalttaten begangen und nie gelogen hat, wird er nicht protestieren. Er wird in den Tod geführt werden wie ein unschuldiges Lamm, das geschlachtet werden soll. Aber er wird wissen, was auf ihn zukommt und warum. Es ist Gottes Wille, dass er zermalmt wird, denn sein Leben ist ein Opfer für unsere Sünde, und er wird für jeden, der sündigt, eintreten.

Jesaja schreibt weiter über das Gericht. Er weiß, was Gott verlangt, und sieht es im Volk nicht. Er appelliert an das Volk und die Führer, sich von Gewalt, Götzenanbetung und Ungerechtigkeit gegenüber denjenigen, die keine Macht haben, abzuwenden. Er ruft die Menschen auf, zum Herrn zurückzukehren. Gott spricht:

> Ihr habt eure religiösen Rituale, fastet und betet, aber ihr behandelt andere nicht fair. Erwartet ihr, dass ich eure Gebete höre, beeindruckt bin und euch segne? Eure Rituale finden einmal in der Woche statt. Ich möchte, dass ihr einen demütigen Geist habt und denen, die ein gebrochenes Herz haben, Ermutigung und Unterstützung anbietet. Ich freue mich, wenn ich sehe,

wie mein Volk die Ketten der Ungerechtigkeit sprengt, die Menschen von den schweren Jochen befreit, die auf ihnen lasten, die Hungrigen speist, die Obdachlosen beherbergt, die Nackten kleidet und diejenigen unterstützt, die keine Macht haben – das sind Zeichen wahrer Religion. Wenn ich sehe, dass diese Dinge geschehen, werde ich euch erhören und heilen, und Licht wird in eure Finsternis kommen. Aber es wird keinen Frieden für die Bösen geben.

Jesaja sagt, dass Gott niemanden sieht, der der Definition von Heiligkeit entspricht, und er schließt mit einer Beschreibung der Zeichen, die darauf hinweisen, dass der kommende König, der Erlöser, gekommen ist. Der Erlöser wird sagen:

Der Geist des Herrn ist auf mir und hat mich gesalbt, den Armen eine gute Nachricht zu verkünden. Gott hat mich gesandt, um die zu trösten, die zerbrochenen Herzens sind, um Gefangene zu befreien und Gefangene aus ihrer Finsternis zu erlösen, um das Jubeljahr auszurufen, um alle zu trösten, die trauern und sich grämen, um ihnen einen Kranz der Schönheit statt der Asche zu geben, ein Öl der Freude statt der Traurigkeit und ein Gewand des Lobes statt eines Geistes der Verzweiflung.

Jesaja sagte, der friedensstiftende Herrscher dieses wiederbelebten Königreichs werde ein Nachkomme Davids sein. Das Reich dieses Herrschers würde wachsen und die Welt beherrschen, Frieden bringen, andere Nationen beeinflussen und über die Gottlosen triumphieren. Jesaja schreibt:

In der Endzeit werden die Völker gemeinsam zum Herrn gehen und lernen, wie man auf die richtige Weise miteinander umgeht. Gott wird der Richter zwischen den Menschen sein und die Streitigkeiten der Völker untereinander schlichten. Die Völker werden nicht mehr gegeneinander kämpfen, und ihre Menschen werden nicht mehr trainieren, um Krieg zu führen. Sie werden ihre Schwerter in Pflüge und ihre Speere in Sicheln verwandeln.

Michas Botschaften von Gericht und Hoffnung

Der Prophet Micha schrieb zur gleichen Zeit wie Jesaja und Hosea und in demselben poetischen Stil. Er sah die politische und religiöse Verderbtheit in der Region, und seine scharfe Kritik war ähnlich wie die von Jesaja und Hosea. Er bezeichnete sowohl Jerusalem als auch Samaria (die wichtigsten Städte im Süden und Norden) als böse wegen ihres Götzendienstes, ihrer Korruption, die die Armen unterdrückte und die Gerechtigkeit in den Gerichten ignorierte, und wegen ihres allgemeinen Desinteresses an der Lösung der Probleme der Gesellschaft. König Salomo hatte weise Sprichwörter darüber geschrieben, wie Faulheit die Armut der Menschen verursacht, aber Micha schreibt, dass die Menschen auch arm sein können, weil die Mächtigen die Probleme der Armen ignorieren und alle ihre Privilegien nutzen, um ihren extravaganten Lebensstil zu erhalten.

Aber im Gegensatz zu Amos, Jesaja und Hosea fordert Micha die Israeliten nicht zur Umkehr auf. Stattdessen ruft er sie ins „Gericht", um ihren Fall vor Gott vorzutragen, der sowohl Zeuge als auch Richter ist. Was verlangt Gott von den Menschen, um einer möglichen Strafe zu entgehen? Die Menschen sollen „gerecht handeln, die Güte lieben und demütig mit Gott umgehen". Mose sagte, die Menschen sollten Gott und ihren Nächsten lieben wie sich selbst, und das Volk hatte das nicht getan. Deshalb wird das Volk vor Gottes Gericht verlieren, weil es nicht die richtige Beziehung zu Gott und anderen hatte. Die Strafe für ihr Fehlverhalten war die Zerstörung ihrer Völker und Städte, und sie würden ins Exil nach Assyrien und Babylonien verschleppt werden.

Nachdem er Gericht und Exil vorausgesagt hatte, gab Micha Hoffnung für die Zukunft. Eine kleine Zahl von schwachen und verbannten Israeliten würde zurückkehren und die Städte wieder aufbauen. „Gott bleibt nicht ewig zornig, sondern freut sich, wenn Menschen Barmherzigkeit zeigen". Micha sagte auch voraus, dass der zukünftige Führer Israels aus der Stadt Bethlehem kommen würde.

* * * * *

Die Israeliten im Norden und Süden hörten nicht auf die Warnungen der Propheten und die Vorhersagen über die kommenden Invasionen ihrer Feinde. Ungerechtigkeit, Gewalt und religiöse Sündhaftigkeit hielten sowohl in Israel als auch in Juda an, und ihre Führer erkannten nicht, wie bald sich die Vorhersagen der Propheten erfüllen würden.

KAPITEL 11

---•◆•---

BEIDE KÖNIGREICHE FALLEN
Assyrer und Babylonier erobern die Israeliten

Die Assyrer griffen häufig Gebiete an, die von den Israeliten, Syrern und Phöniziern besetzt waren. Ein assyrischer König war besonders brutal, als er sich in Richtung Mittelmeer ausbreitete, und er begann, Gefangene nach Assyrien zurückzubringen, anstatt die eroberten Völker in ihrem Land bleiben zu lassen. Fremde wurden in Gebiete gebracht, in denen die einheimische Bevölkerung gelebt hatte, und assyrische Beamte überwachten das Land. Dies verringerte die Wahrscheinlichkeit, dass die Menschen rebellieren würden.

Das Nordreich fällt

Als die Assyrer zum ersten Mal Gebiete im Nordreich angriffen, gaben die israelischen Könige ihnen Geld, Lebensmittel und andere Dinge, um Frieden zu erkaufen. Aber Israels Könige arbeiteten auch mit den Syrern zusammen, um sich gegen die Assyrer zu wehren. Als Assyrien angriff und die Schlachten gegen die Syrer gewann, hatte das Nordreich keine Chance zu überleben. Schließlich eroberte die assyrische Armee alle Gebiete in der Region mit Ausnahme der Hügel im Zentrum Kanaans. Nach dem Tod des assyrischen Königs stellte Israels König die Zahlungen an die Assyrer ein und holte sich die Hilfe Ägyptens, um der assyrischen Aggression zu widerstehen. Doch der neue assyrische König war genauso aggressiv und griff den Rest des israelischen Territoriums an. Nach einer dreijährigen Belagerung eroberten seine Truppen die Hauptstadt Samaria und zwangen Israels König zur Kapitulation.

Die Assyrer nahmen mehr als 27.000 der politischen und militärischen Führer Israels gefangen und brachten sie nach Persien und Mesopotamien zurück. Die Assyrer ersetzten sie durch ihre eigenen Leute. Die meisten Israeliten blieben zurück und bewirtschafteten das Land weiter. Die Vermischung von Menschen aus vielen Gegenden und Kulturen außerhalb Israels führte zu vielen verschiedenen Arten religiöser Praktiken. Keines der Völker folgte dem Herrn, und alle Kulturen vermischten sich untereinander. Gemeinsam waren sie als Samariter bekannt, denn die Hauptstadt war Samaria.

Das Nordreich hörte im Jahr 722 v. Chr. auf zu existieren. Das Königreich hatte etwa 210 Jahre bestanden, nachdem es sich von den Bewohnern Judas abgespalten hatte. In den letzten 30 Jahren hatte Israel sechs Könige und befand sich in einem rapiden Niedergang. Der Zusammenbruch war von den Propheten vorausgesagt worden, aber die Führer des Volkes hatten Gott nie um Hilfe gebeten. Sie hatten vergessen, wie der Gehorsam gegenüber Gott sie groß gemacht hatte.

Der Süden überlebt

Im Süden war die Strategie Judas gegenüber Assyrien eine andere. Es war weiter von den Invasoren aus dem Norden und Osten entfernt. Juda war froh, dass das assyrische Heer die Philister besiegte, als seine Armee entlang der Küste zog, um das wertvollere ägyptische Reich zu erreichen. Juda schloss sich nicht dem Bündnis des Nordens mit Syrien gegen die Assyrer an, und das Südreich musste nicht mehr gegen das Nordreich kämpfen.

Während dieser Zeit setzte das Südreich seine üblen religiösen Praktiken fort. Viele Propheten hatten gegen den Norden gesprochen und seinen Sturz vorausgesagt, und ihre Vorhersagen waren eingetroffen. Anstatt auf ihre Warnungen an das Südreich zu hören, verließen sich die Führer Judas auf politische Strategien, um ihren Wohlstand und Frieden zu erhalten. Als ein Prophet das Volk von Juda warnte, dass es nicht gedeihen würde, wenn es weiterhin Gottes Gebote missachtete, wurde er im Tempelhof getötet.

Hiskia

Einige der südlichen Führer waren Gott treu. Als zum Beispiel König Hiskia nach dem Zusammenbruch des Nordens an die Macht kam, leitete er viele religiöse Reformen ein. Er schaffte die Götzenanbetung ab und zerstörte die Altäre der falschen Götter. Er reinigte den Tempel und begann, das Passahfest wieder zu feiern. Er lud die Israeliten im Norden ein, sich an diesen Aktivitäten zu beteiligen. Zwanzig Jahre nach dem Fall des Nordreichs gab er dem König von Assyrien 11 Tonnen Gold aus dem Tempel als Bezahlung für den Frieden und den Rückzug aus den eroberten Städten in Juda.

Als ein assyrischer Heerführer einen Angriff auf Jerusalem plante und Gott tadelte, bat Hiskia Jesaja um Rat bei Gott. Jesaja sagte Hiskia, er solle sich keine Sorgen machen: Die Assyrer würden sterben und nicht angreifen – der Herr habe einen Ruf zu verteidigen. In dieser Nacht starben 185 000 assyrische

Soldaten auf mysteriöse Weise, und die assyrische Armee zog sich bis in ihre etwa 600 Meilen entfernte Hauptstadt Ninive zurück.

Doch als Hiskia starb, übernahm sein Sohn Manasse das Amt des Königs und führte Juda in seine schlimmste Zeit der Bosheit. Altäre für Baal wurden wieder aufgebaut, und Praktiken, die mit starken bösen Mächten in Verbindung gebracht wurden, waren an der Tagesordnung, darunter Menschenopfer, abscheuliche Sexualpraktiken und Dämonenanbetung. Die Propheten, die diese Praktiken anprangerten, wurden getötet (Jesaja war wahrscheinlich einer von ihnen). Hiskia hatte Juda auf den höchsten Punkt der Moral geführt, aber sein Sohn führte Juda auf den tiefsten Punkt. Gegen Ende seiner Regierungszeit wurde Manasse gefangen genommen und nach Ninive gebracht, wo er Buße tat und als König, der den Assyrern diente, nach Jerusalem zurückkehrte. Aber er hatte keine Zeit, Reformen durchzuführen, und als er starb, setzte sein Sohn die Anbetung falscher Götter und böser Mächte fort.

Josiah

Hiskias Enkel Josia wurde König, als er erst acht Jahre alt war. Juda hatte den Frieden bewahrt, indem es Verträge mit anderen Nationen schloss, die Assyrer bezahlte und manchmal von Gottes Macht profitierte. Juda wurde unabhängiger, als die Assyrer begannen, sich aus der Region zurückzuziehen, um sich um Probleme in Mesopotamien zu kümmern. Dies gab Juda die Möglichkeit, in den Gebieten, in denen die nördlichen Stämme lebten, mehr Einfluss zu nehmen. Dadurch entstand unter den Israeliten wieder ein Gefühl des Nationalstolzes.

Als König Josia 16 Jahre alt war, hatte er aufgehört, falsche Götter anzubeten, und verehrte nun den wahren Gott. Ein paar Jahre später leitete er eine weitere Runde religiöser Reformen ein. Der Tempel wurde repariert, das Volk feierte das Passahfest, und die mit den Assyrern verbundenen religiösen Praktiken wurden eingestellt. Nach einer gründlichen Untersuchung der religiösen Praktiken in der Region schaffte Josia die üblen religiösen Praktiken in Juda und bei den nördlichen Stämmen ab, und er entfernte die Priester, die den Götzendienst betrieben. Die Leviten übernahmen die Leitung des Tempels.

Das ursprüngliche Buch des Gesetzes, das Mose geschrieben hatte, wurde in den Trümmern des Tempels gefunden, und als Josia es las, war er angewidert darüber, wie weit die Israeliten von Gott und dem Gesetz abgefallen waren. Eine Prophetin in Jerusalem erklärte Josia, dass Gottes Gericht unvermeidlich sei – das auserwählte Volk habe die Gesetze und Gebote, die Gott Mose gegeben hatte, nicht befolgt. Auch wenn das Buch des Gesetzes jahrzehntelang verloren gegangen war, war die Unkenntnis des Gesetzes keine Entschuldigung, um der Strafe zu entgehen. Mündliche Unterweisung und die Worte der Propheten hätten den Königen genügen müssen, um zu wissen, was zu tun war.

Jeremia und andere Propheten

In dieser Zeit sprach der Prophet Jeremia zum Volk und zu den Führern von Juda und sagte, dass Jerusalems Schicksal dasselbe sein würde wie das von Samaria ein Jahrhundert zuvor – Zerstörung und Exil. Josia und Jeremia wurden etwa zur gleichen Zeit geboren und kannten sich. Gott berief Jeremia zum Propheten, und er wusste, dass den Menschen nicht gefallen würde, was er sagen würde. Aber er wusste auch, dass Gott ihn in schwierigen Zeiten unterstützen und beschützen und ihn aus Schwierigkeiten heraushalten würde. Gott sagte ihm: „Ich habe dich erwählt, bevor ich dich im Mutterleib geformt habe; ich habe dich ausgesondert, bevor du geboren wurdest. Ich habe dich dazu bestimmt, ein Prophet für die Völker zu sein". Jeremia sagte Gott, dass er nicht gut reden könne und zu jung sei, um ein Prophet zu sein. Aber der Herr sagte ihm: „Sag nicht, dass du zu jung bist. Du musst überall hingehen, wo ich dich hinschicke, und sagen, was ich dir sage. Fürchte dich nicht – ich werde mit dir sein und dich retten".

Jeremia unterstützte Josias religiöse Reformen und war sehr traurig, als Josia starb. Als die nächsten Könige Judas zur Götzenanbetung zurückkehrten, warnte Jeremia sie oft vor den kommenden Katastrophen von Niederlage und Exil. Das Volk und die Führer verfolgten ihn – er wurde verhaftet, geschlagen, eingekerkert und mehrmals mit dem Tod bedroht. Einmal wurde Jeremia in einen wasserlosen Brunnen geworfen, wo er langsam im Schlamm verhungern sollte, aber er wurde von einem Team von Männern mit einem langen Seil aus Lumpen herausgezogen. Falsche Propheten sagten, Jeremias Vorhersagen würden sich nicht erfüllen und die Menschen sollten seine Botschaften über das Gericht und die Notwendigkeit zur Umkehr ignorieren.

Jeremias Botschaften enthielten auch Hoffnung. Eine kleine Anzahl von Gottes Volk würde aus fremden Ländern zurückkehren, und Gott würde mit ihnen einen neuen Vertrag schließen, der den ursprünglichen Vertrag mit Mose und den Israeliten ersetzen würde. In diesem neuen Vertrag würden Gottes Gesetze in die Herzen aller Menschen geschrieben werden, und alle Sünden würden vergeben werden. Ein Nachkomme Davids würde auftauchen und für

Gerechtigkeit und ein rechtes Leben auf der Erde sorgen, und ihr Land würde nie wieder verwüstet werden.

Die Schriften anderer Propheten an Juda waren den Botschaften Jeremias ähnlich: Gott wird das Volk für seinen Ungehorsam richten, es soll Buße tun, denn Gott ist barmherzig und vergebend, diejenigen, die nicht Buße tun und gehorchen, werden vernichtet und weggeführt, aber es gibt Hoffnung für diejenigen, die Gott lieben und überleben.

- Der Prophet **Joel** schrieb an das Volk von Juda und Jerusalem. Seine Botschaft nutzte die Heuschrecken, die gerade in ihr Land eingefallen waren, als Symbol dafür, wie Gott sie bestrafen würde. Er schrieb auch, dass Gott einen Geist hat, der allen Menschen ohne Rücksicht auf ihr Alter, ihr Geschlecht oder ihren sozialen Status zur Verfügung steht. Als einziger universeller Gott, der Autorität über alle Geschöpfe auf der Erde hat, werde Gott schließlich alle Völker richten. Diejenigen, die sich Gott widersetzen, werden besiegt werden, aber die Gläubigen werden siegreich sein.
- Der Prophet **Zephanja** schockierte das stolze und zufriedene Volk von Juda, indem er schrieb, dass Gottes Gericht bald kommen würde. Er prophezeite, dass Jerusalem zerstört und sein Volk zur Strafe gefangen genommen und nach Mesopotamien gebracht werden würde. Er sagte, das Volk solle diese Strafe akzeptieren und sich den fremden Eindringlingen unterwerfen. Die Menschen sollten demütig sein, Buße tun und auf die richtige Weise leben. Wenn Gott andere Völker für ihr gottloses Verhalten bestrafte, würde er sicherlich auch die Israeliten für ihr Verhalten bestrafen.
- Der Prophet **Obadja** verurteilte die Edomiter, die Nachkommen Esaus, die in der Nähe des Salzsees lebten und im Laufe der Jahrhunderte viele Konflikte mit den Israeliten hatten. Im kürzesten Buch des Alten Testaments (eine Seite Poesie) sagt Obadja, dass Edom wegen seines Stolzes auf seine Fähigkeit, sich selbst zu versorgen, seine Macht verlieren würde. Die Edomiter nutzten das Unglück anderer aus, insbesondere von Migranten und Flüchtlingen. Aber sie würden vernichtet werden, und ihr Land würde von den Israeliten, die aus dem Exil zurückkehren, eingenommen werden.
- Der Prophet **Nahum** schrieb Gedichte, in denen er die Assyrer für ihre Unterdrückung, Grausamkeit und Bosheit verurteilte. Die Führer der von ihnen eroberten Städte wurden schwer gefoltert, bevor sie hingerichtet wurden. Die Menschen in Ninive taten zwar Buße, nachdem sie von **Jona** verurteilt worden waren (siehe Kapitel 13), aber schon bald nahmen sie

ihre Gewalttätigkeit und Sündhaftigkeit wieder auf. Gott ist zwar „langsam zum Zorn und eine Zuflucht für die, die dem Herrn vertrauen, aber Gott wird die Schuldigen nicht ungestraft lassen". Jede Nation, die auf einem sündigen Leben und Grausamkeit aufgebaut ist, wird schließlich untergehen. Gottes Reich, das auf Fairness für alle und korrektem Leben beruht, wird triumphieren. Gott ist der Herr über alle Völker und bestimmt ihre Zukunft.

- Der Prophet **Habakkuk** schrieb über ein Gespräch, das er mit Gott führte, anstatt sich direkt an das Volk von Juda zu wenden. Die Gläubigen fragten sich, warum diejenigen, die anderen gegenüber ungerecht waren, nicht bestraft wurden. Gott antwortete, dass etwas höchst Ungewöhnliches geschehen würde – die bösen Babylonier würden von Gott benutzt werden, um Juda zu bestrafen. Habakuk fragte daraufhin, warum Gott das Böse benutzen würde, um das Böse zu bestrafen. Gott antwortete, dass die Babylonier schließlich selbst besiegt würden und Gottes Volk wieder aufstehen würde. In der Zwischenzeit werden „die Gerechten durch ihre Treue leben" und müssen dem Herrn geduldig vertrauen, bis die Babylonier besiegt sind. Treu zu sein bedeutet, Gott zu vertrauen und von ihm abhängig zu sein, und nicht einfach unreflektiert Gesetze und Regeln zu befolgen.

Das Südliche Königreich fällt

Die Assyrer verloren ihre Macht schließlich an die Babylonier, die ihre Macht gegen Juda einsetzten, als sie nach Süden vordrangen, um Ägypten zu erobern. Irgendwann wurden 10 000 Führer Jerusalems gefangen genommen und nach Babylonien zurückgeschickt. Jede Hoffnung auf eine Wiederbelebung Israels zerfiel, als Juda allmählich auseinandergerissen wurde und seine Könige taten, was fremde Nationen von ihnen verlangten. Jeremia forderte den König von Juda, Zedekia, immer wieder auf, sich den Babyloniern zu ergeben, um Blutvergießen zu vermeiden, aber er ergab sich nicht.

Jerusalem wurde 586 v. Chr. von den Babyloniern erobert, nachdem es zweieinhalb Jahre lang umzingelt war. Jerusalem wurde bis auf die Grundmauern niedergebrannt und seine Mauern wurden niedergerissen. Die Ärmsten der Überlebenden blieben zurück und bemühten sich, am Leben zu bleiben. Jeremia wurde freundlich behandelt – er hatte 40 Jahre lang als Prophet Gottes gedient, und die Babylonier wussten, dass er die Israeliten zur Kapitulation aufgefordert hatte. Sie stellten ihn vor die Wahl: Er konnte entweder nach Babylon gehen und dort fair behandelt werden oder er konnte in Kanaan bleiben. Er entschied sich zu bleiben.

Die Überlebenden wurden dann von Nomaden aus dem Osten angegriffen und verloren ihre Häuser. Als sie Jeremia fragten, was sie tun sollten, sagte er, sie sollten in Palästina bleiben und Teil von Gottes Volk sein, zusammen mit anderen, die irgendwann aus Babylon zurückkehren würden. Aber sie entschieden sich, nach Ägypten zu gehen, weil sie dachten, dort seien sie sicher. Jeremia ging wahrscheinlich mit ihnen und starb in Ägypten.

Jeremia hatte viele Jahre lang über die starrköpfigen Israeliten geweint und darüber, wie sie seine Botschaften über Gottes Gericht und die Notwendigkeit zur Umkehr ignorierten. Er war oft sehr deprimiert und verfluchte sogar den Tag seiner Geburt, als er verfolgt wurde. Wahrscheinlich ist er der Autor des Gedichtbuchs, das als **Klagelieder** bekannt ist. Das Buch beschreibt sorgfältig, was geschah, als die Babylonier Juda zerstörten, und die unglaubliche Traurigkeit des Volkes, als Jerusalem und der Tempel zerstört wurden. Die Israeliten würden nicht mehr in dem Land leben, das Gott ihnen versprochen hatte. Die einzig vernünftige Reaktion auf das Urteil eines liebenden Gottes ist die Übernahme der Verantwortung für ihre Sünde und Rebellion. Aber er schrieb, dass es noch Hoffnung gibt, denn „die Barmherzigkeit des Herrn währt ewig. Sie ist jeden Morgen neu – groß ist deine Treue. Der Herr ist gut zu denen, die auf Gott hoffen und ihn suchen".

Das Südreich dauerte 136 Jahre länger als das Nordreich, und Zedekia war der letzte seiner 40 Könige. Die Nachkommen Abrahams und Saras, die nach Kanaan zogen, wurden als Juden bezeichnet, ein Begriff, der sich von dem Stamm und der Nation Juda ableitet. Später wurde der Begriff auf alle Israeliten ausgeweitet, ungeachtet ihres Stammes oder ihrer Nation. Ihre Religion wurde als Judentum bekannt und schuf eine einzigartige jüdische Kultur. Das jüdische Volk hat ein gemeinsames Nationalbewusstsein und eine Identität als von Gott auserwähltes Volk. Das Gebiet, das als Kanaan bekannt ist und vom Mittelmeer bis zum Jordan reicht, wird auch Palästina und Heiliges Land genannt.

KAPITEL 12

━━━━ ◆•◆•◆ ━━━━

LEBEN IM EXIL, DANN WIEDERHERSTELLUNG

Israeliten gedeihen in fernen Ländern und
ein Rest kehrt nach Kanaan zurück

Die Israeliten führten gute Aufzeichnungen über historische Ereignisse und wichtige Personen, die in Kanaan lebten, nach Ägypten zogen, durch die Wüste wanderten, Kanaan eroberten und in Palästina lebten. Doch als Jerusalem geplündert wurde und die meisten Juden nach Babylonien verschleppt wurden, hörte die gute Aufzeichnung auf. Daher wissen wir nicht viel über das Leben derer, die in fremden Ländern lebten.

Das Land, das die Israeliten zurückließen, wurde von den Edomitern und Babyloniern kontrolliert. Die Juden hatten die Sklaverei in Ägypten verlassen, lokale Mächte in Kanaan besiegt und stärkeren Nationen wie Syrien, Assyrien und Babylonien widerstanden. Doch aufgrund ihres Ungehorsams gegenüber Gott hatten die Juden innerhalb von 500 Jahren keinen König mehr, sondern nur noch ihren ersten König. Als Jerusalem erobert wurde, waren mehr als 1250 Jahre vergangen, seit Abraham nach Kanaan gezogen war, und die meisten Juden lebten nun in Mesopotamien, Hunderte von Kilometern von der Heimat ihrer Vorfahren in Kanaan entfernt. Palästina wurde vor allem zu einem Schlachtfeld zwischen den Ägyptern und den Babyloniern.

Schließlich litten die Babylonier unter schlechter Führung und den Belastungen des Krieges, als ihr Reich wuchs. Korruption und grausame Behandlung des eroberten Volkes führten zu Rebellionen im Reich. Im Jahr 539 v. Chr. eroberten die Bewohner Nordpersiens unter der Führung von Kyros dem Großen Babylon. Wie die Propheten vorausgesagt hatten, waren sowohl die Assyrer als auch die Babylonier besiegt worden.

Die persische Religion war der Zoroastrismus, und ihre Priester wurden Magier genannt. Die Region, die zuvor von den Assyrern und Babyloniern kontrolliert worden war, kam unter persische Kontrolle. Die Juden waren mehrmals nach Babylonien verbannt worden, und zu ihnen gesellten sich diejenigen, die das Südreich verließen. Die Juden wurden in der Regel freundlich behandelt, und sie lernten die aramäische Sprache, die in Wirtschaft, Handel und Diplomatie verwendet wurde.

Die meisten Juden wurden in der lokalen Wirtschaft aktiv. Einige arbeiteten an Bauprojekten; sie hatten Erfahrung mit dem Bau großer Gebäude in Palästina, und die Babylonier machten sich ihre Fähigkeiten zunutze. Einige arbeiteten in der Landwirtschaft in den fruchtbaren mesopotamischen Ebenen, andere waren in Handel und Gewerbe tätig. Einige wenige engagierten sich in Regierungsangelegenheiten. Sie versuchten, in Städten zusammenzuleben, die über die ganze Region verstreut waren und in denen sie ihre Bräuche und ihre Religion beibehalten konnten.

Die Juden, die in Babylonien lebten, fragten sich, wann sie zurückkehren würden. Falsche Propheten sagten ihre baldige Rückkehr voraus, was zu Rebellionen gegen die Babylonier führte, weil sie glaubten, Gott würde sie befreien. Doch die Anführer der Aufständischen wurden hingerichtet. In der Zwischenzeit schrieb Jeremia Briefe aus Palästina an die Exilanten, in denen er sie aufforderte, sich niederzulassen und die Strafe Gottes zu akzeptieren. Er forderte sie auf, „Häuser zu bauen und zu bewohnen, Gärten anzulegen, Frauen zu nehmen und Kinder zu bekommen, das Wohlergehen der Stadt zu suchen, in die Gott euch gesandt hat, und zu Gott für die Stadt zu beten, denn in ihrem Wohlergehen werdet ihr euer Wohlergehen finden". Seine Vorhersagen, dass sie eines Tages zurückkehren würden, gaben ihnen Hoffnung – sie mussten nur geduldig sein, bis der richtige Zeitpunkt gekommen war. Das verwirrte die im Exil Lebenden: Würden sie bald nach Hause gehen oder nicht?

Hesekiels Botschaften an die Verbannten

Der Prophet Hesekiel war ein gebildeter und religiöser Jude, der in Babylon lebte. Als er 30 Jahre alt war, rief Gott ihn dazu auf, zu den in Babylonien lebenden Juden darüber zu sprechen, wann sie nach Palästina zurückkehren würden. Er hatte eine sehr ungewöhnliche Vision von Gott, und er benutzte symbolische Rätsel, Geschichten und Handlungen, um die Hoffnungen der Juden, die nach Jerusalem zurückkehren wollten, zu zerstören. Er sagte, Gott würde die Juden in Jerusalem wegen ihrer sexuellen Unmoral und Ungerechtigkeit bestrafen. Jerusalem würde zerstört werden, so dass die Exilanten in naher Zukunft nicht mehr nach Hause zurückkehren würden – es gäbe keinen Ort, an den sie gehen könnten.

Hesekiels Methoden der Kommunikation waren ungewöhnlich. So lag er zum Beispiel 390 Tage lang nur auf der linken Seite und dann 40 Tage lang auf der rechten Seite, um den Untergang des Nord- und des Südreichs zu symbolisieren. Er redete mit niemandem, es sei denn, Gott hatte es ihm befohlen. Er verhielt sich so seltsam, dass die Juden in Babylon ihn besuchten, um sein seltsames Verhalten zu sehen. Seine Visionen enthielten auch die Botschaft, dass die Juden in ihr Heimatland zurückkehren würden, und seine Botschaften stimmten mit denen von Jeremia überein.

Als Jerusalem zerstört wurde und die Menschen aus dem Südreich in Babylonien ankamen, waren die Juden eher bereit, auf ihn zu hören – seine Vorhersagen waren eingetreten. Er hatte auch eine Botschaft der Hoffnung. Er sagte, dass Gottes Ruf in der ganzen Welt wiederhergestellt werden würde und Israel wieder eine Nation sein würde. Hesekiel hatte eine Vision von vertrockneten Knochen, die auf einem Feld lagen und wieder zum Leben erwachten, zusammengefügt und mit Haut überzogen wurden, um wieder lebendig zu sein. Er erklärte ihnen, was Gott ihnen sagen wollte:

> Nicht um euretwillen tue ich diese Dinge, sondern um meines heiligen Namens willen, dem ihr unter den Völkern Schaden zugefügt habt. Ich will zeigen, dass mein Name heilig ist. Die Völker werden erkennen, dass ich der Herr bin. Ich werde euch aus allen Völkern sammeln und euch in euer Land zurückbringen. Ich werde euch von eurem Unrat reinigen. Ich werde euch ein neues Herz geben und meinen Geist in euch legen. Es wird ein König über euch alle herrschen, ein Hirte.

Daniel und seine treuen Gefährten

Daniel war sowohl ein religiöser als auch ein politischer Führer, der unter denen lebte, die vor der Zerstörung Jerusalems nach Babylonien verbannt wurden. Als er in Juda lebte, war er gut in religiösen Aktivitäten geschult, und er war sehr klug und weise. Er sprach fließend Aramäisch, weil er und drei andere Juden (Schadrach, Meschach und Abednego) von König Nebukadnezar eingeladen wurden, Aramäisch zu lernen, als sie in Babylon ankamen. Daniel schrieb seine Botschaften sowohl auf Hebräisch als auch auf Aramäisch, wodurch seine Botschaften auch für Nicht-Juden in anderen Ländern zugänglich wurden.

Als man ihm und seinen drei Freunden während ihrer Ausbildung unreine Speisen vorsetzte, weigerten sie sich, diese zu essen. Sie baten darum, nur Gemüse und Wasser zu bekommen, und nach 10 Tagen waren sie gesünder als diejenigen, die von der königlichen Speisekarte aßen. Danach aßen sie nur noch Gemüse. Nach drei Jahren der Ausbildung wurden die vier Männer dem König vorgeführt, der sie alle als weitaus besser befand als alle anderen, die ihm dienten.

Als der König einen beunruhigenden Traum hatte, bat er seine Magier und Astrologen, ihm zu sagen, was er geträumt hatte und was es bedeutete. Die Weisen sagten, dies sei eine unmögliche Aufgabe – niemand könne die Gedanken eines anderen Menschen lesen, außer einem Gott! Der König war über ihre Antwort so verärgert, dass er alle Weisen in Babylon töten ließ.

Als die Männer des Königs kamen, um Daniel abzuholen, fragte er, warum man ihn töten würde. Als er von dem Befehl des Königs hörte, bat er darum, mit dem König sprechen zu dürfen. Er bat den König um mehr Zeit, damit er herausfinden konnte, was der Traum war und was er bedeutete. Der König stimmte zu, und Daniel ging zu seinen drei Gefährten und erklärte ihnen die Situation. Sie alle beteten inständig zu Gott um Gnade und Einsicht in den Traum, denn sie wollten nicht sterben. In dieser Nacht hatte Daniel einen Traum, der die Antworten auf die Fragen des Königs enthüllte. Am Morgen sagte er dem König: „Niemand auf Erden kann diese Fragen beantworten, aber es gibt einen Gott im Himmel, der die Bedeutung deiner Träume kennt. Dieser Gott hat mir offenbart, dass sie beschreiben, was in der Zukunft geschehen wird". Daraufhin erklärte Daniel dem König, was der Traum war und was er bedeutete. Das Ende des Traums offenbarte, dass Gott ein Reich errichten würde, das niemals zerstört werden würde.

Daniel hatte richtig geantwortet. König Nebukadnezar ehrte Daniel und seinen Gott und sagte: „Dein Gott ist der Gott der Götter und der Herr der Könige und ein Offenbarer der Geheimnisse, denn du hast dieses Geheimnis offenbart". Daraufhin ernannte der König Daniel zum Herrscher über die gesamte Provinz Babylon und übertrug ihm die Verantwortung für alle Weisen dort. Daniel veranlasste, dass der König seine drei Freunde mit der Aufsicht über die gesamte Regierungsarbeit in Babylon beauftragte.

Später, während seiner Herrschaft, ließ König Nebukadnezar auf einem Feld in der Nähe von Babylon eine 90 Fuß hohe goldene Statue von sich selbst errichten. Bei der Einweihung wurde allen befohlen, sich zu verbeugen und die

Statue anzubeten; wer sich weigerte, sollte in einen Feuerofen geworfen werden. Daniels drei Freunde waren bei der Einweihung dabei, verbeugten sich aber nicht, und es war für alle Anwesenden offensichtlich, dass sie sich diesem Befehl widersetzten. Die drei Männer wurden verhaftet und zu dem wütenden König gebracht. Die Männer sagten dem König: „Wir brauchen uns vor dir nicht zu verteidigen. Wenn du uns ins Feuer wirfst, kann unser Gott uns daraus erretten. Aber selbst wenn unser Gott uns nicht rettet, sollen Sie wissen, dass wir keinen anderen Gott anbeten und uns nicht vor dem goldenen Bild verneigen werden, das Sie aufgestellt haben".

Der König war wütend und befahl, sie zu fesseln und in den Ofen zu werfen. Der Ofen war so heiß, dass die Soldaten, die die Männer in den Ofen brachten, von den Flammen getötet wurden. Aber die drei Männer verbrannten nicht im Ofen, und die Zuschauer sahen vier Gestalten im Feuer umhergehen – Gott war mit ihnen. Der König befahl ihnen, aus dem Ofen zu kommen, und als die drei Männer herauskamen, hatten sie keine Verbrennungen erlitten. Sogar ihr Haar und ihre Kleidung waren nicht verbrannt, und sie rochen nicht nach Rauch. Der König war so erstaunt, dass er anordnete, niemand dürfe etwas Schlechtes über den Gott der Juden sagen, und wer es doch täte, würde getötet werden. Daraufhin beförderte der König die drei Männer.

Viele Jahre später hatte Daniel eine Reihe von Visionen, die die Zukunft vorhersagten und voller vager Symbolik waren, in denen Tiere und seltsame Tiere Könige und Nationen darstellten. Da er diese Visionen nicht verstand, behielt er sie für sich. Aber seine Fähigkeit, andere geheimnisvolle Botschaften zu deuten, wurde erneut bestätigt, als er bei einem großen Bankett von Würdenträgern den Fall Babylons verkündete. Babylon fiel am nächsten Tag an die Perser.

Die Perser zerstörten Babylon nicht, und Daniel arbeitete weiter als Führungskraft in der persischen Regierung. Andere waren eifersüchtig auf seine Macht und schmiedeten Komplotte gegen ihn, aber Daniels Ruf als weiser und gerechter Regierungsbeamter war makellos. Zwei Beamte schmiedeten einen Plan, um Daniel wegen seiner Religion zu bestrafen. Sie brachten den König dazu, ein Edikt zu erlassen, wonach jeder, der in den nächsten 30 Tagen einen anderen Gott als den König anbetete, in eine Löwengrube geworfen werden sollte. Als die Beamten feststellten, dass Daniel auf seine übliche Weise in Richtung Jerusalem betete, sagten sie es dem König.

Da Daniel eine so hoch angesehene Person war, war der König bestürzt. Aber die Beamten erinnerten den König daran, dass er ein Edikt erlassen hatte, das nicht geändert werden konnte, und so wurde Daniel den Löwen vorgeworfen. Der König sagte zu Daniel: „Möge dein Gott, dem du immer dienst, dich retten!"

Die Grube wurde mit einem großen Stein versiegelt, und der König konnte in dieser Nacht nicht schlafen. Am Morgen ging der König in die Grube und rief Daniels Namen. Daniel antwortete: „Mein Gott hat einen Engel geschickt, der den Löwen das Maul gestopft hat. Sie haben mir nichts getan, weil Gott mich für unschuldig befunden hat".

Dann befahl der König, Daniel aus der Grube herauszuholen, und er kam ohne einen Kratzer heraus. Dann ließ der König die Männer, die sich gegen Daniel verschworen hatten, mitsamt ihren Frauen und Kindern in die Grube werfen. Sie wurden alle schnell getötet und von den hungrigen Löwen gefressen.

Daniel diente weiterhin als Führungskraft in der persischen Regierung. Als er sehr alt war, hatte Daniel weitere seltsame Träume und Visionen über zukünftige Ereignisse. Er schrieb, dass sich viele böse Königreiche erheben würden und dass viele heilige Menschen in ihre Hände fallen würden. Aber diese irdischen Reiche würden eines Tages für immer von einem endgültigen Reich zerstört werden, das von Gott aufgerichtet wird und das nicht enden wird. Obwohl er die Bedeutung dieser Visionen nicht verstand, schrieb er sie auf, damit andere sie später lesen konnten, wenn ihre Bedeutung geklärt werden konnte. Daniel starb kurz nachdem Kores der Große in Babylon an die Macht gekommen war.

Eine neue Politik führt zu ihrer Rückkehr und Wiederherstellung

Der persische König Kores kehrte die Politik der Umsiedlung von Menschen aus eroberten Gebieten zurück nach Mesopotamien um. Er ermutigte die gefangenen Menschen, nach Hause zurückzukehren und ihre eigenen Götter zu verehren, und erlaubte den Juden, nach Hause zurückzukehren. Doch zu diesem Zeitpunkt hatten sich viele von ihnen bereits in gut bezahlten Berufen niedergelassen und lebten in Wohlstand, so dass sie die Gelegenheit, nach Palästina zu ziehen, nicht wahrnahmen.

König Kores glaubte an den jüdischen Gott und wollte den Tempel in Jerusalem wiederaufbauen. Er ermutigte die Juden in Babylonien, Gold, Tiere und Vorräte an diejenigen zu geben, die nach Hause zurückkehren und die Stadt und den Tempel wieder aufbauen wollten. (Der Prophet Jesaja hatte dies vorausgesagt.) Etwa 50 000 Juden machten sich bald auf die 900 Meilen lange Reise zurück nach Palästina, und Kores schickte Gegenstände, die aus dem Tempel entwendet worden waren. Als sie ankamen, waren etwa 70 Jahre vergangen, seit die erste Gruppe von Exilanten aus Juda in Babylonien angekommen war. (Jeremia hatte vorhergesagt, dass das Exil 70 Jahre dauern würde).

Jerusalem war 50 Jahre lang verlassen gewesen und lag in Trümmern. Die Juden brauchten sieben Monate, um sich zu organisieren und ihre religiösen Aktivitäten wieder aufzunehmen. Sie brachten Brandopfer dar und feierten ihre Feste. Mit den von den Phöniziern gekauften Materialien wurde der Bau eines neuen Tempels begonnen, und die Leviten überwachten die Arbeiten. Während viele ihre Rückkehr feierten und Gott lobten, weinten die Älteren, die sich daran erinnerten, wie Jerusalem einmal ausgesehen hatte, offen und bitterlich über den Zustand der Stadt.

Die Bewohner des nahe gelegenen Samaria wollten beim Bau des Tempels helfen. Die Samariter bewohnten Land im ehemaligen Nordreich und hatten sich mit den Ausländern vermischt, die in die Region gebracht worden waren. Als sie nicht mithelfen durften, waren sie wütend auf die zurückgekehrten Juden und arbeiteten gegen deren Bemühungen um den Wiederaufbau des Gebiets. Wegen ihres Widerstands wurden die Arbeiten am Tempel 16 Jahre lang eingestellt.

Haggai und Zacharias

Die Arbeiten am Tempel wurden wieder aufgenommen, als König Kores durch einen neuen König in Persien ersetzt wurde, der sich für die Religion seines Reiches interessierte. Der Prophet Haggai erinnerte das Volk daran, dass der Bau des Tempels eine höhere Priorität habe als die Verschönerung der eigenen Häuser. Der Bau des Tempels wurde bald wieder aufgenommen, aber die Begeisterung für das Projekt ließ nach, als man erkannte, dass das neue Bauwerk nicht an das heranreichen würde, was unter König Salomo errichtet worden war. Obwohl ihnen die Arbeiter und das Geld fehlten, um die Arbeit richtig zu machen, ermutigte Haggai das Volk, indem er voraussagte, dass der neue Tempel größer sein würde als der vorherige. Gott sprach durch Haggai.

> Seid stark, denn ich bin mit euch. Mein Geist bleibt unter euch. In kurzer Zeit werde ich alle Völker erschüttern, und es wird kommen, was alle Völker begehren, und das Haus wird voller Herrlichkeit sein. Die Herrlichkeit wird größer sein als in dem vorherigen Haus. An diesem Ort werde ich euch Frieden schenken.

Zur gleichen Zeit hatte der Prophet Zacharias eine ähnliche, aber längere Botschaft für die Juden. In einer Reihe von symbolischen Träumen, Visionen und Botschaften sieht er, dass das Volk Gottes zurückgekehrt ist und sein Staat allmählich wiederhergestellt wird. Wenn der Tempel gebaut ist, wird dem Volk eine glorreiche Zukunft versprochen. Obwohl Juda gefallen war, wird Jerusalem wieder auferstehen, während alle anderen Nationen fallen werden. Der Herr sagte: „Jerusalem wird keine Mauern haben, weil so viele Menschen und Tiere in ihm leben werden. Mein Feuer wird die Mauer um sie herum sein, und ich werde die Herrlichkeit in ihr sein". Gott wird das Böse (Satan) zurechtweisen, und ein dienender Führer, der „Zweig" genannt wird, wird die Wiederherstellung anführen. Dieser Anführer wird ein Priester vor Gott sein und die Sünden aller Menschen an einem einzigen Tag beseitigen. Gerechtigkeit und Frieden werden an die Stelle des Bösen treten, und der Geist Gottes wird sich in der ganzen Welt ausbreiten. All diese Dinge werden geschehen, wenn das Volk Gott gehorcht — es reicht nicht aus, wenn es fastet und betet. Der Herr sprach durch Zacharias:

> Sorgen Sie für wahre Gerechtigkeit. Erweist einander Barmherzigkeit und Mitgefühl. Seid nicht gemein zu der Witwe, dem Obdachlosen, dem Fremden oder dem Armen. Heckt nicht Böses gegeneinander aus. Diejenigen, die vor euch gekommen sind, haben nicht auf euch gehört, und sie wurden zerstreut und wurden zu Fremden in anderen Nationen. Deshalb sollt ihr einander die Wahrheit sagen und in euren Gerichten ein gerechtes Urteil fällen.

Zacharias machte auch Vorhersagen über die Zukunft. Ein demütiger und guter König wird auf einem jungen Esel reitend in Jerusalem einziehen. Die Kriegswaffen werden verschwinden, und es wird Frieden auf der Erde herrschen. Viele Arten von Menschen und mächtige Nationen werden sich gegenseitig von diesem König erzählen. „Sie werden dich ergreifen und dich bitten, mit dir zu gehen, weil sie wissen, dass Gott mit dir ist". Aber Zacharias endet mit einer Warnung: Jerusalem wird erneut zerstört werden, und viele Menschen werden die Region verlassen, weil die Juden den Hirten ablehnen, der gekommen ist, um sie zu retten. Aber nach einer großen Krise wird Gott zurückkehren und die ganze Welt regieren.

Ermutigt durch diese beiden Propheten und die Hoffnung auf eine glorreiche Zukunft, vollendete das Volk den Tempel fünf Jahre nach Wiederaufnahme der Bauarbeiten. Er wurde an der gleichen Stelle wie der vorherige Tempel gebaut, war aber nicht annähernd so schön. Nichtsdestotrotz begannen die Juden ihre religiösen Aktivitäten nach denselben Anweisungen, die ihnen Mose gegeben hatte, und die Israeliten, die in Palästina geblieben waren, schlossen sich ihnen bei ihren religiösen Zeremonien und Festen an.

Esther und Mardochäus in Persien

Viele Juden beschlossen, in den von den Persern kontrollierten Gebieten zu bleiben. Als die Königin des persischen Königs Xerxes in Susa einen direkten Befehl missachtete, beschloss der König, dass sie ersetzt werden sollte. Wenn er sie mit einer solchen Missachtung davonkommen ließe, würde sich das herumsprechen und die Frauen würden ihren Männern nicht mehr gehorchen. Also wurden junge Frauen aus dem ganzen Reich zum König gebracht, damit er eine neue Königin auswählen konnte. Jede Frau wurde ein Jahr lang einer Schönheitskur unterzogen, bevor sie Xerxes sehen konnte.

Esther gehörte zu denjenigen, die sich auf den Besuch beim König vorbereiteten. Sie war eine junge und gläubige Jüdin, die ebenfalls in Susa lebte. Sie war von ihrem älteren Cousin Mardochäus adoptiert worden, als sie nach dem Tod ihrer Eltern verwaist war. Als sie an der Reihe war, den König zu treffen, beeindruckte sie ihn so sehr, dass sie zur nächsten Königin gewählt wurde. Aber Mardochäus sagte ihr, sie solle nicht sagen, dass sie adoptiert oder Jüdin sei.

Als Mardochäus ein Gespräch über ein Komplott zur Ermordung des Königs mitbekam, berichtete er es Esther, die es dem König erzählte und sagte, sie habe es von einem Mann namens Mardochäus gehört. Als der König erfuhr, dass die Verschwörung wahr war, ließ er die Verschwörer hinrichten.

Ein Mann namens Haman war der Premierminister und befahl allen, sich vor ihm zu verbeugen, wenn sie ihn sahen. Aber Mardochäus weigerte sich, das zu tun. Als Haman herausfand, dass Mardochäus Jude war, schmiedete er einen Plan, um alle Juden im Königreich (etwa zwei Millionen Menschen) loszuwerden. Er sagte zu König Xerxes: „Es gibt eine bestimmte Gruppe von Menschen, die über dein Reich verstreut sind und sich von den anderen absondern. Ihre Bräuche sind anders und sie halten sich nicht an deine Gesetze. Es ist nicht gut für dich, dass sie auf diese Weise leben. Wenn du willst, kannst du anordnen, dass sie alle getötet werden".

Der König stimmte zu, und ein Befehl, der mit dem Ring des Königs besiegelt war, wurde an alle Provinzen verschickt. Darin hieß es, dass alle Juden, einschließlich Frauen und Kinder, an einem bestimmten Tag 11 Monate später getötet werden sollten.

Die Juden im ganzen persischen Reich weinten und fasteten, als sie diesen Befehl hörten. Als Esther von dem Befehl erfuhr, beschloss sie, mit dem König zu sprechen. Aber niemand durfte den König in seinem Privatraum im Palast sehen, es sei denn, er lud sie ein – wer ohne Einladung eintrat, wurde von seinen Wachen getötet.

Mardochäus sagte Esther, dass es ihre Pflicht als jüdische Führerin sei, etwas zu tun – sie könnte getötet werden, weil sie Jüdin war. Esther sagte ihm, er solle alle Juden in Susa drei Tage lang für sie beten lassen, und dann würde sie in das Privatzimmer des Königs gehen. Sie sagte zu Mardochäus: „Wenn ich sterbe, sterbe ich".

Nach drei Tagen ging Esther in das Privatzimmer des Königs und stand vor seiner Tür. Er bat sie in sein Zimmer, und sie war erleichtert, dass sie nicht verhaftet und getötet wurde. Sie fragte ihn, ob sie ein Abendessen nur mit ihm und Haman ausrichten könne. Er willigte ein, und während sie an diesem Abend aßen und tranken, fragte der König Esther, was sie wolle – er würde fast alles für sie tun. Sie sagte, sie würde ihm ihre Antwort am nächsten Tag geben, wenn die drei wieder gemeinsam zu Abend essen könnten.

An diesem Abend ging Haman nach Hause und prahlte vor seiner Frau damit, dass er ein privates Abendessen mit dem König und der Königin hatte und es am nächsten Abend wiederholen würde. Aber er sagte, er habe immer noch einen schlechten Tag, weil Mardochäus sich nicht vor ihm verbeugt habe. Seine Frau sagte, man solle Mardochäus töten und am nächsten Morgen vor dem Abendessen an einem hohen Pfahl aufhängen. Auf diese Weise konnte er sein Mahl mit dem König und der Königin genießen. Haman gefiel die Idee und befahl, den Pfahl aufzustellen.

Der König konnte in dieser Nacht nicht schlafen. Am Morgen fand er heraus, dass Mardochäus, der Mann, der das Attentat gemeldet hatte, ein Jude war, aber man hatte nichts getan, um ihn zu ehren. Als Haman den Raum betrat, um mit dem König über die Ermordung Mardochäuss zu sprechen, fragte der König ihn zuerst, was man für jemanden tun sollte, der den König ehrt. Haman dachte, der König wolle ihn ehren, und sagte, die Person solle königliche Kleider anziehen und in einer großen Parade vorgeführt werden. Daraufhin befahl der König Haman, zu gehen und zu tun, was er Mardochäus vorgeschlagen hatte.

Der gedemütigte Haman tat es, und dann kehrte er zurück, um mit dem König und der Königin zu Abend zu essen.

Während sie aßen, sagte Esther, dass sie den König bitten wolle, die Juden, ihr Volk, zu verschonen. Der König hatte vergessen, wer auf diese Idee gekommen war, und fragte, wer für den Befehl verantwortlich sei. Sie sagte, es sei Haman gewesen, der Mann, der bei ihnen saß!

Der König ging wütend weg, aber Haman blieb zurück und flehte Esther um sein Leben an. Als der König zurückkam, sah er Haman zu Esthers Füßen knien und dachte, er wolle sie angreifen. Der König befahl seinen Wachen, Haman wegzuschleppen. Die Wachen sagten, dass vor Hamans Haus ein hoher Pfahl stehe, an dem man Mardochäus aufhängen wolle. Der König befahl, Haman zu töten und an der Stange aufzuhängen, und gab Esther das Vermögen Hamans. Als der König herausfand, dass Esther und Mardochäus verwandt waren, ernannte er Mardochäus zu seinem neuen Premierminister.

Aber der Befehl, alle Juden zu töten, war immer noch in Kraft. Esther bat den König, einen neuen Befehl zu erlassen, der den Befehl, alle Juden zu töten, aufhob. Der König beauftragte Mardochäus, den neuen Befehl zu schreiben. Er wurde schnell geschrieben, in alle im Reich gesprochenen Sprachen übersetzt, mit dem Ring des Königs versiegelt und mit den schnellsten Pferden des Königs in alle Provinzen geschickt. Der Erlass gewährte den Juden in jeder Stadt das Recht, sich zu versammeln und sich zu schützen und jeden zu töten, der einen Juden angriff. Der Text des Befehls wurde allen im Reich bekannt gemacht, damit sich die Juden an dem Tag, an dem sie getötet werden sollten, schützen konnten.

Als die Nachricht eintraf, waren die Juden in allen Provinzen überglücklich. Ihre mutige Königin und ihr neuer Premierminister hatten sie verschont. Sie feierten mit einem Festmahl. Viele Menschen anderer Nationalitäten wurden Juden und begannen, ihren religiösen Aktivitäten nachzugehen, weil sie Angst davor hatten, was die Juden ihnen antun könnten.

Mardochäus sandte daraufhin Briefe an alle Juden im Reich, in denen er sie aufforderte, die beiden Tage des Monats zu feiern, an denen sie von ihren Feinden befreit wurden. Ihr Kummer hatte sich in Freude verwandelt, und ihre Trauer wurde zu einem Tag des Feierns. An diesen beiden Tagen sollten die Juden Feste feiern, sich gegenseitig mit Lebensmitteln beschenken und den Armen Gaben zukommen lassen. Dieser Anlass wurde als Purimfest bekannt und wird von den Juden immer noch gefeiert.

Esra kehrt nach Jerusalem zurück

Nach dem Tod von König Xerxes trat sein Sohn Artaxerxes an seine Stelle. Zu dieser Zeit lebte ein hoch gebildeter Jude namens Esra im Exil in Babylon. Er war Levit und ein Nachkomme Aarons, und er kannte alle religiösen Schriften, die über die Jahrhunderte hinweg überliefert worden waren. Er zeichnete auch alle Ereignisse auf, die sich im Laufe der Jahrhunderte unter den Juden ereignet hatten, und schrieb sie als historische Aufzeichnungen nieder. Er wollte unbedingt nach Jerusalem zurückkehren und wandte sich an König Artaxerxes, um die Erlaubnis zur Ausreise zu erhalten.

Der König unterstützte die Idee, mehr Juden nach Palästina zurückkehren zu lassen, und erteilte Esra die Erlaubnis, eine Regierung in Palästina zu gründen. Der König gab Esra alle finanzielle Unterstützung, die er brauchte, um die religiösen Systeme und Gebäude wiederherzustellen, einschließlich der Mittel, die er für den Tempel benötigte. Der König sagte auch, dass alle, die im Tempel arbeiteten, keine Steuern zahlen mussten.

Esra informierte die Juden über die geplante Reise zurück nach Palästina, aber nicht viele Menschen wollten fast 1 000 Meilen in ein Land gehen, das sie nicht kannten, und ein neues Leben beginnen. Viele waren auch um ihre Sicherheit während der Reise besorgt. Nur sehr wenige Juden entschlossen sich, nach Palästina zurückzukehren, und selbst nach einem besonderen Aufruf an den Stamm stimmten nur 20 Leviten der Reise zu.

Esra wollte den König nicht um Wachen für ihre Reise bitten, denn die Juden waren dafür bekannt, dass sie sich für ihren Schutz auf Gott verließen. So beteten sie alle um Gottes Schutz während der Reise, und nach einer dreieinhalbmonatigen Reise kamen sie alle sicher in Jerusalem an.

Esra stellte bald fest, dass die Israeliten in der Region, einschließlich der Priester, sich mit Menschen aus anderen Kulturen und Religionen vermischt hatten. Esra war angewidert und wütend darüber, dass die Juden nichtjüdische Praktiken angenommen hatten. Er betete lautstark im Tempel und bekannte die Sünden der Juden. Dann befahl er allen Juden, zu einer Versammlung in den Tempel zu kommen. Er wandte sich an die Menge und sprach über die Gefahr der Vermischung mit Nicht-Juden.

Das Volk war bereit, seine Gewohnheiten zu ändern, und es wurden Anführer ausgewählt, die das ganze Volk bei künftigen Versammlungen vertraten, so dass nur noch wenige nach Jerusalem reisen mussten. Esra leitete eine Untersuchung, um herauszufinden, welche Priester und Leviten miteinander verheiratet waren, und jeder Priester war schuldig. Alle erklärten sich bereit, ihre Eheversprechen zu widerrufen.

Nehemia

Mehr als 13 Jahre, nachdem Esra nach Jerusalem zurückgekehrt war, befand sich die Stadt immer noch im Wiederaufbau. Der Tempel war zwar fertiggestellt, aber die Mauern der Stadt waren immer noch niedergerissen und die Tore verbrannt. Die Stadt war kein sicherer Ort zum Leben.

Nehemia war ein äußerst loyaler Jude, der für den persischen König in Susa arbeitete. Als sein Bruder ihn aus Palästina besuchte, erfuhr er, dass das Leben unter den wenigen Exilanten, die nach Palästina zurückgekehrt waren, nicht gut war. Er weinte, als er das hörte, und betete mehrere Monate lang, um herauszufinden, was er nach Gottes Willen tun sollte.

Sein Gesicht war traurig, als er König Artaxerxes und seiner Königin Getränke servierte, und der König fragte ihn, warum er traurig sei. Nehemia erzählte dem König von den Zuständen in seiner Heimat und bat um die Erlaubnis, zurückgehen und Jerusalem wieder aufbauen zu dürfen. Er erhielt die Erlaubnis des Königs und besorgte viele Vorräte, die er nach Jerusalem bringen konnte. Er erhielt auch Briefe vom König, um sicherzustellen, dass seine Karawane gut behandelt wurde und um kostenloses Holz zu bekommen.

Als Nehemia in Jerusalem ankam, gingen er und einige andere nachts privat hinaus, um die Verteidigungsanlagen der Stadt zu inspizieren. Am Morgen teilte er den örtlichen Beamten mit, was sie bereits wussten – die Stadt war nicht sicher und ihre Mauern und Tore mussten wieder aufgebaut werden. Sie stimmten alle zu, sofort mit den Reparaturarbeiten zu beginnen. Er richtete ein System zur Bewachung der Tore und Lücken in den Mauern ein, während Gruppen von Männern aus den verschiedenen Stämmen Israels die Reparaturen vornahmen.

All diese Aktivitäten erregten die Aufmerksamkeit der Beamten in der Umgebung. Sie fühlten sich durch eine stärkere Stadt, die von den Juden kontrolliert wurde, bedroht und behaupteten, die Juden würden sich gegen den König auflehnen. Sie planten, die Stadt anzugreifen, und Nehemia verstärkte die Sicherheitsvorkehrungen um die Stadt. Jeder trug bei, was er konnte. Einige arbeiteten, während andere mit Waffen und Trompeten bewaffnet Wache hielten, um im Falle eines Angriffs zu blasen. Die Armen in der Stadt arbeiteten ebenfalls, und sie mussten keine Steuern oder Zinsen auf ihre Schulden zahlen, weil sie mit ihrer normalen Arbeit kein Geld verdienten. Nehemia sorgte dafür, dass alle die Armen gerecht behandelten. Seine Feinde versuchten immer wieder, ihn mit neuen Tricks dazu zu bringen, etwas Falsches zu tun, aber Nehemia ging mit jeder Situation klug um und vermied es, in Schwierigkeiten zu geraten. Die Mauer und die Tore wurden in 52 Tagen fertiggestellt. Alle Menschen in der Region waren beeindruckt von der Stärke der Juden und ihres Gottes, und das verschaffte dem jüdischen Volk wieder Respekt und Ansehen bei den Bewohnern der Region.

Als die Stadtmauern und -tore gesichert waren, richtete Nehemia ein System ein, mit dem die Menschen die Mauern in der Nähe ihrer Häuser bewachen konnten. Juden vom Land füllten die offenen Bereiche der Stadt, und innerhalb der sicheren Stadt fühlten sich die Menschen sicherer. Nehemia arbeitete auch mit Esra zusammen, um die religiösen Aktivitäten der Juden zu stärken. Die Menschen gewöhnten sich wieder daran, ihre Sünden zu bekennen, Opfer zu bringen, die Arbeit der Leviten zu unterstützen und ihre Feste zu feiern, so wie es die Israeliten zur Zeit Mose taten. Das Volk verpflichtete sich auch, seine Kinder nicht mit einem Nicht-Juden verheiraten zu lassen.

Nachdem er die Mauern in einer großen Feier eingeweiht hatte, kehrte Nehemia nach Susa zurück. Als er Jahre später nach Jerusalem zurückkehrte, stellte er fest, dass die Juden ihre Religion nicht mehr richtig ausübten. Sie arbeiteten und verkauften Waren am Sabbat. Die Leviten waren abgewandert, um anderswo Arbeit zu finden, weil der Zehnte für sie und andere Tempelarbeiter nicht gegeben wurde. Fremde hatten Büros im Tempelhof. All dies machte Nehemia sehr wütend. Er warf die Möbel, die den Ausländern gehörten, hinaus, schloss die Tore Jerusalems am Sabbat und erinnerte das Volk daran, dass diejenigen, die Gottes Gebote ignorierten, mit Gefangenschaft bestraft wurden.

Maleachi

Der Prophet Maleachi bekräftigte Nehemias Warnungen, weil die Juden sich nicht auf Gott verließen. Dies waren ihre Sünden: Sie opferten unvollkommene Tiere, heirateten Nicht-Juden, waren in der Ehe untreu, vernachlässigten den Zehnten, kümmerten sich nicht um Witwen und Waisen und behandelten die Armen und Ausländer schlecht. Maleachi gab auch einen Einblick in die Zukunft. Segen und Gericht würden kommen, manchmal durch einen schmerzhaften Prozess. Durch ihn sagte Gott zu den Juden:

> Ich werde nicht ändern, wie ich mit euch umgehe: Ich werde dich
> segnen, wenn du mich ehrst und meine Gebote befolgst; ich werde

dich bestrafen, wenn du hochmütig bist und nicht gehorchst. Ich werde barmherzig sein, wenn ihr zu mir umkehrt. Ich sende meinen Boten, um den Weg vor mir zu bereiten. Plötzlich wird der, den ihr sucht, in den Tempel kommen – der Bote der Vereinbarung wird kommen. Er wird wie ein Läuterungsfeuer oder wie eine Seife sein. Er wird die Leviten läutern, so wie man Gold und Silber läutert. Dann wird der Herr Menschen haben, die gerechte Opfergaben bringen, und ihre Gaben werden dem Herrn wohlgefällig sein, wie sie es früher waren. Außerdem werde ich das Land mit einer totalen Zerstörung überziehen.

(Die Geschichte wird in Kapitel 14 fortgesetzt.)

KAPITEL 13

---◆◆◆◆---

EINZIGARTIGE BÜCHER IM ALTEN TESTAMENT

Mehrere Bücher der Bibel vermitteln Lektionen über ein richtiges Leben, z.B. den Umgang mit Problemen und die Liebe zu anderen.

- Die Bücher Sprüche und Prediger handeln von Weisheit und wurden hauptsächlich von König Salomo geschrieben. Die Sprüche enthalten kurze Sprüche und Geschichten darüber, wie Menschen richtig leben sollten. In Prediger weist Salomo darauf hin, dass das wahre Leben viel komplizierter ist als einfache Schwarz-Weiß-Wahrheiten über die Folgen menschlichen Verhaltens.
- Jōb ist eine Geschichte darüber, warum ein Mensch, der an Gott glaubt und ein gutes Leben führt, trotzdem Schmerz und Leid erfährt. Die Geschichte endet mit einer unerwarteten Wendung.
- Jona ist die Kurzbiografie eines Mannes, der von Gott berufen wurde, einem gefährlichen Feind die Wahrheit zu sagen. Als er dies nicht tut, erleidet er ungewöhnliche Konsequenzen.
- Das Hohelied Salomos ist ein Dialog zwischen einer jungen Frau und ihrem Liebhaber.
- Die Psalmen sind eine Sammlung von Gedichten, die starke Emotionen und Gedanken über Ereignisse widerspiegeln, die sich unter den Israeliten zugetragen haben.

Sprüche

Der größte Teil der Sprüche stammt von König Salomo. Ein Sprichwort ist eine Aussage über eine allgemeine Wahrheit und befasst sich oft mit dem richtigen und falschen Weg, Dinge zu tun. Im Allgemeinen weisen die Sprichwörter darauf hin, dass diejenigen, die diese Wahrheiten befolgen, Böses vermeiden und belohnt werden; diejenigen, die ihre Ratschläge nicht befolgen, werden negative Konsequenzen erleiden.

Positive und negative Aussagen werden oft miteinander verbunden, um einen Kontrast zwischen Gut und Böse zu schaffen. Manchmal sind sie nur einen Satz lang. Zum Beispiel heißt es im letzten Vers von Kapitel 3: „Die Weisen erben Ehre, aber die Toren erben Unehre" (Sprüche 3:35). In anderen Fällen gibt es eine ganze Reihe von Sprichwörtern, die denselben Gedanken behandeln. Viele der Sprüche und Kurzgeschichten befassen sich mit Geld, Gerechtigkeit und Sexualmoral (in vielen Versen geht es darum, die Versuchungen sexueller Sünden zu vermeiden und Geld auf die falsche Weise zu verdienen). Das Buch enthält viele Ermahnungen an seine Leser, dass sie ständig nach Weisheit streben und Böses vermeiden sollen.

Das Buch beginnt mit der Feststellung, dass Weisheit von Gott kommt. Ein weiser Mensch verhält sich also aufrichtig, gerecht und gottesfürchtig. Im letzten Kapitel geht es um die Eigenschaften einer guten Ehefrau zu dieser Zeit. Viele der Verse in den 31 Kapiteln weisen auf dasselbe hin. Hier sind Beispiele für einige der Sprichwörter – sie stammen aus den angegebenen Kapiteln und Versen.

Kapitel 1:7, 20-23, 33

Die Ehrfurcht vor dem Herrn ist der Anfang der Weisheit; die Toren verachten Weisheit und Unterweisung. Die Weisheit schreit auf der Straße, sie erhebt ihre Stimme auf dem Platz. An den Toren der Stadt sagt sie: „Wie lange wollt ihr Naiven noch einfältig sein? Wie lange noch werdet ihr Spötter euch daran erfreuen, andere zu verhöhnen, und ihr Narren werdet das Wissen hassen? Wenn ihr auf meine Zurechtweisung gehört hättet, hätte ich meinen Geist über euch ausgegossen und euch meine Worte verkündet. Diejenigen, die auf mich hören, werden sicher leben und sich nicht vor dem Bösen fürchten müssen".

Kapitel 4:23-27

Hüte dein Herz, denn alles, was du tust, geht von ihm aus. Halte deine Rede rein und ehrlich. Lass deine Augen geradeaus schauen, und denke sorgfältig über die Wege deiner Füße nach. Wende dich weder nach rechts noch nach links – halte deinen Fuß vom Bösen fern.

Kapitel 6:6-11

Fauler Mensch, schau dir die Ameise an und erkenne ihre Wege. Sie hat keinen Häuptling, keinen Beamten und keinen Herrscher, und doch bereitet sie im Sommer ihre Nahrung zu und sammelt sie in der Ernte. Wie lange willst du dich hinlegen und nichts tun? Wann wirst du aus deinem Schlaf aufstehen? Wenn du ein wenig schläfst, ein wenig schlummerst und ein wenig die Hände faltest, um dich auszuruhen, wird deine Armut wie ein Bettler und deine Not wie ein bewaffneter Eindringling eintreten.

Kapitel 10:1-5, 8-9, 12-13

Ein kluger Sohn macht den Vater froh, aber ein törichter Sohn bringt seiner
  Mutter Kummer.
Geld, das auf die falsche Weise verdient wird, bringt keinen Gewinn.
Der Herr lässt die Gerechten nicht hungern, weist aber das Verlangen der Bösen
  zurück.
Diejenigen, die nicht arbeiten, werden arm, aber diejenigen, die arbeiten, werden
  reich.
Wer im Sommer sammelt, handelt weise; wer in der Ernte schläft, ist schändlich.
Die Weisen werden Befehle erhalten, aber ein sprechender Narr wird ruiniert
  werden.
Wer aufrichtig wandelt, wandelt sicher; wer aber Böses tut, wird entdeckt
  werden.
Der Hass schürt den Streit, aber die Liebe deckt jede Übertretung zu.
Weisheit findet sich auf den Lippen derer, die sorgfältig nachdenken, aber eine
  Rute wird auf dem Rücken derer eingesetzt, denen es an Verständnis fehlt.

Kapitel 15:1-4

Eine sanfte Antwort wendet den Zorn ab, aber ein hartes Wort schürt den
  Zorn.
Die Weisen vermitteln nützliches Wissen, aber aus dem Mund der Narren
  kommt die Torheit.
Die Augen des Herrn sind an jedem Ort, sie sehen das Böse und das Gute.
Eine sanfte Zunge ist ein Baum des Lebens, aber verkehrte Worte zermalmen
  den Geist.

Kapitel 22 (Auszüge)

Ein guter Name ist erstrebenswerter als großer Reichtum. Angesehen zu sein
  ist besser als Gold oder Silber.

Die Reichen und die Armen haben eines gemeinsam: Der Herr hat sie alle gemacht.

Erziehe die Kinder, wie sie gehen sollen; wenn sie alt sind, werden sie nicht davon abweichen.

Diejenigen, die großzügig sind, werden gesegnet, denn sie geben den Armen zu essen.

Diejenigen, die die Armen unterdrücken, um mehr für sich selbst zu verdienen oder den Reichen zu geben, werden in der Armut enden.

Kapitel 25:21-22

Wenn dein Feind hungrig ist, gib ihm zu essen; wenn er durstig ist, gib ihm Wasser zu trinken. Das wird ihnen glühende Kohlen auf den Kopf werfen,[3] und der Herr wird es dir vergelten.

* * * * *

Prediger

Das Buch Prediger enthält die Überlegungen eines weisen Königs, wahrscheinlich König Salomo in seiner späteren Regierungszeit. Im Gegensatz zu den Sprüchen wird die Weisheit realistischer und nuancierter betrachtet – es gibt weder blinden Optimismus für richtiges Handeln noch skeptischen Pessimismus für falsches Handeln. Stattdessen wird das Leben mit seinen Komplexitäten und Frustrationen gesehen. Wie das Leben selbst sind auch Struktur und Inhalt der 12 Kapitel des Buches unzusammenhängend, schweifen in verschiedene Richtungen ab und wiederholen sich oft. Das mag daran liegen, dass das Buch wahrscheinlich mehrere Autoren hatte.

Das Buch beginnt mit dem Ausruf des Lehrers: „Alles ist sinnlos!" Die endlosen Zyklen des Lebens und der Natur scheinen nie etwas auf der Erde zu verändern. Das Erlangen von Weisheit und Wissen bringt Kummer und Leid

---

[3] Diese Redewendung hat mehrere Bedeutungen. Er kann im Kontext dieser Kultur wörtlich genommen werden, in der eine Person eine große Menge Holzkohle zur Verfügung stellt, um das schwindende Feuer eines Nachbarn zu retten. In der Antike trugen manche Menschen Dinge auf dem Kopf. Die Redewendung hat auch eine tiefere Bedeutung: Die verschwenderische Großzügigkeit einer Person gegenüber einem Feind veranlasst diesen, darüber nachzudenken, wie er andere behandeln sollte. Das Ergebnis ist, dass sich die Chancen für eine friedlichere Beziehung zwischen den beiden Menschen erhöhen. Der Ausdruck bedeutet nicht, den Feind zu verletzen, indem man ihm auf irgendeine Weise den Kopf verbrennt.

mit sich. Beides hat seine Grenzen, und Veränderungen herbeizuführen, um das Leben zu verbessern, ist wie „dem Wind nachjagen – nichts ist gewonnen unter der Sonne".

Der Lehrer versuchte auf verschiedene Weise, sein Glück zu finden. Zunächst strebte er nach irdischen Vergnügungen – Trinken, Sex, harte Arbeit, Erwerb von Material und Reichtum und Erlangung von Macht. Aber als er über seine Handlungen nachdachte, stellte er fest, dass ihn nichts davon glücklich machte. Als nächstes dachte er über das Streben nach Weisheit und die Folgen der Sündhaftigkeit nach, aber er erkannte, dass sowohl die Weisen als auch die Narren den gleichen Tod sterben. Die während des Lebens erworbenen Besitztümer werden nach dem Tod an andere weitergegeben, die entweder weise oder töricht sind, so dass die Früchte der Arbeit eines Lebens vergeudet werden können. Warum sollte man dem nachjagen, was man nicht behalten kann?

Der Lehrer kam zu dem Schluss, dass das Beste, was Menschen tun können, um wahres Glück zu finden, darin besteht, Gott zu ehren, ihr Essen und Trinken zu genießen, Gutes zu tun und eine sinnvolle Arbeit zu finden. Er kam auch zu dem Schluss, dass das richtige Verhalten nicht in jeder Situation nach festen Regeln abläuft, sondern von den spezifischen Umständen des jeweiligen Kontextes abhängt – es gibt eine richtige Zeit für jede menschliche Erfahrung.

> Eine Zeit zum Geborenwerden und eine Zeit zum Sterben, eine Zeit zum Pflanzen und eine Zeit zum Ernten,
> eine Zeit zum Töten und eine Zeit zum Heilen, eine Zeit zum Abreißen und eine Zeit zum Aufbauen,
> eine Zeit zum Weinen und eine Zeit zum Lachen, eine Zeit zum Trauern und eine Zeit zum Tanzen,
> eine Zeit, um Steine zu werfen, und eine Zeit, um sie zu sammeln,
> eine Zeit, um sich zu umarmen, und eine Zeit, um sich zu trennen,
> eine Zeit zum Suchen und eine Zeit zum Aufgeben, eine Zeit zum Behalten und eine Zeit zum Wegwerfen,
> eine Zeit zum Reißen und eine Zeit zum Nähen, eine Zeit zum Schweigen und eine Zeit zum Reden,
> eine Zeit zum Lieben und eine Zeit zum Hassen, eine Zeit für Krieg und eine Zeit für Frieden.

Der Lehrer räumt ein, dass aus negativen Erfahrungen auch Gutes entstehen kann, aber er zieht dennoch die Eigenschaften der Weisheit vor, auch wenn das Leben ungerecht sein kann. Abschließend ermutigt er die Menschen, das Leben in vollen Zügen zu genießen, hart zu arbeiten und die unerwarteten Ereignisse des Lebens als von Gott gegebene Gelegenheiten zum Lernen und Wachsen anzunehmen.

* * * * *

Hiob

Hiob ist eine lange Geschichte, die viele Gespräche über Glaube, Gehorsam, Belohnung, Bestrafung, Gut und Böse und darüber, warum treuen Menschen Schlimmes widerfährt, enthält. Gottes liebevolle und gerechte Natur wird durch einen Dialog zwischen den Hauptfiguren in Frage gestellt: Gott und Satan, Hiob und seine Freunde sowie Gott und Hiob. Das Buch ist keine wahre Geschichte (es gibt keine eindeutigen Autoren, Daten oder Orte).

Zu Beginn des Buches wird Hiob als ein wohlhabender Mann beschrieben, der mit seiner großen Familie und 11.000 Tieren lebt. Er ist „der größte Mann im Morgenland, untadelig, aufrichtig, gottesfürchtig und stets darauf bedacht, nichts Böses zu tun". Er bringt Gott Opfer dar, wenn Mitglieder seiner Familie gesündigt haben.

Satan sagt Gott, dass Hiob nur deshalb gut und treu ist, weil Gott ihn in jeder Hinsicht gesegnet hat. Satan fordert Gott auf, Hiob alle Segnungen zu nehmen, um zu sehen, ob Hiob Gott immer noch lieben wird, und sagt, dass Hiob Gott verfluchen wird, wenn die Segnungen weggenommen werden. Gott stimmt zu, dass der Satan Hiob quält, aber er verbietet dem Satan, ihn zu töten.

Hiob und seine Familie werden bald von Katastrophen heimgesucht. Hiob erhält die Nachricht, dass ein Feind seine Tiere gestohlen und die Knechte, die die Herde hüten, getötet hat. Dann tötet Feuer vom Himmel seine Schafe und die Knechte, die die Herden hüten. Dann stiehlt ein anderer Feind alle seine Kamele und tötet alle Diener bis auf den Boten. Schließlich hört er, dass das Haus, in dem seine Kinder aßen, durch einen starken Wind eingestürzt ist und alle getötet wurden.

Nachdem er gehört hat, was geschehen ist, reißt Hiob seine Kleider vom Leib und betet Gott an, indem er sagt: „Ich bin nackt aus dem Leib meiner Mutter gekommen, und ich werde die Welt mit nichts verlassen. Der Herr gibt und der Herr nimmt. Gepriesen sei der Name des Herrn". Hiob hat nicht gesündigt oder Gott die Schuld für diese Ereignisse gegeben.

Gott erinnert Satan daran, wie Hiob treu geblieben ist, obwohl er alles verloren hat. Satan erhebt eine neue Anklage und sagt, dass Hiob Gott verfluchen wird, wenn sein eigener Körper leidet. Gott willigt ein, dass der Satan Hiob Schmerzen und Krankheiten zufügt, und Hiob bekommt schmerzhafte Wunden vom Kopf bis zu den Zehen am Körper. Hiobs Frau fragt Hiob: „Warum lebst du immer noch auf die richtige Weise? Verfluche Gott und stirb!" Hiob antwortet: „Sollen wir nur das Gute von Gott annehmen und nicht den Ärger?" Und Hiob sündigt nicht und verflucht Gott nicht.

Als drei von Hiobs Freunden hören, was geschehen ist, besuchen sie ihn, um ihn zu trösten. Sie erkennen ihn kaum wieder, weinen laut und sitzen dann eine Woche lang schweigend bei Hiob.

Hiob bricht das Schweigen und die vier Männer führen ein langes Gespräch. Hiob erzählt von all seinen Problemen und dass er wünschte, er wäre nie geboren worden. Aber seine Freunde sagen, dass Hiobs Leiden auf Sünden zurückzuführen sind, die Hiob begangen hat, und fordern ihn auf, Buße zu tun und zu gehorchen. Auf diese Weise wird er Gottes Gunst zurückgewinnen. Die drei Freunde sagen, dass Gott gute Menschen nicht umsonst bestraft.

Hiob ist da anderer Meinung und sagt, er habe nichts falsch gemacht. Die Freunde machen sich über Hiobs Haltung und seine Unschuldsbeteuerungen lustig, aber Hiob beharrt darauf, dass er nichts getan hat, womit er das Unglück verdient hätte. Während die Freunde das Opfer beschuldigen, ist Hiob sehr verärgert über ihre falschen Anschuldigungen seiner Sündhaftigkeit und ihr selbstgerechtes Vertrauen in ihre einfachen Antworten, um seine Situation zu lösen. Er sagt ihnen, sie sollen den Mund halten!

Dennoch ist Hiob verwirrt darüber, wie sich sein Leben so schnell verändert hat, ohne dass er eine Sünde begangen hat. Er fragt sich, wie die Menschen einem Gott gefallen können, der sowohl gerecht sein kann als auch denen vergibt, die Strafe verdienen. Gottes Wege gehen über das menschliche Verständnis hinaus. Hiob ist traurig über sein Leben, glaubt aber, dass Gott ihn am Ende für unschuldig erklären wird. Seine Erfahrung beweist, dass Leiden nicht automatisch mit Sündhaftigkeit und Bösartigkeit verbunden ist. Und selbst wenn er stirbt, sagt er, dass er wieder leben wird. „Ich weiß, dass mein Erlöser lebt und dass Gott am Ende immer noch da sein wird. Wenn mein Körper zerstört ist, werde ich Gott immer noch sehen". Hiob weiß nicht, warum bestimmte Dinge geschehen – manchmal geht es den Bösen gut, das Leben kann ungerecht sein. Aber sein Glaube gibt ihm die Hoffnung, dass Gottes Liebe und sein Urteil im nächsten Leben ein „nicht schuldig" für ihn ergeben werden.

Einer der Freunde sagt dann, Hiob leide, weil er die Armen vernachlässigt habe. Aber Hiob besteht darauf, dass diese Anschuldigungen unwahr sind. Er hat Gottes Gebote befolgt, die Hoffnungslosen getröstet und den Machtlosen und Notleidenden geholfen. Hiob ist frustriert, weil er nicht gerecht behandelt wird – er hat sich nichts zuschulden kommen lassen. Gott hat die Macht, die Dinge zu ändern, aber er schweigt. Hiob beteuert seine Unschuld und verhöhnt die jüngeren Männer, die meinen, alles zu wissen. „Meine Zunge wird keine Lügen sprechen, und ich werde niemals zugeben, dass ihr recht habt. Ich werde auf die richtige Weise leben und meine Unschuld bewahren und nicht zugeben, dass ich etwas getan habe, was ich nicht getan habe". Hiob ist ein gebrochener Mann und leidet, während er sich seine falschen Ankläger anhört.

Ein anderer Freund kommt hinzu und kritisiert die drei Freunde dafür, dass sie Hiob anklagen, ohne Beweise für ein Fehlverhalten zu liefern. Aber er sagt auch, dass Gott diejenigen nicht belohnen wird, die nicht umkehren, und dass er nicht antworten wird, wenn böse Menschen schreien.

Die ganze Zeit über hat Gott Hiob und seinen Freunden zugehört, wie sie sich gegenseitig ihre Ansichten rechtfertigen. Dann schaltet sich Gott in das Gespräch ein und stellt Hiob viele Fragen, die Hiobs Unwissenheit darüber, wie die Welt funktioniert, offenbaren und Gottes Macht zeigen. Gott sagt zum Beispiel: „Wo warst du, als ich den Grundstein für die Erde legte? Wer hat ihre Maße abgesteckt? Du bist so klug, du weißt es sicher! Wo wohnen das Licht und die Finsternis? Was ist mit dem Regen und dem Wind – woher kommen sie?" Hiob ist überwältigt und kann Gottes Fragen nicht beantworten.

Gott wendet sich dann zornig an Hiobs Freunde, weil sie fälschlicherweise behauptet haben, dass Leiden nur durch Sünde entsteht und dass Gerechtigkeit nur zu Lebzeiten eintritt. Einfache Antworten mögen das Gewissen des Boten beruhigen, aber sie treffen nicht auf komplexe Situationen zu. Ironischerweise ignorierten Hiobs Freunde seinen Schmerz und hatten kein Einfühlungsvermögen, als sie versuchten, ihm zu helfen.

Die Geschichte endet sehr schnell, ohne wichtige Details zu nennen. Gott würdigt Hiobs Demut und Treue und segnet ihn erneut mit mehr, als er ursprünglich hatte. Aber die Geschichte enthält nichts über den Handel zwischen Gott und Satan. Am Ende siegt das Gute über das Böse, weil Hiob nicht wankt. Der Satan, der erneut besiegt wurde, erscheint nicht bei Gott, um eine weitere Wette abzuschließen. Außerdem wird in der Geschichte nie erklärt, warum die Gläubigen leiden und warum die Bösen Erfolg haben, so dass die Leser selbst über die Antworten nachdenken müssen. Das Leben ist unvorhersehbar, wenn gute und böse Kräfte nebeneinander existieren. Gottes Wege sind nicht unsere Wege, Gottes Zeitplan ist nicht unser Zeitplan. Die Treue zu Gott und unsere Reaktion auf die Ereignisse in unserem Leben sind am wichtigsten. Die Krisen des Lebens können zum Guten genutzt werden – Menschen werden in schwierigen Zeiten entwickelt und geformt.

* * * * *

Jona

In dieser kurzen Geschichte beruft Gott den Propheten Jona, um dem Volk von Ninive, der Hauptstadt des assyrischen Reiches, Wahrheit und Gericht zu bringen. Die Geschichte enthält nur wenige Details, und ihre zwei Seiten lassen sich sehr schnell lesen, aber sie enthält viele universelle Lehren. Die Geschichte handelt von menschlichem Ungehorsam, von den Folgen, wenn man Gottes Ruf nicht folgt, davon, wie die Natur manchmal benutzt wird, um Gottes Macht zu zeigen, von Bigotterie gegenüber Fremden, von Gottes Gnade und Vergebung für alle Menschen und davon, wie wir enttäuscht sind, wenn Gott denen Liebe zeigt, von denen wir meinen, dass sie sie nicht verdienen.

Zunächst erfahren wir, dass Jona Angst hatte, nach Ninive zu gehen und das Gericht zu predigen. Anstatt nach Osten zu reisen und den Tod zu riskieren, nimmt er ein Schiff nach Spanien (2.000 Meilen in die andere Richtung). Ein starker Sturm droht das Schiff zu versenken, und die Besatzung ruft zu ihren Göttern, um das Schiff zu retten. Der Kapitän sagt Jona, er solle zu seinem Gott beten.

Der Sturm ist so ungewöhnlich, dass die Mannschaft weiß, dass jemand auf dem Schiff verflucht ist. Sie entdecken, dass es Jona ist, und er erklärt, dass er ein Israelit ist, der Gott ungehorsam ist. Er sagt, der Sturm werde aufhören, wenn sie ihn über Bord werfen, und als die Mannschaft dies tut, hört der Sturm sofort auf. Das bringt alle an Bord dazu, den israelitischen Gott anzubeten.

Jona verfängt sich im Seegras und wird von einem großen Wal verschluckt. Er verbringt drei Tage im Inneren des Wals und stirbt fast. Jona verspricht Gott, dass er nach Ninive gehen wird, wenn er überlebt. Der Wal wird krank und erbricht Jona an Land.

Schließlich geht Jona nach Ninive. Er sagt den Menschen, dass die Stadt wegen ihres schlechten Verhaltens zerstört werden wird. Die Menschen glauben seiner Botschaft und ändern ihr Verhalten. Der König befiehlt allen Menschen in der Stadt, zu beten und ihre Bosheit zu beenden.

Als er sieht, wie die Menschen in Ninive reagieren, zeigt Gott Erbarmen und zerstört die Stadt nicht. Das macht Jona sehr wütend – er will, dass der Feind leidet. Er sagt zu Gott: „Ich weiß, du bist gnädig und barmherzig, langsam zum Zorn und großzügig in deiner Liebe, ein Gott, der kein Unheil schickt. Herr, nimm mein Leben weg, denn ich will lieber sterben als leben".

Jona geht auf einen Hügel in der Nähe der Stadt, um zu sehen, was passieren wird. Ein Wurm frisst die Pflanze, die ihm Schatten spendet, und er bekommt einen starken Sonnenbrand. Er bemitleidet sich selbst und sagt: „Ich bin so wütend, dass ich lieber tot wäre als lebendig". Gott sagt zu Jona: „Du machst dir Sorgen, weil du keinen Schatten hast? Sollte ich mich nicht um eine Stadt mit mehr als 120.000 Kindern sorgen, die unschuldig und unwissend sind?" Jona fehlt es an Liebe und Vergebung, obwohl der Gott, dem er folgt, liebevoll und vergebend ist.

* * * * *

Das Hohelied Salomos

Der Autor des Hohelieds Salomos ist unbekannt. Der Autor verwendet einen in Poesie geschriebenen Dialog, um eine perfekte Liebesgeschichte zwischen einer jungen Frau und ihrem Freund zu beschreiben. Die Romanze ist konfliktfrei, und der Autor verwendet lebhafte Bilder von Pflanzen und Tieren, um die Anziehung des Paares zueinander zu beschreiben. Die Geschichte bestätigt, dass körperliche Liebe in einer Ehe ein Segen ist.

Die Kurzgeschichte beschreibt das Paar. Das junge Mädchen ist von der Arbeit in einem Weinberg braun gebrannt, und der Mann ist sehr angesehen. Er verliebt sich auf den ersten Blick in sie und denkt an seinen Hochzeitstag mit ihr. Sie sehnen sich danach, zusammen zu sein, und denken über die Merkmale des schönen Körpers und die Bewegungen des anderen nach. Obwohl es viele Frauen in seiner Umgebung gibt, die für ihn in Frage kommen, ist sie einzigartig, weil sie sowohl äußerlich als auch innerlich schön ist – diese bescheidene und aufrichtige Arbeiterin ist die einzige für ihn. Sie träumt von ihm und ist traurig, wenn sie aufwacht und feststellt, dass er nicht da ist.

Als sie heiraten und gemeinsam die Stadt verlassen, zeigen sie ihre Liebe
zueinander. Später sagt sie zu ihm:

Lege mich wie eine Halskette neben dein Herz,

Wie ein Armband an deinem Arm, das für alle sichtbar ist,

Denn die Liebe ist so stark wie der Tod, ihre Eifersucht so unnachgiebig
wie das Grab.

Die Liebe brennt wie ein loderndes Feuer, wie eine göttliche Flamme.

* * * * *

Psalmen

In einigen Büchern der Bibel wurde Poesie verwendet, und einige Bücher
wurden vollständig in Gedichtform geschrieben. Das Buch der Psalmen
enthält 150 Gedichte, die von David und anderen Autoren vor etwa 3.000
Jahren geschrieben wurden. Sie spiegeln starke Emotionen und Gedanken im
Zusammenhang mit den Ereignissen unter den Israeliten wider. Die meisten
beziehen sich in irgendeiner Weise auf die Konzepte von Gut und Böse. Etwa
die Hälfte der Psalmen befasst sich mit Gebeten in Zeiten der Not, und einige
loben einfach Gott. Einige Psalmen sollten mit Musik begleitet werden. Die
Psalmen verwenden keine Wörter, die sich reimen, sondern enthalten oft sich
wiederholende Gedanken.

Im Folgenden sind drei vollständige Psalmen aufgeführt. Die Autoren
verwendeten in der Regel männliche Pronomen und Substantive (er, sein, ihn,
Mann), um Gott und alle Menschen zu beschreiben.

Psalm 1 *(Der Gerechte und der Böse im Vergleich)*
Selig ist der Mann, der nicht nach dem Rat der Bösen lebt,

Er steht nicht auf dem Weg mit den Sündern und sitzt nicht auf den
Stühlen mit den Spöttern!

Aber seine Freude ist das Gesetz des Herrn,

Und er meditiert Tag und Nacht über seine Gesetze.

Er wird wie ein Baum sein, der fest an Wasserbächen gepflanzt ist,

Die ihre Früchte zu ihrer Zeit trägt

Und dessen Blatt nicht verwelkt.

Was immer er tut, hat Erfolg.

Nicht so bei den Bösen! Sie sind wie Spreu, die der Wind wegbläst.

Deshalb werden die Gottlosen vor dem Gericht nicht bestehen,

Auch werden sich die Sünder nicht mit den Gerechten versammeln.

Denn der Herr kennt den Weg der Gerechten,

Aber der Weg der Gottlosen wird vergehen.

Psalm 23 *(Ein Psalm von David)*

Der Herr ist mein Hirte, ich habe alles, was ich brauche. Er lässt mich auf
einer grünen Wiese liegen; Er führt mich an ruhige Gewässer.

Er stellt meine Seele wieder her;

Er führt mich auf den Pfaden der Gerechtigkeit, um seines Namens willen.

Auch wenn ich durch das Tal des Todesschattens gehe, Ich fürchte kein
Unglück, denn Du bist bei mir;

Dein Stecken und Stab trösten mich.

Du bereitest vor mir einen Tisch im Angesicht meiner Feinde.

Du hast mein Haupt mit Öl gesalbt;

Mein Becher quillt über.

Gutes und Barmherzigkeit werden mir sicher folgen, solange ich lebe,

Und ich will wohnen im Hause des Herrn immerdar.

Psalm 100 *(Ein Psalm der Danksagung)*

Jauchzt dem Herrn zu, ihr Länder!

Dienet dem Herrn mit Freuden, kommt vor sein Angesicht mit Gesang.

Wisse, dass der Herr Gott ist; er hat uns gemacht, nicht wir selbst;

Wir sind sein Volk und die Schafe auf seiner Weide.

Gehet ein zu seinen Toren mit Dank und zu seinen Höfen mit Lob.

Seid ihm dankbar und segnet seinen Namen.

Denn der Herr ist gut, und seine Barmherzigkeit währt ewig,

Und seine Wahrheit hat Bestand für alle Generationen.

Teil Zwei

Das Neue Testament

KAPITEL 14

———— •✦• ————

DIE ANKUNFT DES MESSIAS

Zwei Babys werden erwachsen und läuten eine neue Ära ein

Hintergrund

Die Prophezeiungen des Maleachi wurden 420 v. Chr. verfasst und sind die letzte Aufzeichnung der Propheten im Alten Testament. Viele Juden lebten außerhalb Palästinas, hauptsächlich in Babylonien und Ägypten, und ihre Gemeinden wurden recht groß. Um ihren Glauben an Gott aufrechtzuerhalten, richteten diese Gemeinschaften Gotteshäuser (Synagogen) ein, die von einem religiösen Gelehrten (Rabbiner) geleitet wurden, der den Israeliten die Schriften vorlas und erklärte.

In den 400 Jahren, die auf die Prophezeiungen des Maleachi folgten, fanden wichtige Ereignisse statt, die die Juden beeinflussten.

- Die Griechen, angeführt von Alexander dem Großen, eroberten viele Teile der Welt, darunter auch Palästina. Die Griechen brachten durch ihre religiösen und politischen Ideen neue Denkweisen über die Welt mit, und die griechische Sprache wurde weithin gesprochen und geschrieben (Hebräisch und Aramäisch wurden auch von den Juden verwendet). Während Alexanders Herrschaft herrschte in den jüdischen Gemeinden Frieden.
- Nach Alexanders Tod wurde das Judentum verboten. Einige Juden rebellierten, weil von ihnen verlangt wurde, anderen Göttern Opfer zu bringen. Ein Aufstand breitete sich in ganz Palästina aus, und die Griechen wurden schließlich 142 v. Chr. vertrieben. (Chanukka feiert diesen Sieg.)
- Die Römer eroberten Palästina und übernahmen im Jahr 63 v. Chr. die Kontrolle über Jerusalem. Sie duldeten keine Rebellion und ließen viele Priester und jüdische Führer hinrichten. 37 v. Chr. wurde Herodes der Große zum König der Juden erklärt und begann mit dem Bau zahlre-icher Gebäude, darunter ein größerer Tempel in Jerusalem. Als er 4 v. Chr. starb, setzte Rom andere Führer an seine Stelle.

Das Volk von Palästina

Während dieser 400 Jahre wurden griechische Denkweisen für viele Juden attraktiv, und unter den Juden kam es zu Meinungsverschiedenheiten darüber, wie sie in einer von griechischen Ideen dominierten Welt leben und gleichzeitig ihren Glauben bewahren sollten.

- Die *Pharisäer* waren eine kleine, aber einflussreiche Gruppe, die auf strikten Gehorsam gegenüber Gottes Geboten bedacht war. Außerdem wollten sie sich von der Welt abgrenzen und sich nicht mit Ungläubigen „vermischen". Sie legten großen Wert darauf, persönlich religiös zu sein, und vertraten eine strenge Auffassung von richtig und falsch. Es war ihnen sehr wichtig, sich von fremden Einflüssen fernzuhalten, und sie befolgten zusätzliche Regeln, um sicherzustellen, dass sie nicht in die Nähe eines Verstoßes gegen eines von Gottes grundlegenden Geboten kamen. Sie waren stolz und brachten ihre religiösen Überzeugungen nach außen hin sehr deutlich zum Ausdruck.
- Die *Sadduzäer* waren eine weitere kleine, aber einflussreiche Gruppe, die sich jedoch auf die Moral konzentrierte und nicht an übernatürliche Kräfte glaubte. Sie akzeptierten fremde Ideen, insbesondere die der Griechen. Die Sadduzäer waren in der Regel wohlhabend und gebildet und hielten sich nicht an die zusätzlichen Regeln, die die Pharisäer befolgten.
- Die *Essener* konzentrierten sich auf Selbstbeherrschung und Rückzug aus der Welt. Diese kleine Gruppe zog sich in abgelegene Teile der Region zurück, vor allem in die Wüste in der Nähe des Salzsees (Totes Meer).
- *Zeloten* wollten mit physischer Gewalt sicherstellen, dass keine fremde Macht das Leben des Volkes Gottes kontrolliert. Sie waren bereit, für ihre Sache zu sterben.

In Palästina lebten auch andere Menschen. Einige wurden nach ihrem Wohnort bezeichnet, z. B. die unreinen Samariter und Galiläer, die gehasst wurden, weil sie sich oft mit Nicht-Juden vermischt hatten oder gar keine Juden waren. (Galiläa war der nördliche Teil Palästinas, Samaria der mittlere Teil und Judäa der südliche Teil, der früher als Juda bekannt war). Die Galiläer waren auch dafür bekannt, dass sie sich gegen die ausländische Autorität auflehnten. Einige Gruppen unterschieden sich aufgrund ihres Berufs, wie z. B. die Schriftgelehrten, die wichtige Dokumente (oft religiöser Art) verfassten, und die Mitglieder des Sanhedrins, einer großen und vielfältigen Gruppe von Führern, die das religiöse Leben der Juden überwachten und die Macht hatten, Juden zu bestrafen. Einige waren für ihre Loyalität bekannt: Herodianer waren Juden, die römischen Traditionen und Überzeugungen anhingen, Hellenisten waren Juden, die griechischen Traditionen und Überzeugungen anhingen, und Nasiräer gab es auch noch (diejenigen, die ein Gelübde ablegten, sich Gott zu weihen).

Aufgrund der Einwanderung von Nicht-Juden nach Palästina und der Auswanderung von Juden aus Palästina waren die meisten Menschen, die vor 2.000 Jahren in Palästina lebten, keine Juden, und mehr als 80 % der Juden lebten anderswo. Palästina hatte kein gutes Straßennetz, und es war nicht einfach, in der Gegend zu reisen. Die Menschen gingen gewöhnlich zu Fuß oder benutzten einen Esel oder ein Maultier. Entlang der Straßen gab es nur wenige primitive Gasthäuser, so dass viele Reisende auf ihr Netzwerk von Freunden und Verwandten angewiesen waren, um auf ihrer Reise eine Unterkunft zu finden.

Viele der Propheten hatten von einem dienenden König geschrieben, der kommen und das Volk wieder zur Herrlichkeit führen würde. Die Juden fragten sich, wann Gott diesen Führer schicken würde und warum es so lange dauerte. Die Ereignisse in der Region ließen die Juden glauben, dass jemand sie von der Unterdrückung befreien würde. Die römische Brutalität erinnerte sie an die Misshandlung ihrer Vorfahren in Ägypten und an die Eroberung durch die Assyrer und Babylonier. Es war 400 Jahre her, dass sie zuletzt von einem Propheten gehört hatten, der plötzlich erscheinen würde. Sie hielten Ausschau nach dem kommenden Messias (*Christus* auf Griechisch), dem Gesalbten, der kommen und sie retten würde, während Rom jüdische Rebellenführer vernichtete und sie langsam hinrichtete, indem es sie lebendig an Kreuze nagelte, die überall in der Region verteilt waren.

Das Leben von Jesus

Im Rest dieses Kapitels und in den Kapiteln 15-18 werden die wichtigen Ereignisse im Leben Jesu und seine wichtigsten Lehren beschrieben, wie sie von vier Männern aufgezeichnet wurden. Zwei der Autoren waren Augenzeugen, die Jesus eng folgten und zu den ersten Jüngern gehörten (Johannes war ein Fischer und Matthäus ein Zöllner). Die anderen beiden Autoren waren Markus, ein enger Freund von Petrus, und Lukas, ein heidnischer Arzt, der die von anderen erzählten Geschichten über Jesus untersuchte. Markus' Bericht war der erste, der geschrieben wurde, und Johannes' Bericht wurde zuletzt geschrieben und enthält viele Geschichten und Details, die die anderen nicht aufgenommen haben. Jeder Autor hatte ein anderes Publikum und seinen eigenen Stil und Blickwinkel, so dass die Berichte etwas unterschiedlich sind. Zusammen sind sie als die „Evangelien" (gute Nachrichten über Jesus) bekannt.

Ein Baby wird geboren

Im Jahr 5 v. Chr., als Herodes als römischer König über Juda herrschte, waren ein Priester namens Zacharias und seine Frau Elisabeth alt geworden, ohne Kinder zu haben, obwohl sie oft um einen Sohn gebetet hatten. Als Zacharias im Tempel Weihrauch verbrannte, wurde er von einem Engel erschreckt und bekam Angst. Aber der Engel sagte ihm: „Hab keine Angst. Gott hat dein Gebet erhört. Deine Frau wird einen Sohn bekommen, und du sollst ihn Johannes nennen. Er wird niemals Wein trinken, und der Heilige Geist wird ihn erfüllen. Er wird viele ungehorsame Menschen in Israel zum Herrn führen und das Volk auf den Herrn vorbereiten".

Zacharias fragte: „Wie soll das geschehen? Ich bin ein alter Mann, und meine Frau ist auch alt". Der Engel antwortete: „Ich bin Gabriel. Ich wurde gesandt, um dir diese gute Nachricht zu überbringen. Aber du wirst nicht sprechen können, bis das Kind geboren ist, weil du an mir gezweifelt hast".

Als Zacharias aus dem Tempel kam, konnte er nicht sprechen. Mit Handbewegungen beschrieb er den anderen im Tempel, was passiert war und dass er nicht sprechen konnte. Er erzählte Elisabeth auf dieselbe Weise davon.

Als Elisabeth im sechsten Monat schwanger war, erschien derselbe Engel einem jungen Teenager namens Maria, die in Nazareth, einer Stadt in Galiläa (etwa 70 Meilen nördlich von Jerusalem), lebte. Sie war mit Josef verlobt, einem Nachkommen von König David. Der Engel sagte zu Maria: „Sei gegrüßt, du bist hochbegabt! Der Herr ist mit dir!" Maria war verwirrt und ängstlich, als sie dies von einem völlig Fremden hörte, der plötzlich erschienen war. Aber der Engel sagte: „Hab keine Angst. Du wirst einen Sohn gebären und sollst ihn Jesus nennen. Er wird groß sein und der Sohn des Höchsten genannt werden. Gott wird ihm den Thron des Königs David, seines Vorfahren, geben. Er wird für immer über die Nachkommen Jakobs herrschen".

Maria fragte den Engel, wie das geschehen konnte – sie war noch Jungfrau und nicht verheiratet. Der Engel antwortete: „Der Geist Gottes wird der Vater sein, und deine Verwandte Elisabeth ist schwanger, obwohl sie schon sehr alt ist".

Maria war erstaunt, dass Elisabeth so etwas Unmögliches widerfahren konnte. Sie ging sofort zu Elisabeth. Als Maria Elisabeth begrüßte, machte das Baby in ihr einen Sprung, und Gott gab Elisabeth einen Einblick in das, was mit Maria geschehen war. Sie sagte zu Maria: „Gesegnet bist du unter den Frauen und das Kind deines Leibes! Ich bin so gesegnet, dass die Mutter des Herrn zu mir gekommen ist". Maria blieb drei Monate lang bei Elisabeth, bis ihr kleiner Junge geboren wurde.

Als es an der Zeit war, das Kind zu beschneiden, dachten alle, es würde Zacharias heißen, nach seinem Vater (so war die Tradition). Aber Elisabeth sagte, er solle Johannes heißen. Ihre Nachbarn und Verwandten waren verblüfft – niemand in ihrer Familie hieß Johannes. Sie wandten sich an Zacharias und baten ihn, den Namen des Kindes auf eine Tafel zu schreiben. Er schrieb Johannes und war sofort in der Lage zu sprechen und erklärte, was mit ihm geschehen war. Er machte auch Vorhersagen über das Leben des Jungen.

> Gott ist gekommen, um uns zu retten, einer aus dem Hause David, von dem uns die Propheten vor langer Zeit erzählt haben, um an den Bund mit unserem Vater Abraham zu erinnern. Er wird uns aus der Hand unserer Feinde befreien und uns befähigen, Gott ohne Furcht zu dienen. Mein Kind wird ein Prophet des Allerhöchsten genannt werden, weil es vor dem Herrn hergehen wird, um Gott den Weg zu bereiten und den Menschen die Erkenntnis zu vermitteln, dass sie durch die Vergebung ihrer Sünden gerettet werden.

Ein weiteres Baby wird geboren

Als Maria nach Hause kam, erfuhr ihr Verlobter Josef, dass sie schwanger war. Er war ein treuer Mann und erwog, sich im Stillen von ihr scheiden zu lassen (sie waren gesetzlich verpflichtet, verheiratet zu sein). Doch als er darüber nachdachte, erschien ihm ein Engel im Traum und sagte: „Fürchte dich nicht, Maria als deine Frau zu nehmen. Der Heilige Geist Gottes ist der Vater. Sie wird einen Sohn gebären, und du sollst ihn Jesus nennen, denn er wird die Menschen von ihren Sünden erlösen".

Dies war vom Propheten Jesaja vorhergesagt worden: „Die Jungfrau wird schwanger werden und einen Sohn gebären, und man wird ihn Immanuel nennen" (was so viel bedeutet wie „Gott mit uns"). Als Josef aufwachte, tat er, was der Engel gesagt hatte – er nahm Maria als seine Frau mit nach Hause.

Als Maria kurz vor der Entbindung stand, ordnete der römische Kaiser Cäsar Augustus eine Volkszählung an. Jeder musste in seine Heimatstadt gehen, wo er gezählt werden sollte. Maria und Josef reisten von Nazareth in Richtung Süden nach Bethlehem, einer Stadt in der Nähe von Jerusalem. Die Stadt war voller Menschen, die zur Zählung zurückkehrten, und es gab keinen Platz für Maria und Josef, wo sie bleiben konnten. In einer Scheune gab es einen Platz zum Schlafen, und dort brachte Maria ihren Sohn zur Welt. Sie wickelte ihn in lange Stoffbahnen ein und benutzte eine Krippe (eine Futterkrippe für Tiere) als Krippe.

In dieser Nacht erschien ein Engel den Hirten, die in der Nähe ihre Herden hüteten. Sie fürchteten sich sehr, aber der Engel sagte zu ihnen: „Habt keine Angst. Ich bringe euch eine gute Nachricht, die alle glücklich machen wird! Heute ist in Bethlehem ein Retter geboren worden. Er ist der Messias, der Herr. Geht und seht ihn. Er ist derjenige, der in Tücher gewickelt in einer Krippe liegt". Plötzlich erschienen viele andere Engel und riefen kühn: „Ehre sei Gott in der Höhe und auf Erden. Er wird denen, die ihm wohlgesonnen sind, Frieden bringen".

Dann verschwanden die Engel. Die Hirten waren sich einig, dass sie das Kind suchen sollten. Sie eilten in die Stadt und fanden Maria und Josef und das Kind. Nachdem sie das Kind gesehen hatten, erzählten sie den anderen, was geschehen war, und alle waren erstaunt, als sie ihre Geschichte hörten.

Als das Kind acht Tage alt war, ließen Maria und Josef es beschneiden und gaben ihm den Namen Jesus. Sie brachten ihn in den Tempel in Jerusalem und präsentierten ihn dem Herrn mit den erforderlichen Opfern. Im Tempel befand sich ein alter und treuer Mann namens Simeon. Gott hatte ihm gesagt, dass er nicht sterben würde, bis er den Messias gesehen hätte. Als Jesus mit seinen Eltern im Tempel erschien, war Simeon von seinen Gefühlen überwältigt. Er nahm Jesus in seine Arme und sagte: „Herr, du kannst mich jetzt in Frieden nehmen. Wie du versprochen hast, habe ich dein Heil gesehen, das du für alle Völker bereitet hast: ein Licht für die Heiden und die Herrlichkeit deines Volkes Israel".

Simeon segnete sie und sagte zu Maria: „Dieses Kind wird viele Völker Israels zu Fall bringen und aufstehen lassen, und es wird gegen sie gesprochen werden, damit ihre Gedanken offenbart werden".

Die Heiligen Drei Könige

Vor Jesu Geburt sahen Priester aus Persien (Magier), die die Sterne studierten, ein helles Licht am Himmel, das sie davon überzeugte, dass in Juda ein neuer König geboren wurde. Sie reisten Hunderte von Meilen und gingen nach Jerusalem, um König Herodes zu fragen, wo der König der Juden geboren wurde. Der Gedanke an einen weiteren König beunruhigte Herodes und andere Führer in Jerusalem. Herodes erfuhr von den jüdischen Führern, dass der Messias in Bethlehem geboren werden sollte, und er beauftragte die Weisen, den Jungen zu suchen und ihm zu berichten, wo er sich befand. Herodes sagte den Weisen, dass er den Jungen selbst anbeten wolle.

Der helle Stern schwebte ein paar Kilometer entfernt über Bethlehem. Die Heiligen Drei Könige gingen hin und fanden Jesus mit seinen Eltern; sie fielen nieder und beteten das Kind an. Sie schenkten dem Kind auch Gold, Weihrauch und Myrrhe. Bevor sie aufbrachen, wurden sie im Traum gewarnt, einen anderen Weg nach Hause zu nehmen und Herodes nicht zu sagen, wo sich Jesus aufhielt.

Nachdem die Heiligen Drei Könige gegangen waren, hatte Josef einen Traum. Er sollte Maria und Jesus nach Ägypten bringen und dort bleiben. Herodes war auf der Suche nach Jesus und wollte ihn töten. Josef wachte in der Nacht auf und brach sofort nach Ägypten auf.

Als Herodes merkte, dass die Heiligen Drei Könige weggegangen waren, ohne ihm zu sagen, wo Jesus war, wurde er wütend. Er gab den Befehl, alle Jungen in Bethlehem und Umgebung zu töten, die zwei Jahre alt oder jünger waren. (Jeremia hatte dies vorausgesagt.)

Die Familie blieb in Ägypten, bis Herodes starb. Damit erfüllte sich, was der Prophet Hosea sagte: „Ich habe meinen Sohn aus Ägypten herausgerufen". Josef und Maria kehrten dann in ihr Haus in Nazareth zurück.

Jesus wuchs stark auf und war voller Weisheit. Seine Vorfahren reichten viele Generationen zurück und umfassten Abraham, Isaak, Jakob, Juda, Boas, Jesse, David, Salomo, Rehabeam, Hiskia, Amos und Josia. Auch vier Frauen, darunter Rahab und Rut (beide Ausländerinnen), gehörten zu seinen Vorfahren.

Die Familie besucht Jerusalem

Jedes Jahr reiste die Familie zum Passahfest nach Jerusalem. Als Jesus 12 Jahre alt war, ließen Maria und Josef ihn versehentlich zurück, nachdem sie zum Fest gegangen waren. Sie reisten einen Tag lang mit ihren Freunden und Verwandten umher, bevor sie bemerkten, dass Jesus fehlte. Da sie ihn in ihrer Karawane nicht finden konnten, gingen sie zurück nach Jerusalem, um ihn zu suchen. Drei Tage später fanden sie ihn im Tempel, wo er bei den Lehrern saß, ihnen zuhörte und Fragen stellte. Alle, die ihn hörten, waren erstaunt über sein Verständnis, seine Einsichten und seine Antworten, obwohl er noch ein kleiner Junge war.

Maria war gleichzeitig erleichtert und frustriert, als sie ihn fand. Sie sagte zu Jesus: „Warum hast du uns das angetan? Dein Vater und ich haben uns große Sorgen gemacht".

Jesus antwortete: „Warum hast du so lange nach mir gesucht? Wusstet ihr nicht, dass ich im Haus meines Vaters sein muss?" Aber Maria und Josef wussten nicht, was er meinte. Sie gingen alle nach Hause nach Nazareth, und Jesus war ein gehorsames Kind. Er wuchs an Weisheit und Größe, und er gefiel Gott und allen, die ihn kannten.

Johannes taucht aus der Wildnis auf

Als Johannes erwachsen wurde, lebte er in der Wüste. Als er 30 Jahre alt war, kam er aus der Wüste. Er trug seltsame Kleidung und aß seltsame Speisen. Er ging in die Gegend am Jordan und forderte die Menschen auf, sich zu bekehren und um Vergebung ihrer Sünden zu bitten. Johannes sagte den Menschen: „Tut Buße, denn das Himmelreich ist nahe". Seine Ankunft war vom Propheten Jesaja vorhergesagt worden, der schrieb: „Eine Stimme ruft in der Wüste: ‚Bereitet dem Herrn den Weg, macht seine Steige gerade und die Steige eben. Alle werden Gottes Heilswerk sehen.‘"[4]

Tausende von Menschen kamen, um Johannes zu sehen. Nachdem sie ihre Sünden gebeichtet hatten, taufte Johannes sie im Fluss. Er taufte Tausende von Menschen und wurde als Johannes der Täufer bekannt. Als er sah, dass Pharisäer und Sadduzäer an den Fluss kamen, um zu sehen, was dort geschah, sprach Johannes hart mit diesen religiösen Führern.

> Ihr giftigen Schlangen! Wer hat euch gewarnt, vor dem kommenden Zorn zu fliehen? Bringt Früchte hervor, die zeigen, dass ihr Buße getan habt. Glaubt nicht, dass ihr euch sagen könnt: „Wir haben Abraham zum Vater". Ich sage euch: Gott kann aus diesen Steinen Kinder Abrahams erwecken. Die Axt ist bereit, die

---

[4] Wenn ein König zu dieser Zeit reiste, schickte er Arbeiter voraus, die dafür sorgten, dass der Weg direkt und reibungslos verlief, so dass die Reise des Königs schneller und bequemer wurde.

Wurzel der Bäume zu fällen. Jeder Baum, der keine guten Früchte trägt, wird abgehauen und verbrannt.

Schriftgelehrte und Leviten aus Jerusalem kamen und fragten ihn, ob er der Messias sei. Johannes verneinte, zitierte dann Jesaja und sagte, er sei „die Stimme, die in der Wüste ruft: ‚Ebnet dem Herrn den Weg!‘" Er sagte ihnen, dass der Messias bald kommen würde.

Als die Menge ihn fragte, was sie als Nächstes tun sollten, sagte Johannes: „Jeder, der zwei Hemden hat, soll eines mit demjenigen teilen, der keines hat. Jeder, der etwas zu essen hat, soll es mit dem anderen teilen". Als die verachteten Steuereintreiber, die für die Römer arbeiteten, kamen, um sich taufen zu lassen, und fragten, was sie tun sollten, sagte Johannes ihnen, sie sollten nicht mehr eintreiben, als sie eintreiben mussten. Soldaten fragten ihn, was sie tun sollten. Er antwortete: „Zwingt die Leute nicht, euch Geld zu geben, und beschuldigt sie nicht zu Unrecht – gebt euch mit dem zufrieden, was man euch zahlt".

Die Leute fragten sich, ob Johannes der Messias sei. Johannes antwortete:

> Ich taufe euch mit Wasser, aber bald wird ein anderer kommen, der mächtiger ist als ich. Ich bin nicht gut genug, um seine Sandalen zu tragen. Er wird euch mit dem Heiligen Geist und mit Feuer taufen. Er wird den Weizen in seine Scheune sammeln, aber die Spreu wird er verbrennen.

Jesus war ebenfalls 30 Jahre alt und ging zum Jordan, um sich von Johannes taufen zu lassen. Als Verwandte, die etwa zur gleichen Zeit geboren wurden, kannten sich die beiden Männer gut. Als Johannes Jesus kommen sah, sagte er laut: „Seht, das ist das Lamm Gottes, das die Sünden der Welt wegnimmt!" Johannes wandte sich an Jesus und sagte: „Warum kommst du zu mir? Du solltest mich taufen!"

Jesus antwortete: „Das muss geschehen, damit ich alle Zeichen der Gerechtigkeit erfüllen kann".

Johannes taufte Jesus, und als Jesus aus dem Wasser stieg, öffnete sich der Himmel, und Gottes Geist kam in Form einer Taube herab und setzte sich auf ihn. Eine Stimme von oben sagte: „Dies ist mein Sohn. Ich liebe ihn und habe Wohlgefallen an ihm". Die Menschen, die dabei waren, dachten, ein Engel hätte gesprochen.

Jesus wird geprüft und fängt an zu predigen

Viele Menschen haben nach der Taufe gefastet und gebetet, und Jesus war nicht anders. Er verließ den Fluss voll des Heiligen Geistes und wurde vom Geist in die Wüste geführt. Nachdem er 40 Tage lang nichts gegessen hatte, war er sehr hungrig, schwach und verletzlich.

Da kam der Satan in Gestalt eines bösen Geistes und versuchte ihn zu verführen. „Wenn du wirklich der Sohn Gottes bist, dann sag, dass dieser Stein zu Brot wird".

Jesus antwortete: „Es steht geschrieben: ‚Wir sollen nicht vom Brot allein leben, sondern von den Worten Gottes".

Der Satan führte Jesus auf den höchsten Punkt des Tempels in Jerusalem und sagte: „Wenn du der Sohn Gottes bist, dann wirf dich hinunter. Denn es steht geschrieben: ‚Gott wird deinen Engeln befehlen, dich sorgfältig zu bewachen. Sie werden dich hochheben, damit du deinen Fuß nicht an einen Stein stößt".

Jesus antwortete: „Es steht auch geschrieben: ‚Du sollst den Herrn, deinen Gott, nicht auf die Probe stellen".

Dann führte Satan Jesus an einen hohen Ort und zeigte ihm alle Reiche der Welt und sagte: „Ich werde dir die Macht geben, all das zu kontrollieren. Es gehört alles mir, und ich kann es jedem geben. Wenn du dich niederwirfst und mich anbetest, wird alles dir gehören".

Jesus antwortete: „Ich befehle dir zu gehen, denn es steht geschrieben: ‚Du sollst nur den Herrn, deinen Gott, anbeten und ihm dienen.'" Nachdem diese drei Versuchungen fehlgeschlagen waren, zog sich Satan zurück und wartete auf eine weitere Gelegenheit, Jesus zu versuchen oder in eine Falle zu locken.

Während Jesus in der Wüste fastete, tadelte Johannes Herodes Antipas (den Sohn von Herodes dem Großen) wegen all der bösen Dinge, die er getan hatte. Herodes ließ Johannes verhaften und ins Gefängnis werfen. Als Jesus erfuhr, was mit Johannes geschehen war, begann er, die Botschaft des Johannes zu predigen: „Tut Buße, denn das Himmelreich ist nahe herbeigekommen". Das Predigen in dieser Gegend war eine weitere Vorhersage Jesajas über das Kommen des Messias.

Später kehrte Jesus nach Nazareth zurück, wo er als Kind aufgewachsen war und als Erwachsener gearbeitet hatte. An einem Sabbat ging er in die Synagoge, wie er es gewöhnlich tat. Alle kannten ihn, und er stand vor der Gemeinde auf und rollte die Schriftrolle aus. Er fand die Stelle, die die Prophezeiungen des

Jesaja enthielt, und las sie der Gemeinde vor: „Der Geist des Herrn ist auf mir, denn Gott hat mich gesalbt, den Armen eine gute Nachricht zu verkünden. Gott hat mich gesandt, damit ich den Gefangenen die Freiheit verkünde und den Blinden das Augenlicht, damit ich die Unterdrückten befreie und das Jubeljahr ausrufe". Dieser wohlbekannte Teil der Schriften Jesajas handelte vom Messias. Er rollte die Schriftrolle auf, gab sie dem Diener und setzte sich. Alle beobachteten ihn genau, um zu sehen, was als Nächstes geschehen würde. Er sagte: „Heute ist diese Schrift erfüllt".

Alle sagten nette Dinge über ihn, und alle waren erstaunt über seine weisen Worte. Sie fragten sich, ob dieser wohlgesprochene Mann derselbe Jesus war, den sie kannten, der ein Zimmermann und der Sohn von Josef und Maria war. Aber ihre Freude schlug schnell in Zorn um, als Jesus sie und andere Juden verhöhnte.

> Ihr bittet mich, hier in meiner Heimatstadt das zu tun, was ich in Kapernaum getan haben soll. Aber kein Prophet ist in seiner Heimatstadt willkommen. Elia hat keinem der Israeliten geholfen, sondern einer Witwe in einem anderen Land. Und als Elisa Prophet war, gab es viele Aussätzige in Israel, aber nur Naaman, der Syrer, wurde gereinigt.

Alle in der Synagoge waren wütend. Wie konnte ein Mensch, der behauptete, der Messias zu sein, eine Vorliebe für Ausländer zeigen! Sie folgten ihm, als er hinausging und auf die Spitze des höchsten Hügels der Stadt ging, einem Ort, an den Menschen gebracht wurden, um sie zu steinigen. Aber als Jesus auf dem Gipfel des Hügels ankam, drehte er sich um und ging durch die Menge zurück und den Hügel hinunter. Niemand berührte ihn, und er vollbrachte auch keine Wunder in Nazareth.

Dann ging Jesus nach Kapernaum und lehrte am Sabbat in der Synagoge. Alle waren erstaunt über seine Lehre und darüber, wie gut er die Schriften verstand. Ein Mann in der Synagoge, der von einem Dämon besessen war, schrie ihn mit lauter Stimme an: „Geh weg! Was willst du von uns? Bist du gekommen, um uns zu vernichten? Ich weiß, dass du der Heilige Gottes bist!"

Jesus sagte fest zu dem Mann: „Sei still und fahre von ihm aus!" Der Dämon warf den Mann zu Boden und fuhr aus, ohne ihn zu verletzen. Das ganze Volk war erstaunt! Seine Anweisungen hatten Autorität und Macht über böse Geister, und die Dämonen, die er bekämpfte, fuhren aus den Menschen aus! Die Nachricht von Jesus und seinen Kräften verbreitete sich schnell in der ganzen Region.

Jesus beruft seine ersten Jünger

Jesus zog nun eine große Menschenmenge an, die seine Ansichten hören und seine erstaunlichen Kräfte sehen wollte. Als er am Ufer des Sees Genezareth predigte, wurde die Menschenmenge so groß, dass er an das Wasser gedrückt wurde. Er sah zwei leere Boote am Ufer und stieß eines von ihnen ins Wasser. Er stieg in das Boot und sprach zu der Menge, während er in dem Boot saß, das nahe am Ufer schwamm.

Das Boot gehörte den Brüdern Simon und Andreas. Als Jesus zu Ende gesprochen hatte, stieg er aus dem Boot und sagte ihnen, sie sollten mit dem Boot ins tiefe Wasser fahren und ihre Netze auswerfen. Simon antwortete: „Meister, wir haben die ganze Nacht gearbeitet und nichts gefangen. Aber wir werden es tun". Als sie es taten, fingen sie so viele Fische, dass ihre Netze zu zerreißen begannen. Sie riefen ihre beiden Partner an der Küste (Brüder namens Jakobus und Johannes) und baten sie, ihr Boot zu holen, um ihnen zu helfen, alle Fische einzuholen. Diese Fischer fingen so viele Fische, dass beide Boote zu sinken begannen.

Alle waren erstaunt über die Größe des Fangs. Sie wunderten sich, dass ein Zimmermann so viel über Fischfang wusste und auch die Heilige Schrift so gut verstand. Als Simon mit all den Fischen ans Ufer kam, fiel er Jesus zu Füßen und sagte: „Geh weg von mir, Herr. Ich bin ein sündiger Mensch". Jesus sagte Simon, er solle sich nicht fürchten. Er gab Simon den Namen Petrus (was „Fels" bedeutet) und sagte ihm, dass er bald Menschen fangen würde, nicht Fische. Tatsächlich sagte Jesus zu Petrus, dass er der Fels sein würde, auf dem ein neues Reich gegründet werden sollte, das die Mächte des Todes nicht überwinden würden. Alle vier Männer ließen ihre Boote und Netze in den Händen ihrer Eltern zurück und folgten Jesus.

Am nächsten Tag forderte Jesus Philippus, einen Freund von Petrus und Andreas, auf, ihm zu folgen. Philippus erzählte seinem Freund Bartholomäus von Jesus, der sich fragte, ob aus Nazareth etwas Gutes kommen könnte. Philippus sagte: „Komm und sieh!"

Jesus sah die beiden Männer auf sich zukommen und sagte über Bartholomäus: „Hier ist ein Mann, der ehrlich ist und andere nicht betrügt". Bartholomäus war beeindruckt, dass Jesus ihn gut kannte, obwohl sie sich noch nie begegnet waren. Jesus hatte nun sechs Männer, die ihm eng folgen würden. Solche Menschen nannte man „Jünger" – sie widmeten sich dem Lernen von einem weisen Lehrer, so wie ein Lehrling von einem Meister geführt wird. (Es war üblich, dass weise Lehrer Leute hatten, die ihnen folgten und von ihnen lernten.)

Jesus besuchte das Haus von Simon Petrus, dessen Schwiegermutter hohes Fieber hatte. Petrus bat Jesus, ihr zu helfen. Jesus befahl ihr, das Fieber zu verlassen. Sofort stand sie auf und begann, allen zu dienen. Es sprach sich herum, dass Jesus Kranke heilen konnte, und an diesem Abend brachten ihm die Leute alle, die irgendwie krank waren. Er legte allen die Hände auf und heilte sie.

Am nächsten Morgen ging Jesus hinaus, um allein zu sein. Die Leute fanden ihn und versuchten, ihn am Weggehen zu hindern. Aber Jesus sagte, er sei gekommen, um die frohe Botschaft vom Reich Gottes in vielen Gegenden zu verkünden.

KAPITEL 15

TATEN VON JESUS

Ungewöhnliche Begegnungen und Wunder lokken große Menschenmengen an

Jesus predigte weiterhin in Synagogen und vollbrachte Wunder. Er hatte ein ungewöhnliches Charisma und handelte mit Autorität. Die Nachricht von ihm verbreitete sich schnell, und die Menschen brachten Kranke oder Menschen mit körperlichen Beschwerden zu ihm. Große Menschenmengen aus ganz Palästina und den großen Städten östlich des Jordans (die meisten waren Nichtjuden) begannen, ihm zu folgen. Er verkehrte oft mit Nicht-Juden und Menschen, die von religiösen Juden als unmoralisch angesehen wurden. Viele seiner Taten halfen NichtJuden und Menschen, die am Rande der Gesellschaft lebten (Frauen, Behinderte, von einem bösen Geist Besessene).

Jesus hat viele Wunder getan. Manchmal tat er es, um etwas zu zeigen, und manchmal war es einfach ein Akt der Freundlichkeit. Er heilte den Körper, die Gefühle und den Geist der Menschen. Er vollbrachte absichtlich Wunder am Sabbat, um über Gottes Prioritäten zu lehren – die Pharisäer hielten diese Wunder für eine Art von Arbeit, die am Ruhetag verboten war. In diesem Kapitel werden einige der wichtigsten Taten Jesu beschrieben, nachdem er im Alter von 30 Jahren in Galiläa zu einer öffentlichen Persönlichkeit wurde.

Bedeutsame Begegnungen

Die samaritanische Frau

Jesus unternahm einmal mit seinen Jüngern eine Reise von Jerusalem nach Galiläa. Anstatt den üblichen Weg zu nehmen, der Samaria umging, nahm er eine direktere Route durch Samaria. Er kam mittags an einem Brunnen an und war müde von der Reise und der Hitze. Die Jünger gingen in die Stadt, um etwas zu essen zu holen, während Jesus allein am Brunnen saß.

Als eine samaritische Frau kam, um Wasser aus dem Brunnen zu schöpfen, bat Jesus sie um etwas zu trinken. Die Frau sagte: „Du bist ein Jude, und ich bin eine Samaritanerin. Wie kannst du mich um etwas zu trinken bitten?" (Juden verkehrten nicht mit Samaritern.)

Jesus antwortete: „Wenn ihr wüsstet, wer ich bin, würdet ihr mich um etwas zu trinken bitten, und ich würde euch lebendiges Wasser geben" (ein Begriff, der sich auf frisches Wasser in einem Brunnen bezieht).

Sie entgegnete: „Aber Herr, du hast doch nichts, womit du schöpfen kannst, und der Brunnen ist tief. Woher kannst du dieses lebendige Wasser nehmen? Bist du größer als Jakob, der uns den Brunnen gegeben hat?"

Jesus antwortete: „Jeder, der Wasser aus diesem Brunnen trinkt, wird wieder durstig werden; wer aber das Wasser trinkt, das ich ihm gebe, wird nie mehr durstig sein. Das Wasser, das ich gebe, wird zu einer Wasserquelle in eurer Seele und bringt ewiges Leben".

Die Frau sagte: „Herr, gib mir dieses Wasser, damit ich nicht durstig werde und nicht mitten am Tag hierher kommen muss, um Wasser zu holen".

Er sagte zu ihr: „Geh deinen Mann anrufen und komm zurück.

Sie antwortete: „Ich habe keinen Ehemann".

Daraufhin sagte Jesus: „Du hast Recht, wenn du sagst, dass du keinen Ehemann hast. Denn du hattest fünf Ehemänner, und der Mann, mit dem du jetzt lebst, ist nicht dein Mann".

Die Frau war verlegen und wechselte das Thema. „Herr, ich sehe, Sie sind ein Prophet. Unsere Vorfahren haben auf diesem Berg angebetet, aber ihr Juden behauptet, dass wir in Jerusalem anbeten müssen".

Jesus antwortete: „Es wird eine Zeit kommen, in der ihr Gott weder auf diesem Berg noch in Jerusalem anbeten werdet. Die wahren Anbeter werden Gott bald im Geist anbeten".

Die Frau sagte: „Ich weiß, dass der Messias kommen wird. Wenn er kommt, wird er uns alles erklären".

Jesus sagte zu ihr: „Ich bin dieser Mann".

Gerade als Jesus dies sagte, kamen seine Jünger mit dem Essen zurück und waren überrascht, ihn mit einer Frau sprechen zu sehen. Aber niemand fragte ihn danach. Die Frau ließ ihren Wasserkrug am Brunnen stehen und ging in die Stadt und sagte allen: „Kommt und seht einen Mann, der mir alles gesagt hat, was ich je getan habe. Könnte das der Messias sein?"

Viele Menschen kamen, um ihn zu sehen, und viele glaubten an ihn. Die Leute luden ihn ein, zu bleiben, und Jesus blieb zwei Tage lang dort. Daraufhin begannen noch mehr Samariter, Jesus wegen seiner Lehren zu folgen – sie glaubten, er sei der Messias.

Seltsamerweise wurde die machtlose und unmoralische Samariterin sogar von ihrem eigenen Volk verachtet, und doch war sie die erste von nur wenigen Personen, denen Jesus sagte, er sei der Messias. Allen anderen gegenüber blieb er vage, wer er war, und bezeichnete sich meist indirekt als Menschensohn. Daniel benutzte diesen Begriff, als er das Kommen des Messias vorhersagte.

Ein geheimes Treffen in der Nacht

Ein Mitglied des jüdischen Hohen Rates namens Nikodemus kam in der Nacht heimlich zu Jesus. Er war neugierig, mehr über Jesus zu erfahren und sagte zu ihm: „Rabbi, wir wissen, dass Gott dich gesandt hat; denn niemand könnte tun, was du tust, wenn Gott nicht mit ihm wäre".

Jesus antwortete: „Niemand kann das Reich Gottes sehen, wenn er nicht von neuem geboren wird".

Nikodemus war verwirrt und fragte: „Wie kann jemand geboren werden, wenn er schon alt ist? Man kann doch nicht ein zweites Mal geboren werden!" Jesus antwortete und beschrieb einen neuen Bund.

> Niemand kann in das Reich Gottes eingehen, wenn er nicht aus Wasser und Geist geboren ist. Das Fleisch gebiert den Körper, aber der Geist gebiert den Geist des Menschen. Du bist ein Lehrer, aber du verstehst diese Dinge nicht? Wie Mose in der Wüste die Schlange erhöht hat, um zu leben, so muss der Menschensohn erhöht werden, damit jeder, der glaubt, das ewige Leben hat. Denn Gott hat die Welt so sehr geliebt, dass er den Sohn in die Welt gesandt hat, damit jeder, der an ihn glaubt, nicht stirbt, sondern ewig lebt. Der Sohn war schon vor der Erschaffung der Welt da, und Gott hat ihn nicht in die Welt gesandt, um die Welt zu verurteilen. Er ist in diese Welt gekommen, um sie zu retten. Diejenigen, die an ihn glauben und ihm folgen, werden nicht verdammt; diejenigen, die es nicht tun, werden verdammt werden. Das Licht ist in die Welt gekommen, aber die Menschen lieben die Finsternis, weil ihre Taten böse sind. Alle, die Böses tun, hassen das Licht, weil sie Angst haben, dass ihre Taten aufgedeckt werden. Diejenigen aber, die nach der Wahrheit leben, kommen ins Licht, damit man sieht, was sie tun.

Zachäus der Steuereintreiber

Als Jesus durch Jericho reiste, wollte ein Mann namens Zachäus ihn sehen. Zachäus war wohlhabend, weil er der oberste Steuereintreiber der Stadt war, aber er konnte Jesus in der Menge nicht sehen, weil er sehr klein war. Also lief Zachäus voraus und kletterte auf einen Baum, damit er Jesus vorbeigehen sehen konnte.

Als Jesus den Baum erreichte, schaute er hinauf und sagte zu Zachäus, er solle herunterklettern, damit sie am Abend in sein Haus gehen könnten. Zachäus kam herunter und hieß Jesus herzlich willkommen.

Jeder wusste, wer Zachäus war, und sie fingen an zu tuscheln, dass Jesus bei einem Sünder zu Gast sein würde! Aber Zachäus war ein anderer Mensch und sagte zu Jesus: „Sieh, Herr! Ich werde jetzt die Hälfte meines Besitzes den Armen geben, und wenn ich jemanden um etwas betrogen habe, werde ich den vierfachen Betrag zurückzahlen".

Jesus sagte zu ihm: „Heute bist du und die in deinem Haus gerettet worden. Auch dieser Mann ist ein Sohn Abrahams. Der Menschensohn ist gekommen, um die Verlorenen zu retten".

Ein reicher junger Herrscher

Ein junger Herrscher kam zu Jesus und fragte ihn, was man tun müsse, um das ewige Leben zu erben. Jesus antwortete, der Mann müsse die 10 Gebote befolgen.

Der Mann sagte, er habe ihnen allen gehorcht, seit er ein kleiner Junge war. Als Jesus das hörte, sagte er zu ihm: „Eines fehlt dir noch. Verkaufe alles, was du hast, und gib es den Armen, und du wirst einen Schatz im Himmel haben. Dann folge mir nach".

Als der Mann das hörte, wurde er sehr traurig, denn er war sehr reich. Jesus sah ihn an und sagte zu denen, die dabei waren: „Es ist sehr schwer für die Reichen, in das Reich Gottes zu kommen! Es ist leichter, dass ein Kamel durch ein Nadelöhr geht, als dass jemand, der reich ist, in das Reich Gottes kommt". Diejenigen, die das hörten, fragten Jesus, wer gerettet werden könne. Jesus antwortete: „Was für Menschen unmöglich ist, ist bei Gott möglich".[5]

---

[5] Das „Nadelöhr" war eine sehr kleine Öffnung in der Mauer Jerusalems. Ein Kamel musste völlig entladen und flach auf ein Brett gelegt werden, um dann auf einer Holzplanke hindurchgezogen zu werden, um durch das Tor zu gelangen. Die Botschaft besagt, dass ein Mensch das ewige Leben

Eine sündige Frau salbt Jesus

Ein Pharisäer namens Simon lud Jesus und andere zum Abendessen in sein Haus ein, und sie saßen auf dem Boden, während sie aßen. Eine bekannte sündige Frau namens Maria Magdalena fand heraus, dass Jesus dort aß, und sie ging mit einem teuren Krug mit duftender Salbe zum Haus. Sie ging hinter Jesus her, als er mit den Füßen und Beinen auf dem Boden lag. Sie begann zu weinen und benetzte seine Füße mit ihren Tränen. Sie wischte seine Füße mit ihrem Haar ab und küsste sie. Dann zerbrach sie den Krug und bestrich sein Haupt und seine Füße mit Öl.

Einige Jünger, die dabei waren, waren empört, dass sie den Krug und das Öl verschwendet hatte. Sie sagten, der Krug und das Öl hätten für mehr als einen Jahreslohn verkauft werden können und das Geld hätte man den Armen geben können.

Der Wirt dachte, wenn Jesus ein Prophet wäre, wüsste er, dass ihn ein Sünder berührte. Jesus wusste, was der Wirt dachte, und erzählte Simon eine Geschichte. Er beschrieb zwei Menschen, die einem Geldverleiher Geld schuldeten. Der eine schuldete 500 Denare (fast zwei Jahreslöhne für einen durchschnittlichen Arbeiter), der andere 50 Denare. Da keiner der beiden Geld hatte, um es ihm zurückzuzahlen, erließ der Geldverleiher beiden die Schulden.

Jesus fragte Simon, welche Person ihn mehr lieben würde? Simon antwortete: „Ich nehme an, derjenige, dem die größte Schuld vergeben wurde". Jesus sagte, das sei richtig und sah die Frau an, als er mit Simon sprach:

> Schau dir diese Frau an. Ich bin in dein Haus gekommen, aber du hast mir kein Wasser für meine Füße gegeben, aber sie hat meine Füße mit ihren Tränen benetzt und sie mit ihrem Haar abgewischt. Du hast mir keinen Kuss gegeben, aber diese Frau hat nicht aufgehört, meine Füße zu küssen. Du hast mir kein Öl auf den Kopf gegeben, aber sie hat das Öl auf meine Füße gegossen. Deshalb sind ihr viele Sünden vergeben, denn sie hat große Liebe gezeigt. Wem aber wenig vergeben wurde, der liebt wenig. Sie hat etwas Wunderbares getan. Die Armen werden immer bei euch sein, aber ich bin nur für eine kleine Weile hier.

---

nicht einfach dadurch erben kann, dass er sehr bescheiden und arm wird – es bedarf der Hilfe Gottes. Auch der Besitz eines Menschen kann ein Hindernis für ein gehorsames Leben sein.

Da sagte Jesus zu ihr: „Deine Sünden sind dir vergeben. Dein Glaube hat dich gerettet; gehe hin in Frieden". Einige Gäste sagten leise zueinander: „Wer ist dieser, der Sünden vergibt?"

Von Jesus vollbrachte Wunder

Ein Hochzeitswunder

Kurz nachdem Jesus aus dem Boot auf dem See Genezareth gesprochen hatte, ging er mit seiner Mutter und einigen seiner Jünger zu einer Hochzeit in Kana. Am dritten Tag des Festes sagte seine Mutter zu Jesus, dass kein Wein mehr da sei. Jesus sagte: „Warum sagst du mir das? Es ist nicht meine Zeit". Aber Maria befahl den Dienern, alles zu tun, was Jesus sagte.

In der Nähe standen sechs große steinerne Wasserkrüge, in denen sich die Juden vor dem Essen die Hände wuschen. Jeder fasst mindestens 20 Gallonen Wasser. Jesus befahl den Dienern, die Krüge mit Wasser zu füllen. Als die Krüge voll waren, sagte er den Dienern, sie sollten dem Herrn des Festmahls etwas davon bringen.

Der Meister probierte ihn, ohne zu wissen, woher er kam. Dann rief er den Bräutigam zur Seite und sagte: „Jeder bringt zuerst den besten Wein und dann den billigeren, wenn die Gäste zu viel getrunken haben. Aber du hast dir den besten bis jetzt aufgehoben!" Das Wasser hatte sich in Wein verwandelt – mehr als 100 Gallonen davon, nachdem viele der Anwesenden bereits zu viel getrunken hatten!

Jesus heilt viele Arten von Menschen

Jesus lehrte in einem Haus, und Menschen aus allen Teilen Palästinas waren anwesend. Pharisäer und Schriftgelehrte saßen in der ersten Reihe in einem überfüllten Raum. Jesus hatte viele Menschen geheilt, und einige Männer kamen zum Haus und trugen einen gelähmten Mann auf einer Matte. Sie versuchten, durch die Tür zu kommen und ihn zu Jesus zu bringen, aber sie konnten nicht hinein. Also stiegen sie auf das Dach, nahmen die Ziegel ab und ließen den Mann auf seiner Matte mit Seilen, die an jeder Ecke befestigt waren, langsam hinunter zu Jesus, der gerade sprach. Alle sahen zu, wie der Mann vom Dach herabkam.

Als Jesus ihren Glauben sah, sagte er dem Mann auf der Matte, dass seine Sünden vergeben seien. Die Pharisäer und Schriftgelehrten fragten sich, was für ein Mensch so eine Lästerung aussprechen würde, denn nur Gott kann Sünden vergeben.

Jesus wusste, was sie dachten, und fragte: „Was ist leichter, zu sagen: ‚Dir sind deine Sünden vergeben‘, oder zu sagen: ‚Steh auf und wandle?‘ Aber ich will, dass ihr wisst, dass der Menschensohn auf Erden die Macht hat, Sünden zu vergeben“. Dann wandte sich Jesus an den Gelähmten und sagte: „Steh auf und nimm deine Matte mit nach Hause“. Sofort stand der Mann auf, nahm die Matte, auf der er gelegen hatte, ging nach Hause und lobte dabei Gott. Alle waren erstaunt und lobten Gott ebenfalls.

* * * * * *

Einmal kam ein römischer Zenturio zu ihm und bat um Hilfe. Er hatte einen gelähmten Diener zu Hause, der große Schmerzen hatte. Jesus bot ihm an, zu ihm nach Hause zu kommen und ihm zu helfen, aber der Soldat sagte: „Herr, ich verdiene es nicht, dich in meinem Haus zu haben. Du brauchst nur ein Wort zu sagen, und mein Diener wird geheilt werden. Ich verstehe etwas von Autorität – ich habe Soldaten unter mir, und wenn ich einem von ihnen sage: ‚Geh‘, dann geht er. Wenn ich zu meinem Diener sage: ‚Tu dies‘, dann tut er es“.

Als Jesus das hörte, war er erstaunt und sagte zu dem Hauptmann: „Ich habe in Israel noch niemanden mit einem so großen Glauben gefunden! Geh hin, es ist geschehen, wie du es geglaubt hast“. Der Diener in seinem Haus wurde in diesem Moment geheilt.

* * * * * *

Einige Leute brachten einen blinden Mann zu Jesus, damit er geheilt würde. Jesus trug seinen eigenen Speichel auf die Augen des Mannes auf und legte ihm die Hände auf. Dann fragte er den Mann, ob er etwas sehe. Der Mann blickte auf und sagte: „Ich sehe Menschen, die wie Bäume aussehen und herumlaufen“. Jesus legte dem Mann erneut die Hände auf die Augen, und die Augen des Mannes öffneten sich, und er sah alles klar.

* * * * * *

Als Jesus zu einem jüdischen Fest in Jerusalem war, ging er zu einem Teich, der heilende Kräfte hatte. Viele Menschen mit Behinderungen lagen in der Nähe des Teiches, und ein Mann lag dort schon seit 38 Jahren. Als Jesus ihn dort sah und erfuhr, wie lange er schon dort gelegen hatte, fragte er den Mann, ob er gesund werden wolle.

Der gelähmte Mann erzählte Jesus, dass er niemanden hatte, der ihm in den Teich half, wenn sich das Wasser bewegte. Immer war ein anderer zuerst am Wasser und wurde geheilt. Jesus sagte zu ihm: „Steh auf! Heb deine Matte auf und geh". Sofort war der Mann geheilt. Er hob seine Matte auf und verließ den Bereich des Beckens.

Da dies am Sabbat geschah, erinnerten die jüdischen Führer den Mann daran, dass es verboten war, am Sabbat eine Matte zu tragen. Aber er sagte ihnen, dass der Mann, der ihn gesund gemacht hatte, ihm gesagt hatte, er solle seine Matte aufheben und gehen. Sie fragten ihn, wer das gewesen sei, der ihm das gesagt habe. Der Mann hatte keine Ahnung, denn Jesus hatte die Menschenmenge am Teich zurückgelassen. Später fand Jesus ihn im Tempel und sagte zu ihm: „Du bist wieder gesund! Sündige nicht mehr, damit dir nicht noch etwas Schlimmeres zustößt". Der Mann ging hin und erzählte den jüdischen Führern, dass es Jesus war, der ihn geheilt hatte.

* * * * * *

Ein Synagogenvorsteher namens Jairus begegnete Jesus und bat ihn, in sein Haus zu kommen. Seine einzige Tochter lag im Sterben und war gerade 12 Jahre alt. Als Jesus zu seinem Haus ging, drängten sich viele Menschen um ihn. Eine Frau, die seit 12 Jahren ununterbrochen blutete, hatte niemanden finden können, der sie heilen konnte. Sie dachte, sie würde geheilt werden, wenn sie die Kleider Jesu berühren könnte. Sie trat hinter ihn und berührte den Saum seines Gewandes, und sofort hörte ihre Blutung auf.

Jesus blieb plötzlich stehen und fragte, wer ihn berührt habe. Als niemand etwas sagte, sagte Simon Petrus: „Meister, die ganze Menge drängt sich an dich".

Jesus aber sagte: „Jemand hat mich berührt, und die Kraft ist von mir ausgegangen". Die blutende Frau kam voller Angst zu ihm und fiel ihm zu Füßen. Alle hörten ihr zu, als sie ihm erzählte, warum sie ihn berührt hatte und dass sie geheilt worden war. Er sagte ihr: „Sei getrost, Tochter, dein Glaube hat dich geheilt. Geh in Frieden".

Während Jesus noch sprach, kam jemand und sagte Jairus, dass seine Tochter tot sei und Jesus nicht mehr gebraucht werde. Jesus hörte dies und sagte zu Jairus, er solle glauben, und sie würde geheilt werden. Als Jesus bei dem

Haus ankam, ließ er niemanden mit ihm hinein, außer drei Jünger und die Eltern des Kindes. Alle anderen blieben draußen und weinten laut über das tote Kind.

Jesus sagte den Leuten draußen, sie sollten aufhören zu weinen, denn sie sei eingeschlafen und nicht tot. Die Leute lachten ihn aus, denn sie wussten, dass sie tot war. Aber er ging zu ihrem Bett, nahm ihre Hand und sagte ihr, sie solle aufstehen. Ihr Geist kehrte zurück, und sie stand auf. Jesus sagte den Eltern, sie sollten ihr etwas zu essen geben, um zu zeigen, dass sie kein Geist war. Sie aß, und alle waren erstaunt.

Jesus heilt Menschen mit bösen Geistern

Unter denen, denen Jesus begegnete, waren auch Menschen, in denen böse Geister lebten. Als er ihnen begegnete, erkannten sie ihn als den Sohn Gottes, weil die bösen Geister wissen, wer er ist. Aber wenn die Geister offenbarten, was sie über ihn wussten, hielt Jesus sie auf und ließ sie nicht reden, weil er nicht wollte, dass die Menschen wissen, dass er der Messias ist, bis die Zeit reif ist.

Einige Pharisäer brachten Jesus einen von Dämonen besessenen Mann, der blind war und nicht sprechen konnte. Jesus heilte den Mann, so dass er sowohl sehen als auch sprechen konnte. Während alle Anwesenden erstaunt waren und Jesus für den Messias hielten, erzählten die Pharisäer den Zuschauern, dass es die Macht von Beelzebul, dem Fürsten der Dämonen, war, die die bösen Geister aus dem Mann vertrieben hatte. Jesus kannte ihre Gedanken und sagte:

> Kein Königreich, keine Stadt und keine Familie kann überleben, wenn sie gespalten ist. Wenn Satan den Satan austreibt, ist er gegen sich selbst gespalten und sein Reich kann nicht bestehen. Wenn ich die Dämonen durch Beelzebul austreibe, durch wen treibst du sie dann aus? Das sollen die Menschen entscheiden. Wenn ich die Dämonen durch den Geist Gottes austreibe, dann ist das Reich Gottes über euch gekommen. Jede Art von Sünde kann vergeben werden, aber Lügen über Gottes Geist zu erzählen, wird nicht vergeben.

* * * * * *

Zu einem bestimmten Zeitpunkt seines Wirkens brauchte Jesus eine Auszeit von den Menschenmassen und fuhr mit seinen Jüngern an die Küste von Phönizien. Eine griechische Frau, die in der Gegend lebte, kam und bat

Jesus, sich ihrer Tochter zu erbarmen, die von Dämonen besessen war und schrecklich litt. Jesus ignorierte sie und sagte zu seinen Jüngern: „Ich bin nur zu den verlorenen Schafen Israels gesandt worden". Aber sie belästigte sie weiter und wurde zu einem Ärgernis. Sie kniete vor Jesus nieder und bat ihn um Hilfe.

Jesus antwortete: „Es ist nicht recht, das Brot der Kinder zu nehmen und es den Hunden vorzuwerfen".

Sie antwortete auf eine ungewöhnliche Weise: „Aber Herr, selbst die Hunde fressen die Brosamen, die vom Tisch ihres Herrn fallen".

Jesus sagte zu ihr: „Frau, du hast großen Glauben! Der Dämon ist weg". Sie ging nach Hause und fand ihr Kind ohne den Dämon auf dem Bett liegen.

* * * * * *

Jesus unternahm einmal eine ungewöhnliche Reise in eine heidnische Region östlich des Sees Genezareth, um zwei Männern zu helfen, die viele Dämonen hatten. Sie lebten in Gräbern, schnitten sich mit scharfen Gegenständen in den Körper, trugen keine Kleidung und waren so gewalttätig, dass niemand in ihrer Nähe sein konnte.

Als Jesus sich ihnen näherte, riefen sie: „Warum bist du gekommen, um jetzt deine Macht über uns auszuüben?" Jesus fragte sie, wie sie genannt würden. Sie sagten „Legion", weil es so viele Dämonen unter den Männern gab. (Der Begriff *Legion* bezeichnet eine Gruppe von mehreren tausend römischen Soldaten.) Die Dämonen sahen in der Ferne eine große Schweineherde und baten Jesus, sie in die Schweine zu werfen, anstatt sie in den Abgrund zu schicken. Jesus zeigte auf die Schweine und sagte zu den Dämonen: „Geht". Die Dämonen verließen die Männer und gingen in die Schweine, und die gesamte Herde rannte einen Hügel hinunter und von einer Klippe ins Meer.

Diejenigen, die die Schweine hüteten, gingen in die Stadt und auf das Land und erzählten allen, was geschehen war. Viele Menschen kamen, um Jesus und die Männer, die die Dämonen hatten, zu sehen. Sie saßen Jesus zu Füßen, trugen normale Kleidung und waren bei klarem Verstand. Aber die Leute baten Jesus zu gehen – sie hatten Angst vor ihm, und er hatte gerade ihre Schweine zerstört, eine sehr wertvolle Einnahmequelle. Als Jesus zu seinem Boot zurückkehrte, bat einer der Männer, mit ihm zu gehen, aber Jesus sagte ihm, er solle nach Hause gehen und allen erzählen, wie viel Gott für ihn getan habe. Jesus kehrte in seinem Boot nach Galiläa zurück, und der Mann tat, was ihm aufgetragen wurde.

Die Toten erwachen zum Leben

Jesus erweckte Menschen von den Toten, und die Nachricht von seiner Macht verbreitete sich schnell. Zum Beispiel war er mit seinen Jüngern in der Stadt Nain, und eine große Menschenmenge näherte sich dem Stadttor. Ein toter Mann wurde herausgetragen, der einzige Sohn seiner Mutter, einer Witwe. Als Jesus sie sah, hatte er Mitleid mit ihr und sagte ihr, sie solle nicht weinen. Jesus berührte das Gebilde, auf dem der Tote lag. Diejenigen, die ihn trugen, blieben stehen. Jesus sagte dem Toten, er solle aufstehen, und der Tote setzte sich auf und begann zu sprechen.

* * * * * *

Einer der besten Freunde von Jesus war ein Mann namens Lazarus. Seine Schwester war Maria Magdalena, die von Dämonen befreit worden war. Lazarus war sehr krank, und Maria und ihre Schwester Martha baten Jesus, so schnell wie möglich zu kommen und seinen guten Freund zu heilen.

Jesus war in einer anderen, weit entfernten Stadt und sagte, dass die Krankheit ihn nicht zum Sterben bringen würde. Vielmehr sei es eine Gelegenheit für ihn, Gott zu verherrlichen. So blieb er noch zwei weitere Tage, und dann sagte er seinen Jüngern, es sei an der Zeit, Lazarus zu besuchen, denn er sei tot. Es dauerte zwei Tage, bis sie dort ankamen.

Als sie ankamen, lag Lazarus bereits seit vier Tagen in einem Grab. Viele Juden waren da, um Martha und Maria zu trösten. Als Martha hörte, dass Jesus in der Nähe war, lief sie ihm entgegen und sagte: „Herr, wenn du hier gewesen wärst, wäre mein Bruder nicht gestorben. Aber ich weiß, dass Gott dir geben wird, worum du bittest".

Jesus sagte ihr, dass Lazarus von den Toten auferstehen würde. Martha sagte, sie wisse, dass er bei der Auferstehung am letzten Tag wieder auferstehen werde. Jesus sagte zu ihr: „Ich bin die Auferstehung und das Leben – wer an mich glaubt, wird immer leben, auch wenn er stirbt. Glaubst du das?" Sie antwortete: „Ja, Herr, ich glaube, dass du der Messias bist, der Sohn Gottes, der in die Welt gekommen ist".

Nachdem sie dies gesagt hatte, ging sie zu ihrer Schwester Maria und sagte ihr, dass Jesus angekommen sei. Maria lief schnell zu ihm hin. Die Juden, die gekommen waren, um die Schwestern zu trösten, dachten, Maria würde zum Grab gehen, um zu weinen, und folgten ihr. Sie aber ging zu Jesus und beklagte sich, wenn er früher gekommen wäre, wäre Lazarus nicht tot.

Als Jesus sie weinen sah und auch die Juden, die mit ihr gekommen waren, weinten, war er sehr traurig. Er bat Maria, ihm zu zeigen, wo Lazarus begraben war, und sie führte ihn zu dem Grab.

Als Jesus am Grab ankam, kniete er nieder und weinte, weil er von seinen Gefühlen überwältigt war. Lazarus war noch jung, aber er war in einer Höhle begraben, und ein großer Stein versperrte den Eingang.

Jesus forderte die anderen auf, den Stein aus dem Weg zu räumen. Martha sagte: „Herr! Er liegt schon seit vier Tagen da drin. Er wird nicht gut riechen!" (Martha versuchte ständig, alles richtig zu machen, um einen guten Eindruck zu machen.) Jesus sagte ihr, dass sie damit den Menschen die Macht des Glaubens an Gott zeigen sollte.

Nachdem der Stein entfernt worden war, blickte Jesus auf und sagte: „Vater, ich danke dir, dass du mich erhört hast. Ich weiß, dass du mich immer erhörst, aber ich sage das für die Menschen, die hier stehen, damit sie glauben, dass du mich gesandt hast".

Nachdem Jesus dies gesagt hatte, rief er mit lauter Stimme in die Höhle: „Lazarus, komm heraus!" Der Tote kam heraus und seine Hände und Füße waren mit Leinenbändern umwickelt. Um sein Gesicht war ein Tuch gelegt. Jesus sagte denen, die dort waren, dass sie ihm die Grabtücher abnehmen und ihn gehen lassen sollten.

Jesus verhält sich auf ungewöhnliche Art und Weise

Jesus verkehrt mit Sündern

Jesus sah einen Zöllner namens Levi an seinem Steuerstand sitzen. Er forderte Levi auf, ihm zu folgen. Levi stand auf, ließ alles hinter sich und folgte Jesus nach. Später gab Levi (auch Matthäus genannt) in seinem Haus ein großes Festmahl für Jesus, und viele Zöllner und andere waren dabei. Aber die Pharisäer und Schriftgelehrten beschwerten sich über die Jünger Jesu und fragten ihn, warum er mit Zöllnern und Sündern aß und trank.

Jesus antwortete: „Die Gesunden brauchen keinen Arzt, aber die Kranken schon. Ich bin gekommen, um die Sünder zur Umkehr zu rufen, nicht die Gerechten".

Die religiösen Führer befragten Jesus weiter. Sie bemerkten, dass die Jünger des Johannes und die Pharisäer oft fasteten und beteten, aber die, die Jesus folgten, waren mit ihrem Essen und Trinken zufrieden.

Jesus antwortete: „Könnt ihr die Freunde des Bräutigams zum Fasten bringen, während er bei ihnen ist? Es wird aber eine Zeit kommen, da wird der Bräutigam von ihnen genommen werden; dann werden sie fasten". Dann erzählte Jesus ihnen dieses Gleichnis:

> Niemand reißt ein Stück aus einem neuen Kleidungsstück heraus, um ein altes zu flicken. Sonst hat man das neue Kleidungsstück zerrissen, und der Flicken des neuen passt nicht zum alten. Und niemand gießt neuen Wein in alte Weinschläuche. Sonst dehnt sich der neue Wein aus und bringt die Schläuche zum Platzen – der Wein läuft aus und die Schläuche sind ruiniert. Neuer Wein muss in neue Schläuche gegossen werden, und niemand, der alten Wein trinkt, will den neuen, denn er sagt: „Der alte ist besser".

(Jesus wollte damit sagen, dass die Menschen sich mit den gewohnten Denk- und Handlungsweisen wohler fühlen – Menschen neigen dazu, sich dagegen zu wehren, neue Dinge zu tun und auf neue Weise zu denken. Es fällt uns schwer, die Art und Weise zu ändern, wie wir normalerweise denken und handeln.)

Jesus stört den Tempel

Als es an der Zeit war, das Passahfest zu feiern, ging Jesus nach Jerusalem. In den Tempelhöfen fand er Menschen, die Opfertiere verkauften, und andere, die an Tischen saßen und Geld wechselten. Das machte ihn sehr wütend. Er machte eine Peitsche und trieb alle Tiere aus den Tempelhöfen hinaus. Er drehte die Tische um und verstreute das Geld auf dem Boden. Zu den Männern, die Tauben verkauften, sagte er: „Schafft diese Vögel hier weg! Hört auf, das Haus meines Vaters in einen Markt zu verwandeln! Es steht geschrieben: 'Mein Haus soll ein Haus des Gebets sein', aber ihr habt es zu einer Räuberhöhle gemacht!"

Die Juden fragten Jesus, welches Zeichen er geben könne, um seine Autorität zu beweisen und sein Handeln zu rechtfertigen. Jesus sagte: „Zerstört diesen Tempel, und ich werde ihn in drei Tagen aufrichten".

Sie erwiderten: „Es hat viele Jahre gedauert, diesen Tempel zu bauen. Ihr wollt ihn in drei Tagen aufrichten?" Der Tempel, von dem Jesus sprach, war sein Körper.

Daraufhin fragten die Hohenpriester und Ältesten Jesus, wer ihm die Vollmacht gegeben habe, das Tempelgestühl zu zerstören. Jesus antwortete: „Ich werde euch eine Frage stellen, und wenn ihr sie beantwortet, werde ich euch meine Antwort geben. War die Taufe des Johannes vom Himmel oder von einem Menschen?" Die Priester und Ältesten berieten sich und merkten, dass sie, egal was sie sagten, vor dem Volk schlecht dastehen würden. Also sagten sie, dass sie es nicht wüssten. Jesus sagte, da sie seine Frage nicht beantworteten, würde er auch die ihre nicht beantworten.

Jesus und der See von Galiläa

Eines Abends stachen einige Jünger in einem Boot in See, um von einer Seite des Sees Genezareth zur anderen zu fahren. Jesus war nicht bei ihnen. Spät in der Nacht begann ein starker Wind zu wehen, und das Wasser wurde sehr unruhig. Nachdem sie vier Meilen nach Kapernaum gerudert waren, waren sie sehr müde. Jesus sah von weitem, dass das Boot gegen die Wellen und den Wind ankämpfte, und so ging er zu ihnen aufs Wasser hinaus.

Als die Jünger ihn kommen und auf dem See gehen sahen, fürchteten sie sich – sie hielten ihn für einen Geist. Aber Jesus gab sich zu erkennen und sagte ihnen, sie sollten sich nicht fürchten. Petrus sagte: „Herr, wenn du es wirklich bist, dann sag mir, dass ich zu dir kommen soll". Jesus sagte ihm, er solle kommen, und Petrus stieg aus dem Boot und begann auf dem Wasser auf Jesus zuzugehen. Aber als Petrus den Wind sah, bekam er Angst und begann zu sinken. Er schrie um Rettung, und Jesus griff sofort nach ihm und fing ihn auf. Während er Petrus festhielt, sagte er zu ihm: „Du hast wenig Glauben. Warum hast du gezweifelt?"

Als sie in das Boot stiegen, legte sich der Wind. Die Leute im Boot beteten ihn an und sagten, er sei wirklich der Sohn Gottes. Am nächsten Tag waren einige Leute, die wussten, dass Jesus nicht mit den Jüngern in das Boot gestiegen war, überrascht, Jesus bei ihnen zu sehen.

Bei einer anderen Gelegenheit befanden sich Jesus und seine Jünger in einem Boot auf dem See. Ein heftiger Sturm ließ plötzlich große Wellen über die Bordwand schlagen, und das Boot begann zu sinken. Jesus schlief, auch als sich das Boot mit Wasser füllte. Die Jünger weckten ihn auf, weil sie dachten, sie würden alle ertrinken. Jesus sagte zu ihnen: „Ihr Kleingläubigen, warum habt ihr solche Angst?" Er stand auf und sagte den Winden und Wellen, sie sollten aufhören, und alles wurde ganz ruhig. Die Männer im Boot waren erstaunt, dass sogar die Winde und Wellen ihm gehorchten!

Die Zwölf Jünger

Während Jesus auf seinem Weg durch Palästina große Menschenmengen anzog, gab es 12 Männer, die seine engsten Jünger blieben. Jesus nannte diese engagierten Jünger „Apostel". Die 12 waren:

- Petrus (Simon) und sein Bruder Andreas (Fischer und Kleinunternehmer)
- Jakobus und Johannes (Fischereipartner von Petrus und Andreas)
- Philippus (der Freund des Fischers) und sein Freund Bartholomäus (auch bekannt als Nathanael)
- Matthäus (ein Zöllner, auch bekannt als Levi)
- Thomas (auch bekannt als Didymus)
- Jakobus (Sohn des Alphaeus)
- Simon der Eiferer
- Judas (Sohn eines anderen Mannes namens Jakobus)
- Judas Iskariot (ein Mann mit finanziellen Kenntnissen).

Jesus befahl den 12 Jüngern und etwa 60 anderen, in den Städten und Dörfern zu verkünden, dass er zu Besuch kommen würde. Er gab diesen Männern Macht und Vollmacht, alle Dämonen auszutreiben, die Kranken zu heilen und das Reich Gottes zu verkünden. Sie nahmen nichts mit: keinen Wanderstab, keine Tasche, kein Brot, kein Geld, kein zusätzliches Hemd. Wenn sie ein Haus betraten, sagten sie zuerst: „Friede sei mit diesem Haus". Wenn dort jemand für den Frieden war, blieben sie dort. Wenn aber die Menschen in der Stadt sie nicht willkommen hießen oder ihnen nicht zuhörten, verließen sie die Stadt und schüttelten den Staub von ihren Füßen als Zeichen gegen sie. Sie gingen zu zweit und verkündeten die frohe Botschaft und heilten die Menschen überall.

Auch viele Frauen folgten Jesus nach. Dazu gehörten Maria Magdalena, Johanna (die Verwalterin von Herodes' Haushalt) und Susanna. Diese Frauen unterstützten Jesus und die Jünger mit ihrem eigenen Geld.

Johannes der Täufer

Johannes der Täufer war im Gefängnis, als das Wirken Jesu zunahm. Die Jünger des Johannes berichteten ihm, was Jesus tat und sagte, und Johannes war verwirrt. Er schickte zwei Männer aus, um Jesus zu fragen: „Bist du derjenige, den wir erwarten, oder sollten wir einen anderen erwarten?"

Jesus sagte zu den Boten: „Sagt Johannes, was ihr gesehen und gehört habt: Blinde werden sehend, Lahme gehen, Aussätzige werden gereinigt, Taube hören, Tote werden auferweckt, und den Armen wird eine gute Nachricht verkündet".

Nachdem die Männer gegangen waren, sprach Jesus zu der Menge und den anwesenden religiösen Führern über Johannes. „Johannes ist der, von dem die Propheten schrieben: ‚Ich will meinen Boten vor euch herschicken, der euch den Weg bereiten soll.‘ Johannes der Täufer kam und aß kein Brot und trank keinen Wein, und ihr sagt, er habe einen Dämon. Der Menschensohn kam, aß und trank, und ihr sagt: ‚Er ist ein Fresser und Säufer, ein Freund der Zöllner und Sünder".

Johannes wurde bald darauf im Gefängnis getötet, weil er König Herodes gesagt hatte, dass er die Frau seines Bruders nicht hätte heiraten dürfen. Die Frau des Königs ordnete die Hinrichtung an, und der König stimmte widerstrebend zu.

KAPITEL 16

——◆◆◆——

LEHREN VON JESUS

Unorthodoxe Ansichten fordern religiöse Traditionen heraus

Jesus war die interessanteste Person, die seit Jahrhunderten zu den Juden sprach, aber seine Botschaften und Handlungen verwirrten viele Menschen. Er lehrte hauptsächlich, indem er Geschichten erzählte, die die Menschen verstehen konnten. Er konnte jederzeit jede Schriftstelle zitieren, obwohl er nicht als Rabbiner ausgebildet worden war. Er vermittelte neue Ideen zu den Geboten, die Mose geschrieben hatte, und er hielt sich nicht an strenge religiöse Regeln.

Die Zahl der Menschen, die Jesus folgten, bedrohte die üblichen religiösen Aktivitäten. Viele, die nach dem kommenden Messias Ausschau hielten, nahmen an, dass diese Person militärische Siege bringen und die Römer stürzen würde, aber Jesus hatte eine andere Botschaft. Er sprach über das Reich Gottes und das Himmelreich, als ob sie nahe, gegenwärtig und im Kommen wären.

Jesus hatte ganz andere Ansichten über die Heilige Schrift als die religiösen Führer glaubten. Manchmal stand seine Lehre in direktem Widerspruch zu dem, was geschrieben worden war. Er sagte: „Ihr habt gehört, dass gesagt wurde ... Ich aber sage euch...". Manchmal waren seine Botschaften schwer zu verstehen und sollten nicht wörtlich genommen werden. Manchmal bezogen sich seine Botschaften auf Dinge, die in der Zukunft geschehen würden und von denen die Menschen noch nichts wussten. Er verurteilte nur diejenigen, die sehr religiös waren und diejenigen, die die Religion zu ihrem eigenen Vorteil nutzten. Er konzentrierte sich auf geistiges Wachstum und nicht darauf, die Regierung zu ändern – er kritisierte nie die grausamen Römer. Jesus sagte, das Problem seien die unangemessenen religiösen Überzeugungen und Erwartungen, die die sehr religiösen Juden hegten.

Was eine Person verunreinigt

Religiöse Juden aßen nicht, bevor sie sich nicht auf eine bestimmte Weise die Hände gewaschen hatten, und sie befolgten auch andere Traditionen in Bezug auf die Sauberkeit, wie zum Beispiel das Waschen des Geschirrs. Einige Pharisäer und Schriftgelehrte suchten Jesus auf und sahen, wie seine Jünger etwas aßen,

138

ohne sich die Hände zu waschen. Die religiösen Führer fragten Jesus, warum seine Jünger sich nicht an die üblichen Praktiken hielten und stattdessen mit schmutzigen Händen aßen. Jesus sagte, das Essen sei sauber.

> Jesaja hatte Recht, als er über euch Heuchler sprach. Er schrieb: „Ihr ehrt mich mit euren Lippen, aber eure Herzen sind weit weg von mir. Eure Anbetung ist für mich wertlos, eure Lehren sind nur menschliche Regeln". Ihr habt euch von den Geboten Gottes losgesagt und folgt nur menschlichen Traditionen. Ihr seid gut darin, Gottes Gebote beiseite zu schieben, um eure eigenen Traditionen zu befolgen! Mit unreinen Händen zu essen, macht einen Menschen nicht schlecht. Es ist das, was aus dem Herzen eines Menschen kommt, was seine Sünde zeigt. Das Böse kommt aus dem Herzen eines Menschen: sexuelle Sünden, Stehlen, Untreue, Töten, Egoismus und Gemeinheit, böse Intrigen, Eifersucht, Lügen, Stolz und Dummheit. All diese Übel kommen aus dem Inneren eines Menschen.

Dann ging Jesus zum Abendessen zu einem Pharisäer. Als Jesus sich zum Essen hinsetzte, wunderte sich der Pharisäer, dass Jesus sich nicht vorher gewaschen hatte. Jesus sagte zu ihm: „Ihr Pharisäer reinigt Becher und Teller von außen, aber in eurem Inneren seid ihr voller Habgier und Bosheit. Ein Zeichen dafür, dass ihr innerlich rein seid, ist, dass ihr großzügig zu den Armen seid".

Der Sabbat

Als Jesus am Sabbat durch ein Getreidefeld ging, pflückten er und seine Jünger einige Ähren und aßen die Körner. Einige Pharisäer fragten Jesus, warum er am Sabbat etwas Unerlaubtes tue. Jesus antwortete ihnen:

> Habt ihr nicht gelesen, was David tat, als er und seine Freunde hungrig waren? Sie gingen in das Haus Gottes und aßen das gesegnete Brot, das nur die Priester essen durften. Die Menschen sind nicht für den Sabbat gemacht, sondern der Sabbat ist für die Menschen gemacht. Wenn du wüsstest, was es bedeutet, wenn Gott sagt: „Ich will Barmherzigkeit, nicht Opfer", würdest du die Unschuldigen nicht verurteilen. Wenn dein Schaf am Sabbat in eine Grube fällt, würdest du es dann nicht herausholen? Wie viel wertvoller ist ein Mensch als ein Schaf!

Als Jesus am Sabbat in der Synagoge lehrte, war dort ein Mann mit einer verkrüppelten Hand. Die Pharisäer und Schriftgelehrten suchten nach einem Grund, Jesus anzuklagen, und beobachteten ihn genau, um zu sehen, ob er am Sabbat jemanden heilen würde (sie betrachteten das Heilen als eine Art Arbeit). Jesus wusste, was sie dachten, und forderte den Mann auf, vor allen aufzustehen. Als er aufstand, fragte Jesus die religiösen Führer: „Was ist am Sabbat erlaubt: Gutes zu tun oder Böses, Leben zu retten oder zu zerstören?" Als niemand antwortete, forderte Jesus den Mann auf, seine Hand auszustrecken. Als er das tat, war seine Hand vollständig geheilt. Die Pharisäer und Schriftgelehrten waren wütend, dass Jesus den Mann an diesem Tag geheilt hatte.

Der barmherzige Samariter

Ein religiöser Führer wollte Jesus auf die Probe stellen und fragte ihn, was ein Mensch tun müsse, um ewig zu leben. Jesus antwortete, dass die Menschen tun sollten, was im Gesetz geschrieben steht. Der Führer zitierte das Gesetz: „Du sollst den Herrn, deinen Gott, lieben von ganzem Herzen, von ganzer Seele, von ganzer Kraft und von ganzem Gemüt" und „Du sollst deinen Nächsten lieben wie dich selbst". Jesus antwortete: „Du hast recht. Tut dies, und ihr werdet leben".

Aber der Anführer wollte schlau sein und fragte Jesus: „Wer ist mein Nächster?" Jesus antwortete mit einer Geschichte.

> Ein Mann ging auf der gefährlichen Straße von Jerusalem nach Jericho und wurde von Räubern überfallen. Sie zogen ihm die Kleider aus, schlugen ihn und ließen ihn halb tot zurück. Ein Priester, der auf der Straße unterwegs war, sah den Mann und ging auf der anderen Seite des Weges vorbei. Auch ein Levit sah den Mann und ging auf der anderen Straßenseite an ihm vorbei. Aber ein Samariter kam vorbei und sah den halbtoten Mann und hatte Mitleid mit ihm. Er säuberte und verband seine Wunden, setzte den Mann auf seinen Esel und brachte ihn zur nächsten Herberge, wo er dem Wirt sagte, er solle sich um ihn kümmern. Er gab dem Gastwirt zwei Tagelöhne und sagte: „Wenn ich zurückkomme, werde ich dir alle zusätzlichen Kosten für seine Pflege bezahlen".

Jesus fragte den Anführer, welcher der drei Männer der Nachbar des Angegriffenen sei. Der Anführer antwortete: „Der Mann, der ihm Barmherzigkeit erwiesen hat".

Jesus sagte zu dem Anführer: „Geh und erweise denen Barmherzigkeit, die sie brauchen".

Freude am Wiederfinden des Verlorenen

Zöllner und Sünder versammelten sich oft um Jesus, um ihn reden zu hören. Eines Tages waren einige Pharisäer und Schriftgelehrte in der Menge und redeten leise und empört darüber, dass Jesus Sünder empfing und mit ihnen aß. Jesus wusste, was diese religiösen Führer sagten, und gab ihnen zwei hypothetische Szenarien.

> Wenn eine Frau 10 Silbermünzen hat und eine verliert, zündet sie dann nicht eine Lampe an, fegt den Boden und sucht sorgfältig, bis sie sie findet? Wenn du 100 Schafe hast und eines davon verlierst, lässt du dann nicht die 99 übrig und suchst das verlorene, bis du es findest? Wenn du es findest, wirst du dich dann nicht freuen, es auf deine Schultern nehmen und nach Hause tragen? In beiden Fällen freuen sich die Menschen, wenn sie finden, was sie suchen. Gott möchte niemanden verlieren. Die Freude im Himmel ist größer, wenn ein Sünder umkehrt, als bei 99 Gerechten, die es nicht nötig haben, umzukehren.

Der verlorene Sohn

Jesus erzählte auch ein langes Gleichnis über einen Mann mit zwei Söhnen. Der jüngere Sohn bat seinen Vater um sein Erbe. Nachdem der Vater genug von seinem Besitz verkauft hatte, um dem Sohn seinen halben Anteil zu geben, nahm der Sohn sein Geld und ging auf eine lange Reise. Er verschwendete sein Geld, indem er leichtsinnig lebte. Nachdem er sein ganzes Geld ausgegeben hatte, kam es zu einer schweren Hungersnot, und er verarmte so sehr, dass er eine Arbeit annahm, um Schweine zu füttern (Juden rühren keine Schweine an und essen kein Schweinefleisch). Er war so hungrig, dass er das essen wollte, was die Schweine aßen.

Der Sohn kam bald zur Vernunft. Er dachte an die Diener seines Vaters, die viel zu essen hatten, aber er war am Verhungern! Er beschloss, zu seinem Vater zurückzugehen und ihn zu bitten, einer seiner Diener zu werden.

Der Vater hielt jeden Tag, nachdem er gegangen war, Ausschau nach ihm und hoffte, dass er zurückkehren würde. Viele Monate später tauchte der Sohn in der Ferne auf und der Vater erkannte seinen Weg. Voller Freude und Liebe und ohne sich Gedanken darüber zu machen, wie er auf andere wirkte, lief er zu seinem Sohn, warf seine Arme um ihn und küsste ihn. (In jener Kultur rannten ältere Männer nicht.) Der Sohn wollte sich entschuldigen, aber der Vater unterbrach ihn und sagte zu seinen Dienern: „Geht schnell und bringt das beste Gewand und zieht es ihm an. Steckt ihm einen Ring an den Finger und Sandalen an die Füße. Schlachtet das größte Kalb, damit wir ein Festmahl haben und feiern können. Denn mein Sohn war tot, aber er lebt; er war verloren und ist gefunden worden". Dann begannen sie zu feiern.

Jesus erzählte die Geschichte weiter. Der ältere Sohn war auf dem Feld, und als er nach Hause kam, hörte er Musik und sah Menschen tanzen. Er fragte einen Diener, was los sei, und erfuhr, dass sein Bruder am Leben war und nach Hause gekommen war. Sein Vater hatte das größte Kalb geschlachtet, um die Rückkehr seines Bruders zu feiern.

Der ältere Bruder wurde wütend und weigerte sich, an der Feier teilzunehmen. Der Vater flehte ihn an, mitzumachen, aber der ältere Sohn sagte: „Sieh nur, ich habe all die Jahre für dich geschuftet und war dir nie ungehorsam. Aber du hast mir nie auch nur eine junge Ziege gegeben, damit ich mit meinen Freunden feiern kann. Aber wenn dein Sohn nach Hause kommt, nachdem er dein Geld in der Wildnis verprasst hat, schlachtest du das größte Kalb für ihn!"

Der Vater sagte mit tiefer Liebe: „Mein Sohn, du bist immer bei mir, und alles, was ich habe, gehört dir. Aber wir müssen feiern, denn dein Bruder war tot und ist wieder lebendig – er war verloren, aber jetzt ist er gefunden worden".

(Der Begriff *"verschwenderisch" bedeutet,* Ressourcen frei und rücksichtslos auszugeben oder verschwenderisch verschwenderisch zu sein. Das übliche Verständnis dieser Geschichte bezieht den Begriff auf den Sohn, aber im Kontext der anderen Lehren Jesu über Gottes Sorge um die Verlorenen ist es besser, den Begriff auf die verschwenderische Liebe des Vaters zu seinem verlorenen Sohn anzuwenden, selbst wenn er die Familie in Verlegenheit brachte. Daher ist „Der verlorene Vater" ein besserer Titel für die Geschichte.)

Weitere Beispiele für unerwartete Großzügigkeit

Jesus wurde von einem hoch angesehenen Pharisäer zum Essen eingeladen, der auch viele seiner religiösen Freunde eingeladen hatte. Jesus bemerkte, dass die Männer versuchten, sich die Ehrenplätze am Tisch zu sichern. Jesus sah dies und erzählte ein Gleichnis.

Ein Mann bereitete ein üppiges Abendessen für viele geladene Gäste vor. Als das Essen fertig war, schickte er seinen Diener los, um alle Eingeladenen zu bitten, zu kommen. Aber alle hatten Ausreden, um nicht zu kommen. Der erste sagte, er habe gerade ein Feld gekauft und müsse es sich ansehen. Ein anderer sagte, er habe gerade fünf Ochsen gekauft und müsse sich um sie kümmern. Ein dritter sagte, er habe gerade geheiratet und könne nicht kommen. Der Diener kam zurück und sagte, dass niemand käme. Der Gastgeber wurde zornig und sagte zu seinem Diener: „Geh auf die Straßen und Gassen der Stadt und bring die Armen, die Krüppel, die Blinden und die Lahmen herein". Der Diener tat es, aber es war noch Platz für weitere Gäste. Daraufhin ließ der Gastgeber den Diener in die ganze Gegend gehen, um mehr Leute zu holen, und sein Haus wurde voll. Keiner der ursprünglich Eingeladenen kam in den Genuss seines Essens.

Bei einer anderen Versammlung erzählte Jesus ein Gleichnis darüber, wie großzügig Gott zu denen sein wird, die es nicht zu verdienen scheinen. Das kommende Reich wird wie ein Gutsbesitzer sein, der frühmorgens hinausging und Arbeiter für seinen Weinberg einstellte und sagte, er würde ihnen einen Tageslohn für einen Tag Arbeit zahlen. Aber einige Stunden später sah der Gutsbesitzer andere, die darauf warteten, eingestellt zu werden, und er stellte sie ein und sagte ihnen, er würde ihnen einen angemessenen Lohn zahlen. Er tat dasselbe noch mehrere Male und stellte auch am späten Nachmittag noch Männer ein.

Am Ende des Tages kamen alle, um bezahlt zu werden. Der Besitzer begann mit den zuletzt Eingestellten, und diejenigen, die zuletzt kamen, erhielten einen Tageslohn. Diejenigen, die früh am Morgen eingestellt worden waren, sahen das und erwarteten, viel mehr als einen Tageslohn zu erhalten. Aber jeder Mann erhielt den gleichen Betrag, einen Tageslohn, unabhängig davon, wie viele Stunden er arbeitete.

Diejenigen, die zuerst eingestellt worden waren, murrten. Sie sagten dem Eigentümer: „Die zuletzt Eingestellten haben nur eine Stunde gearbeitet, aber du hast sie uns gleichgestellt – wir haben die meiste Arbeit geleistet!"

Aber der Besitzer sagte, er sei nicht ungerecht. Er zahlte ihnen einen Tageslohn, so wie er es versprochen hatte. Er sagte, sie sollten ihn annehmen und sagte dann: „Habe ich nicht das Recht, mit meinem eigenen Geld großzügig zu sein? Ihr seid neidisch auf meine Großzügigkeit!"

Jesus schloss mit den Worten: „Die Letzten werden die Ersten sein, und die Ersten werden die Letzten sein".

Vergebung

Petrus fragte Jesus einmal, wie oft man anderen vergeben sollte. Nach jüdischer Tradition sollte man jemandem dreimal vergeben, und Petrus schlug vor, dass die richtige Zahl bis zu siebenmal sein könnte, mehr als das Doppelte dessen, was in der Vergangenheit gelehrt worden war. Aber Jesus antwortete, die richtige Zahl sei 77 Mal, und erzählte dann diese Geschichte.

> Ein König schuldete einem seiner Diener eine sehr große Summe Geld. Als der König das Geld eintreiben wollte, konnte der Mann es nicht bezahlen. Daraufhin befahl der König, ihn, seine Familie und all ihren Besitz zu verkaufen, um die Schuld zu begleichen. Doch der Diener fiel auf die Knie und flehte um Gnade und sagte, er werde alles zurückzahlen. Der König hatte Mitleid mit dem Mann, erließ ihm die Schulden und ließ den Diener und seine Familie gehen.

Doch dann ging der Diener zu einem Mann, der ihm eine kleine Schuld schuldete. Als der Mann sagte, er könne sie nicht zurückzahlen, würgte der Diener den Mann und verlangte das Geld. Als der Mann um Geduld bat und sagte, er würde alles zurückzahlen, ließ der Diener ihn ins Gefängnis werfen, bis er die Schuld begleichen konnte.

Als die anderen Diener das sahen, sagten sie es dem König, und der rief den Diener zu sich und sagte: „Ich habe dir deine große Schuld gestrichen, also hättest du dich auch des Mannes erbarmen sollen, der dir eine kleine Schuld schuldete". Daraufhin warf der König den Diener, dem vergeben worden war, in den Kerker, wo er gefoltert wurde, bis er seine Schuld zurückzahlen konnte.

Keiner der beiden Diener konnte dem König jemals bezahlen, was er ihm schuldete. Jesus schloss mit der Aussage, dass Gott denen nicht vergeben würde, die anderen nicht verzeihen. Indem er sagte, man solle anderen 77 Mal vergeben, meinte er eigentlich, dass man denen, die darum bitten, immer vergeben sollte.

Gleichnisse über Saatgut

Als Jesus in die Städte und Dörfer reiste, verkündete er die frohe Botschaft vom Reich Gottes. Seine Jünger waren bei ihm, als er dieses Gleichnis erzählte.

> Ein Bauer ging hinaus, um seine Samen auszustreuen. Einige fielen auf den Weg, wo sie von den Vögeln gefressen wurden. Einige Samen fielen auf felsigen Boden, und als sie keimten, verdorrten die Pflanzen, weil sie keine Feuchtigkeit hatten. Andere Samen fielen unter die Dornen, die in die Höhe wuchsen und die Pflanzen erstickten. Andere Samen fielen auf guten Boden, und sie wuchsen und brachten eine große Ernte hervor, hundertmal mehr als gesät wurde.

Als seine Jünger ihn fragten, was dieses Gleichnis bedeutet, erklärte er es ihnen.

> Die Samen sind das Wort Gottes. Die Samen auf dem Weg sind diejenigen, die hören, aber der Teufel kommt und nimmt das Wort aus ihren Herzen, so dass sie nicht mehr glauben. Die Samen auf dem felsigen Boden sind diejenigen, die das Wort mit Freude aufnehmen, aber sie haben keine Wurzeln. Sie glauben eine Zeit lang, aber wenn es schwierig wird, fallen sie ab. Die Samen, die unter die Dornen fielen, sind diejenigen, die zwar hören, aber in ihrem Leben von den Sorgen, dem Reichtum und den Freuden des Lebens erstickt werden – sie reifen nicht im Glauben. Aber die Samen auf gutem Boden sind diejenigen, die ein gutes Herz haben, die das Wort hören und es bewahren und durch ihre Beharrlichkeit eine gute Ernte einbringen.

Jesus erzählte eine andere Geschichte über das Reich Gottes. Es war wie die Samen, die auf den Boden gestreut wurden. Mit der Zeit wachsen die Samen irgendwie. Ganz von selbst bringt der Boden allmählich Getreide hervor, das geerntet wird, wenn es reif ist.

Er gab weitere Beispiele dafür, wie das Reich Gottes aussieht. Das Reich Gottes ist wie ein sehr kleines Senfkorn. Wenn es gepflanzt wird, wächst es und wird so groß, dass seine Zweige Vögel tragen können. Das Reich Gottes ist auch wie unsichtbare Hefe, die auf geheimnisvolle Weise Brot aufgehen lässt.

Die Predigt auf dem Berg

Jesus sprach manchmal zu Tausenden von Menschen auf einmal. Einmal sprach er sehr lange auf einem Berg zu mehreren tausend Menschen. Manches von dem, was er predigte, war schwer zu verstehen und unterschied sich von dem, was zuvor gelehrt worden war.

Selig sind die Armen im Geiste, denn ihrer ist das Himmelreich.

Selig sind, die traurig sind, denn sie werden getröstet werden.

Selig sind die Demütigen, denn sie werden das Erdreich erben.

Selig sind die, die hungern und dürsten, um richtig zu leben, denn sie werden satt werden.

Selig sind die, die freundlich sind, denn ihnen wird Gutes widerfahren.

Selig sind die, die gute Gedanken und Wünsche haben, denn sie werden Gott sehen.

Selig sind, die Frieden stiften, denn sie werden Kinder Gottes genannt werden.

Selig sind die, die verfolgt werden, weil sie den rechten Weg gehen, denn ihnen gehört das Himmelreich.

Selig seid ihr, wenn die Leute gemein zu euch sind und alles Mögliche Falsche und Böse gegen euch sagen um meinetwillen. Freut euch und seid fröhlich, denn euer Lohn wird groß sein im Himmel; denn sie haben die Propheten verfolgt, die vor euch gekommen sind.

Ihr seid das Salz der Erde, aber wenn das Salz seinen Geschmack verliert, wird es weggeworfen. Ihr seid das Licht der Welt. Eine Stadt, die auf einem Hügel gebaut ist, kann nicht versteckt werden. Man zündet eine Lampe nicht an und versteckt sie, sondern stellt sie auf ihren Ständer, damit sie allen leuchtet. Lass dein Licht leuchten, damit andere deine guten Taten sehen und Gott verherrlichen.

Ich bin nicht gekommen, um das Gesetz oder die Worte der Propheten abzuschaffen – ich bin gekommen, um sie zu erfüllen. Vor langer Zeit stand geschrieben: „Du sollst nicht morden, und wer mordet, wird gerichtet werden". Ich aber sage, dass jeder, der sich über einen Bruder oder eine Schwester ärgert, gerichtet werden wird. Wenn du also eine Gabe auf dem Altar darbringst und dich daran erinnerst, dass dein Bruder oder deine Schwester etwas gegen dich hat, dann geh zuerst hin und versöhne dich mit ihnen. Dann kommst du zurück und gibst deine Gabe.

Vor langer Zeit stand geschrieben: „Du sollst nicht die Ehe brechen". Ich sage euch aber, dass jeder, der einen Menschen ansieht und ihn für sich haben will, in seinem Herzen Ehebruch begangen hat. Wenn du über dein rechtes Auge stolperst, dann schneide es aus. Es ist besser für dich, einen Teil deines Körpers zu verlieren, als dass du ganz in die Hölle kommst.

Ihr kennt den Spruch: „Auge um Auge und Zahn um Zahn". Aber ich sage: Wenn dich jemand auf die rechte Wange schlägt, halte ihm auch die andere hin. Wenn dich jemand verklagen und dir dein Hemd wegnehmen will, dann gib ihm auch deinen Mantel. Wenn dich jemand zwingt, eine Meile zu gehen, dann geh zwei Meilen für ihn. Gib denen, die dich bitten, und wende dich nicht ab von denen, die von dir borgen wollen.

Ihr habt gehört, dass gesagt wird: „Liebe deinen Nächsten und hasse deinen Feind". Aber ich sage, liebe deine Feinde und bete für die, die gemein zu dir sind. Wenn du die liebst, die dich lieben, ist das nichts – selbst die Steuereintreiber tun das! Wenn du nur die Leute grüßt, die wie du sind, tust du das, was alle anderen auch tun.

Praktiziere deine Religion nicht so, dass andere sie sehen können. Wenn du den Bedürftigen etwas gibst, verkünde es nicht mit Trompeten, wie es religiöse Menschen tun, damit sie von anderen gelobt werden. Wenn du gibst, dann tue es im Verborgenen. Gott sieht, was im Verborgenen getan wird, und wird dich belohnen.

Versucht nicht, viele schöne Dinge für euch selbst zu bekommen, denn sie können zerstört oder gestohlen werden. Tut stattdessen schöne Dinge für andere, die nicht zerstört oder gestohlen werden können.

Mach dir keine Sorgen über dein Leben oder deinen Körper und was du anziehen wirst. Seht euch die Vögel an – sie lagern kein Futter in Scheunen, und doch ernährt Gott sie. Du bist viel wertvoller als die Vögel. Wenn du dich sorgst, wird dein Leben nicht eine einzige Stunde länger. Trachtet stattdessen zuerst nach Gottes Reich und tut, was recht ist, dann wird euch alles gegeben werden. Mach dir keine Sorgen um morgen – es gibt jeden Tag genug Probleme zu bewältigen.

Richtet nicht über andere, denn ihr werdet genauso gerichtet werden, wie ihr über andere richtet. Warum schaut ihr auf das winzige Staubkorn im Auge eines anderen, aber ignoriert den Balken in eurem eigenen Auge? Seien Sie kein Heuchler! Ziehe zuerst den Balken aus deinem eigenen Auge, dann wirst du klar sehen und kannst das winzige Staubkorn aus dem Auge des anderen entfernen.

Was ihr wollt, das man euch tut, das tut auch den anderen – so lautet die Zusammenfassung des Gesetzes und der Propheten. Das ist schwer zu tun. Das Tor und die Straße, die ins Verderben führen, sind breit, aber das Tor und die Straße, die zum Leben führen, sind schmal. Nimm den schmalen Weg und geh durch die enge Pforte. Nur wenige Menschen gehen diesen Weg – die meisten folgen falschen Führern, die friedlich aussehen, aber in ihrem Inneren wie Wölfe sind. Ihr werdet sie an ihren Früchten erkennen. Pflückt man Trauben oder Feigen von Pflanzen mit Dornen? Jeder gute Baum trägt gute Früchte, aber ein schlechter Baum trägt schlechte Früchte. Jeder Baum, der keine guten Früchte trägt, wird abgehauen und ins Feuer geworfen. Deshalb werden nicht alle, die mich „Herr" nennen, in das Himmelreich kommen, sondern nur die, die den Willen meines Gottes im Himmel tun. Viele werden an jenem Tag zu mir sagen: „Herr, haben wir nicht in deinem Namen gelehrt und Dämonen ausgetrieben und viele Wunder getan?" Ich werde ihnen sagen: „Ich habe euch nie gekannt. Geht weg von mir, ihr Übeltäter!"

Diejenigen, die meine Worte in die Tat umsetzen, sind wie die Weisen, die ihr Haus auf einen Felsen bauten. Der Regen kam, die Ströme stiegen, und die Winde wehten und schlugen gegen das Haus. Aber es stürzte nicht ein, weil es auf einem Felsen gegründet war. Diejenigen aber, die meine Worte hören und sie nicht in die Tat umsetzen, sind wie Narren, die ihr Haus auf Sand gebaut haben. Der Regen kam, die Ströme stiegen, und die Winde bliesen und schlugen gegen das Haus, und es wurde weggespült.

Gebet

Jesus lehrte die Menschen, wie sie zu Gott sprechen sollten. Diejenigen, die beten, sollten keine blumige Sprache verwenden, um diejenigen zu beeindrucken, die zusehen und zuhören, und sie sollten keine Gebete sprechen, in denen sie immer wieder dieselben Dinge sagen. Stattdessen sollten die Menschen unter vier Augen beten und ehrlich sein und Gott ihre tiefsten Gedanken und Gefühle mitteilen. Gott weiß, was die Menschen brauchen, noch bevor sie darum bitten.

Jesus gab ein Beispiel für ein Gebet, das bestimmte Grundelemente enthielt. Dazu gehören (1) die Erkenntnis, dass Gott heilig ist, (2) der Wunsch, dass das Reich Gottes diese Welt so beeinflusst, dass sie dem Himmel ähnlicher wird, (3) der Wunsch, dass Gottes Wille auf Erden geschieht, (4) die Bitte um die Grundbedürfnisse, die wir zum Überleben brauchen, (5) die Bitte um Vergebung für unsere Sünden und um Hilfe, anderen zu vergeben, und (6) die Bitte um Schutz und Befreiung von bösen Mächten in der Welt. Gebete können sich also auf Lob, Dank und Bitten konzentrieren. Jesus sagte, dass Gott es liebt, wenn Menschen beten, und dass er möchte, dass alle Menschen sich darauf verlassen, dass ihre Bedürfnisse von Gott erfüllt werden.

Bittet, und es wird euch gegeben werden; sucht, und ihr werdet finden; klopft an, und es wird euch aufgetan werden. Wer bittet, dem wird gegeben; wer sucht, der findet; und wer anklopft, dem wird aufgetan. Wer von euch, wenn seine Kinder um Brot bitten, wird ihnen einen Stein geben? Oder wenn sie um einen Fisch bitten, wollt ihr ihnen eine Schlange geben? Wenn schon die Bösen ihren Kindern gute Gaben zu geben wissen, wie viel mehr wird euer Gott im Himmel denen, die ihn bitten, gute Gaben geben!

Jesus zog sich oft an ruhige und private Orte zurück, um Ablenkungen auszuschalten und allein zu sein, um mit Gott zu sprechen. Es gab keine bestimmte Zeit oder einen bestimmten Ort, an dem er betete; es schien die ganze Zeit über zu geschehen. Sein Bewusstsein von Gott war konstant und kontinuierlich, und das Hören auf Gott in der Stille war ein Teil dieses Prozesses.

Gott wird in Jesus offenbart

Als Jesus in einer Synagoge lehrte, betete er: „Ich preise dich, Herr des Himmels und der Erde, weil du diese Dinge den Weisen und Gebildeten verborgen hast, sie aber den kleinen Kindern bekannt gemacht hast. Das ist es, was du tun wolltest". Dann sprach er zu den Menschen und bezeichnete Gott als seinen Vater.

> Alles ist mir von meinem Vater gegeben worden. Niemand kennt den Vater außer dem Sohn und denen, die der Sohn erwählt. Kommt her zu mir, alle, die ihr müde und beladen seid, und ich werde euch Ruhe geben. Wenn ihr durstig seid, kommt zu mir und

trinkt. Lasst euch von mir führen, wie ein Bauer seine Ochsen führt, indem er ein Joch trägt. Mein Joch ist leicht, meine Last ist leicht. Wenn du mich kennst, kennst du Gott. Ich bin sanft und demütig, und dein Geist wird Ruhe finden. Wenn du mich kennst, wirst du die Wahrheit erkennen, und sie wird dich frei machen.

Die Jünger fragten Jesus: „Welches Zeichen wirst du geben, damit wir dir glauben können? Unsere Vorfahren aßen das Manna in der Wüste und schrieben: ‚Gott gab ihnen Brot vom Himmel zu essen.'" Jesus antwortete mit dieser Bemerkung über Brot.

Es war nicht Mose, der ihnen das Brot vom Himmel gab. Es ist Gott, der euch das wahre Brot vom Himmel gibt. Ich bin das Brot des Lebens. Wer zu mir kommt, wird nicht hungern, und wer an mich glaubt, wird nie mehr Durst haben. Ich werde niemanden vertreiben, der zu mir kommt. Ich bin nicht vom Himmel gekommen, um meinen Willen zu tun, sondern um den Willen des Gottes zu tun, der mich gesandt hat. Das ist der Wille des Gottes, der mich gesandt hat, dass ich niemanden verliere, der mir gegeben wird, sondern dass ich jeden auferwecke am letzten Tag. Dieses Brot ist mein Leib, den ich für das Leben der Welt geben werde.

Einige der Juden begannen zu murren, als er sagte, er sei vom Himmel gekommen. Sie kannten ihn als ein Kind von Josef und Maria – wie konnte er sagen, er sei vom Himmel gekommen? Die Juden begannen auch miteinander zu streiten und fragten sich, wie Jesus ihnen seinen Leib zu essen geben konnte.

Jesus unterbrach sie und sagte: „Wenn ihr nicht das Fleisch des Menschensohns esst und sein Blut trinkt, habt ihr kein Leben in euch. Diejenigen, die mein Fleisch essen und mein Blut trinken, haben das ewige Leben, und ich werde sie am letzten Tag auferwecken. Mein Fleisch ist echte Nahrung, und mein Blut ist echter Trank. Unsere Vorfahren aßen Manna und starben, aber die, die dieses Brot essen, werden ewig leben".

Nachdem sie das gehört hatten, hörten viele, die Jesus gefolgt waren, nicht mehr auf ihn und verließen ihn. Jesus fragte seine 12 Jünger, ob sie ihn auch verlassen wollten. Simon Petrus antwortete: „Herr, wem sollen wir sonst folgen? Du hast die Worte des ewigen Lebens. Wir verstehen jetzt und wissen, dass du der Heilige Gottes bist".

Die Kosten der Jüngerschaft

Große Menschenmengen reisten weiter mit Jesus, und er wollte, dass sie sorgfältig darüber nachdachten, was es bedeutete, ihm zu folgen. Er sagte ihnen: „Wenn jemand zu mir kommt, aber seine Familie oder sein eigenes Leben mehr liebt, kann er nicht mein Jünger sein. Wer nicht sein Kreuz auf sich nimmt und mir nachfolgt, kann nicht mein Jünger sein". Dann erzählte er mehrere Geschichten, um zu erklären, was er meinte.

> Angenommen, Sie wollen einen Turm bauen. Würdest du dich nicht zuerst hinsetzen und die Kosten abschätzen, um zu sehen, ob du genug Geld hast, um ihn fertigzustellen? Wenn du den Grundstein legst und ihn nicht fertigstellen kannst, werden dich alle auslachen. Oder nehmen wir an, ein König denkt darüber nach, in den Krieg zu ziehen. Wird er nicht zuerst darüber nachdenken, ob seine 10.000 Mann die 20.000 Mann eines anderen Königs besiegen können? Wenn er nicht gewinnen kann, wird er Leute zu dem anderen König schicken und versuchen, ihre Streitigkeiten friedlich beizulegen. In gleicher Weise können diejenigen, die nicht alles aufgeben, nicht meine Jünger sein.

Ich sende euch aus wie Schafe unter Wölfen, also seid auf der Hut. Ihr müsst klug sein wie die Schlangen und gleichzeitig unschuldig wie eine Taube. Man wird euch den örtlichen Führern ausliefern und in den Synagogen auspeitschen. Man wird euch vor Statthalter, Könige und Heiden bringen, damit ihr meine Zeugen seid. Aber wenn sie euch festnehmen, macht euch keine Gedanken darüber, was ihr sagen sollt oder wie ihr es sagen sollt – Gottes Geist wird durch euch sprechen. Um meinetwillen werdet ihr von allen gehasst werden. Wenn ihr verfolgt werdet, dann flieht an einen anderen Ort. Habt keine Angst vor denen, die den Körper töten – den Geist können sie nicht töten. Aber hütet euch vor denen, die böse sind, die euren Geist und euren Körper zerstören und euch mit in die Hölle nehmen wollen. Ich werde vor Gott im Himmel diejenigen anerkennen, die für mich zu anderen sprechen. Aber ich werde diejenigen verleugnen, die mich vor anderen verleugnen. Wer sein Leben findet, wird es verlieren, und wer sein Leben um meinetwillen verliert, wird es finden.

Vorbereitung des Urteils

Jesus erzählte mehrere Gleichnisse über die Bereitschaft und Vorbereitung auf Gottes Wiederkunft und das Gericht über alle Menschen.

Gleichnis von den zehn Jungfrauen

Zuerst sprach er über 10 Jungfrauen, die darauf warteten, ihren Bräutigam zu einer unbekannten Zeit zu treffen. Fünf von ihnen waren töricht – sie hatten Lampen, um die Nacht zu erhellen, aber sie hatten kein Öl, um ihre Lampen aufzufüllen. Die anderen fünf waren klug – sie hatten Lampen und bewahrten Öl auf, um sie aufzufüllen. Nachdem sie eine lange Zeit auf einen Bräutigam gewartet hatten, schliefen sie alle ein.

Der Bräutigam kam mitten in der Nacht und war bereit, sie zu empfangen. Die törichten Frauen konnten ihre Lampen nicht anzünden und baten darum, von den anderen Öl zu borgen. Aber die klugen Frauen wollten ihr Öl nicht teilen, weil sonst nicht genug Öl für alle vorhanden wäre, um alle Lampen anzuzünden. Diese Frauen sagten den anderen, sie sollten Öl für sich selbst kaufen gehen. Während die törichten Frauen weg waren, um Öl zu kaufen, kam der Bräutigam und nahm die klugen Frauen mit zum Hochzeitsmahl. Dann wurde die Tür geschlossen. Als die törichten Frauen später mit ihrem Öl kamen, sagten sie: „Herr, Herr, mach uns die Tür auf!" Aber der Bräutigam sagte: „Ich kenne euch nicht". Jesus schloss dieses Gleichnis mit dem Hinweis, dass die Menschen vorbereitet sein sollten, weil die Zeit des Gerichts unbekannt ist.

Gleichnis von den goldenen Gaben

Jesus erzählte auch eine Geschichte über den klugen Umgang mit dem, was wir haben, solange wir leben. Er beschrieb drei Diener, die verschiedene Mengen an Gold erhielten, um es zu nutzen, während der Besitzer auf einer langen Reise war. Der Besitzer gab jedem von ihnen Gold, je nach ihrer Fähigkeit, es weise zu verwenden. Ein Diener bekam fünf Säcke, ein Diener zwei Säcke und der dritte einen Sack.

Der Diener, der fünf Säcke Gold erhielt, setzte es weise ein und verdiente fünf weitere Säcke Gold. Der Knecht, der zwei Säcke erhalten hatte, nutzte das Gold ebenfalls weise und verdoppelte die Goldmenge. Aber der Diener, der einen Beutel erhalten hatte, grub ein Loch und versteckte das Gold in der Erde.

Schließlich kam der Besitzer zurück und verlangte das Gold. Die Diener, denen fünf und zwei Säcke gegeben worden waren, überreichten dem Besitzer den doppelten Betrag, den sie erhalten hatten. Der Besitzer sagte zu jedem von ihnen: „Gut gemacht, guter und treuer Diener! Du bist mit einigen Dingen treu gewesen; ich werde dich mit vielen Dingen betrauen. Kommt und habt teil an meinem Glück!"

Da sagte der Diener, der den einen Beutel Gold erhalten hatte, zu dem Besitzer: „Ich wusste, dass du ein harter Mensch bist, und ich hatte Angst vor dir und habe dein Gold in der Erde versteckt". Daraufhin gab der Diener dem Besitzer den einen Beutel Gold, den er aus der Erde ausgegraben hatte.

Der Besitzer sagte zu diesem letzten Diener: „Du bist böse und faul! Wenn du wüsstest, wie ich bin, warum hast du mein Geld nicht auf die Bank gebracht? Dann hätte ich wenigstens das Gold plus Zinsen erhalten". Dann gab der Besitzer den einen Sack Gold dem Diener, der zehn Säcke hatte, und sagte: „Diejenigen, die das, was sie haben, nutzen, werden mehr bekommen, aber diejenigen, die das, was sie haben, nicht nutzen, werden das, was sie haben, verlieren". Dann ließ der Besitzer den letzten Diener in die Dunkelheit werfen, wo die Menschen weinen werden.

Gleichnis von den Schafen und den Ziegen

Jesus erzählte ein Gleichnis, um zu beschreiben, wer in den Himmel und wer an den Ort der Toten kommen wird. Er sagte, dass der Menschensohn auf einem Thron sitzen wird, und wenn jeder Mensch vor ihm steht, wird er sie voneinander trennen, wie ein Hirte die Schafe von den Böcken trennt.

Der König wird zu einigen sagen: „Komm und nimm, was dir gehört, ein Reich, das dir bereitet ist, seit die Welt erschaffen wurde. Denn ich war hungrig und ihr habt mir zu essen gegeben, ich war durstig und ihr habt mir zu trinken gegeben, ich war fremd und ihr habt mich aufgenommen, ich brauchte Kleidung und ihr habt mich bekleidet, ich war krank und ihr habt mich gepflegt, ich war im Gefängnis und ihr habt mich besucht".

Aber diese Menschen werden fragen: „Herr, wann haben wir dich hungrig gesehen und dir zu essen gegeben oder durstig und dir zu trinken gegeben? Wann haben wir gesehen, dass du ein Fremder bist, und haben dich hereingebeten, oder dass du Kleidung brauchst, und haben dich bekleidet? Wann haben wir dich krank oder im Gefängnis gesehen und dich besucht?"

Der König wird zu ihnen sagen: „Was ihr meinen Brüdern und Schwestern angetan habt, das habt ihr auch mir angetan".

Dann wird der König zu den anderen sagen: „Ihr seid verflucht und werdet in das ewige Feuer gehen, das dem Teufel und seinen Engeln bereitet ist. Denn ich war hungrig, und ihr habt mir nichts zu essen gegeben, ich war durstig, und ihr habt mir nichts zu trinken gegeben, ich war fremd, und ihr habt mich nicht hereingebeten, ich brauchte Kleidung, und ihr habt mir nichts gegeben, ich war krank und im Gefängnis, und ihr habt euch nicht um mich gekümmert".

Diese Gruppe wird staunend sagen: „Herr, wann haben wir dich hungrig oder durstig oder fremd oder in Not oder krank oder im Gefängnis gesehen und haben dir nicht geholfen?"

Der König wird ihnen sagen: „Was ihr nicht für die getan habt, die diese Probleme hatten, das habt ihr auch nicht für mich getan". Diese Menschen werden in die ewige Strafe gehen, aber die Gerechten werden für immer im Himmel leben.

Verurteilung von religiösen Führern

Jesus sprach oft hart mit den religiösen Führern, weil sie die Menschen in die Irre führten, kein gutes Verhalten vorlebten und gemischte Motive hatten. Sie waren von ihren eigenen religiösen Praktiken überzeugt und sahen auf alle anderen herab. Jesus erzählte dieses Gleichnis.

> Zwei Männer gingen in den Tempel, um zu beten, der eine ein Pharisäer, der andere ein Zöllner. Der Pharisäer betete laut und sagte: „Gott, ich danke dir, dass ich nicht wie andere Menschen bin – Räuber, Übeltäter, Ehebrecher – oder sogar wie dieser Zöllner. Ich faste zweimal in der Woche und gebe den Zehnten von allem, was ich bekomme". Der Zöllner aber stand in einiger Entfernung, schlug sich an die Brust und sagte: „Gott, sei mir Sünder gnädig". Ich sage euch, dass dieser Mann, nicht der Pharisäer, mit Zuversicht nach Hause gehen und vor Gott treten kann. Alle, die mit sich selbst prahlen, werden gedemütigt; wer sich selbst demütigt, wird gelobt werden.

Bei einer anderen Versammlung kritisierte Jesus die religiösen Führer scharf.

> Wehe euch Pharisäern! Ihr gebt Gott den Zehnten von euren Gartenkräutern, aber ihr vernachlässigt es, gerecht zu sein, die

Güte zu lieben und demütig mit eurem Gott zu leben. Das hättet ihr auch tun sollen, ebenso wie ihr eure Kräuter gebt. Ihr liebt die wichtigsten Plätze in den Synagogen und das Ansehen, das ihr auf den Märkten genießt. Ihr liebt es, wie ihr ausseht, wenn ihr eure prächtigen Gewänder tragt und eure langen Gebete sprecht. Wehe euch Schriftgelehrten, ihr belastet die Menschen mit Lasten, die sie kaum tragen können, und ihr rührt keinen Finger, um ihnen zu helfen.

Ihr seid alle Heuchler! Ihr sagt, dass ihr gutheißt, was eure Vorfahren getan haben, aber sie haben die Propheten getötet. Gott hat ihnen Propheten gesandt, aber einige wurden getötet und andere wurden schikaniert. Diese Generation wird für das Blut aller Propheten, das jemals vergossen wurde, verantwortlich gemacht werden. Ihr seid weiße Grabsteine, die von außen gut aussehen, aber innen seid ihr tot und unrein.

Jesus erzählte ihnen ein weiteres Gleichnis über einen Gutsbesitzer, der einen Weinberg und Gebäude zu dessen Schutz angelegt hatte. Dann verpachtete er den Weinberg an einige Bauern und zog weg. Als die Erntezeit nahte, schickte er seine Knechte zu den Pächtern, um seine Früchte einzusammeln. Die Pächter schlugen einen Diener und töteten zwei andere. Der Besitzer schickte weitere Diener, um die Früchte einzusammeln, und die Pächter behandelten sie auf dieselbe Weise. Schließlich schickte der Besitzer seinen Sohn, weil er dachte, die Pächter würden ihn sicher respektieren. Aber als die Pächter den Sohn sahen, sagten sie zueinander: „Das ist der Erbe. Lasst uns ihn töten und sein Erbe antreten". Also töteten sie auch ihn.

Jesus fragte die Anwesenden: „Wenn der Besitzer des Weinbergs kommt, was wird er mit diesen Pächtern tun?"

Die Pharisäer sagten: „Er wird diese bösen Pächter vernichten und den Weinberg an andere Pächter vermieten".

Jesus sagte zu ihnen: „Ihr habt in der Heiligen Schrift gelesen: ‚Der Stein, den die Bauleute verworfen haben, ist zum Eckstein geworden.' Darum wird das Reich Gottes von euch weggenommen und den Menschen gegeben, die Frucht bringen werden". Die religiösen Führer wussten, dass er von ihnen sprach.

Dann erzählte Jesus den religiösen Führern ein letztes Gleichnis mit einer ähnlichen Botschaft. In dieser Geschichte hatte ein Vater zwei Söhne und bat sie beide, im Weinberg der Familie zu arbeiten. Der erste Sohn sagte, er würde nicht gehen, aber er änderte später seine Meinung und ging und arbeitete. Der zweite

Sohn sagte, er würde gehen, aber er arbeitete nicht. Jesus fragte die religiösen Führer, welcher Sohn das tat, was der Vater wollte, und sie waren sich alle einig, dass es der erste Sohn war. Als Jesus ihre Antwort hörte, sagte er zu ihnen: „Wahrlich, Menschen, die ihr für böse haltet, werden vor euch in das Reich Gottes eingehen. Johannes ist gekommen und hat euch gezeigt, wie ihr leben sollt. Ihr habt nicht darauf reagiert, aber die, die ihr für böse haltet, schon". Taten, nicht schöne Worte, verraten die wahren Überzeugungen und Wünsche eines Menschen.

Nachdem die Pharisäer und Schriftgelehrten diese Zurechtweisung gehört hatten und sich an all die anderen Dinge erinnerten, die Jesus in der Vergangenheit zu ihnen gesagt hatte, waren sie des Streits überdrüssig. Sie suchten nach einer Möglichkeit, ihn zu verhaften, aber sie hatten Angst vor der Menge, denn die meisten hielten ihn für einen Propheten. Sie beobachteten Jesus genau und schickten Spione aus, die sich als aufrichtig ausgaben, um ihm eine Falle zu stellen und etwas zu finden, was er sagte, damit sie ihn dem römischen Statthalter ausliefern konnten. Diese Spione befragten ihn: „Lehrer, wir wissen, dass du redest und lehrst, was recht ist, dass du gerecht bist und den Weg Gottes lehrst. Ist es richtig, dass wir dem Cäsar Steuern zahlen oder nicht?"

Jesus durchschaute ihre schlaue Falle und fragte sie: „Zeig mir eine Münze. Wessen Bild und Inschrift sind darauf?" „Caesar's", antworteten sie.

Jesus sagte zu ihnen: „Gebt dem Kaiser, was dem Kaiser gehört, und gebt Gott, was Gott gehört". Erstaunt über seine Antwort schwiegen sie und waren nicht in der Lage, ihn bei irgendetwas, was er in der Öffentlichkeit sagte, in eine Falle zu locken.

Namen von Jesus

Die Menschen hatten viele Namen für Jesus. Viele Jahrhunderte lang wurden die Menschen durch ihre Familie identifiziert, und so kannten die Menschen ihn als Jesus, den Sohn von Josef und Maria. Im Alten Testament wurde der Messias mit vielen Namen bezeichnet, und während und nach seinem Wirken nannten die Menschen Jesus mit anderen Namen. Hier sind einige der Namen, mit denen man Jesus und den Messias bezeichnete:

Alpha und Omega	Die Tür	König der Könige
Auferstandener Herr	Die Wahrheit	Lamm Gottes, Lamm
Befürworter	Echte Rebe	Löwe des Stammes Juda
Bräutigam	Erlöser	Lehrer, Rabbiner
Brot des Lebens	Erlöser	Mächtiger Gott
Das Licht der Welt	Ewiger Vater	Menschensohn, der Sohn
Das Wort	Felsen	Messias/Christus
Der Weg	Fürst des Friedens, Fürst	Oberhaupt der Kirche
Der Allmächtige	Gott, Herr	Prophet
Die Auferstehung und das	Großer Hoher Priester	Richter
Leben	Guter Hirte	Wunderbare Beraterin

KAPITEL 17

---◆·◆·◆---

VERHAFTUNG, GERICHTSVERHANDLUNG UND HINRICHTUNG
Religiöse Führer eliminieren Jesus erfolgreich

Im dritten Jahr seines Dienstes begann Jesus häufiger über sein Dienersein und seinen eigenen Tod zu sprechen. Bis zu diesem Zeitpunkt war er vorsichtig gewesen, wenn er über seine Rolle in der Welt sprach. Er sprach oft von sich selbst als Menschensohn oder als „er" statt als „ich" und verwendete Symbole, wenn er über sich selbst sprach. So sagte er zum Beispiel: „Ich bin das Brot des Lebens; wer zu mir kommt, wird nicht hungern. Ich bin die Auferstehung und das Leben – wer an mich glaubt, wird leben, auch wenn er stirbt".

Er begrüßte es, wenn man ihn „Lehrer" und „Prophet" nannte, aber er brachte die Dämonen zum Schweigen, wenn sie sagten, er sei der Messias. Er vollbrachte in der Öffentlichkeit Wunder, die die Vorhersagen erfüllten, dass er der Messias, der von den Propheten erwähnte Dienerkönig, sein würde. Allerdings sagte er anderen, sie sollten nicht über die Wunder sprechen, die er für sie tat und die darauf hindeuteten, dass er der Messias war, und manchmal unternahm er nichts, weil es „nicht der richtige Zeitpunkt war".

Einige Juden wurden ungeduldig und wollten wissen, ob er der Messias sei. Er bezeichnete Gott als seinen Vater im Himmel und sprach über das Reich Gottes, das gekommen war. Einige hatten Ehrfurcht vor seiner Macht, aber die Dinge, die er sagte, waren so radikal anders, dass einige ihn steinigen wollten – es sei eine Sünde, zu behaupten, Gott zu sein. Für die religiösen Führer führte Jesus die Juden von der Wahrheit weg, und die Symbolik, die er benutzte, war für seine Jünger verwirrend.

Jesus sprach auch indirekt über seinen eigenen Tod und wie dieser zum ewigen Leben im Himmel führen würde. Er nannte sich zum Beispiel „der gute Hirte".

> Ich bin der gute Hirte und das Tor für die Schafe, die seine Stimme kennen und auf sie hören. Er kennt den Namen eines jeden und führt sie hinaus. Er geht vor ihnen her und sie folgen

ihm. Ich bin das Tor – wer durch mich hineingeht, wird gerettet und findet Weide. Ich bin gekommen, damit sie ein Leben in Fülle und Überfluss haben! Der gute Hirte gibt sein Leben für die Schafe hin. Ich habe andere Schafe, die nicht hier sind, und ich muss sie herbringen, weil sie auf meine Stimme hören werden. Es wird eine Herde und einen Hirten geben. Mein Vater liebt mich, weil ich mein Leben hingebe, nur um es wieder aufzunehmen. Niemand nimmt es mir weg – ich entscheide mich, es hinzulegen.

Nachdem Jesus Lazarus von den Toten auferweckt hatte, erzählten einige Juden den Pharisäern, was Jesus getan hatte. Die Hohenpriester und Pharisäer beriefen eine Versammlung aller religiösen Führer ein und berieten, was sie tun sollten. „Dieser Mann tut viele Zeichen, und wenn wir ihn weitermachen lassen, werden alle an ihn glauben. Dann werden die Römer sowohl unseren Tempel als auch unser Land wegnehmen". Der Hohepriester sagte: „Es ist besser, wenn ein Mann für das Volk stirbt, als dass das ganze Volk untergeht". Von diesem Tag an schmiedeten sie alle Pläne, um Jesus zu verhaften und zu töten.

Jesus zieht in Jerusalem ein

Die Zeit von Jesus war gekommen. Er ging mit seinen Jüngern und anderen Anhängern nach Jerusalem, um dort das Passahfest im Frühjahr zu feiern. Bevor er in die Stadt einzog, schickte er zwei Jünger los, um einen Esel und sein Fohlen zu holen. Damit erfüllte sich, was der Prophet Zacharias über den Messias geschrieben hatte: „Euer König kommt zu euch, sanftmütig und reitet auf einem Fohlen, dem Fohlen eines Esels".

Die Jünger brachten ihm den Esel und das Fohlen und legten ihm ihre Mäntel an, damit Jesus darauf sitzen konnte. Eine große Menschenmenge breitete ihre Mäntel auf der Straße aus, als er in die Stadt kam, und andere schnitten Zweige von den Bäumen und streuten sie auf die Straße. Die Menschen am Straßenrand riefen: „Hosianna dem Sohn Davids! Gesegnet sei, der da kommt im Namen des Herrn!"

Die ganze Stadt war erregt, und die Leute fragten, wer die Aufregung verursachte. Die Leute sagten, es sei Jesus, der Prophet aus Nazareth. Er ging wieder in den Tempel und trieb alle hinaus, die dort kauften und verkauften.

Die letzte Mahlzeit mit den Jüngern

Am Donnerstagabend vor dem Passahfest wusste Jesus, dass es für ihn an der Zeit war, diese Welt zu verlassen und zu Gott in den Himmel zurückzukehren. Er versammelte die 12 Jünger im Obersaal des Hauses eines Freundes zum Abendmahl.

Während der Mahlzeit stand Jesus auf und zog sein Gewand aus. Er wickelte ein Handtuch um seine Taille und goss Wasser in eine große Schüssel. Er begann, seinen Jüngern die Füße zu waschen und sie mit dem Handtuch abzutrocknen. Simon Petrus fragte, warum Jesus ihm die Füße waschen würde, und sagte, dass Jesus ihm niemals die Füße waschen sollte. Aber Jesus sagte: „Ihr gehört nicht zu mir, wenn ich euch nicht die Füße wasche".

Nachdem Jesus ihnen allen die Füße gewaschen und abgetrocknet hatte, kehrte er zum Tisch zurück. Er fragte die Männer: „Versteht ihr, was ich für euch getan habe? Ihr nennt mich ‚Lehrer' und ‚Herr', was beides richtig ist. Aber ich habe euch die Füße gewaschen, um euch ein Beispiel zu geben, damit ihr tut, was ich für euch getan habe".

Während sie noch aßen, reichte Jesus einen Laib Brot herum, damit jeder ein Stück davon haben konnte. Nachdem er einen Segen gesprochen hatte, nahm er das Brot und sagte: „Das ist mein Leib, der für euch hingegeben wird. Esst davon und denkt an mich". Nachdem sie gemeinsam das Brot gegessen hatten, reichte Jesus einen Becher mit Wein herum und sagte: „Trinkt alle aus diesem Becher. Das ist mein Blut, das ist der neue Bund, der für viele Menschen vergossen wird zur Vergebung aller ihrer Sünden". (Dieses "Mahl" wurde als Abendmahl bekannt.)

Während des restlichen Essens begannen die Jünger untereinander zu diskutieren, wer die verschiedenen Machtpositionen unter Jesus einnehmen würde, wenn er König würde. Jakobus und Johannes hielten sich für die Besten und baten Jesus, sie an beiden Seiten seines Throns sitzen zu lassen. Die anderen wurden wütend, als sie hörten, worum Jakobus und Johannes gebeten hatten.

Jesus rief sie zusammen und sagte: „Die römischen Machthaber sind sehr stolz und zeigen gerne ihre Macht über alle Juden. Aber ihr solltet euch nicht so verhalten. Wer unter euch groß sein will, muss euer Diener sein, und wer der Erste sein will, muss der Sklave aller sein. Denn auch der Menschensohn ist nicht gekommen, um sich bedienen zu lassen, sondern um zu dienen und sein Leben für viele hinzugeben".

Jesus sagt seinen Verrat voraus

Dann sagte Jesus, dass einer von ihnen ihn verraten würde. Seine Jünger waren fassungslos und starrten sich gegenseitig an. Johannes, der neben Jesus saß, fragte ihn leise, wer der Verräter sei. Jesus antwortete leise, dass es derjenige sei, dem er ein Stück Brot geben würde, nachdem er es in die gemeinsame Schüssel getaucht hatte. Dann gab er Judas Iskariot ein Stück Brot. Sobald Judas das Brot genommen hatte, sagte Jesus ihm, er solle gehen und tun, was er vorhabe.

Keiner der anderen Jünger wusste, was vor sich ging. Judas war für das Geld der Jünger zuständig, und so dachten einige von ihnen, er wolle etwas für das Fest kaufen oder den Armen Geld geben. Aber in Wirklichkeit hatte Judas eine Abmachung mit den Pharisäern getroffen, um Jesus in dieser Nacht verhaften zu lassen, wenn die Menschenmenge nicht anwesend war. Er bot an, Jesus für 30 Silberstücke zu identifizieren.

Jesus gibt einen neuen Befehl und sagt Petrus' Verleugnung voraus

Nachdem Judas gegangen war, sagte Jesus zu den anderen: „Ich werde nicht mehr lange bei euch sein. Der Menschensohn wird ausgeliefert werden, um getötet zu werden. Ihr könnt nicht dorthin kommen, wohin ich gehe. Aber wenn ihr mich liebt, haltet meine Gebote. Und jetzt gebe ich euch ein neues Gebot: Liebt einander so, wie ich euch geliebt habe. An eurer Liebe füreinander werden die Menschen erkennen, dass ihr meine Jünger seid. Die größte Liebe ist es, sein Leben zu opfern, um andere zu retten".

Petrus fragte: „Herr, warum kann ich nicht mit dir gehen? Ich will mein Leben für dich hingeben".

Jesus antwortete: „Wirklich? Ich sage euch, heute Abend werdet ihr mich dreimal verleugnen, bevor der Hahn kräht! Ihr werdet mich alle verlassen, wie der Prophet Sacharja vorausgesagt hat, als er schrieb: ‚Ich werde den Hirten schlagen, und die Schafe der Herde werden sich zerstreuen.' Wenn ich aber aufgestanden bin, werde ich vor euch her nach Galiläa gehen".

Jesus tröstet seine Jünger

Jesus sprach weiter über seine Abreise. „Macht euch keine Sorgen. Ich werde euch einen Platz im Haus meines Vaters vorbereiten. Ich werde zurückkommen und euch zu mir holen".

Thomas sagte, dass sie nicht wüssten, wohin er gehe, und dass sie den Weg nicht kennen würden. Jesus antwortete ihm:

> Ich bin der Weg und die Wahrheit und das Leben. Niemand kommt zum Vater außer durch mich. Wenn ihr mich kennt, kennt ihr auch meinen Vater. Jeder, der mich gesehen hat, hat den Vater gesehen. Ich spreche die Worte des Vaters, der in mir lebt und der das Werk tut. Diejenigen, die an mich glauben, werden tun, was ich getan habe, und sie werden noch größere Dinge tun als diese, denn ich gehe zum Vater.

Gott wird dir den Geist geben, der dir hilft und für immer bei dir ist. Die Welt wird nichts von diesem unsichtbaren Geist verstehen, aber er wird in euch sein. Schon bald wird die Welt mich nicht mehr sehen, aber ich werde euch nicht als Waisen zurücklassen – ich werde zu euch kommen, und ihr werdet mich sehen. Weil ich lebe, werdet auch ihr leben. Der Geist wird euch alles lehren und euch an alles erinnern, was ich zu euch gesagt habe.

Ich bin der wahre Weinstock. Ihr seid die Reben, und Gott ist der Gärtner, der die toten Reben abschneidet und die lebendigen Reben beschneidet, damit sie mehr Frucht bringen. Keine Rebe kann von sich aus Früchte tragen; sie muss mit dem Weinstock verbunden bleiben. Ihr könnt keine Früchte tragen, wenn ihr nicht in meiner Nähe bleibt; ohne mich könnt ihr nichts tun. Bringt viel Frucht, um zu zeigen, dass ihr meine Jünger seid. Ich habe euch dazu auserwählt, Früchte zu bringen, die Bestand haben werden.

Wenn die Welt euch hasst, denkt daran, dass sie mich zuerst gehasst hat. Wenn die Welt mich verfolgt hat, wird sie auch euch verfolgen. Damit aber wird erfüllt, was in ihrem Gesetz geschrieben steht: „Sie haben mich ohne Grund gehasst". Ich lasse euch meinen Frieden. In dieser Welt werdet ihr Schwierigkeiten haben, aber lasst euch nicht entmutigen – ich habe die Welt überwunden!

Jesus sagte, dass Satan, der Fürst dieser Welt, hinter ihm her sei. Sie verließen alle den Obersaal und gingen zum Garten Gethsemane außerhalb der Stadtmauern.

Der Garten von Gethsemane

Als sie in den Garten kamen, war Jesus sehr traurig. Er bat seine Jünger, für ihn zu beten, während er mit Petrus, Jakobus und Johannes weiter in den Garten ging. Er sagte den drei Männern, sie sollten bei ihm bleiben und auf alles achten, was ihnen begegnen könnte. Dann ging er noch weiter in den Garten und betete zu Gott und sagte: „Wenn es möglich ist, nimm diesen Kelch von mir. Aber tu, was du tun musst, nicht was ich will".

Er kehrte mehrmals zu seinen drei Jüngern zurück, und jedes Mal schliefen sie und wachten nicht. Er sagte zu Petrus: „Könnt ihr nicht eine Stunde lang wachen? Wacht und betet, damit ihr nicht in Versuchung geratet. Der Geist ist willig, aber das Fleisch ist schwach".

Jedes Mal, wenn Jesus sich in den Garten zurückzog, um allein zu sein, betete er: „Vater, wenn dieser Kelch nicht von mir genommen werden kann, werde ich es tun". Schließlich kam er zu allen Jüngern zurück und sagte ihnen: „Die Stunde ist gekommen – der Menschensohn wird jetzt in die Hände der Sünder übergeben. Steht auf – hier kommt mein Verräter!"

Judas Iskariot war gerade mit Dienern der Hohenpriester und Ältesten des Volkes und vielen mit Schwertern und Knüppeln bewaffneten Männern aufgetaucht, weil sie einen Kampf erwarteten. Judas hatte verabredet, Jesus zu küssen, um zu signalisieren, wen sie gefangen nehmen sollten. Judas kam zu Jesus und küsste ihn mit der traditionellen Begrüßung für einen Rabbiner.

Die bewaffneten Männer packten Jesus dann. Petrus verteidigte ihn schnell – er zog sein Schwert und schnitt einem Diener des Hohenpriesters das Ohr ab.

Jesus sagte zu Petrus: „Leg dein Schwert weg. Diejenigen, die das Schwert benutzen, werden durch das Schwert sterben. Ich könnte meinen Vater anrufen, und er würde mir Engel schicken, die mich retten. Aber damit die Schrift erfüllt wird, muss dies geschehen".

Dann heilte Jesus das Ohr des Dieners und wandte sich an diejenigen, die gekommen waren, um ihn zu verhaften, und sagte: „Führe ich eine Rebellion an, so dass ihr Schwerter und Knüppel bringen müsst, um mich zu fangen? Ich saß im Tempel und lehrte, und ihr habt mich nicht verhaftet. Aber dies geschieht, um die Schriften der Propheten zu erfüllen". Als sie sahen, dass Jesus gefangen genommen worden war, gingen alle Jünger schnell und leise weg.

Jesus vor dem Sanhedrin

Es war mitten in der Nacht, und Jesus wurde zu allen Mitgliedern des Sanhedrins gebracht. Sie suchten nach stichhaltigen Beweisen gegen Jesus, um seine Hinrichtung zu rechtfertigen, aber es wurden keine Beweise vorgelegt. Schließlich sagten zwei Mitglieder, dass Jesus behauptete, er würde den Tempel Gottes zerstören und ihn in drei Tagen wieder aufbauen.

Der Hohepriester fragte Jesus, ob dies wahr sei, aber Jesus schwieg. Der Hohepriester fragte ihn: „Sag uns, ob du der Messias bist, der Sohn Gottes".

Jesus antwortete: „Ja, du hast es gesagt".

Als der Hohepriester das hörte, zerriss er seine Kleider und sagte: „Du hast Gott nicht respektiert! Wir brauchen keine weiteren Zeugen! Was sollen wir tun?"

Die anderen antworteten: „Er muss sterben!" Sie spuckten ihm ins Gesicht und schlugen ihn mit ihren Fäusten. Andere ohrfeigten und verspotteten ihn und sagten: „Weissage uns! Wer hat dich geschlagen?"

Judas sah, was geschah, und erkannte, dass er eine böse Tat begangen hatte. Er brachte die 30 Silberstücke zum Hohenpriester und sagte, dass er einen unschuldigen Mann verraten habe. Als die religiösen Führer sagten, es sei ihnen egal, warf Judas die Silbermünzen in den Tempel, verließ die Gegend und brachte sich um.

Die Hohenpriester sammelten die Münzen ein und kauften mit dem Geld ein Feld als Begräbnisstätte für Fremde. Der Prophet Jeremia hatte dies Jahrhunderte zuvor vorausgesagt, als er schrieb: „Sie nahmen die 30 Silberstücke und kauften damit ein Grabfeld für arme Leute".

Petrus war Jesus nach der Verhaftung im Garten aus der Ferne gefolgt. Er ging in den Hof des Hohenpriesters und setzte sich zu den Wachen, um zu sehen, was geschehen würde. Eine Dienerin kam zu ihm und sagte, er sei bei Jesus gewesen.

Petrus aber leugnete und ging hinaus zur Pforte des Hofes. Eine andere Magd sah ihn und erzählte den anderen, dass sie ihn mit Jesus gesehen hatte. Aber Petrus leugnete es wieder und schwor, dass er nicht wisse, wer Jesus sei.

Wenig später sagten die, die dort standen, zu Petrus: „Ich bin sicher, du bist einer von ihnen; dein galiläischer Akzent verrät dich". Petrus fluchte laut und schwor, dass er den Mann nicht kenne. Sogleich krähte ein Hahn. Da erinnerte sich Petrus daran, dass Jesus gesagt hatte, er würde Jesus dreimal verleugnen, bevor der Hahn krähte. Er ging weg und weinte bitterlich.

Jesus steht vor Pilatus

Am frühen Freitagmorgen schmiedeten die Hohenpriester und alle religiösen Führer Pläne, um Jesus von den Römern hinrichten zu lassen. Sie fesselten ihn und lieferten ihn an Pontius Pilatus, den Statthalter, aus. Pilatus fragte Jesus: „Bist du der König der Juden?"

„Ja, es ist so, wie du sagst", antwortete Jesus.

Pilatus fragte ihn: „Hörst du nicht die Anklage, die gegen dich erhoben wird?" Aber wieder antwortete Jesus nicht auf die Anklage. Pilatus war erstaunt, dass Jesus sich nicht verteidigte.

Bei diesem Fest war es üblich, dass der Statthalter einen von der Menge ausgewählten Gefangenen freiließ. Zu dieser Zeit wurde ein bekannter Revolutionär namens Barabbas gefangen gehalten, weil er bei einem Aufstand gegen die Römer jemanden getötet hatte. Als die Menge sich versammelte, fragte Pilatus sie: „Welchen von beiden soll ich euch freilassen? Barabbas oder Jesus, den man den Messias nennt?" Die Hohenpriester und die Ältesten überredeten die Menge, Barabbas zu fordern und Jesus hinrichten zu lassen. (Pilatus wusste, dass sie den Tod Jesu wollten, um ihre Macht zu sichern.)

Die Menge antwortete: „Barabbas".

Da fragte Pilatus: „Was soll ich mit Jesus tun, der der Messias genannt wird?"

Die Menge antwortete: „Kreuzige ihn!"

Pilatus fragte sich, warum die Menge den Tod Jesu wollte. Er sagte der Menge, sie solle sich selbst um ihn kümmern, aber die religiösen Führer sagten, sie dürften einen Menschen nicht zum Tode verurteilen. Die jüdischen Führer beharrten darauf: „Nach unserem Gesetz muss er sterben, weil er gesagt hat, er sei der Sohn Gottes".

Als Pilatus das hörte, bekam er Angst und ging in den Palast, um mit Jesus zu sprechen. Pilatus sagte Jesus, er habe die Macht, ihn entweder freizulassen oder zu kreuzigen. Jesus sagte: „Du hättest keine Macht über mich, wenn sie dir nicht von oben gegeben wäre".

Pilatus fragte Jesus, warum sein eigenes Volk ihn töten wollte. Jesus sagte: „Mein Reich ist nicht von dieser Welt. Ich bin geboren, um König

zu sein und der Welt die Wahrheit zu bringen".

Pilatus antwortete: „Was ist Wahrheit?"

Jesus antwortete nicht, und Pilatus wollte ihn freilassen, weil er nichts Unrechtes getan hatte. Aber die jüdischen Führer sagten, wenn er Jesus freiließe, sei er kein Freund des Kaisers – es gebe nur einen König, und jeder, der sich als König ausgibt, sei ein Gegner des Kaisers. Die Führer sagten auch, dass Jesus nicht ihrer Religion folgte – seine Lehren brachten die Menschen dazu, andere Dinge zu glauben. Sie hätten ihn nicht an Pilatus ausgeliefert, wenn er nicht etwas Falsches getan hätte.

Als Pilatus hörte, dass Jesus aus Galiläa stammte, schickte er ihn zum Verhör zu Herodes, dem Regierungsoberhaupt von Galiläa. Herodes war zum Passahfest in Jerusalem und freute sich, endlich Jesus zu treffen, der in ganz Palästina berühmt war. Aber Herodes konnte an Jesus nichts finden und schickte ihn zurück zu Pilatus.

Als Jesus zurückkehrte, wandte sich Pilatus erneut an die Menge und fragte: „Warum wollt ihr ihn kreuzigen lassen? Welches Verbrechen hat er begangen? Wir finden keine Schuld an ihm".

Aber die Menge rief immer wieder: „Kreuzige ihn!" Sie wollten, dass Jesus die Todesstrafe erleidet. Pilatus sagte zu ihnen: „Hier ist euer König".

Das Volk antwortete: „Wir haben keinen König außer Cäsar".

Pilatus war angewidert, wusch seine Hände vor der Menge und sagte: „Ich bin unschuldig am Tod dieses Mannes. Es ist eure Verantwortung!"

Das Volk antwortete: „Wir und unsere Kinder sind für seinen Tod verantwortlich".

Folter und Hinrichtung

Pilatus ließ daraufhin Barabbas frei, und die römischen Soldaten führten Jesus ab und folterten ihn. Sie umringten ihn, zogen ihm alle Kleider aus und legten ihm ein Gewand an. Sie flochten eine Krone aus langen Dornen zusammen und setzten sie ihm auf den Kopf. Sie machten sich über ihn lustig, spuckten ihn an, schlugen ihn und schlugen ihn immer wieder auf den Kopf, so dass die Dornen tief in seinen Kopf eindrangen. Sie zogen ihm das Gewand aus, legten ihm seine eigenen Kleider wieder an und führten ihn ab, um ihn brutal auszupeitschen.

Nachdem er ausgepeitscht worden war, musste Jesus ein großes Kreuz durch die Straßen tragen. Das Kreuz war bald zu schwer für ihn, so dass ein jüdischer Mann aus Afrika es den Rest des Weges trug. Eine große Anzahl von Menschen folgte ihnen, darunter auch Frauen, die laut nach ihm riefen.

Auf einem Hügel außerhalb der Stadtmauern, der Golgatha (*Schädelstätte*) heißt, wurde Jesus ans Kreuz genagelt. Zwei gewöhnliche Verbrecher wurden mit ihm gekreuzigt. Riesige Nägel wurden durch seine Hände und Füße getrieben, und das Kreuz wurde für alle sichtbar in die Höhe gehoben. Das Zeichen über seinem Kopf lautete: „JESUS VON NAZARETH, DER KÖNIG DER JUDEN", und es war in drei Sprachen geschrieben. Die Juden wollten, dass auf dem Zeichen steht, dass er *sagte,* er sei der König der Juden, aber Pilatus sagte, er habe geschrieben, was er wollte.

Es war gegen Mittag, als die drei Kreuze in den Boden gesteckt wurden. Während er am Kreuz hing, wurde Jesus eine Art Wein angeboten, aber er weigerte sich, ihn zu trinken. Die römischen Soldaten, die anwesend waren, verlangten seine Kleider, indem sie das Los warfen. (Damit erfüllte sich eine andere Vorhersage über den Messias.)

Einige von denen, die vorbeikamen, beschimpften ihn und sagten: „Du hast gesagt, du würdest den Tempel zerstören und ihn in drei Tagen wieder aufbauen – rette dich! Steig vom Kreuz herab, wenn du der Sohn Gottes bist!" Auch die religiösen Führer stiegen auf den Hügel und beschimpften ihn. Sie sagten zur Menge: „Er hat andere gerettet, aber sich selbst kann er nicht retten! Wenn er der König Israels ist, dann soll er jetzt vom Kreuz herabsteigen, und dann werden wir an ihn glauben. Er vertraut auf Gott.

Gott soll ihn jetzt retten, denn er hat gesagt, er sei der Sohn Gottes".

Einer der beiden Männer, die neben ihm gekreuzigt wurden, beschimpfte Jesus ebenfalls und sagte: „Bist du nicht der Messias? Rette dich und uns!" Aber der andere Verbrecher sagte: „Wir bekommen, was wir verdienen. Aber dieser Mann hat nichts Unrechtes getan". Dann wandte er sich an Jesus und sagte: „Denk an mich, wenn du in dein Reich kommst".

Jesus antwortete: „Wahrlich, heute wirst du mit mir im Paradies sein".

Viele seiner Anhänger sahen aus der Ferne zu. Einige erwarteten, dass ein Wunder geschehen würde. Seine Mutter, seine Tante Maria Magdalena und Johannes waren am Fuß des Kreuzes, und als Jesus dort hing, sagte er Johannes, er solle sich um seine Mutter kümmern. Er sagte auch zu Gott: „Vergib ihnen allen, denn sie wissen nicht, was sie tun".

Der Tod und das Begräbnis von Jesus

Nachdem die Kreuze in den Boden eingelassen worden waren, verdunkelte sich der Himmel für drei Stunden. Um drei Uhr nachmittags rief Jesus mit lauter Stimme: „Mein Gott, warum hast du mich verlassen?" Kurze Zeit später sagte er: „Es ist vollbracht. Gott, ich gebe dir meinen Geist".

Da bebte die Erde, der Himmel stürmte, und der dicke Vorhang des Tempels zerriss von oben nach unten in zwei Teile. Ein Wächter, der Jesus beobachtete, erschrak und rief aus: „Er war doch der Sohn Gottes!" Die Zuschauer weinten, als sie sahen, was geschah, und verließen die Szene sehr traurig.

Es war schon spät am Freitag, und die jüdischen Führer wollten nicht, dass die Leichen während des Sabbats hängen blieben. Sie baten Pilatus, ihnen die Beine zu brechen, damit die Männer schneller sterben und die Leichen abgenommen werden konnten. Die Soldaten brachen den beiden Männern, die mit Jesus gekreuzigt worden waren, die Beine, aber als sie zu Jesus kamen und sahen, dass er tot war, brachen sie ihm nicht die Beine. Stattdessen stach ein Soldat in die Seite Jesu, und es kam eine Mischung aus Blut und Wasser heraus (das zeigte an, dass er tot war). Damit erfüllten sich zwei Vorhersagen über den Messias: „Keines seiner Gebeine wird gebrochen werden" und „Sie werden den anschauen, den sie durchbohrt haben".

Als es Abend wurde, erhielt ein reicher Mann namens Josef aus Arimathäa die Erlaubnis, den Leichnam Jesu mitzunehmen. Nikodemus, der Mann, der Jesus in der Nacht besucht hatte, ging mit Josef, um den Leichnam in einem neuen Grab zu begraben, das in einer Felswand in einem Garten angelegt worden war. Nikodemus brachte eine Gewürzmischung mit, und die beiden wickelten den Leichnam Jesu mit den Gewürzen in Streifen aus sauberem Leinen ein. Das war die übliche Art und Weise, wie Juden ihre Toten bestatteten. Dann wälzten sie einen großen Stein vor den Eingang des Grabes und gingen weg, während Maria Magdalena und eine andere Maria am Grab saßen. Sie waren gekommen, um zu sehen, wo Jesus begraben war, damit sie nach dem Sabbat zurückkommen und den Leichnam salben konnten.

Zwischen dem letzten Mahl, das Jesus am Donnerstagabend mit seinen Jüngern eingenommen hatte, und dem Begräbnis Jesu waren weniger als 24 Stunden vergangen. Am Sabbat gingen die Hohenpriester und die Pharisäer erneut zu Pilatus. Sie erzählten ihm, dass Jesus gesagt hatte, er werde am dritten Tag von den Toten auferstehen. Um sicher zu gehen, dass die Jünger den Leichnam nicht stehlen und behaupten würden, er sei wieder lebendig, baten sie um römische Wachen zum Schutz des Grabes. Pilatus ordnete Wachen an, die dafür sorgen sollten, dass das Grab nicht gestört wurde, und ein Siegel wurde auf den Stein gelegt, um sicherzustellen, dass es geschlossen blieb. Dann bewachten Soldaten das Grab. Während dies geschah, hielten die Juden den Sabbat ein, während Jesus tot in dem versiegelten Grab lag. Er war 33 Jahre alt, als er starb, und sein Wirken hatte nur drei Jahre gedauert.

KAPITEL 18

LEBEN NACH DEM TOD
Jesus kehrt aus dem Grab zurück

Am Sonntagmorgen vor Sonnenaufgang gingen mehrere Frauen zum Grab, um den Leichnam Jesu mit Spezereien zu bedecken. Es waren etwa 40 Stunden vergangen, seit er am Freitagnachmittag gestorben war, und sie fragten sich, wie sie den Stein wegrollen sollten. Doch als sie zum Grab kamen, war der Stein bereits weggerollt. Sie betraten das Grab, fanden aber den Leichnam nicht. Am frühen Morgen hatte es ein Erdbeben gegeben, und ein Engel hatte den Stein weggerollt. Die Wächter hatten solche Angst vor dem Engel, dass sie davonliefen.

Als die Frauen sich fragten, was geschehen war, kamen zwei Männer in hellen Kleidern in das Grab. Als die erschrockenen Frauen sich vor ihnen verneigten, sagten die Engel: „Warum sucht ihr den Lebenden bei den Toten? Jesus ist nicht hier; er ist auferstanden! Denkt daran, was er euch in Galiläa gesagt hat: ‚Der Menschensohn muss in die Hände von Sündern überliefert, gekreuzigt und am dritten Tag auferweckt werden.‘" Da erinnerten sie sich an das, was er gesagt hatte.

Maria Magdalena war eine der Frauen, die zum Grab kamen, und sie begann zu weinen, als sie sich fragte, wo Jesus sei. Ein Mann kam zu ihr und fragte sie, warum sie weinte. Sie sagte dem Mann: „Sie haben meinen Herrn weggenommen, und ich weiß nicht, wo er ist". Sie dachte, sie spreche mit dem Gärtner und wusste nicht, dass es Jesus war. Sie sagte: „Herr, wenn ihr ihn weggebracht habt, dann sagt mir, wo ihr ihn hingelegt habt, und ich werde zu ihm gehen".

Dann sagte Jesus: „Maria", und sie erkannte seine Stimme. Sie schrie auf und umarmte ihn leidenschaftlich, und sie wusste, dass er kein Geist war. Jesus sagte ihr, sie solle den Jüngern sagen, dass er am Leben sei und sie in Galiläa besuchen werde.

Die Frauen liefen zu den 11 Jüngern, um ihnen zu sagen, dass Jesus lebt, und Maria sagte, sie habe ihn gesehen. Die Jünger glaubten den Frauen nicht – was sie sagten, ergab keinen Sinn. Petrus und Johannes liefen zum Grab und gingen hinein. Sie sahen nur die Leinenstreifen liegen, aber sie sahen Jesus nicht und wussten daher nicht, was geschehen war.

Mehrere römische Wachen informierten die religiösen Führer über den Vorfall. Die Hohenpriester und Ältesten gaben den Soldaten ein hohes Bestechungsgeld und sagten ihnen, sie sollten sagen, die Jünger seien in der Nacht gekommen und hätten den Leichnam gestohlen, während sie schliefen. Da römische Soldaten hingerichtet wurden, wenn man sie beim Schlafen erwischte oder wenn sie ihren Posten verließen, versprachen die jüdischen Führer, den Statthalter zu bestechen, wenn er davon erfährt. Die Soldaten nahmen das Geld und taten, wie ihnen geheißen, und die Geschichte, wie die Jünger den Leichnam gestohlen hatten, verbreitete sich unter den Juden.

Sichtungen von Jesus

Der Weg nach Emmaus

Später an diesem Tag gingen zwei Männer, die Jesus gefolgt waren, nach Emmaus, einem Dorf sieben Meilen von Jerusalem entfernt. Als sie darüber sprachen, was geschehen war, kam Jesus auf sie zu und ging mit ihnen. Sie erkannten ihn nicht, und Jesus fragte: „Wovon redet ihr?" Sie blieben stehen und blickten mit traurigen Gesichtern zu Boden. Einer von ihnen sagte: „Bist du der Einzige, der nicht weiß, was in den letzten Tagen in Jerusalem passiert ist?"

Jesus fragte: „Welche Dinge?"

Sie antworteten: „Die Hohenpriester und unsere Machthaber haben Jesus von Nazareth von den Römern töten lassen. Er war ein mächtiger Prophet für Gott und das Volk, und wir alle hofften, dass er derjenige war, der Israel retten würde. Und wir haben gerade gehört, dass an diesem dritten Tag nach seiner Ermordung einige Frauen sagten, sie seien zum Grab gegangen, hätten aber seinen Leichnam nicht gefunden. Sie sagten, sie hätten Engel gesehen, die sagten, er sei am Leben. Einige unserer Freunde gingen zum Grab und fanden es ebenfalls leer".

Jesus sagte zu ihnen: „Erinnert ihr euch daran, was die Propheten gesagt haben, dass der Messias diese Dinge erleiden muss, bevor er in seine Herrlichkeit kommt?" Und er begann zu erklären, was die ganze Schrift über ihn sagt, bis hin zu Mose und allen Propheten.

Als sie nach Emmaus kamen, blieb Jesus auf der Hauptstraße, aber die beiden Männer drängten ihn, bei ihnen zu bleiben, weil es schon dunkel wurde.

Jesus ging mit ihnen, und als sie zu essen begannen, nahm er das Brot, dankte, brach es und gab es ihnen. Sie sahen seine verwundeten Hände und erkannten, wer er war.

Doch plötzlich war er weg. Sie erzählten einander, wie inspiriert sie sich fühlten, als sie mit ihm spazieren gingen und er ihnen die Schriften erklärte. Sofort standen sie auf und gingen zurück nach Jerusalem. Sie fanden 10 Jünger (Thomas war nicht dabei) und sagten, sie hätten Jesus gesehen! Sie erzählten, was auf dem Weg passiert war und wie sie ihn erkannten, als er mit ihnen das Brot brach.

Jesus erscheint den Jüngern

In dieser Nacht versteckten sich die Jünger bei verschlossenen Türen, weil sie fürchteten, die jüdischen Führer würden sie ebenfalls verfolgen. Jesus kam, stellte sich mitten unter sie und sagte: „Friede sei mit euch!" Sie waren überrascht und hatten Angst und dachten, sie sähen einen Geist. Aber Jesus sagte ihnen: „Fürchtet euch nicht und zweifelt nicht. Seht meine Hände und meine Füße an. Ich bin es! Berührt mich – ein Geist hat kein Fleisch und keine Knochen".

Er zeigte ihnen seine Hände und Füße und bat sie um etwas zu essen. Er aß vor ihren Augen ein Stück gekochten Fisch. Er erklärte ihnen die Heilige Schrift, damit sie sahen, dass alles einen Sinn hatte, da sie nun wussten, dass er der Messias, der Christus, war:

> Das ist es, was ich euch vorhin gesagt habe: Es muss alles erfüllt werden, was in den Schriften über mich geschrieben steht. Der Messias musste leiden und sterben, aber er wird am dritten Tag von den Toten auferstehen, damit die ganze Welt, angefangen in Jerusalem, erfährt, dass denen, die Buße tun, ihre Sünden vergeben werden. Du hast diese Dinge miterlebt. Ich werde dir den Geist Gottes senden.

Thomas war nicht bei den Jüngern, und die anderen Jünger sagten ihm später: „Wir haben den Herrn gesehen!" Aber Thomas hat ihnen nicht geglaubt. Er sagte: „Ich glaube euch erst, wenn ich die Spuren der Nägel in seinen Händen sehe, meinen Finger dorthin lege, wo die Nägel waren, und meine Hand in seine Seite stecke".

Eine Woche später waren alle 11 Jünger wieder in dem Haus. Die Türen waren verschlossen, aber Jesus kam und stand bei ihnen und sagte: „Friede sei mit euch!" Er wandte sich an Thomas und sagte: „Leg deinen Finger hierher, sieh meine Hände. Streck deine Hand aus und lege sie in meine Seite. Hör auf zu zweifeln und glaube".

Thomas rief aus: „Mein Herr und mein Gott!"

Jesus antwortete: „Ihr glaubt, weil ihr mich gesehen habt; selig sind die, die mich nicht gesehen haben und trotzdem glauben".

Jesus erscheint in Galiläa

Jesus erschien einigen seiner Jünger erneut am See Genezareth. Sie hatten in der Nacht mit Petrus' Boot gefischt, aber nichts gefangen. Früh am Morgen stand Jesus am Ufer, aber die Jünger erkannten ihn nicht. Er rief mit lauter Stimme und fragte sie, ob sie Fische gefangen hätten. Sie sagten, sie hätten nichts gefangen.

Jesus sagte ihnen, sie sollten das Netz auf der anderen Seite des Bootes auswerfen, und als sie das taten, fingen sie so viele Fische, dass sie das Netz nicht einholen konnten.

Johannes sagte Petrus, dass es Jesus sei! Als Petrus das hörte, sprang er ins Wasser und ging an Land. Die anderen Jünger kamen mit dem Boot ans Ufer und zogen das Netz mit den Fischen aus etwa 300 Fuß Entfernung heran. Als sie an Land gingen, forderte Jesus sie auf, zum Frühstück zu kommen und etwas von dem Fisch mitzubringen, den sie gerade gefangen hatten. Sie wussten, dass es Jesus war, besonders nachdem Jesus ihnen Brot und Fisch gegeben hatte. Es war das dritte Mal, dass Jesus seinen Jüngern erschien, nachdem er wieder zum Leben erwacht war.

Jesus setzt Petrus wieder ein

Als sie mit dem Essen fertig waren, fragte Jesus Petrus: „Liebst du mich mehr als diese?" Petrus antwortete: „Ja, du weißt, dass ich dich liebe". Jesus sagte: „Weide meine Lämmer".

Jesus fragte ihn ein zweites Mal: „Petrus, hast du mich lieb?" Petrus antwortete wieder: „Ja, Herr, du weißt, dass ich dich liebe". Jesus sagte:

„Kümmere dich um meine Schafe".

Dann sagte Jesus zum dritten Mal zu Petrus: „Simon Petrus, Sohn des Johannes, liebst du mich?" Petrus war verletzt, weil Jesus ihn ein drittes Mal fragte. Er sagte: „Herr, du weißt alles; du weißt, dass ich dich liebe". Jesus sagte:

„Weide meine Schafe. Folge mir nach!" Petrus hatte Jesus dreimal verleugnet, aber nun hatte er dreimal seine Treue zu Jesus bekräftigt.

Abschließende Worte und Handlungen

Als die 11 Jünger in Galiläa waren, sagte Jesus zu ihnen: „Mir ist alle Macht im Himmel und auf Erden gegeben worden. Ich werde immer bei euch sein, auch wenn ihr sterbt. Geht nun und macht alle Völker zu Jüngern. Tauft sie und lehrt sie, alles zu befolgen, was ich euch gesagt habe". Dann gingen sie alle in ein Gebiet in der Nähe von Jerusalem. Die Jünger fragten Jesus, wann er das Reich Israel wiederherstellen werde. Er sagte ihnen: :Ihr könnt weder die Zeit noch den Tag wissen, das weiß nur Gott. Aber ihr werdet Kraft empfangen, wenn der Heilige Geist auf euch kommt, und ihr werdet meine Zeugen sein in Jerusalem, dann in Judäa und Samarien und dann in der ganzen Welt".

Dann hob Jesus seine Hände und segnete sie, und er stieg in die Wolken hinauf. Sie beobachteten ihn genau, als er aufstieg, und plötzlich standen zwei Männer in weißen Kleidern neben ihnen. Sie sagten zu den Männern: „Was steht ihr hier und schaut in den Himmel? Jesus ist in den Himmel gefahren und wird auf demselben Weg wiederkommen". Die Jünger beteten ihn an und kehrten dann voller Freude nach Jerusalem zurück. Es waren 40 Tage vergangen, seit Jesus von den Toten auferstanden war, und mehr als 500 Menschen hatten ihn gesehen.

Nachdem die Jünger nach Jerusalem in das Zimmer zurückgekehrt waren, in dem sie übernachtet hatten, stießen noch andere zu ihnen, darunter die Mutter Jesu und ihre vier anderen Söhne (Jakobus, Joses, Judas und Simon) sowie mehrere Frauen. Da Judas Iskariot tot war, sagte Petrus, dass er ersetzt werden sollte. Eine Bedingung, die sein Nachfolger erfüllen musste, war, dass er Jesus nach seiner Wiederauferstehung gesehen haben musste. Es wurden zwei Männer benannt, die während der gesamten Zeit seines Wirkens mit Jesus zusammen gewesen waren, von der Zeit Johannes des Täufers bis zu seiner Himmelfahrt. Schließlich wurde Matthias ausgewählt, um Judas Iskariot zu ersetzen.

Es waren etwa 120 Menschen, die Jesus treu gefolgt waren und glaubten, was er gesagt hatte. Sie waren entschlossen, seinem Beispiel zu folgen und Zeugen zu sein für das, was geschehen war und was Jesus gesagt hatte.

Jesus war nicht auf die übliche Weise als König gekommen. Sein Auftritt in einer kleinen Stadt in einer Scheune deutete seine Demut an. Er setzte seine ungewöhnlichen Kräfte nur selten ein, um anderen zu helfen. Er lebte das Dienen vor, indem er hauptsächlich zu den Juden sprach – sie waren Gottes Volk, hatten aber missverstanden, was Gott sie zu lehren versucht hatte. Jesu Handeln und Lehren zeigten auch, dass Gott alle Menschen annimmt, nicht nur die Juden. Seine Konzentration auf die Benachteiligten zeigte eine andere Prioritätensetzung, und seine Weigerung, sich den religiösen Regeln zu unterwerfen, demonstrierte eine neue Denkweise. Die Liebe war die höchste Priorität, nicht das Befolgen von Regeln. Die Liebe zu anderen heilt den Körper, den Geist und die Seele der Menschen; aufopfernde Liebe bringt Frieden in die Herzen der Menschen und Harmonie in unsere Beziehungen zueinander.

KAPITEL 19

---- •◆• ----

DIE APOSTEL REAGIEREN UND ZERSTREUEN SICH

Die Nachricht von Jesus verbreitet sich, während die Gläubigen verfolgt werden

Die Anhänger Jesu warteten in Jerusalem gemeinsam auf den Zeitpunkt, an dem sie den Geist Gottes empfangen würden. Während des jüdischen Schawuot-Festes (50 Tage nach Jesu Tod) waren sie in einem großen Haus versammelt. Plötzlich erfüllte ein Geräusch wie ein heftiger Wind das Haus, und etwas, das Feuerzungen ähnelte, berührte jeden von ihnen. Sie wurden alle mit dem Heiligen Geist erfüllt, und jeder begann in einer anderen Sprache zu sprechen. (Die Ankunft des Geistes wurde als „Pfingsten" bekannt.) Als sie in die Stadt gingen, waren die Juden, die aus Asien, Afrika und Europa gekommen waren, erstaunt zu hören, dass die Galiläer ihre Sprache sprachen und von den Wundern Gottes erzählten. Diejenigen, die die anderen Sprachen nicht kannten, machten sich über sie lustig, weil sie dachten, sie seien betrunken.

Petrus führt die wachsende Bewegung an

Petrus wendet sich an die Menge wie die 11 anderen Jünger, die ihn umgeben. Er sagte den Juden, dass diejenigen, die so redeten, wie es ihnen schien, nicht betrunken waren. Vielmehr erfüllten sie die Vorhersage des Propheten Joel, dass Gott den Geist über alle Menschen ausgießen würde, über Junge und Alte, Männer und Frauen. Petrus sagte es seinen Mitisraeliten:

> Jesus von Nazareth war ein Mann, der von Gott dazu bestimmt war, verschiedene Wunder und Zeichen zu tun. Es war Gottes Plan, dass er von bösen Menschen ausgeliefert wurde, um getötet zu werden, aber Gott hat ihn von den Toten auferweckt, weil es für den Tod unmöglich war, ihn zu halten. Gott versprach König David, dass einer seiner Nachkommen den Thron besteigen würde, der der Messias sein würde, der starb und wieder zum Leben erwachte. Wir alle sind Zeugen, dass er wieder zum Leben erwacht ist. Seien Sie sich dessen gewiss: Gott hat Jesus, den

ihr gekreuzigt habt, sowohl zum Herrn als auch zum Messias gemacht.

Die Menschen, die das hörten, fühlten sich überführt und fragten Petrus, was sie tun sollten. Petrus antwortete: „Tut Buße und lasst euch auf den Namen Jesu Christi taufen zur Vergebung eurer Sünden. Dann werdet auch ihr die Gabe des Heiligen Geistes empfangen. Rettet euch vor dieser verderbten Generation". Diejenigen, die seine Botschaft annahmen, ließen sich taufen, und etwa 3.000 Menschen schlossen sich an diesem Tag der Bewegung an.

Später gingen Petrus und Johannes zur Zeit des Gebets in den Tempel. Ein Mann, der von Geburt an lahm war, bettelte jeden Tag am Tempeltor um Geld. Petrus sagte: „Ich habe weder Silber noch Gold, aber was ich habe, gebe ich dir. Im Namen Jesu Christi von Nazareth kannst du gehen". Er nahm die Hand des Mannes und half ihm aufzustehen. Sofort wurden die Füße und Knöchel des Mannes stark. Er begann zu gehen und sprang bald darauf, während er Gott lobte.

Die Menschen in den Tempelhöfen erkannten ihn als den geheilten Mann, der am Tempeltor gebettelt hatte, und sie waren erstaunt, als sie sahen, dass er gehen und springen konnte. Die Leute liefen zu den Jüngern, und Petrus sagte: „Liebe Israeliten, es ist nicht unsere Kraft oder Frömmigkeit, die diesen Mann gehen lässt. Der Gott Abrahams, Isaaks und Jakobs hat seinen Knecht Jesus verherrlicht. Ihr habt ihn verleugnet, obwohl Pilatus ihn freilassen wollte. Ihr habt Jesus getötet, aber Gott hat ihn von den Toten auferweckt. Das haben wir miterlebt. Es war der Glaube dieses Mannes an den Namen Jesus, der ihn gehen ließ".

Petrus erklärte, wie die Propheten vorausgesagt hatten, dass der Messias leiden würde, und erinnerte sie an die Worte des Mose: „Der Herr wird einen Propheten aus eurem Volk erwecken, und ihr müsst auf alles hören, was er sagt. Jeder, der nicht auf ihn hört, wird ausgerottet werden".

Während Petrus und Johannes redeten, wurden sie von den religiösen Führern verhaftet und für die Nacht ins Gefängnis geworfen. Die Führer waren sehr zornig, weil die beiden Jünger lehrten, dass Jesus nach seinem Tod wieder auferstanden sei, und viele, die ihre Botschaft hörten, glaubten ihnen. Die Zahl der Gläubigen war auf etwa 5.000 Männer angewachsen (die Frauen nicht mitgerechnet).

Am nächsten Tag kamen alle Obersten, Ältesten, Schriftgelehrten und Hohepriester in Jerusalem zusammen und ließen Petrus und Johannes vorführen.

Sie fragten sie, wer ihnen die Vollmacht gegeben habe, diese Dinge zu sagen. Petrus wurde mit dem Heiligen Geist erfüllt und sagte es ihnen:

> Wenn wir heute hierher gerufen wurden, weil wir einem lahmen Mann einen Gefallen erwiesen haben, und gefragt werden, wie er geheilt wurde, dann soll das Volk Israel dies wissen: Im Namen Jesu Christi von Nazareth, den ihr gekreuzigt habt, den Gott aber von den Toten auferweckt hat, ist dieser Mann geheilt worden. Jesus ist derjenige, von dem der Psalmist sagte, er sei „der Stein, den ihr verworfen habt, der aber zum Eckstein geworden ist". Das Heil ist bei niemand anderem zu finden, denn es gibt keinen anderen Namen in dieser Welt, der einen Menschen retten kann.

Als die religiösen Führer erkannten, dass Petrus und Johannes Jünger Jesu waren, zogen sie sich zurück und trafen sich unter vier Augen, um das weitere Vorgehen zu besprechen. Alle in Jerusalem hatten erfahren, wie Petrus den Mann am Tempeltor geheilt hatte. Sie beschlossen, Petrus und Johannes zu befehlen, nicht mehr über Jesus zu lehren. Aber Petrus und Johannes sagten, sie könnten nicht aufhören, über das zu lehren, was sie gesehen und gehört hatten.

Nachdem Petrus und Johannes freigelassen worden waren, gingen sie hin und erzählten den anderen Jüngern, was die Hohenpriester und Ältesten gesagt hatten und wie Petrus vom Geist erfüllt worden war, als er sprach. Sie waren alle erstaunt und lobten Gott. Sie erkannten, dass die Drohungen gegen sie ihnen die Möglichkeit boten, mutig zu reden, weil der Geist für sie sprechen würde und Wunder geschehen könnten, wenn sie den Namen Jesu benutzten.

Die Apostel taten viele Zeichen und Wunder unter den Menschen. Die Gläubigen begannen, sich jeden Tag öffentlich im Tempelhof zu versammeln. Die Menschen legten die Kranken auf die Straße, damit der Schatten des Petrus auf sie fiel, wenn er vorbeikam, und die Menschen aus den umliegenden Städten brachten den Aposteln die Kranken und die von bösen Geistern Befallenen. Sie alle wurden geheilt. Die Gläubigen widmeten sich der Lehre der Apostel und der Gemeinschaft, dem Brechen des Brotes und dem Gebet. Sie aßen gerne und mit aufrichtigem Herzen zusammen, lobten Gott und erwarben sich einen guten Ruf. Jeden Tag schlossen sich mehr Männer und Frauen ihrer Bewegung an.

Alle Gläubigen teilten alles, was sie hatten, und niemand beanspruchte seinen Besitz für sich – es gab keine Bedürftigen unter ihnen. Gelegentlich verkauften diejenigen, die ein Grundstück oder ein Haus besaßen, diese, brachten das Geld und legten es den Aposteln zu Füßen, und es wurde an jeden verteilt, der es brauchte.

Ein Mann namens Ananias und seine Frau Sapphira verkauften ein Grundstück, aber er behielt heimlich einen Teil des Geldes für sich und gab den Rest den Aposteln. Petrus stellte ihn zur Rede, weil er über die Höhe des Geldes, das sie für den Verkauf des Grundstücks erhalten hatten, gelogen hatte. Als Ananias dies hörte, starb er auf der Stelle und wurde weggebracht. Ein paar Stunden später kam seine Frau zu den Aposteln, wusste aber nicht, was mit ihrem Mann geschehen war. Petrus fragte sie, wie viel Geld sie für den Verkauf des Landes bekommen hätten. Sie nannte den Preis, der dem Betrag entsprach, den Ananias den Aposteln gegeben hatte.

Petrus sagte zu ihr: „Warum hast du diese Lüge geplant? Die Männer, die gerade deinen Mann begraben haben, sind hier, und sie werden auch dich hinaus tragen". In diesem Augenblick fiel sie hin und starb. Diejenigen, die ihren Mann begraben hatten, trugen sie hinaus und begruben sie neben ihm. Alle, die hörten, was geschehen war, bekamen es mit der Angst zu tun.

Die Gläubigen werden verfolgt

Die religiösen Führer fühlten sich durch diese neue religiöse Bewegung bedroht und verhafteten die Apostel und sperrten sie ins Gefängnis. Doch in der Nacht öffnete ein Engel die Gefängnistüren. Die Apostel entkamen und kehrten am nächsten Morgen in den Tempel zurück, um weiter zu lehren.

Als sich die religiösen Führer versammelten, um die Apostel vorzuladen, fanden die Gefängniswärter ihre Zellen leer vor. Jemand sagte ihnen, dass die Apostel wieder im Tempel seien. Der Hauptmann der Tempelwache brachte die Apostel vor den Sanhedrin, um sie zu befragen. Der Hohepriester sagte: „Wir haben euch strikt befohlen, nicht über Jesus zu lehren, aber ihr fahrt mit eurer Lehre fort und behauptet, wir seien für seinen Tod verantwortlich".

Petrus antwortete: „Wir müssen Gott gehorchen, nicht menschlichen Befehlen. Ihr habt Jesus getötet, indem ihr ihn an ein Kreuz gehängt habt, aber der Gott unserer Vorfahren hat ihn von den Toten auferweckt. Gott hat ihn zum Fürsten und Retter erhoben, damit er Israel zur Umkehr bringt und uns die Sünden vergibt. Wir sind Zeugen dieser Dinge, und Gott hat denen, die ihm gehorchen, den Heiligen Geist gegeben".

Die Männer im Sanhedrin waren wütend auf Petrus und wollten sie alle töten. Aber ein Pharisäer namens Gamaliel, der einen guten Ruf hatte, ließ die Apostel aus dem Saal führen. Er wandte sich an die Zurückgebliebenen und sagte: „Überlegt euch gut, was ihr mit diesen Männern machen wollt. Ihr kennt zwei Männer, die Anhänger hatten und Rebellionen anführten, und sie wurden getötet. Ihre Anhänger zerstreuten sich und es kam nichts dabei heraus. Ich rate euch, diese Männer in Ruhe zu lassen und sie gehen zu lassen. Wenn ihre Handlungen nicht von Gott sind, werden sie scheitern. Wenn sie aber von Gott sind, werdet ihr sie nicht aufhalten können, weil ihr gegen Gott kämpfen würdet".

Seine Rede überzeugte die anderen Männer. Sie ließen die Apostel auspeitschen und befahlen ihnen, nicht über Jesus zu sprechen. Dann ließen sie die Apostel gehen. Die Apostel gingen und freuten sich, weil sie es für würdig befunden hatten, im Namen Jesu Schande zu erleiden. Tag für Tag lehrten sie weiter und verkündeten die gute Nachricht, dass Jesus der Messias ist.

Mehr Führungspersönlichkeiten werden gewählt

Als die Zahl der Jünger zunahm, beschwerten sich die griechisch sprechenden Juden, die Jesus folgten, darüber, dass die nur hebräisch sprechenden Juden ihre Witwen bei der täglichen Essensausgabe übersahen. Die 12 Apostel beschlossen, dass es nicht richtig wäre, wenn sie ihren Lehrauftrag vernachlässigen würden, um Essen zu verteilen. Sie sagten zu den anderen: „Brüder und Schwestern, wählt aus eurer Mitte sieben weise Männer aus, die dafür bekannt sind, dass sie voll von Gottes Geist sind. Sie sollen die Arbeit leiten, um den griechischsprachigen Juden zu helfen, die Hilfe brauchen. Auf diese Weise können wir uns auf das Gebet und die Lehre konzentrieren".

Diese Idee gefiel allen, und sie wählten sieben „Diakone", um die Hilfe für die anderen zu überwachen. Die Apostel predigten weiter, und das Wort Gottes breitete sich weiter aus. Die Zahl der Jünger in Jerusalem wuchs schnell, und auch eine große Zahl von Priestern wurde zu Nachfolgern Jesu.

Stephanus wird umgebracht

Stephanus war einer der Diakone und vollbrachte große Wunder und Zeichen unter dem Volk. Aber es regte sich Widerstand von den Führern der Synagogen, die den Juden in Afrika und Kleinasien dienten. Sie überredeten heimlich einige Männer zu der Behauptung, Stephanus habe Mose und Gott verunglimpft. Dies erzürnte verschiedene religiöse Führer, die Stephanus ergreifen und vor den Sanhedrin bringen ließen.

Der Hohepriester fragte Stephanus, ob die Anschuldigungen wahr seien. Stephanus hielt eine lange Rede darüber, wie Gott Abraham auserwählt hatte, Mesopotamien zu verlassen und sich in Kanaan niederzulassen, und er erklärte die gesamte Geschichte der Israeliten. Dies zeigte den religiösen Führern, dass er ein gebildeter und aufrichtiger religiöser Mann war. Aber er beschuldigte die religiösen Führer auch, genau wie ihre Vorfahren zu sein, die Gott und den Geist ablehnten. Sie waren für die Ermordung von Jesus, dem Messias, verantwortlich.

Als die Mitglieder des Sanhedrins dies hörten, wurden sie wütend und schrien ihn an. Stephanus wurde vom Geist erfüllt und blickte in den Himmel. Er sagte zu ihnen: „Ich kann in den Himmel sehen, und Jesus steht direkt neben Gott". Als die religiösen Führer dies hörten, hielten sie sich die Ohren zu, schrien ihn an und schleppten ihn aus der Stadt, wo sie ihn zu Tode steinigten. (Das war ein illegaler Akt – nur Römer durften einen Menschen hinrichten.[6]) Während Stephanus gesteinigt wurde, bat er Gott, es ihnen nicht übel zu nehmen. Er war der erste Nachfolger Jesu, der den Märtyrertod erlitt.

Die Gläubigen zerstreuen sich

Unmittelbar nachdem Stephanus gesteinigt worden war, wurden viele Anhänger Jesu in Jerusalem mit dem Tod bedroht. Die Gläubigen glaubten, dass Jesus sehr bald wiederkommen würde, um das Reich Gottes auf Erden zu errichten und ein politischer König zu sein, der sie von der römischen Unterdrückung befreien würde, deshalb waren sie alle in der Nähe von Jerusalem geblieben. Doch die Gefahr trieb sie aus der Gegend, und alle außer den Aposteln verstreuten sich in Judäa und Samarien.

Saul

Einer der Männer, die zusahen, wie Stephanus gesteinigt wurde, und seine Hinrichtung billigten, war ein Mann namens Saulus. Sein Vater war ein Pharisäer und er war in allen jüdischen Schriften gut ausgebildet. Er störte die Versammlungen der Gläubigen, indem er von Haus zu Haus ging und gläubige Männer und Frauen ins Gefängnis schleppte.

Saulus setzte seine Drohungen gegen alle Jünger des „Weges" fort, eine Bezeichnung für diese neue religiöse Bewegung, weil Jesus sagte, er sei „der

---

[6] Bei der Steinigung wurde eine Person in der Regel von einer kleinen Klippe gestürzt. Wenn die Person den Sturz überlebte, wurde ein großer Stein auf sie geworfen. Überlebte die Person dennoch, warfen andere Steine, bis die Person starb.

Weg, die Wahrheit und das Leben". Saulus ging zum Hohepriester, um Briefe zu erhalten, die er in die Synagogen von Damaskus bringen konnte, damit er, wenn er dort jemanden fand, der dem Weg angehörte, ihn als Gefangenen nach Jerusalem zurückbringen konnte.

Saulus erhielt die Briefe und machte sich auf den Weg nach Damaskus. Als er sich der Stadt näherte, blitzte plötzlich ein Licht vom Himmel um ihn herum auf. Er fiel zu Boden und hörte eine Stimme, die sagte: „Saulus, warum verfolgst du mich?"

Er fragte: „Wer sind Sie?"

Die Stimme sagte: „Ich bin Jesus, derjenige, den du verfolgst. Steh auf und geh nach Damaskus, dort wird man dir sagen, was du zu tun hast".

Die Männer, die mit Saul unterwegs waren, hörten die Stimme, aber sie sahen niemanden. Saul stand auf, aber er war nun blind. Die Männer, die mit ihm reisten, führten ihn nach Damaskus, und Saul aß und trank nichts mehr.

Ein Jünger in Damaskus namens Ananias hatte eine Vision, in der Gott ihm sagte, er solle zu einem Haus an der Hauptstraße der Stadt gehen. Er solle nach einem Mann namens Saulus fragen, der betete. Saulus hatte eine Vision, dass Ananias kommen würde, um sein Augenlicht wiederherzustellen.

Ananias war verängstigt. Er hatte viele Berichte über Saulus gehört und darüber, wie er die Anhänger Jesu jagte und sie verhaftete. Aber Gott sagte zu Ananias: „Geh! Ich habe diesen Mann auserwählt, mein Werkzeug zu sein, um den Heiden und den Menschen in Israel von mir zu predigen".

Nach drei Tagen kam Ananias zu dem Haus. Er legte Saulus die Hände auf und sagte ihm: „Jesus hat mir gesagt, dass ich kommen soll, damit du wieder sehen und mit dem Heiligen Geist erfüllt werden kannst". Sofort fiel es Saulus wie Schuppen von den Augen, und er konnte sehen. Er stand auf und ließ sich taufen. Seine Augen wurden buchstäblich und im übertragenen Sinne geöffnet: Er war nicht mehr blind, und er verstand nun, dass Jesus der Messias war.

Saulus verbrachte einige Tage mit den Jüngern des Weges in Damaskus. Er begann in den Synagogen zu predigen, dass Jesus der Messias und der Sohn Gottes sei. Alle, die ihn hörten, waren erstaunt und kannten seinen Ruf, die Gläubigen in Jerusalem zu bedrohen. Saulus wurde immer mächtiger und beeindruckte die in Damaskus lebenden Juden und bewies ihnen, dass Jesus der Messias war.

Schließlich schmiedeten die Juden in Damaskus einen Plan, um Saulus zu töten. Sie lauerten ihm am Stadttor auf, um ihn zu fangen, aber Saulus erfuhr von dem Plan. Er entkam aus der Stadt, als seine Anhänger ihn in der Nacht in einem Korb durch eine Öffnung in der Mauer hinabließen. Saulus ging in die Wüste und verbrachte später drei Jahre damit, sein Verständnis der heiligen Schriften mit dem, was er über Jesus gelernt hatte, zu verbinden.

Saulus kehrte schließlich nach Jerusalem zurück und versuchte, sich den Jüngern anzuschließen, aber sie fürchteten sich alle vor ihm – sie hielten es für einen Trick, mit dem er sie alle auf einmal gefangen nehmen wollte. Aber Barnabas erzählte den Aposteln, was mit Saulus geschehen war, als er nach Damaskus ging, und dass er nun furchtlos über Jesus predigte. Saulus blieb also bei ihnen und bewegte sich frei in Jerusalem, sprach mutig und diskutierte mit hellenistischen Juden. Diese Juden versuchten, ihn zu töten, aber er entkam und ging in sein Haus in Tarsus in Kleinasien (in der Nähe von Adana in der Türkei).

Philippus

Die Jünger predigten über Jesus, wo immer sie hinkamen. Philippus ging in eine Stadt in Samarien, und die Menschen hörten ihm aufmerksam zu und sahen, wie er Wunder tat. Er befreite die Menschen von ihren bösen Geistern und heilte viele Gelähmte und Lahme. Das brachte große Freude in das Volk, das die Juden verachteten.

Die Apostel in Jerusalem hörten, dass die Samariter das Wort Gottes angenommen hatten, und schickten Petrus und Johannes in diese Gegend. Als sie dort ankamen, legten sie ihnen die Hände auf, und sie empfingen den Geist. Nachdem Petrus und Johannes ihnen mehr über Jesus beigebracht hatten, predigten sie in vielen anderen samaritanischen Dörfern.

Ein Engel sagte Philippus, er solle auf der Wüstenstraße, die von Jerusalem nach Gaza führt, in den Süden reisen. Unterwegs traf er einen Beamten aus Äthiopien, der für das Geld seiner Königin zuständig war. Der Mann war in Jerusalem gewesen, um zu beten, und wollte nach Hause fahren. Als der Mann in seinem Wagen saß und das Buch des Propheten Jesaja las, sah Philippus den Wagen und fand heraus, was der Mann las. Philippus fragte ihn, ob er verstehe, was er da lese. Der Mann sagte, er würde es nur verstehen, wenn es ihm jemand erklären würde. Er lud Philippus in seinen Wagen ein, um ihm die Stelle aus Jesaja zu erklären, in der es heißt: „Er wurde wie ein Schaf zur Schlachtbank geführt; wie ein Lamm vor seinem Scherer schweigt er – er sprach nicht. Er wurde gedemütigt und der Gerechtigkeit beraubt, und sein Leben wurde von der Erde genommen".

Philippus erklärte, dass es in dem Text um Jesus ging, und erklärte, wer Jesus war und wie er die Vorhersagen Jesajas erfüllt hatte. Als sie die Straße entlang fuhren, kamen sie an ein Wasser. Der Beamte hielt seinen Wagen an und bat Philippus, ihn zu taufen. Daraufhin ging Philippus los und verkündete die gute Nachricht in vielen Städten, bis hin zur Hafenstadt Cäsarea in Phönizien.

Petrus geht weiter voran

In der Zwischenzeit reiste Petrus durch die Region, predigte und tat Wunder. In Lydda heilte er einen gelähmten Mann, der seit acht Jahren im Bett lag. In Joppe wurde eine Jüngerin namens Dorcas, die immer Gutes tat und den Armen half, krank und starb. Petrus erfuhr davon und ging nach Joppe. Als er dort ankam, traf er viele Menschen, denen Dorcas geholfen hatte. Er ging in das Zimmer, in dem sie tot war, und betete. Dann sagte er ihr, sie solle aufstehen, und sie öffnete ihre Augen und stand mit Petrus' Hilfe auf. Dann stellte er sie den Menschen vor, die ihren Tod betrauerten. Schnell sprach sich in der Stadt herum, was geschehen war, und viele Menschen kamen zum Glauben an Jesus.

Die Begegnung mit Kornelius

Ein römischer Hauptmann namens Kornelius lebte in Cäsarea, und seine ganze Familie war gottesfürchtig. Er betete regelmäßig zu Gott und gab großzügig an die Bedürftigen. Eines Tages begegnete ihm ein Engel, der ihm sagte, er solle einige Männer nach Joppe schicken und einen Mann namens Petrus zurückbringen, der im Haus eines Mannes namens Simon wohnte. Kornelius schickte zwei Diener und einen frommen Soldaten nach Joppe, um Petrus zu finden.

Während die Männer nach Joppe reisten, betete Petrus mittags und war hungrig. Während das Essen zubereitet wurde, verfiel er in Trance. Er sah ein großes Tuch, das an den vier Ecken vom Himmel herabhing. Darin befanden sich alle Arten von Tieren, auch Reptilien und Vögel, die als unrein galten. Eine Stimme befahl ihm, sie zu töten und zu essen.

Aber Petrus hatte noch nie etwas gegessen, was er nicht essen sollte. Während er also noch in Trance war, sagte er, er würde es nicht essen. Aber die Stimme sprach wieder: „Nenne nichts unrein, von dem Gott sagt, dass es rein ist". Dies geschah dreimal, und dann wurde das Tuch zurück in den Himmel gebracht, und er erwachte aus seiner Trance.

Während Petrus noch über die Bedeutung der Vision nachdachte, kamen die von Kornelius gesandten Männer an. Der Geist sagte Petrus, dass Männer nach ihm suchten, die von Gott zu ihm gesandt worden waren. Petrus begegnete den Männern und fragte sie, warum sie gekommen waren.

Die Männer erzählten Petrus von Kornelius, wer er war und welchen Ruf er hatte, und dass ein Engel ihm gesagt hatte, er solle sie schicken, um Petrus zu finden. Am nächsten Tag kehrten sie alle nach Cäsarea zurück, und einige Gläubige aus Joppe begleiteten sie. Als sie in Cäsarea ankamen, empfing Kornelius sie in seinem Haus, das voller Heiden war.

Petrus sagte zu allen: „Ihr wisst, dass es gegen unser Gesetz verstößt, wenn ein Jude mit einem Nichtjuden verkehrt oder ihn besucht. Aber Gott hat mir gezeigt, dass ich niemanden als unrein bezeichnen soll. Als ihr mich also gerufen habt, bin ich gekommen, ohne etwas dagegen zu sagen. Warum hast du mich gebeten zu kommen?"

Kornelius erzählte ihm von dem Gespräch mit dem Engel und dass er Petrus zu ihnen schicken sollte, aber er wusste nicht, warum. Petrus erkannte dann, warum er die Vision von der verbotenen Speise hatte. Er sagte der Menge: „Jetzt verstehe ich, dass Gott niemanden bevorzugt, sondern sich derer annimmt, die aus allen Völkern kommen und das Richtige tun. Gottes Botschaft wurde zuerst an die Israeliten gesandt, aber Jesus hat uns gelehrt, *allen zu* sagen, dass er derjenige ist, den Gott zum Richter über alle Menschen ernannt hat".

Noch während Petrus diese Worte sprach, kam der Heilige Geist auf alle Anwesenden. Die Juden, die mit Petrus gekommen waren, waren erstaunt, dass der Heilige Geist auch auf die Heiden gekommen war und dass auch sie in fremden Sprachen sprachen, während sie Gott priesen. Petrus befahl, dass sie alle auf den Namen Jesus getauft werden sollten.

Die Apostel und die Gläubigen in ganz Judäa hörten, dass die Heiden die gute Nachricht von Gott erhalten hatten. Als Petrus nach Jerusalem ging, kritisierten die jüdischen Gläubigen ihn dafür, dass er in das Haus eines Heiden ging und mit ihnen aß. Aber Petrus erzählte ihnen die ganze Geschichte, was in Joppe und Cäsarea geschehen war und was er in Trance gesehen hatte. Er erzählte, wie der Heilige Geist auf die Heiden kam, und erinnerte sie daran, dass Jesus gesagt hatte, sie sollten andere mit dem Heiligen Geist taufen. Er sagte den Zweiflern: „Wenn Gott den gläubigen Heiden denselben Geist gegeben hat, den wir empfangen haben, wer bin ich dann, dass ich mich Gott in den Weg stelle?" Nachdem sie dies gehört hatten, erhoben sie keine Einwände mehr und priesen Gott, als sie erkannten, dass sogar die Heiden gerettet werden konnten, indem sie um Vergebung ihrer Sünden baten.

Die Christen und die Kirche in Antiochia

Diejenigen, die durch die Verfolgung zerstreut worden waren, reisten bis nach Phönizien, Zypern und Antiochia und verbreiteten das Wort nur unter den Juden. Aber einige von ihnen gingen nach Antiochia und begannen, den Griechen von Jesus zu erzählen. Viele Menschen wurden gläubig, und die Zahl der Anhänger nahm weiter zu.

Die Nachricht davon erreichte die Menschen in Jerusalem, und sie schickten Barnabas nach Antiochia. Als er sah, was geschehen war, freute er sich und ermutigte sie alle, dem Herrn treu zu bleiben. Barnabas ging nach Tarsus, um Saulus zu suchen, und als er ihn fand, brachte er ihn zurück nach Antiochia. Barnabas und Saulus trafen sich ein Jahr lang mit den Anhängern in Antiochia, und die Jünger dort wurden zum ersten Mal „Christen" genannt. Gemeinsam waren sie als „Kirche" bekannt, der Begriff, den Jesus benutzte, als er Petrus sagte, dass er seine Jünger anführen würde.

KAPITEL 20

PAULS REISEN

Drei Reisen schaffen Kirchen in Kleinasien, Mazedonien und Griechenland

Die gute Nachricht von Jesus verbreitete sich in der ganzen Region. Man erzählte den Menschen, dass Jesus als dauerhaftes Opfer für die Sünden der ganzen Welt gestorben war, so dass jeder eine Beziehung zu einem lebendigen Gott haben konnte, wenn er es wollte. Ein Zeichen dafür, dass sie sich geändert hatten und Christen waren, war, dass sie sich taufen ließen und die Lehren Jesu befolgten, einschließlich der Nächstenliebe.

Petrus leitete die Unterweisung der Juden in Judäa und Samarien. Ein Christ namens Markus kam Petrus nahe und schrieb ein kurzes Buch über das Leben Jesu, das in das Neue Testament aufgenommen wurde. Zur gleichen Zeit wuchs die Gemeinde mit vielen Heiden in Antiochia unter der Leitung von Saulus, Barnabas und anderen. Saulus wurde Paulus genannt, sein griechischer Name.

Paulus und Barnabas reisen gemeinsam

Etwa 20 Jahre nachdem Jesus in den Himmel gefahren war und nachdem sie fünf Jahre in Antiochia verbracht hatten, unternahmen Paulus und Barnabas eine Reise, um anderswo zu predigen. Sie segelten zunächst nach Zypern, wo Paulus in den Synagogen predigte. Dann segelten sie nach Perga (in der Südtürkei) und reisten 100 Meilen nördlich nach dem pisidischen Antiochia in der galatischen Region von Kleinasien.

Sie gingen am Sabbat in die Synagoge, und als es Zeit für die Zuhörer war, zu sprechen, stand Paulus auf und sprach einige Minuten über die Geschichte der Israeliten, einschließlich der Prophezeiungen über den Messias. Dann sprach er über das Leben Jesu, dass er ein Nachkomme Davids und der Messias sei. Obwohl Jesus getötet worden war, wurde er wieder lebendig und lebte viele Tage lang, und viele Menschen sahen ihn. Was Gott ihren jüdischen Vorfahren versprochen hatte, war in Erfüllung gegangen: Durch Jesus wurden die Sünden vergeben, und durch ihn wurden alle, die ihm folgten, von jeder Sünde befreit, was nach den Gesetzen des Mose nicht möglich war.

Die Leute in der Synagoge luden Paulus und Barnabas ein, in der nächsten Woche wiederzukommen, und viele aus der Gemeinde folgten Paulus und Barnabas nach draußen und sprachen weiter mit ihnen. In der nächsten Woche versammelte sich fast die ganze Stadt, um sie sprechen zu hören. Als die religiösen Führer die Menschenmenge sahen, waren sie eifersüchtig und begannen, Paulus zur Rede zu stellen und ihn zu beschimpfen. Paulus und Barnabas antworteten mutig: „Wir mussten zuerst zu den Juden sprechen. Da ihr aber das, was wir gesagt haben, ablehnt und das ewige Leben nicht wollt, wenden wir uns jetzt an die Heiden. Der Herr hat uns gesagt, dass wir ein Licht für die Heiden sind, damit die ganze Welt gerettet werden kann". Die Heiden freuten sich, dies zu hören, und fühlten sich von Gott geehrt, und viele von ihnen wurden gläubig und wurden Christen. Doch die jüdischen Führer sorgten dafür, dass Paulus und Barnabas aus der Gegend vertrieben wurden. Als sie abreisten, schüttelten die beiden Männer den Staub von ihren Füßen, um sie zu warnen, und gingen nach Ikonium, einer 75 Meilen entfernten Stadt.

Predigt in Iconium, Lystra und Derbe

In Ikonium gingen Paulus und Barnabas wie üblich in die Synagoge und redeten so gut, dass viele Juden und Griechen glaubten. Aber wie in der Vergangenheit weigerten sich viele jüdische Führer zu glauben und brachten andere dazu, sie der Lüge zu bezichtigen. Paulus und Barnabas verbrachten viele Tage damit, mutig zu predigen und Wunder zu tun. Die Menschen in Ikonium waren gespalten – einige stellten sich auf die Seite der Juden, andere glaubten den beiden Aposteln. Es wurde ein Komplott geschmiedet, um die beiden Männer zu töten, aber sie erfuhren davon und entkamen nach Lystra, einer Stadt 20 Meilen entfernt.

Paulus und Barnabas verkündeten das Evangelium in Lystra und Umgebung. Sie trafen einen Mann, der von Geburt an lahm war und nie gehen konnte. Paulus sah den Mann an und sagte, sein Glaube habe ihn geheilt. Als er den Mann aufforderte, aufzustehen, sprang er auf und begann zu laufen.

Als die Menge sah, was Paulus tat, rief sie: „Die Götter sind in Menschengestalt zu uns gekommen!" Sie dachten, es seien die römischen Götter Zeus und Hermes. Aber die beiden Apostel riefen: „Freunde, wir sind Menschen wie ihr. Wir haben eine gute Nachricht: Wendet euch von diesen wertlosen Göttern ab und folgt dem lebendigen Gott, der den Himmel und die Erde, das Meer und alles darin gemacht hat. Bis jetzt hat Gott jeden seinen eigenen Weg gehen lassen, aber er hat sich trotzdem gütig gezeigt, indem er euch Regen und Getreide gegeben hat, damit ihr genug zu essen habt".

Juden, die aus dem pisidischen Antiochia und Ikonium gekommen waren, hetzten die Menge gegen sie auf. Sie steinigten Paulus und schleppten ihn aus der Stadt, weil sie dachten, er sei tot. Aber einige Jünger brachten ihn zurück in die Stadt. Am nächsten Tag reisten er und Barnabas nach Derbe, wo sie das Evangelium verkündeten und viele Menschen zum Glauben kamen. Dann kehrten sie den Weg zurück, den sie gekommen waren, und stärkten die Gläubigen in jeder Stadt.

Sie kehrten nach Perga zurück, segelten nach Antiochia und berichteten den Gläubigen dort, was auf ihrer Reise geschehen war. Sie waren zwei Jahre unterwegs gewesen, und die Christen freuten sich, dass noch mehr Heiden zu Jüngern geworden waren.

Das Konzil von Jerusalem

Nach der Rückkehr von Paulus und Barnabas kamen einige Jünger aus Judäa, um die Gemeinde in Antiochia zu besuchen. Sie hatten gelehrt, dass neue heidnische Gläubige beschnitten werden müssten, um gerettet zu werden, aber Paulus und Barnabas waren damit nicht einverstanden. Eine kleine Gruppe von Gemeindeleitern in Antiochia, darunter auch Paulus und Barnabas, machte sich auf den Weg zu den christlichen Leitern in Jerusalem, um diese Frage zu besprechen. Sie reisten durch Phönizien und Samarien und berichteten den Christen dort, wie die Heiden zum Glauben kamen. Diese Nachricht ermutigte die neuen Gläubigen dort.

Als die Gruppe in Jerusalem ankam, berichteten sie, was Gott durch sie getan hatte. Einige der Gläubigen, die Pharisäer waren, meinten, die Heiden müssten beschnitten werden, wie es die Gesetze des Mose vorschrieben. Alle diskutierten das Thema, und schließlich ergriff Petrus das Wort.

> Brüder, ihr wisst, dass Gott den Heiden erlaubt hat, Jünger zu werden und den Heiligen Geist zu empfangen. Gott kennt unser Herz und sieht keinen Unterschied zwischen Juden und Heiden: Wir können alle den Glauben haben. Warum sollten wir den Heiden weitere Anforderungen auferlegen, die wir nur schwer erfüllen können? Nein! Wir glauben, dass wir durch das freie

Geschenk von Jesus gerettet werden. Es ist nicht wichtig, wie wir aussehen; es ist das Herz, das zählt.

Die ganze Gruppe schwieg, als Paulus und Barnabas erzählten, was unter den Heiden geschah, die sie in Kleinasien getroffen hatten. Als sie zu Ende gesprochen hatten, stand Jakobus auf und sprach:

Petrus hat beschrieben, wie Gott zuerst gehandelt hat, um ein Volk zu erwählen, das sich von den Heiden unterscheidet. Amos schrieb: „Ich werde zurückkehren und das zerfallene Zelt Davids wieder aufbauen. Alle Völker der Welt werden den Herrn suchen, auch die Heiden". Deshalb sollten wir es den Heiden, die sich zu Gott bekehren, nicht schwer machen. Stattdessen sollten wir ihnen sagen, dass sie keine Götzenopfer essen, keine sexuelle Unzucht treiben, kein Fleisch von erwürgten Tieren essen und kein Blut trinken sollen.

Alle stimmten zu und schrieben einen Brief, der nur diese Anforderungen für die heidnischen Gläubigen in anderen Regionen auflistete.

Paul unternimmt eine weitere Reise

Einige Monate später kehrten Paulus und Barnabas in die Städte zurück, die sie in Kleinasien besucht hatten, um zu sehen, wie es in den Gemeinden aussah. Sie beschlossen, sich zu trennen: Barnabas nahm einen Mann namens Markus mit, der sie auf ihrer ersten Reise begleitet hatte, und Paulus nahm Silas mit, einen Mann, den er bei der Versammlung in Jerusalem kennen gelernt hatte.

Paulus und Silas reisten zurück nach Kleinasien und stärkten die Gemeinden auf ihrem Weg. Paulus lernte einen Jünger namens Timotheus kennen, dessen Mutter eine gläubige Jüdin war, dessen Vater aber Grieche war. Die Gläubigen in den Städten respektierten ihn, und Paulus lud ihn ein, sie auf ihrer Reise zu begleiten. Timotheus ließ sich beschneiden, um den Juden in der Gegend zu gefallen, und als sie von Stadt zu Stadt reisten, erzählten sie der Gemeinde, was die christlichen Führer in Jerusalem über die wenigen Dinge sagten, die sie tun mussten. Die Zahl der Gläubigen wuchs und ihr Glaube vertiefte sich.

Reisen nach Mazedonien

Als Paulus und Silas reisten, ließ der Heilige Geist sie einige Gegenden meiden. Sie landeten in der Hafenstadt Troas und trafen einen heidnischen Gläubigen namens Lukas, einen Arzt, der mit ihnen zu reisen begann. (Lukas schrieb zwei lange Berichte über die Ereignisse im Leben Jesu und über die Reisen, die Paulus unternahm. Diese Berichte sind im Neuen Testament enthalten.) In Troas hatte Paulus eine Vision von einem Mann aus Mazedonien (Nordgriechenland), der ihn anflehte, ihm zu helfen. Paulus hielt dies für einen Ruf Gottes, nach Mazedonien zu gehen, und so reisten die vier Männer (Paulus, Silas, Timotheus und Lukas) nach Philippi, einer römischen Kolonie und einer großen Stadt in Mazedonien.

In Philippi fanden sie einen Ort, an dem an einem Fluss gebetet wurde. Sie trafen eine Frau namens Lydia, die Besitzerin eines großen Unternehmens. Sie betete Gott an und reagierte auf Paulus' Botschaft über Jesus. Als sie und die Mitglieder ihres Haushalts getauft wurden, verbrachte sie mehr Zeit mit den Männern, um mehr über ihren neuen Glauben zu erfahren.

Paulus und Silas in einem philippinischen Gefängnis

Später trafen die Männer eine Sklavin, die Wahrsagerin war. Sie verdiente eine Menge Geld für ihre Besitzer und folgte den Männern viele Tage lang und rief: „Diese Männer sind Diener des höchsten Gottes und sagen den Menschen, wie sie gerettet werden können".

Paulus ärgerte sich so sehr über sie, dass er zu ihrem Geist sagte: „Im Namen Jesu Christi befehle ich dir, aus ihr herauszukommen!" Ein böser Geist verließ sie sofort.

Als die Besitzer merkten, dass ihre Einnahmequelle weg war, schleppten sie Paulus und Silas zu den örtlichen römischen Beamten. Sie sagten, die Männer seien Juden und hätten Probleme in der Stadt verursacht. Andere schlossen sich dem Angriff an, und die Beamten befahlen, die beiden Männer auszuziehen und zu schlagen. Anschließend wurden die beiden Männer in Ketten in eine Zelle tief im Inneren des Gefängnisses gelegt.

Paulus und Silas beteten und sangen Gott in der Nacht Hymnen, und andere Gefangene hörten ihnen zu. Plötzlich erschütterte ein heftiges Erdbeben das Gefängnis. Alle Gefängnistüren flogen auf, und die Ketten aller Gefangenen lösten sich. Der Gefängniswärter wachte auf, und als er sah, dass die Gefängnistüren offen standen, zog er sein Schwert, um sich zu töten, weil er dachte, die Gefangenen seien geflohen.

Aber Paul rief: „Tu dir nicht weh! Wir sind alle noch hier!" Der Kerkermeister stürzte herein und fragte Paulus und Silas, was er tun müsse, um gerettet zu werden. Sie sagten ihm: „Glaube an den Herrn Jesus, und du und dein Haus werden gerettet". Der Kerkermeister wusch ihnen die Wunden von den Schlägen ab, nahm sie mit in sein Haus und gab ihnen zu essen. Er und sein ganzes Haus ließen sich taufen und waren voller Freude, weil sie endlich alle an den wahren Gott glaubten.

Am nächsten Morgen ließen die Beamten Paulus und Silas frei. Der Kerkermeister sagte Paulus, dass sie in Frieden gehen könnten, aber Paulus erzählte den Beamten, dass sie ohne Gerichtsverfahren öffentlich geschlagen worden waren, obwohl sie römische Bürger waren, und ins Gefängnis gesteckt worden waren.

Als die Beamten hörten, dass Paulus und Silas römische Bürger waren, waren sie alarmiert und forderten sie auf, die Stadt zu verlassen. Aber stattdessen gingen Paulus und Silas zu Lydias Haus und wurden von anderen Christen, die dort waren, ermutigt.

In Thessaloniki und Beröa

Paulus, Silas und Timotheus verließen Philippi und reisten etwa 95 Meilen nach Thessaloniki, während Lukas in Philippi blieb. An drei aufeinander folgenden Sabbaten gingen sie in die Synagoge, um die Heilige Schrift zu erklären und zu beweisen, dass Jesus der Messias war. Einige der Juden und viele religiöse Griechen wurden Christen, darunter viele prominente Frauen.

Aber andere Juden waren eifersüchtig. Wie in anderen Städten auch, ließen sie böse Männer vom Markt einen Mob bilden und nach ihnen suchen. Der Mob ging zum Haus von Jason, wo die Apostel wohnten, aber sie waren nicht da. Da zerrte der Mob Jason und andere Gläubige aus dem Haus und sagte, sie würden leugnen, dass Cäsar der König sei. Als die Beamten der Stadt dies hörten, wurden alle Christen ins Gefängnis geworfen. (Sie wurden aber bald wieder freigelassen, nachdem sie eine Geldstrafe bezahlt hatten).

In dieser Nacht nahmen die Gläubigen die drei Apostel mit in die nahe gelegene Stadt Beröa, wo es eine weitere Synagoge gab. Die Juden in Beröa waren klüger als die Menschen in Thessaloniki, und sie hörten Paulus genauer zu und prüften sorgfältig die Heilige Schrift, um zu sehen, ob das, was Paulus sagte, wahr war. Das Ergebnis war, dass viele von ihnen gläubig wurden, ebenso wie viele griechische Männer und eine Reihe prominenter griechischer Frauen.

Aber als die Juden in Thessaloniki hörten, dass Paulus in Beröa predigte, gingen einige von ihnen nach Beröa und brachten die Menge dazu, sich gegen ihn zu wenden. Die Gläubigen schickten Paulus schnell weg, aber Silas und Timotheus blieben in Beröa. Paulus wurde nach Athen begleitet und sagte Silas und Timotheus, sie sollten sich ihm so bald wie möglich anschließen.

In Athen

Als Paulus in Athen war, ekelte er sich, als er sah, dass die Stadt voller Götzen war. Er predigte zunächst in der Synagoge und an anderen Tagen auf dem Markt. Eine Gruppe griechischer Philosophen begann, mit ihm zu diskutieren, und Paulus wurde eingeladen, seine Lehren auf einer Versammlung von Gebildeten zu erläutern, die zusammenkamen, um neue Ideen zu diskutieren.

Paulus trat vor sie hin und sagte: „Leute von Athen, ich sehe, ihr seid sehr religiös! Ich bin herumgelaufen und habe viele Objekte der Anbetung gesehen. Ich habe sogar einen Altar gefunden, auf dem stand: ‚AN EINEN UNBEKANNTEN GOTT.' Ihr kennt diesen Gott also nicht. Darüber werde ich jetzt sprechen".

Paulus argumentierte mit den griechischen Philosophen, erwähnte aber keine der hebräischen Schriften. Er sagte, dass der Gott, der die Welt und alles in ihr geschaffen hat, nicht in von Menschenhand errichteten Tempeln zu leben brauchte und nicht wie die von Menschen gemachten Gold- oder Silberbilder aussah. Während Gott diesen Mangel an Intelligenz übersehen hatte, befahl er nun allen Menschen, Buße zu tun, denn eines Tages würde Gott alle richten. Paulus versuchte, seine Zuhörer davon zu überzeugen, dass es nur einen wahren Gott gibt und nicht viele Götter. Als er die Auferstehung der Toten erwähnte, spotteten einige von ihnen, aber andere wollten mehr hören. Infolgedessen wurden einige der Menschen, die ihn hörten, gläubig.

In Korinth

Paulus verließ Athen und ging nach Korinth, einer 30 Meilen entfernten Hafenstadt, die für ihr unmoralisches Verhalten bekannt war. Er traf einen jüdischen Mann namens Aquila, der mit seiner Frau Priscilla vor kurzem aus Italien gekommen war, weil man allen Juden in Rom befohlen hatte, die Stadt zu verlassen. Paulus arbeitete und wohnte bei Aquila und Priscilla, die Zeltmacher waren. (Paulus verdiente dann Geld, um seine Reisekosten zu bezahlen, indem er Zelte herstellte und verkaufte). Paulus sprach jeden Sabbat in der Synagoge und versuchte, Juden und Griechen zu überzeugen, Christen zu werden. Als Silas und Timotheus aus Mazedonien ankamen, verbrachte Paulus seine ganze Zeit mit Predigen, und mehrere jüdische Führer kamen zum Glauben.

Eines Nachts hatte Paulus eine weitere Vision, in der Gott ihm sagte, dass er in Korinth bleiben solle und dass er dort in Sicherheit sei. So blieb er 18 Monate lang in Korinth und lehrte die neuen Gläubigen. Der römische Führer in der Stadt erlaubte Paulus zu predigen, so dass er vor den Juden sicher war, die ihn zum Schweigen bringen wollten.

Als es Zeit war, Korinth zu verlassen, segelten Paulus und die anderen über das Ägäische Meer nach Ephesus und nahmen Priscilla und Aquila mit. Paulus verbrachte einige Zeit in der Synagoge in Ephesus und sprach zu den Juden. Als sie ihn baten, länger zu bleiben, sagte er, er müsse abreisen, würde aber wiederkommen. Er ließ Aquila und Priscilla in Ephesus zurück und segelte zurück nach Cäsarea. Dann ging er nach Jerusalem, um den christlichen Führern Bericht zu erstatten.

Paul unternimmt eine dritte Reise

Später unternahm Paulus eine dritte Reise durch Kleinasien und besuchte viele Städte, um die Jünger zu stärken.

Ephesus

Paulus wollte unbedingt nach Ephesus zurückkehren, einer großen Stadt an der Westküste Kleinasiens. Priscilla und Aquila hatten dort gelehrt und waren froh, Paulus zu sehen. Sie erzählten ihm von einem jüdischen Gelehrten namens Apollos aus Ägypten, der dort gepredigt und sehr genau über Jesus gelehrt hatte. Priscilla und Aquila verbrachten Zeit damit, ihm zu helfen, seine Lehre zu verbessern und die Christen zu unterstützen. Als Paulus ankam, war Apollos schon fortgegangen, um in Griechenland zu predigen und zu lehren.

Als Paulus nach Ephesus kam, tat er, was er immer tat: Er ging in die Synagoge, um zuerst den Juden zu predigen. Drei Monate lang redete er mutig über das Reich Gottes. Aber einige der Juden glaubten nicht und sprachen gegen den Weg. Deshalb verließen Paulus und einige seiner Jünger die Synagogen und hielten zwei Jahre lang Vorträge in einem öffentlichen Saal. Jeder, der in dieser Region Asiens lebte, hörte die Botschaft des Paulus über den Herrn. Gott tat auch außergewöhnliche Wunder durch Paulus. Taschentücher und Schürzen, die ihn berührten, wurden zu den Kranken gebracht, und sie wurden geheilt, und die bösen Geister verließen sie.

Einige jüdische Männer versuchten, böse Geister mit dem Namen Jesus auszutreiben, als ob der Name eine Art Zauberwort wäre. Sie sagten: „Im Namen des Jesus, den Paulus predigt, befehle ich dir, herauszukommen". Eines Tages reagierte ein böser Geist auf ihren Befehl und sagte: „Ich kenne Jesus und Paulus, aber wer bist du?" Der Mann, der den bösen Geist hatte, stürzte sich auf sie und schlug sie alle so sehr, dass sie nackt und blutend aus dem Haus rannten.

Als die Juden und Griechen in Ephesus davon erfuhren, bekamen sie alle Angst. Viele der neuen Gläubigen bekannten offen ihre Sünden, und einige, die Magie praktizierten, verbrannten öffentlich ihre sehr seltenen und wertvollen Schriftrollen. Infolgedessen verbreitete sich die Nachricht von Jesus immer weiter.

Die Lehren des Paulus lösten auch eine Wirtschaftskrise in Ephesus aus. Ein Silberschmied, der Silberschreine für Artemis (die örtliche Fruchtbarkeitsgöttin) herstellte, brachte den Handwerkern in der Stadt ein großes Geschäft ein. Er rief die Arbeiter zusammen und teilte ihnen mit, dass die Lehren des Paulus ihnen einen großen Teil ihres Geschäfts entzogen hätten. Paulus hatte die ganze Provinz beeinflusst, indem er sagte, dass von Menschenhand geschaffene Götter gar keine Götter seien. Dies gefährdete ihre Berufe und brachte Artemis in Verruf. Die Handwerker waren wütend, als sie dies erkannten. Sie begannen zu rufen: „Groß ist die Artemis der Epheser!"

Bald war die ganze Stadt in Aufruhr und die Menschen strömten in ein riesiges Freilichttheater. Paulus wollte zu der Menge sprechen, aber die Jünger ließen ihn nicht. Einige Regierungsbeamte, die Paulus kannten, baten ihn, nicht in das Theater zu gehen.

Der Mob in dem überfüllten Theater war außer Kontrolle geraten. Tausende von Menschen waren dort und alle schrien, obwohl die meisten nicht einmal wussten, warum sie dort waren. Die Juden in der Menge drängten einen ihrer Anführer nach vorne, der um Ruhe bat, damit er zu der Menge sprechen konnte. Doch als die Menge erkannte, dass er ein Jude war, sangen sie fast zwei Stunden lang unisono und lautstark: „Groß ist Artemis von den Ephesern!"

Schließlich beruhigte der Stadtschreiber die Menge, indem er sie daran erinnerte, dass jeder wisse, dass Ephesus der Hüter des ArtemisTempels sei und ihr Bildnis vom Himmel gefallen sei. (Ein Meteorit, der einer Frau ähnelte, war dorthin gefallen.) Die Menschen sollten sich beruhigen und nichts Unüberlegtes tun. Alle Handwerker hätten das Recht, ihre Probleme vor Gericht zu bringen und könnten Anzeige erstatten. Nachdem der Beamte dies gesagt hatte, forderte er alle auf, wieder an die Arbeit zu gehen oder nach Hause zu fahren.

Weitere Reisen

Als der Aufruhr vorbei war, verließ Paulus Ephesus und ging mit einigen Jüngern nach Mazedonien und Griechenland. Er ermutigte die Menschen auf seinem Weg und blieb viele Monate in der Region. In einigen Städten schmiedeten die Juden ein Komplott gegen ihn, so dass er seine Pläne ändern musste. Er wurde von Gläubigen aus vielen Städten begleitet, in denen er gepredigt und gelehrt hatte. Er wollte nach Jerusalem zurückkehren und wusste nicht, was geschehen würde, wenn er zurückkehrte. Aber er war überzeugt, dass ihm Gefängnis und Not bevorstanden. Er wusste, dass er viele seiner Anhänger nie mehr wiedersehen würde. Er warnte sie, dass harte Zeiten und Irrlehrer auf sie zukommen würden, so dass sie auf der Hut sein müssten.

Die dritte Missionsreise des Paulus in diese Region dauerte mehr als drei Jahre. Anstatt den Menschen, die er besuchte, zur Last zu fallen, baute und verkaufte er Zelte, während er lehrte und diskutierte. Er lebte selbstbewusste Demut und Dienst vor, so wie Jesus es getan hatte. Er erinnerte die Jünger, die in der Region waren, an das, was Jesus gesagt hatte: „Es ist besser zu geben als zu nehmen". (Die Routen, die Paulus auf seinen Reisen zurücklegte, finden Sie in den Karten am Ende dieses Buches.)

KAPITEL 21

---•◆•---

VON JERUSALEM NACH ROM
Paulus nutzt seine Staatsbürgerschaft für eine weitere Reise

Als Paulus und seine Reisegefährten nach Palästina zurückkehrten, sagte ein Prophet aus Judäa, der Geist habe ihm geoffenbart, dass Paulus verhaftet und den Heiden in Jerusalem ausgeliefert werden würde. Alle versuchten, Paulus davon zu überzeugen, dass er nicht dorthin gehen sollte, aber er sagte, er sei bereit, verhaftet zu werden und sogar zu sterben, wenn es die christliche Bewegung voranbringen würde.

Als Paulus und seine Reisegefährten in Jerusalem ankamen, trafen sie sich mit den Gemeindeleitern und besprachen alles, was auf ihrer Reise geschehen war, einschließlich dessen, was Gott unter den Heiden getan hatte. Die Gemeindeleiter lobten Gott und erzählten Paulus, dass Tausende von Juden in Palästina gläubig geworden waren.

Paulus wird in Jerusalem verhaftet

Als Paulus in den Tempel ging, erkannten ihn einige Juden aus Asien und beschuldigten ihn der Irrlehre und der Zulassung von Griechen zum Tempel. Das stimmte zwar nicht, aber die Leute in der Stadt waren beunruhigt. Die Leute zerrten Paulus aus dem Tempel und versuchten, ihn zu töten. Der römische Befehlshaber erfuhr, dass Jerusalem in Aufruhr war, und schickte Soldaten, um die Menge zu beruhigen. Als die Unruhestifter die Soldaten sahen, hörten sie auf, Paulus zu schlagen.

Der Kommandant nahm Paulus fest, legte ihn in Ketten und fragte ihn, wer er sei und was er getan habe. Die Leute in der Menge schrien verschiedene Anschuldigungen, und der Kommandant konnte die Wahrheit nicht herausfinden. Paulus wurde in die Kaserne geschickt, und auf dem Weg dorthin wurde die Menge so wütend, dass Paulus von den Soldaten getragen werden musste.

Paulus fragte den Kommandanten, ob er zu der Menge sprechen dürfe. Der Kommandant hielt Paulus für einen ägyptischen Terroristen und war überrascht, dass er Griechisch sprach. Paulus sagte, er sei ein Jude aus Tarsus und erhielt die Erlaubnis, zu der Menge zu sprechen. Als er vor der Kaserne sprach, bat er um

Ruhe und begann auf Aramäisch zu sprechen, was die Menge noch mehr zum Schweigen brachte.

Paulus erklärte seinen Hintergrund und wie er die Schriften studiert hatte, während er in Jerusalem lebte. Er war Gott genauso treu ergeben wie sie und hatte die Anhänger des Weges verfolgt. Er erzählte der Menge, was ihm auf seiner Reise nach Damaskus widerfahren war. Als er der Menge erzählte, wie er zu den Heiden gesandt worden war, fingen die Leute wieder an, ihn anzuschreien und sagten, man solle ihn töten.

Da der Befehlshaber befürchtete, dass es wieder zu einem Aufstand kommen könnte, ließ er Paulus in die Kaserne bringen, damit er ausgepeitscht und verhört werden konnte. Als die Soldaten sich anschickten, ihn auszupeitschen, sagte Paulus zu dem führenden Soldaten: „Ist es rechtmäßig, einen römischen Bürger auszupeitschen, der noch nicht schuldig gesprochen wurde?"

Der Soldat ging sofort zum Kommandanten und sagte, Paulus sei ein römischer Bürger. Paulus wurde zum Kommandanten gebracht und erklärte, wie er als römischer Bürger geboren wurde. (Manche Menschen haben sich die römische Staatsbürgerschaft erkauft.) Der Kommandant war alarmiert und beendete sofort das Verhör.

Paulus wendet sich an den Sanhedrin

Der Kommandant wollte wissen, warum Paulus von den Juden angeklagt wurde. Er ließ Paulus frei und befahl dem Sanhedrin, sich zu versammeln, damit Paulus vor sie treten konnte. Paulus sprach zu ihnen und wusste, dass einige Sadduzäer und andere Pharisäer waren. Er begann mit den Worten: „Ich bin ein Pharisäer und stamme von Pharisäern ab. Ich stehe heute vor euch, weil ich an die Auferstehung der Toten glaube".

Als er dies sagte, brach ein Streit zwischen den Sadduzäern, die glaubten, dass es weder Auferstehung noch Engel noch Geister gibt, und den Pharisäern, die an diese Dinge glaubten, aus. Einige Pharisäer standen auf und behaupteten, Paulus habe nichts Falsches getan. Der Streit wurde so heftig, dass der Kommandant befürchtete, Paulus würde getötet werden. Er befahl den Soldaten, Paulus zurück in die Kaserne zu bringen.

Das Komplott, Paul zu töten

In dieser Nacht sagte der Geist zu Paulus: „Mach dir keine Sorgen! Wie du hier in Jerusalem über mich gesprochen hast, so musst du auch in Rom über mich aussagen". Inzwischen schmiedeten mehr als 40 Juden einen Plan, um Paulus zu töten. Am Morgen baten sie die Hohenpriester und die Ältesten, den Kommandanten zu bitten, Paulus erneut vor den Sanhedrin zu bringen, damit sein Fall ausführlicher verhandelt werden konnte. Die Juden planten, Paulus auf dem Weg zur Versammlung zu töten.

Doch Paulus erfuhr von dem Komplott und informierte den Kommandanten, der Paulus unter dem Schutz von 470 Soldaten zum Statthalter Felix nach Cäsarea schickte. Die Juden mussten nach Cäsarea gehen, um ihre Ermittlungen fortzusetzen.

Gerichtsprozesse vor römischen Beamten

Hochrangige Juden gingen nach Cäsarea und erhoben Anklage gegen Paulus. Ein jüdischer Anwalt sagte, Paulus sei ein Unruhestifter, der unter den Juden in der ganzen Welt Aufruhr verursache. Auch andere erhoben Anschuldigungen gegen Paulus.

Nachdem die Juden ihre Argumente vorgetragen hatten, war Paulus an der Reihe, zu sprechen. Er erzählte Felix, dass er in Jerusalem Gottesdienst feierte, aber mit niemandem im Tempel stritt und keine Probleme in der Stadt verursachte. Es gab keine Beweise für die Anschuldigungen der Juden, aber er gab zu, ein Anhänger des Weges zu sein. Felix war mit dem Weg vertraut und beendete das Verfahren. Er wollte, dass Paulus ihm ein Bestechungsgeld anbietet, aber Paulus sprach nur darüber, wie man richtig lebt. Felix ließ Paulus für zwei Jahre im Gefängnis. Paulus erhielt einige Freiheiten und durfte sich von seinen Freunden versorgen lassen.

Festus löste Felix ab und hörte sofort die Anschuldigungen gegen Paulus. Die Juden wollten, dass Paulus nach Jerusalem zurückgebracht wurde, um ihn auf dem Weg dorthin zu überfallen und zu töten. Aber Festus wollte, dass Paulus in Cäsarea vor Gericht gestellt wurde.

Als Festus den Fall anhörte, versuchten die Juden, Paulus einzuschüchtern, aber sie konnten keine ihrer Anschuldigungen beweisen. Paulus verteidigte sich und sagte, er habe kein jüdisches Gesetz verletzt und nichts gegen Cäsar getan. Festus fragte Paulus, ob er sich in Jerusalem vor Gericht verantworten wolle, aber Paulus legte Berufung ein, um seinen Fall von Cäsar verhandeln zu lassen. Festus teilte Paulus mit, dass sein Prozess in Rom stattfinden würde, da er sich an Cäsar gewandt habe.

Festus konsultiert König Agrippa

Als König Agrippa in Cäsarea eintraf, um Festus als neuen Statthalter zu empfangen, besprachen sie den Fall des Paulus. Der König sah Paulus am nächsten Tag vor vielen hochrangigen Militärs und mächtigen Männern der Stadt. Festus erzählte allen, dass die Juden Paulus, der unschuldig war, umbringen wollten.

Paulus erklärte allen, dass er ein Pharisäer sei und dass sich erfüllt habe, was Gott den Juden versprochen habe. Der Grund, warum die Juden gegen ihn waren, war, dass er glaubte, Jesus sei der Messias und von den Toten auferweckt worden. Zuvor hatte er sich der Bewegung des Weges widersetzt und die Jünger Jesu verhaften lassen, aber er war zu der Erkenntnis gelangt, dass alles, was über Jesus gesagt wurde, wahr war. Er beschrieb, was auf der Straße nach Damaskus geschehen war und dass Gott wollte, dass er nicht nur den Juden, sondern auch den Heiden predigte, „um ihnen die Augen zu öffnen und sie von der Finsternis zum Licht zu führen, von der Macht des Satans zu Gott, damit sie Vergebung der Sünden empfangen".

Der König war mit den jüdischen Bräuchen und Kontroversen gut vertraut und verstand daher, was Paulus sagte. Nachdem Paulus seine Rede beendet hatte, sagte der König zu Festus und den anderen, dass Paulus nichts Unrechtes getan habe. Wenn er sich nicht an den Kaiser gewandt hätte, wäre Paulus freigelassen worden.

Paulus segelt nach Rom

Paulus und einige andere Gefangene wurden einem römischen Militärkommandanten übergeben, um nach Italien zu segeln. Einige von Paulus' Freunden begleiteten ihn, darunter auch Lukas. Sie segelten in einer Richtung, um starke Winde zu vermeiden. Als die nördlichen Herbstwinde stärker wurden, warnte Paulus den Kommandanten, dass es gefährlich sei, weiterzufahren; das Schiff könnte zerstört werden. Doch der Kommandant folgte dem Rat des Kapitäns, dem das Schiff gehörte.

Da es an dieser Stelle keinen guten Hafen gab, den sie anlaufen konnten, fuhren sie weiter und hofften, einen sicheren Hafen in 50 Meilen Entfernung zu erreichen.

Aber der Wind drehte sehr stark und drückte das Schiff vom Ufer weg. Das Boot wurde durch den Wind und die Wellen so stark belastet, dass Seile um das Boot gewickelt wurden, um es zusammenzuhalten. Die Männer auf dem Schiff warfen die Ladung über Bord, um die Last zu erleichtern, während der Sturm tobte. Einige Tage später warf die Mannschaft die gesamte Segelausrüstung des Schiffes über Bord. Der Sturm hielt viele Tage lang an, und das Schiff trieb hilflos umher. Alle waren seekrank und konnten nicht essen, und alle dachten, sie würden alle sterben.

Paulus stand vor allen auf dem Schiff auf und sagte ihnen, sie sollten die Hoffnung nicht verlieren. Er sagte, ein Engel seines Gottes habe ihm gesagt, dass er sich vor dem Kaiser verantworten müsse und dass alle an Bord am Leben bleiben würden, auch wenn das Schiff zerstört würde, wenn es auf einer unbekannten Insel auf Grund liefe.

Das Schiff trieb weiter nach Westen über das Mittelmeer. Eines Nachts maßen die Matrosen die Tiefe des Meeres und es war in kurzer Zeit nicht mehr so tief. Um zu verhindern, dass sie auf die Felsen aufliefen, die sie noch nicht sehen konnten, warfen sie alle Anker aus dem hinteren Teil des Schiffes und beteten um Tageslicht. Einige Matrosen versuchten, mit dem Rettungsboot zu entkommen, aber Paulus sagte dem Kommandanten, dass alle auf dem Schiff bleiben müssten, damit alle überleben könnten. Diesmal hörte der Kommandant auf ihn, und die Soldaten kappten die Seile, die das Rettungsboot hielten, und ließen es abtreiben.

Kurz vor der Morgendämmerung forderte Paulus sie alle auf, etwas zu essen. Der Sturm hatte 14 Tage gedauert, und alle waren geschwächt, so dass sie ihre Kraft zum Überleben brauchten. Paulus nahm etwas Brot, dankte Gott vor allen und begann zu essen. Durch Paulus' Beispiel ermutigt, begannen auch die anderen zu essen. Es waren 276 Menschen auf dem Schiff, und jeder aß so viel, wie er wollte. Als sie fertig waren, warfen sie den Rest des Essens ins Meer, um das Schiff leichter zu machen.

Landung auf Malta

Als das Tageslicht kam, erkannte niemand das Land. Sie sahen eine Bucht mit einem Sandstrand und beschlossen, das Schiff an den Strand zu fahren. Sie lösten die Anker, hissten ein Segel und ließen sich auf den Strand treiben. Doch das Schiff stieß auf eine Sandbank und lief auf Grund. Der Bug blieb stecken, und die Brandung zerriss das Schiff in Stücke.

Die Soldaten wollten die Gefangenen töten, um sie am Wegschwimmen und an der Flucht zu hindern, aber der Kommandant wollte Paulus am Leben lassen, so dass keiner der Gefangenen zu Schaden kam. Allen, die schwimmen konnten, wurde befohlen, über Bord zu springen und an Land zu gehen. Die anderen mussten sich an allem festhalten, was schwamm, bis sie das Land erreichten.

Sie haben es alle sicher ans Ufer geschafft. Sie befanden sich auf der Insel Malta, und die Inselbewohner halfen ihnen mit ungewöhnlicher Freundlichkeit, während der kalte Regen auf sie am Strand prasselte. Paul wurde von einer giftigen Schlange gebissen, als er am Strand ein Feuer machte. Die Inselbewohner sahen die Schlange an seiner Hand hängen und hielten ihn für einen Mörder – sie sagten, er sei zwar aus dem Meer entkommen, aber die Göttin Gerechtigkeit würde ihn nicht am Leben lassen. Doch Paulus schnippte die Schlange ins Feuer und blieb unverletzt. Die Leute erwarteten, dass er schnell anschwellen oder sterben würde, aber nach langer Zeit geschah nichts mit Paulus. Also änderten sie ihre Meinung und sagten, er sei ein Gott.

Der oberste Beamte von Malta wohnte in einem großen Gebäudekomplex in der Nähe des Strandes, und er nahm die Schiffbrüchigen in seinem Haus auf und bewirtete sie drei Tage lang großzügig. Sein Vater war krank, und als Paulus ihm die Hände auflegte und betete, wurde der Vater geheilt. Andere auf der Insel erfuhren, was geschehen war, und die übrigen Kranken auf der Insel kamen und wurden von Paulus geheilt.

Paulus predigt in Rom unter Bewachung

Paulus und die anderen blieben drei Monate lang auf Malta und setzten dann ihre Reise nach Rom fort. Als sie dort ankamen, durfte Paulus allein mit einem Soldaten leben, der ihn bewachte. Paulus traf sich mit den örtlichen jüdischen Führern und erklärte ihnen, warum er dort war; keiner von ihnen hatte gehört, was in Jerusalem geschehen war. Sie wollten wissen, was er über den Weg zu sagen hatte, denn alle redeten gegen ihn.

Paulus traf sich mit einer größeren Anzahl von Juden, die in Rom lebten. Er sprach über das Reich Gottes, und indem er es mit dem mosaischen Gesetz und den Aussagen der Propheten in Verbindung brachte, versuchte er, sie von Jesus zu überzeugen. Einige waren überzeugt, aber andere wollten nicht glauben. Zum Schluss zitierte Paulus den Propheten Jesaja:

> Geh zu diesem Volk und sage: „Ihr werdet weiter hören und sehen, aber ihr werdet nicht verstehen. Denn das Herz des Volkes ist unempfindlich geworden, seine Ohren hören nicht mehr, und

seine Augen sind verschlossen". Darum ist das Heil Gottes zu den
Heiden gesandt worden; sie werden hören!

Paulus wohnte zwei Jahre lang in einem gemieteten Haus und hieß
jeden willkommen, der ihn besuchte. Er hatte einen sehr langen Brief an die
Gläubigen in Rom geschrieben, als er in Griechenland unterwegs war, so dass
die Gläubigen in Rom von ihm wussten. (Dieser Brief ist im Neuen Testament
enthalten.) Paulus lehrte weiterhin mutig über das Reich Gottes und über Jesus,
den Messias, und niemand hielt ihn auf. Er schickte Briefe der Ermutigung an
die Gläubigen und ihre Leiter in vielen Städten, die er in Kleinasien, Mazedonien
und Griechenland besuchte. In diesen Briefen gab er den Gemeinden weitere
Anweisungen, genau wie er ihnen geschrieben hatte, bevor er nach Rom ging.

(Paulus wurde 62 n. Chr. aus dem Hausarrest entlassen und predigte und
lehrte weiter in verschiedenen Teilen Südeuropas und auf der Insel Kreta. In
Rom wurde er erneut inhaftiert und etwa 68 n. Chr. während der Herrschaft
Neros wegen seines Glaubens getötet. Sein Wirken dauerte etwa 32 Jahre.)

KAPITEL 22

---◆•◆•◆---

DIE BRIEFE DES PAULUS AN DIE GLÄUBIGEN
Neue Kirchen erhalten Ermutigung und Unterweisung

Während seines langen Dienstes schrieb Paulus Briefe an die Gemeinden in Südeuropa und Kleinasien sowie an einige christliche Führer in der Region. Er schrieb Briefe an Gläubige in Rom, Korinth, Thessalonich, Philippi, Ephesus, Kolossä (eine Stadt in der Nähe von Laodizea) und die Städte in der Region Galatien (das pisidische Antiochia, Ikonium, Lystra und Derbe). Er schrieb auch an christliche Leiter in verschiedenen Städten: Timotheus in Ephesus, Titus in Kreta und Philemon in Kolossä. Möglicherweise war Paulus auch der Verfasser oder Mitverfasser eines langen Dokuments, das an Juden geschrieben wurde („Hebräer" wird im nächsten Kapitel zusammengefasst).

Die Briefe wurden damals auf Papyrusblättern geschrieben, die in etwa so groß waren wie die heute verwendeten Papierblätter. Meistens wurde nur ein Blatt für einen Brief verwendet. Wenn längere Briefe geschrieben wurden, wurden sie miteinander verbunden und zu einer Schriftrolle aufgerollt. Manchmal schrieben Schreiber die Briefe, während sie vom Verfasser diktiert wurden. Lange Briefe können mehrere Schreiber gehabt haben.

Die Briefe begannen in der Regel mit einem Gruß, der den Namen des Absenders und den des Empfängers enthielt. Die Briefe endeten in der Regel mit einem Abschiedsgruß und grüßten manchmal andere, die der Verfasser kannte. Datumsangaben wurden nicht gemacht, und die Briefe wurden von Reisenden zugestellt, die dem Absender und dem Empfänger bekannt waren.

Die Briefe des Paulus enthielten in der Regel religiöse Ideen, Lehren über das richtige Leben und praktische Ratschläge. Er beschrieb und interpretierte die Lehren und Taten Jesu und erörterte, was sie für die Gläubigen bedeuteten. Er ermutigte auch diejenigen, die die Briefe erhielten, weil sie wegen ihres neuen Glaubens in Schwierigkeiten waren. Paulus schrieb sehr lange Briefe, die viele Konzepte über Gott enthielten, während er den Glauben mit logischen Argumenten erläuterte und verteidigte.

Dieses Kapitel fasst die Hauptaussagen der Paulusbriefe in der Reihenfolge zusammen, in der sie wahrscheinlich geschrieben wurden.

Brief an die Galater

Der erste Brief, den Paulus an die Gemeinden in Galatien schrieb, befasste sich mit Kontroversen darüber, woran man einen Christen erkennt. Nichtjuden hatten sich der Kirche angeschlossen, und einige Juden waren der Meinung, dass sie alle Regeln des Judentums befolgen sollten, einschließlich der Speisebeschränkungen, der Beschneidung, der Opfer und der Trennung von anderen, die ihren Glauben nicht teilten. In der Vergangenheit wurde von Nichtjuden, die zum Judentum konvertierten, verlangt, die Gesetze des Mose zu befolgen. Die meisten Heiden, die Christen wurden, wollten jedoch nicht zusätzlich zur Nachfolge Jesu zum Judentum konvertieren, und viele von ihnen verließen die Kirche. Was machte eine Person zu einem Christen? War es das Befolgen der Wege Jesu allein, oder mussten sie auch die Regeln des Judentums befolgen?

Paulus nutzte seine eigenen Erfahrungen, um zu sagen, dass es genügt, Jesus zu folgen. Gottes Gnade war ihm nicht zuteil geworden, weil er ein frommer Pharisäer war, der die jüdischen Gesetze befolgte. Paulus wusste, dass Petrus sich mit Heiden getroffen hatte und dass „unreine" Speisen für Christen genießbar waren. Petrus war damit einverstanden, dass Paulus den Heiden predigte, und betonte nur die Notwendigkeit, den Armen weiterhin zu helfen. Paulus akzeptierte alle, weil Gott die Juden nicht mehr bevorzugte. Dies ist sein Hauptargument:

> Ein Mensch wird nicht dadurch gerechtfertigt (für gerecht und gottgefällig erklärt), dass er das Gesetz befolgt, sondern durch den Glauben an Jesus, den Christus. Niemand wird durch das Befolgen des Gesetzes gerecht. Ich bin dem Gesetz gestorben, damit ich für Gott leben kann. Ich bin mit Christus gestorben und ein neuer Mensch geworden, weil er in mir lebt. Ich lebe durch den Glauben an den Sohn Gottes, der mich geliebt und sich für mich hingegeben hat. Wenn Gerechtigkeit durch das Gesetz verdient werden kann, ist Christus umsonst gestorben. Das Gesetz hat uns zusammengehalten, bis Jesus kam und uns rettete; dass wir das Gesetz hatten, bewies, dass wir es nicht immer einhalten konnten. Es gibt also keine Verpflichtung, das Gesetz zu befolgen – wir sind davon befreit, Sklaven des Gesetzes zu sein. Es gibt weder Jude noch Heide, weder Sklave noch Freier, weder Mann noch Frau – alle sind eins in dem Herrn. Nichtjuden

wurden in Gottes Familie aufgenommen; diejenigen, die glauben und Jesus gehorchen, gehören zu Abrahams Vorfahren und erben die Verheißungen Gottes. Starre Ansichten über das Evangelium verdrehen die Wahrheit und sind eine Form der Sklaverei.

Paulus erinnerte seine Leser daran, das Gesetz nicht zu missachten oder zu glauben, dass Gesetzlosigkeit akzeptabel sei. Freiheit vom Gesetz bedeute nicht Freiheit zur Sünde. Vielmehr sollten sich die Christen von Gottes Geist leiten lassen und keine unmoralischen Handlungen begehen. Christen sollten einander in Demut lieben und dienen, denn das ganze Gesetz ist in einem Gebot zusammengefasst: „Liebe deinen Nächsten wie dich selbst".

Halten Sie sich von Handlungen wie sexueller Unmoral, Hexerei und Götzenanbetung, Hass, Streit, Eifersucht, extremem Zorn, Selbstsucht und Trunkenheit fern. Die Frucht des Geistes ist Liebe, Freude, Friede, Geduld, Freundlichkeit, Güte, Treue, Sanftmut und Selbstbeherrschung. Gegen diese Dinge gibt es kein Gesetz. Wenn jemand in eine Sünde verwickelt ist, helft der Person sanft. Helft einander, die Lasten zu tragen, vergleicht eure Taten nicht mit denen anderer und werdet nicht müde, allen Menschen Gutes zu tun, besonders anderen Gläubigen.

Briefe an die Thessalonicher

Paulus schrieb zwei Briefe an die Gemeinde in Thessaloniki, der großen Hauptstadt Mazedoniens; Silas und Timotheus waren Mitverfasser. Beide Briefe wurden geschrieben, kurz nachdem die drei Männer aus Korinth vertrieben worden waren. Die Gemeinde in Thessalonich bestand hauptsächlich aus Nichtjuden, und Timotheus hatte Paulus und Silas berichtet, wie gut es der Gemeinde ging.

Im ersten Brief beglückwünschten die Verfasser die Gläubigen zu ihrer Bekehrung und ihrem wachsenden Glauben. Die Treue der Kirche während der Verfolgung sei ein gutes Beispiel für die Kirchen in anderen Städten. Drei wichtige Worte – Glaube, Liebe und Hoffnung – tauchen zu Beginn des Briefes auf. Der Glaube brachte gute Werke hervor, die Liebe führte zu Taten der Freundlichkeit und Barmherzigkeit, und die Hoffnung gab Kraft und Ausdauer in schwierigen Zeiten. Die Autoren ermahnten die Gläubigen auch mit praktischen Anweisungen, wie sie leben sollten.

Meidet sexuelle Unmoral und verhaltet euch heilig und ehrbar. Führt ein ruhiges Leben und kümmert euch um eure eigenen Angelegenheiten. Arbeitet, damit euer Leben die Achtung der Außenstehenden gewinnt und ihr nicht von anderen abhängig seid. Lebt in Frieden miteinander. Ermahne die Menschen, nicht untätig zu sein oder zu stören, ermutige diejenigen, die deprimiert sind, hilf den Schwachen und sei geduldig mit allen. Achten Sie darauf, dass niemand etwas Falsches tut, wenn er schlecht behandelt wird, und versuchen Sie immer, das zu tun, was gut für den anderen und alle anderen ist. Freut euch immer, hört nie auf zu beten und dankt in jeder Situation.

Der zweite, kürzere Brief wurde bald nach dem ersten Brief geschrieben. Die Kirche wurde verfolgt, und einige Christen glaubten, dies sei ein Zeichen dafür, dass Jesus bald auf die Erde zurückkehren würde. Falsche Propheten verstärkten diese Ansicht, weil viele Christen getötet worden waren. Paulus' erster Brief ermutigte die Gläubigen, nach Jesus Ausschau zu halten und über die Auferweckung der Toten zu berichten, was ihren Glauben verstärkte, dass Jesu Wiederkunft jederzeit stattfinden könnte. Infolgedessen hatten einige Gläubige ihre Arbeit aufgegeben.

Paulus erklärte, dass Jesus nicht bald wiederkommen würde und dass es vielleicht noch lange dauern würde. Er erklärte, dass der Zeitpunkt der Rückkehr Jesu unbekannt sei und die Menschen deshalb wieder an die Arbeit gehen müssten. Es sei wichtig, dass die Gläubigen hart arbeiteten und anderen nicht zur Last fielen, so wie die drei Männer für ihre eigenen Bedürfnisse gesorgt hätten. Gott würde schließlich böse Menschen bestrafen.

Briefe an die Korinther

Paulus schrieb drei Briefe an die Gläubigen in Korinth, aber der erste ist verloren gegangen, so dass sein Inhalt unbekannt ist. In seinem zweiten Brief (bekannt als Erster Korintherbrief) antwortete Paulus auf Fragen in einem Brief, den die Gemeinde ihm geschickt hatte. Korinth war eine schwierige Hafenstadt mit vielen Tavernen und Menschen, die ihren Körper zum Vergnügen anderer verkauften, und die Gemeinde hatte es schwer. Die meisten Gläubigen waren ungebildet und kamen aus einer niedrigeren sozialen Schicht, so dass sie sich gegenüber den gebildeteren Menschen in der Stadt unterlegen fühlten. Paulus sagte ihnen, dass sie zwar nach menschlichen Maßstäben nicht weise oder edel waren, aber „Gott hat die Toren der Welt erwählt, um die Weisen zu beschämen, und die Schwachen der Welt, um die Starken zu beschämen".

Die Menschen in der Gemeinde in Korinth hatten viele praktische Fragen. Sie wollten wissen, wie sie mit Spaltungen und Rechtsstreitigkeiten innerhalb der Kirche und mit Christen umgehen sollten, die sich unmoralisch verhielten. Sie hatten Fragen zur Ehe, zu den Speisen, die gegessen werden durften, und zur Durchführung sinnvoller Gottesdienste (wie die Feier des Abendmahls, Frauen in der Kirche und die Ausübung der Geistesgaben). Die Kirchenmitglieder hatten auch Fragen zur Auferstehung Jesu und zu ihrer eigenen Auferstehung in der Zukunft.

Paulus forderte die Gemeindemitglieder auf, sich zu vereinen und nicht zu spalten, je nachdem, wer sie lehrte. „Ich habe den Samen gepflanzt, Apollos hat ihn gegossen, aber Gott hat ihn wachsen lassen. Ich habe ein Fundament gelegt, und andere bauen darauf auf. Wenn ihr euch darüber streitet, welcher Lehrer der beste ist, zeigt das, dass ihr noch Babys im Glauben seid. Als ihr noch Babys im Glauben wart, gab ich euch geistliche Milch, die ihr vertragen konntet. Eure Spaltungen zeigen, dass ihr noch nicht bereit seid für feste Nahrung".

Paulus stellte auch klar, was er darüber gesagt hatte, mit wem Christen zusammen sein sollten und welche Art von Menschen sie meiden sollten.

> In meinem vorigen Brief habe ich gesagt, dass Sie nicht mit Menschen verkehren sollen, die unangemessene sexuelle Handlungen begehen. Ich habe nicht gemeint, dass du nicht mit Menschen dieser Welt verkehren sollst, die unmoralisch sind, oder mit solchen, die gierig sind, Diebe sind oder andere Götter anbeten. Wenn das der Fall wäre, müsstest du die Welt verlassen! Was ich meinte, war, dass du nicht mit denen verkehren sollst, *die behaupten, dein Bruder oder deine Schwester in Christus zu sein*, die aber sexuell unmoralisch, habgierig, Lügner und Diebe sind oder zu viel trinken. Wir sollen nicht über die Menschen außerhalb der Kirche urteilen – das wird Gott tun.

Paulus erklärte, dass es wichtiger sei, sich von Gottes Geist leiten zu lassen, als menschliche Weisheit zu besitzen. „Wenn ihr den Geist habt, habt ihr den Geist Christi". Der menschliche Körper sei heilig und der Tempel des Heiligen Geistes. Diejenigen, die schwere Sünden begingen, mussten aus der Kirche entfernt und vom Abendmahl ausgeschlossen werden.

In Bezug auf die Ehe sagte Paulus, dass das Singledasein gut sei, weil es den Menschen erlaube, Gott und anderen freier zu dienen. Aber wegen unserer sexuellen Natur segnete Gott die Ehen, denn „es ist besser, zu heiraten, als in unkontrollierten Leidenschaften zu brennen". Diejenigen, die heiraten, müssen sich gegenseitig ihren Körper geben, und keine Partei hat Macht über die andere. Paulus äußerte sich auch zu anderen Fragen im Zusammenhang mit Ehe und Scheidung (keine Worte von Gott).

Paulus sagte, dass ein Mensch alles essen kann, aber wenn ein Mensch denkt, dass es nicht richtig ist, etwas zu essen und es dann isst, hat er gesündigt. Das Essen wird zu einem Stolperstein für diejenigen, die einen weniger entwickelten Glauben haben. Deshalb sollten Christen nichts essen, wenn es eine andere Person dazu bringt, etwas zu essen, von dem sie glaubt, dass sie es nicht essen sollte. (Das meiste Fleisch, das damals gegessen wurde, war Götzen geopfert worden.) Paulus sagte: „Ich bin ein Jude bei den Juden, aber wenn ich mit anderen zusammen bin, die sich nicht an die Essensregeln halten, esse ich, was sie essen. Ich bin allen Menschen alles geworden, damit sie eher bereit sind, meine Botschaft zu hören. Gott wird nicht zulassen, dass Sie mehr in Versuchung geraten, als Sie ertragen können. Wenn du in Versuchung gerätst, gibt es immer einen Weg, ihr zu entkommen".

Paulus schrieb darüber, wie man Gottesdienste abhält. Die Gläubigen mussten sicherstellen, dass sie das Abendmahl in Frieden miteinander teilten. Wenn es Unstimmigkeiten zwischen einzelnen Personen gab, sollten sie diese zuerst klären. Paulus sagte auch, dass Frauen während des Gottesdienstes nicht reden oder Fragen stellen sollten, wenn sie etwas nicht verstanden haben – sie sollten später andere dazu befragen. Frauen sollten auch keine störenden Nebengespräche führen und still sein, es sei denn, sie beten oder lehren im Rahmen des Gottesdienstes.

Paulus sagte, dass zu viel Zeit damit verbracht wurde, Menschen in anderen Sprachen sprechen zu lassen, die niemand sonst verstand. Dies war eine Gabe, die der Geist einigen Gläubigen gegeben hatte, und es geschah während des ersten Pfingstfestes. Aber wenn niemand das Gesagte interpretieren konnte, war es nicht nützlich, und andere könnten denken, die Gemeinde bestehe aus geisteskranken Menschen. Jeder hatte geistliche Gaben, wie Heilung, Weisheit, Wissen, Glaube, Verstehen, ob ein Geist gut ist, eine andere Sprache sprechen, Hilfe und Führung. Weniger dramatische Gaben, die vom Geist gegeben wurden, wie Predigen und das Verstehen der Wahrheit über Gott, waren nützlicher.

Paulus sagte: „Ich spreche mehr in Zungen als ihr alle. Aber lieber rede ich fünf gute Worte der Belehrung unter den Gläubigen, als dass ich 10.000 Worte in einer anderen Sprache rede".

Er sprach über die Kirche, als wäre sie ein menschlicher Körper mit vielen Teilen – jeder hatte eine andere Funktion.

> Das Ohr kann nicht sagen: „Weil ich kein Auge bin, gehöre ich nicht zum Körper". Wenn der ganze Körper ein Auge wäre, wie könnten wir dann hören? Gott hat viele Teile eines Körpers geschaffen, und alle Teile sollten zusammenarbeiten. Die Teile, die schwächer erscheinen, sind unverzichtbar. Wenn ein Teil leidet, leiden alle.

Paulus schrieb dann, dass der Gebrauch der geistlichen Gaben nicht annähernd so wichtig sei wie die Liebe zu einem Menschen. Paulus verglich geistliche Gaben und Liebe auf diese Weise:[7]

> Wenn ich in einer anderen Sprache spreche, aber keine Liebe zeige, mache ich nur Lärm. Wenn ich die Gabe der Prophezeiung habe und alle Geheimnisse und Erkenntnisse verstehe, oder wenn ich so viel Glauben habe, dass ich einen Berg versetzen kann, aber keine Liebe zeige, bin ich nichts. Wenn ich alles, was ich habe, den Armen gebe und meinen Körper opfere, aber die anderen nicht liebe, habe ich nichts gewonnen.

Die Liebe ist geduldig und freundlich. Sie ist nicht eifersüchtig, prahlt nicht und entehrt andere nicht. Sie ist nicht stolz oder egoistisch. Sie wird nicht leicht wütend und verfolgt nicht, wenn Menschen etwas falsch machen. Die Liebe hat keine Freude am Bösen, sondern freut sich an der Wahrheit. Sie erträgt und glaubt alles; sie ist immer hoffnungsvoll und erträgt alles. Als ich ein Kind war, habe ich wie ein Kind geredet und gedacht. Jetzt, wo ich reifer geworden bin, habe ich mein kindisches und egoistisches Verhalten abgelegt. Die Liebe versagt nie. Prophezeiungen werden aufhören, Zungen werden verstummen und Wissen wird vergehen. Glaube, Hoffnung und Liebe sind das Wichtigste, und das Größte unter ihnen ist die Liebe.

---

[7] Paulus verwendet in diesem Abschnitt den griechischen Begriff *agape* als das Wort für Liebe. Das Wort beinhaltet Taten und Opfer für andere. Es bedeutet nicht ein emotionales Gefühl, Freundschaft (*philia*) oder körperliche Liebe (*eros*).

Schließlich sprach Paulus über die Auferstehung des Leibes, ein für die Griechen seltsames Konzept, das einige Gläubige daran zweifeln ließ, dass sie irgendwann wieder zum Leben erwachen würden. Niemand zweifelte daran, dass Jesus von den Toten auferstanden war. Das bedeutete, dass auch andere von den Toten auferstehen konnten. Jesus hat den Tod besiegt, so dass der geistige Körper eines Menschen wieder zum Leben erwacht. Paulus schloss mit diesem Geheimnis:

> Wenn wir tot sind, werden wir augenblicklich verwandelt, wenn die letzte Posaune ertönt. Die Toten werden auferweckt und werden für immer leben. Es wird sich erfüllen, was Hosea sagte: „Der Tod ist verschlungen in Gottes Sieg. Wo, o Tod, ist dein Sieg, wo ist dein Stachel?"

Der letzte Brief des Paulus an die Korinther

Paulus reiste mehrmals nach Korinth, um die Gläubigen zu unterstützen und zu lehren, und einige seiner Besuche waren „schmerzhaft". Die Opposition gegen Paulus hatte sich erhoben, aber der Anführer einer Rebellion war gezüchtigt worden. Paulus schrieb, um seine Erleichterung und Freude darüber auszudrücken, dass die Gemeinde mit diesem Problem fertig geworden war, und er ermutigte die Gläubigen, den Rebellenführer wieder in die Gemeinde aufzunehmen. Da es gefährlich war, im römischen Reich Christ zu sein, erinnerte er die Gemeinde an die Hoffnung, die sie in der Auferstehung ihrer Seelen hatten. Christen wandelten durch den Glauben, nicht durch ihr eigenes Sehen. Sie waren neue Geschöpfe, weil Gott in ihnen lebte – sie hatten sich von ihren alten Handlungs- und Denkweisen entfernt. Gläubige sind wie Tontöpfe, die vom Töpfermeister geformt werden und die nach Gottes Willen verschiedene Funktionen erfüllen.

Paulus sprach über all seine Qualifikationen zum Lehren, aber er betonte auch seine eigenen Schwächen, einschließlich eines „Dorns in der Seite". Paulus sagte nie etwas über das, was ihn bedrückte, und er hatte mehrere Male darum gebetet, dass das Problem weggenommen würde. Aber Gott sagte: „Meine Kraft zeigt sich in der menschlichen Schwachheit". Paulus war gut genug, so wie er war, und seine Grenzen hielten ihn demütig – wenn er schwach war, war er stark.

Brief an die Römer

Der längste Brief des Paulus wurde an die Hausgemeinden in Rom geschickt, die sowohl jüdische als auch heidnische Gläubige hatten. Er schrieb ihn vor seiner ersten Reise nach Rom und kannte viele der Christen in Rom nicht persönlich, daher ist sein Schreiben förmlicher als die anderen Briefe, die er schrieb.

In seinem Brief fasste er die Grundgedanken des neuen christlichen Glaubens für Gläubige zusammen, die über dieses Wissen nicht verfügten. Er erläuterte die allgemeinen Grundsätze des Glaubens, als ob sein Brief ein Rechtsfall wäre. Seine allgemeine Botschaft war, dass Jesus gestorben ist und alle Menschen von der Sünde befreit hat, so dass jeder, der an Jesus, den Christus, glaubt, eine Beziehung zu Gott haben kann. Er verwendete fünf Themen, um diese Botschaft zu untermauern:

- Alle Menschen haben eine sündige Natur.
- Der Tod Jesu war das beste und letzte Blutopfer, das nötig war, um die Sünden der Welt wegzunehmen und allen Menschen zu ermöglichen, Gott wohlgefällig zu sein.
- Christen müssen heilig sein und sich auf Gottes Geist verlassen, um in schwierigen Zeiten durchzuhalten. Tieferer Glaube führt zu tieferer Rechtschaffenheit.
- Ursprünglich waren die Juden als Gottes Volk auserwählt, doch nun sind auch die Heiden einbezogen, weil die Israeliten Gott immer wieder verworfen haben.
- Christ zu sein bedeutet, in einer sündigen Welt anders zu leben.

Menschen haben eine sündige Natur

Das erste Thema besagt, dass alle Menschen eine sündige Natur haben; Einzelpersonen und die Gesellschaft als Ganzes neigen dazu, böse Dinge zu tun. Menschen begehen alle Arten von Verbrechen und zeigen keine Barmherzigkeit oder Fairness gegenüber anderen. Sie lügen, streiten, tratschen und überlegen sich, wie sie sich selbst helfen können, auch wenn sie wissen, dass dies schwerwiegende Folgen hat. Sie sind stolz und prahlen damit, wie toll sie sind, und sind weder geduldig noch freundlich. Sie hören das Gesetz, befolgen es aber nicht; sie praktizieren nicht, was sie predigen.

Niemand ist rechtschaffen, jeder hat sich von Gott abgewandt. Wir können Gott nicht gefallen, wenn wir dem Gesetz gehorchen. Unsere Unfähigkeit, das Gesetz zu befolgen, zeigt unsere sündige Natur. Es gibt keinen Unterschied zwischen Juden und Nichtjuden – alle haben gesündigt und sind hinter Gottes Maßstab für Gerechtigkeit zurückgefallen.

Jesus, das beste und letzte benötigte Opfer

Das zweite Thema erzählt, dass der Tod Jesu das beste und letzte Blutopfer war, das nötig war, um die Sünden der Welt wegzunehmen und den Menschen zu ermöglichen, gerechtfertigt und gerecht vor Gott zu stehen. Das von Christus vergossene Blut hat Gottes Zorn gegen die sündige Natur der Menschen dauerhaft gestoppt, so wie die Opfer hochwertiger Tiere zuvor die Sünden der Israeliten beseitigt haben. Aber diese Opfer hielten den Zorn Gottes gegen die Juden nur vorübergehend auf. Das Opfer Jesu gilt für alle Menschen.

Abraham wurde aufgrund seines Glaubens an Gott „gerechtfertigt" (für gerecht erklärt). Er zog gehorsam von Mesopotamien nach Kanaan und war bereit, Isaak zu töten, obwohl Gott ihm unzählige Nachkommen versprochen hatte. Er gab die Hoffnung auf einen Sohn nie auf, selbst als er und Sara schon sehr alt waren. Er wurde nicht dadurch gerechtfertigt, dass er das Gesetz befolgte – er zeigte seinen Glauben, bevor er sich beschneiden ließ, was einfach ein Zeichen seines Glaubens war. Ein wahrer Jude ist jemand, der Gottes Lehren treu ist, nicht jemand, der die äußeren Merkmale eines Juden hat oder das Gesetz befolgt. „Die Sünden eines Menschen (Adam) betrafen alle Menschen; das Opfer eines Menschen (Jesus) hat alle Menschen gereinigt".

Die Vorteile des Christseins sind kostenlos, weil Jesus den Preis dafür bezahlt hat. Die Menschen müssen nur ernsthaft an Jesus glauben, um rein vor Gott zu stehen und die Vorteile zu genießen. Zu diesen Vorteilen gehören Frieden, Freude und Hoffnung, auch in schwierigen Zeiten. Sünde tötet, aber Jesus ist gestorben, um uns das Leben zu schenken.

Christliche Heiligkeit

Ein drittes Thema befasste sich mit dem Prozess der Reifung im christlichen Glauben. Menschen tun natürlich Dinge, von denen sie wissen, dass sie sie nicht tun sollten, aber Gottes Geist hilft den Menschen, der Versuchung zu widerstehen und ihren Charakter zu ändern. „Alle Dinge wirken zum Guten für die, die Gott lieben. Aus Leiden erwächst Ausdauer, aus Leiden erwächst Charakter, aus aus Leiden erwächst Hoffnung. Wenn Gott für uns ist, wer kann dann gegen uns sein? Nichts kann uns von der Liebe Christi trennen". Diejenigen, die sich vom Geist leiten lassen, verlassen sich nicht auf ihre eigenen Ressourcen. Sie zapfen Gottes „lebendiges Wasser" an, das sie nach und nach in Menschen verwandelt, die Gottes Wesen und Charakter widerspiegeln. Der Geist hilft den Christen, das Salz der Erde und das Licht der Welt zu werden.

Aktualisierung der Verheißungen an die Israeliten

Das vierte Thema betraf die Frage, wie sich das Judentum zum christlichen Glauben verhält. Gott hatte die Israeliten dazu auserwählt, Gottes Vertreter auf Erden zu sein – hatte sich das geändert? Paulus wusste, dass die meisten Juden nicht glaubten, dass Jesus der Messias war, und die Vorstellung ablehnten, dass das Reich Gottes gekommen war. Die Juden erwarteten, dass der Messias ein König werden und die Römer stürzen würde. Als gläubiger Pharisäer kannte Paulus die Gesetze des Mose genau und hatte persönliche Erfahrungen, die es ihm ermöglichten, die Ideen des Judentums mit den neuen Ideen des Christentums zu verbinden. Die neuen Verheißungen sind logisch mit den früheren Verheißungen verknüpft. Ein souveräner Gott konnte jede beliebige Gruppe von Menschen zum auserwählten Volk „erwählen". Indem sie sich darauf konzentrierten, das Gesetz zu befolgen, anstatt an Gott zu glauben, verloren die Juden ihren besonderen Status als Gottes auserwähltes Volk. Nun wurden Heiden, die an Jesus glaubten, mit einbezogen – sie wurden in Gottes Familie aufgenommen, ein Zweig, der auf den heiligen Baum gepfropft wurde, um die toten Zweige zu ersetzen. Die Juden waren für Gott immer noch etwas Besonderes, aber als Gott die Heiden in sein Reich aufnahm, gab es mehr Boten, die Früchte tragen und die gute Nachricht von Gottes rettender Liebe und Vergebung in alle Teile der Welt tragen konnten. Die Heiden konnten den Juden auch helfen, Gottes Gesamtplan für die Welt zu verstehen. An Gottes Liebe und Barmherzigkeit für die Menschen hatte sich nichts geändert.

Als Christen in der Welt leben

Paulus endet mit der Frage, was ein Christ braucht, um in einer bösen Welt zu leben. Die Christen sollen offensichtlich anders sein.

Ich fordere euch auf, euren Körper als lebendiges Opfer für Gott darzubringen, was eine Form der Anbetung ist. Passt euch nicht den Gewohnheiten und Vorstellungen dieser Welt an, sondern lasst euch verändern, indem ihr euren Geist erneuert.

Jeder sollte seine Gaben nach besten Kräften einsetzen. Jeder Mensch ist Teil des einen Leibes, und doch haben wir alle unterschiedliche Aufgaben und Gaben. Einige werden predigen, während andere dienen oder lehren werden; einige werden ermutigen oder großzügig geben, während andere leiten oder Freundlichkeit zeigen werden.

Die Liebe muss aufrichtig sein. Liebt euch gegenseitig und ehrt andere mehr als euch selbst. Seid fröhlich in der Hoffnung, geduldig bei Problemen und treu im Gebet. Teilen Sie mit anderen Christen, die in Not sind, und üben Sie Gastfreundschaft. Seien Sie nicht stolz und schätzen Sie sich nicht höher ein, als Sie sollten. Betrachte dich stattdessen mit realistischen Augen.

Segnet die, die euch verfolgen. Freut euch mit denen, die sich freuen, und weint mit denen, die weinen. Tut, was ihr könnt, um mit allen in Frieden zu leben. Seid bereit, mit Menschen in niedrigen Positionen zusammenzuarbeiten, die einfache und schmutzige Arbeit verrichten. Hasse, was böse ist; nimm an, was gut ist. Tu nichts Böses denen, die dir Böses tun, und tu, was alle für richtig halten. Strebt nicht nach Rache – das ist etwas, was Gott regeln wird. Stattdessen: „Wenn deine Feinde hungrig sind, gib ihnen zu essen; wenn sie durstig sind, gib ihnen etwas zu trinken. Wenn du das tust, wirst du ihnen brennende Kohlen auf den Kopf werfen".[8] Lass dich nicht vom Bösen überwinden, sondern überwinde das Böse mit Gutem.

Unterwerft euch den Regierungsbeamten, die für Gerechtigkeit sorgen. Geben Sie denen, was Sie ihnen schulden: Wenn du Steuern schuldest oder Schulden hast, bezahle sie. Respektiere und ehre diejenigen, die es verlangen.

Brief an die Kolosser

Die Stadt Kolossä lag 100 Meilen östlich von Ephesus an einer wichtigen Handelsroute zwischen Asien und Europa. Paulus war nie dort gewesen, aber er hatte Städte in der Nähe besucht und von der wachsenden Gemeinde gehört, die hauptsächlich aus Heiden bestand. Paulus schrieb an die Kolosser, um falsche Lehren anzusprechen, mit denen die Gemeinde konfrontiert war, Lehren, die

---

[8] Siehe die Fußnote in Kapitel 13 im Abschnitt über Sprüche 25 für die Bedeutung dieses Spruchs.

jüdische Gesetzlichkeit, griechische Philosophie und orientalischen Mystizismus vermischten.

In der ersten Hälfte des Briefes geht es um die richtige christliche Lehre. Er betonte die Vorrangstellung von Jesus.

> Jesus ist das sichtbare Abbild des unsichtbaren Gottes, der Erstgeborene der ganzen Schöpfung. Alles auf Erden und im Himmel, das Sichtbare und das Unsichtbare, ist durch ihn und für ihn geschaffen worden. Er war vor allen Dingen da, und er hält alles zusammen. Er ist das Haupt des Leibes, der Kirche, und er ist in allem der Höchste. In ihm lebte die Fülle Gottes, und durch ihn sind alle Dinge auf Erden und im Himmel mit Gott versöhnt durch das Opfer seines Blutes am Kreuz.

Paulus forderte seine Leser auf, sich auf Jesus zu konzentrieren, anstatt strengen jüdischen Praktiken, Philosophien der Engelsanbetung und Ideen der Selbstverleugnung zu folgen. Die Vermischung dieser zusätzlichen Elemente mit dem Glauben lenkte die Aufmerksamkeit der Menschen von dem Gedanken ab, dass Jesus alles ist, was Christen brauchen, um mit Gott im Reinen zu sein.

> Christus ist gestorben, damit Sie nicht den Regeln dieser Welt folgen müssen, die besagen: „Fass dies nicht an, koste das nicht!" Diese Regeln beruhen auf menschlichen Geboten und Lehren, die mit ihrer falschen Demut und ihrem harten Umgang mit dem Körper weise erscheinen, aber keinen bleibenden Wert haben.

Im zweiten Teil des Briefes schreibt Paulus darüber, wie sich Christen verhalten sollen. Die Gläubigen sollen darauf bedacht sein, gottgefällige Dinge zu tun, nicht böse Dinge.

> Lege dein altes Ich ab und ziehe dein neues Ich an. Das bedeutet, dass du dich von Zorn, Lügen über andere, Schimpfwörtern, sexueller Unmoral, bösen Begierden und Selbstsucht fernhältst. Als Gottes auserwähltes Volk solltet ihr Mitgefühl, Freundlichkeit, Demut, Sanftmut und Geduld zeigen. Seid nachsichtig miteinander und vergebt einander, so wie Jesus euch vergibt. Am wichtigsten ist, dass ihr andere liebt, damit ihr alle zusammenbleibt. Seien Sie klug gegenüber Außenstehenden und nutzen Sie jede Gelegenheit.

Eure Gespräche sollten von Geduld und Freundlichkeit geprägt sein, wenn ihr mit anderen sprecht.

Brief an die Epheser

Paulus schrieb einen längeren und anspruchsvolleren Brief an die Gemeinde in Ephesus, der seinem Brief an die Kolosser ähnlich war. Er sandte beide Briefe etwa zur gleichen Zeit ab, während er in Rom im Gefängnis saß. Da er mehrere Jahre in Ephesus gelebt hatte, kannte er seine Adressaten gut. Es gab keinen besonderen Grund für sein Schreiben, außer dass er die Gemeinde weiterhin darüber belehrte, was es bedeutet, Gemeinde zu sein.

Während er in seinem Brief an die Kolosser Jesus als Haupt der Kirche betonte, konzentrierte er sich in seinem Brief an die Epheser auf die Kirche als Leib Christi, eine Ansammlung von auserwählten Menschen, die in den Glauben aufgenommen wurden. Der allgemeine Charakter des Briefes deutet darauf hin, dass er wahrscheinlich an die anderen Gemeinden in der Region geschickt werden sollte. Wie der Brief an die Kolosser bestand auch dieser Brief aus zwei Hauptteilen – einem über die richtigen christlichen Ideen und einem darüber, wie der Glaube in der Welt gelebt werden sollte.

Im ersten Teil des Briefes heißt es, dass es immer Teil von Gottes größerem Plan war, dass alle Menschen auf der Erde in einer liebevollen Beziehung zu Gott stehen, nicht nur die Juden. Die drei Gestalten Gottes spielten eine Rolle bei der Entwicklung und Fortführung von Gottes Gesamtplan. Gott, der „Vater", hat die Gläubigen auserwählt; der Sohn (Jesus) hat die Menschen durch seinen Tod, durch den alle Sünden der Welt vergeben wurden, heilig gemacht; und der Geist hat die auf der Erde lebenden Menschen geleitet. Paulus betonte, dass die Menschen nichts getan hätten, um sich einen besonderen Status bei Gott zu verdienen. Es war ausschließlich Gottes Gnade, ein kostenloses und unverdientes Geschenk, das die Gläubigen aufgrund ihres Glaubens an Jesus erhielten.

> Sie waren vorher tot in Ihren Sünden, aber jetzt sind Sie lebendig in Christus – Ihre Sünden sind Ihnen vergeben. Die Gnade hat uns aufgrund unseres Glaubens gerettet; es ist Gottes freies Geschenk, nicht aufgrund dessen, was wir getan haben, damit wir damit prahlen können. Wir sind Gottes Werk und wurden

geschaffen, um gute Werke zu tun. Gott hat uns vor langer Zeit darauf vorbereitet, dies zu tun.

Juden und Heiden sind jetzt eine Gruppe mit einem Bürgerrecht im Himmel. Gottes Absicht war es, aus den beiden eine neue Menschheit zu schaffen und so Frieden zu stiften. Die Heiden sind nicht mehr Fremde, sondern Mitbürger des Volkes Gottes und Mitglieder der Familie Gottes, die auf dem Fundament der Apostel und Propheten errichtet wurde. Jesus ist der wichtigste Eckstein – in ihm wird das ganze Gebäude zusammengefügt und erhebt sich zum heiligen Tempel Gottes. In Jesus sind Sie die Kirche, die gebaut wird, um dort zu sein, wo Gottes Geist lebt.

Paulus sah sich einfach als Diener Gottes, der dazu beitragen sollte, den Heiden diesen Gesamtplan zu offenbaren. Er wollte nicht, dass jemand Mitleid mit ihm hatte, während er im Gefängnis saß. Er tat das, wozu er bestimmt war. Er wollte nur, dass die Gläubigen die erstaunliche Liebe Gottes zu ihnen verstehen und dass sie in ihrem Glauben und in ihrer Liebe zueinander weiter wachsen.

Diese Ideen wurden im zweiten Teil des Briefes weiterentwickelt – eine erweiterte Reihe von Anweisungen und Ermutigungen, trotz ihrer Verschiedenheit in Frieden miteinander zu leben, damit die Welt ein Beispiel dafür sieht, wie die Menschen auf der Erde zusammenleben sollten. Einheit in einer vielfältigen Gruppe zu zeigen, hatte Folgen für den Einzelnen (wie er sein eigenes Leben als neues Geschöpf leben sollte) und für die Gruppe (wie die Vielfalt der Kirche in Einheit funktionieren sollte). Jede Person hatte eine andere Aufgabe, so wie die verschiedenen Teile des Leibes zum Funktionieren des ganzen Leibes beitragen. Paulus schrieb vieles von dem, was er auch den Kolossern darüber schrieb, wie Christen ihr Leben leben sollten und wie man in einer Gemeinschaft des Glaubens lebt. Er erläuterte seine Ansichten über die Rollen in der Familie.

> Unterwerft euch einander aus Achtung vor Christus. Ihr Ehefrauen, ordnet euch euren Männern unter, wie ihr dem Herrn untertan seid. Ihr Männer, liebt eure Frauen, wie Christus die Kirche geliebt und sich für sie hingegeben hat, um sie zu heiligen. Liebt eure Frauen, als ob sie euer eigener Leib wären. Wer seine Frau liebt, liebt seinen eigenen Leib, so wie Jesus die Gemeinde liebt.

Kinder, gehorcht euren Eltern. Väter, reizt eure Kinder nicht. Erzieht sie mit Erziehung und Unterweisung über den Herrn. Sklaven, gehorcht euren Herren mit Respekt und Aufrichtigkeit. Meister, behandelt eure Sklaven auf dieselbe Weise. Bedroht sie nicht, denn unser Herr im Himmel zeigt keine Bevorzugung. Dient anderen, als würdet ihr dem Herrn dienen, der uns nach unseren Taten belohnen wird und nicht danach, ob wir Sklaven oder Freie sind.

Paulus beendete seinen Brief, indem er die Gemeinde ermutigte, sich vor dem Bösen zu hüten und gleichzeitig stark zu sein, um den Glauben zu bewahren und auszubauen. In Anlehnung an die Rüstung eines Soldaten beschrieb er die defensiven und offensiven Mittel zur Bekämpfung der Machenschaften des Teufels. „Unser Kampf ist nicht gegen Fleisch und Blut, sondern gegen die Mächte der Finsternis in dieser Welt und gegen die geistlichen Kräfte des Bösen".

Brief an die Philipper

Philippi war eine große Stadt in Mazedonien und die erste Stadt in Europa, die Paulus besuchte. Es war eine wohlhabende römische Kolonie, und die Heiden in der Gemeinde waren römische Bürger, die Paulus finanziell unterstützten. Er schrieb seinen Brief, als er in Rom im Gefängnis saß, und er ist sehr persönlich. Er berichtete von seinen Reisen und dankte ihnen für ihre finanzielle Unterstützung. Er sprach darüber, wie es ihm ging, während er unter Hausarrest stand, und er sagte, dass er im Gefängnis half, das Evangelium zu verbreiten – die Gefängniswärter und verschiedene römische Beamte hörten die gute Nachricht von Jesus.

Paulus ermutigte die Philipper, fest in ihrem Glauben zu stehen und sich zu freuen, wenn sie wegen ihres Glaubens verfolgt wurden. Er machte sich keine Sorgen über den Tod – er würde davon profitieren, indem er Gott noch näher war. Er schrieb darüber, wie wichtig es ist, demütig zu sein, und benutzte Jesus als das ultimative Beispiel für Demut, die unter den Menschen, die damals lebten, nicht als Tugend angesehen wurde.

> Seien Sie einmütig und tun Sie nichts aus egoistischem Ehrgeiz. Seid demütig und stellt andere und ihre Interessen über eure eigenen. Nehmen Sie in Ihren Beziehungen zu anderen dieselbe Haltung ein, die Jesus hatte. Obwohl er eine Form von Gott war, betrachtete er die Gleichheit mit Gott nicht als etwas, das er zu seinem Vorteil nutzen sollte. Stattdessen wurde er ein menschlicher

Diener und war Gott gehorsam, indem er auf erniedrigende Weise am Kreuz starb. Daraufhin ehrte Gott ihn mit dem höchsten Platz und gab ihm den Namen, der über jeden Namen erhaben ist. Alles im Himmel, auf der Erde und unter der Erde wird sich vor ihm verneigen, und alle werden sagen, dass Jesus Christus der Herr ist.

Paulus sprach über sein eigenes Zeugnis als frommer Jude. Er hätte sich mit seinem religiösen Hintergrund und seiner Heiligkeit rühmen können. Aber das war jetzt irrelevant; er hatte seine Privilegien in der religiösen Gemeinschaft aufgegeben, um an Jesus zu glauben und die gute Nachricht zu verkünden. Er lernte immer noch und versuchte, Jesus besser zu verstehen, auch wenn das bedeutete, für seinen Glauben zu sterben.

Seien Sie um nichts besorgt. Bringt in jeder Situation eure Bitten im Gebet mit Dank vor Gott. Der Friede Gottes, der unser Verstehen übersteigt, wird eure Herzen und Gedanken bewahren. Was auch immer wahr ist, was auch immer edel ist, was auch immer richtig ist, was auch immer rein ist – wenn irgendetwas ausgezeichnet oder lobenswert ist – dann denkt an diese Dinge. Ich habe gelernt, in jeder Situation in Frieden zu leben. Ich weiß, wie es ist, in Not zu sein und Überfluss zu haben, hungrig oder satt zu sein. Ich kann alles tun durch Christus, der mir Kraft und alles gibt, was ich brauche.

Paulus sagte, das Bürgerrecht eines Christen sei im Himmel und die Gläubigen seien Botschafter des Reiches Gottes für die Menschen auf der Erde. Das Christentum stelle ein neues Modell des Denkens und Lebens dar, und der Geist verwandle und beschütze die Gläubigen bei ihrer Mission in dieser Welt.

Briefe an Kirchenführer

Paulus schrieb während und nach seinem Gefängnisaufenthalt in Rom Briefe an Pastoren, die in Gegenden lebten, die er besucht hatte. Einige der Briefe wurden Schreibern diktiert, die die Ideen des Paulus in ihre eigenen Worte fassen durften. Dies hat einige dazu veranlasst, daran zu zweifeln, dass Paulus der Autor war. In den Briefen ging es hauptsächlich um die Organisation der Gemeindeleitung, um Lehren über gutes Verhalten in der Welt und um den Umgang mit falschen Lehren.

Titus

Paulus schrieb einen Brief an seinen Freund Titus, einen griechischen Heiden, der während der ersten Reise des Paulus nach Kleinasien gläubig wurde. Titus war bei Paulus und Barnabas, als sie nach Jerusalem reisten, um den Gemeindeleitern von der Bekehrung der Heiden zu berichten, und er wurde bei der Diskussion über die Notwendigkeit der Beschneidung unter den Heiden als Beispiel verwendet. Titus wurde während einer der Reisen von Paulus auf der Insel Kreta zurückgelassen und wurde schließlich Leiter aller Gemeinden auf der Insel.

Paulus schrieb, um Titus bei der Ernennung von Leitern („Ältesten") für die Leitung der örtlichen Gemeinden auf der Insel anzuleiten. Die Ältesten sollten die Früchte des Geistes zeigen (z. B. geduldig, freundlich, gastfreundlich, selbstbeherrscht und diszipliniert sein). Sie mussten starke Gläubige sein: Sie sollten heilig handeln, fest an der christlichen Botschaft festhalten, andere mit der richtigen Lehre ermutigen und denen widersprechen, die nicht daran glaubten, ihren Frauen treu sein und nicht gewalttätig sein oder zu viel Alkohol trinken. In der Tat sollten diese Eigenschaften von allen Gläubigen gezeigt werden, unabhängig von ihrer Stellung oder ihrem Geschlecht. Das würde den Menschen helfen, diejenigen zu respektieren und zu bewundern, die Jesus nachfolgen.

Paulus wies Titus an, gegen die Juden vorzugehen, die schlecht über die nichtjüdischen Gläubigen sprachen, die sich nicht an die jüdischen Bräuche hielten. Er sagte Titus auch, er solle alle Gläubigen lehren, sich nicht gegen die Regierenden aufzulehnen, Gutes zu tun, wann immer sie könnten, und es zu vermeiden, über törichte und nutzlose Kontroversen zu reden. Diejenigen, die Spaltungen verursachten, sollten mehrmals gewarnt werden, und wenn sie sich weiterhin spalterisch verhielten, sollten sie gemieden werden.

Philemon

Der kürzeste Brief des Paulus (eine Seite) wurde geschrieben, als er in Rom im Gefängnis saß. Er traf und bekehrte einen Sklaven namens Onesimus (was „nützlich" bedeutet), während sie beide im Gefängnis waren. Der Sklave gehörte zu Philemon, einem in Kolossä lebenden Christen, der eine Hausgemeinde leitete. Paulus hatte Philemon zuvor in Ephesus geholfen, gläubig zu werden. Onesimus hatte etwas von Philemons Geld genommen und war nach Rom geflohen. Onesimus wurde aus dem Gefängnis entlassen, und Paulus überzeugte ihn, zu Philemon zurückzukehren und sich nützlich zu machen, anstatt wie ein verschwundener Sklave nutzlos zu sein.

Der Brief des Paulus ermutigte Philemon, Onesimus wieder aufzunehmen und ihn wie einen Glaubensbruder zu behandeln und ihn nicht zu bestrafen oder zu töten, wie er es bei einem entlaufenen Sklaven tun würde. Paulus versprach, Philemon das Geld zu zahlen, das ihm Onesimus schuldete. Paulus deutete an, dass Philemon Onesimus aus der Sklaverei befreien sollte und dass Philemon Paulus aufgrund seiner eigenen Bekehrung einen Gefallen schuldete.

(Onesimus wurde von Philemon befreit und wurde später Bischof der Kirche in Ephesus; Philemon wurde Bischof der Kirche in Gaza. Beide Männer wurden schließlich von den Römern wegen ihres Glaubens getötet).

Timothy

Paulus schrieb zwei Briefe an Timotheus, den halbjüdischen Christen aus Lystra, der sein Reisegefährte war. Obwohl Timotheus noch jung war, übertrug Paulus ihm die Leitung der großen und vielfältigen Gemeinde in Ephesus, weil er gut predigen und lehren konnte.

In seinem ersten Brief warnte Paulus Timotheus vor einigen Juden, die falsche Vorstellungen darüber vertraten, was es heißt, Christ zu sein. Ihr Schwerpunkt lag auf dem Gehorsam gegenüber den Gesetzen des Mose, nicht auf der Nächstenliebe und dem Glauben an Jesus. Das Gesetz war immer noch nützlich, wenn es sich mit Verbrechern, Lügnern, Rebellen, Sklavenhändlern und Menschen befasste, die sexuelle Unmoral praktizierten.

Paulus schrieb auch darüber, wie die Gottesdienste und die Gemeinde organisiert werden sollten. Er gab Anweisungen darüber, wie man beten sollte, wie sich Frauen kleiden sollten und wer während des Gottesdienstes sprechen und lehren sollte. Er gab Timotheus viele der gleichen Anweisungen, die er Titus über die Qualifikationen der Ältesten (auch Bischöfe genannt) gegeben hatte, und er sprach über die Qualifikationen der Diakone.

Er gab Timotheus Ratschläge, wie er seine Gesundheit erhalten könne, und wies darauf hin, dass es eine gute Idee sei, Älteste für ihre Arbeit zu bezahlen. Er ermutigte ihn, nach Gottesfurcht zu streben und anderen gegenüber Glauben, Liebe, Ausdauer und Sanftmut zu zeigen. Schließlich gab Paulus ihm Ratschläge, wie er mit Gläubigen in allen Lebensbereichen umgehen sollte: mit Alten und Jungen, mit Verheirateten, Witwen und Ledigen, mit Sklaven und ihren Herren, mit denen, die einer Sünde beschuldigt wurden, und mit Reichen und Armen.

Sei zufrieden mit dem, was du hast. Diejenigen, die reich werden wollen, tappen in eine Falle. Viele törichte Wünsche sind schädlich und verderben den Menschen, denn die Liebe zum Geld verursacht allerlei Böses. Manche, die nach Geld gieren, sind vom Glauben abgefallen und haben viele Probleme gehabt. Diejenigen, die in diesem Leben reich sind, sollten nicht stolz sein oder ihre Hoffnung auf ihren Besitz setzen, der ungewiss sein kann. Sie sollten ihre Hoffnung auf Gott setzen, der uns reichlich mit allem versorgt, was wir zum Glücklichsein brauchen. Befiehl ihnen, Gutes zu tun und reich an guten Taten zu sein, großzügig zu sein und bereit zu teilen. Auf diese Weise werden sie ihre Schätze im Himmel aufbewahren.

Der zweite Brief des Paulus an Timotheus wurde viel später geschrieben, als er wieder in Rom im Gefängnis saß. Er litt in einer kalten Gefängniszelle, weil er ein Christ war. Paulus glaubte, dass er bald von den Römern unter Nero getötet werden würde, und es war die letzte Aufzeichnung von Paulus' Schriften. Alle Christen wurden zu dieser Zeit verfolgt, und viele seiner Anhänger hatten ihn verlassen, so dass er sich allein fühlte.

Obwohl Paulus deprimiert war, ermutigte er Timotheus, den Glauben zu bewahren und keine Angst zu haben, wegen seines Glaubens zu sterben. Leiden sei ein Teil des christlichen Lebens, und Sterben bedeute, Gott näher zu sein. Paulus warnte Timotheus vor falschen Lehrern, die ihre Zeit damit verbrachten, sich über unwichtige Dinge zu streiten. Diejenigen, die sich ihm widersetzten, sollten sanft behandelt werden, damit sie zur Vernunft kämen, es bereuten und zur Wahrheit zurückkehrten.

Paulus forderte Timotheus auch auf, weiterhin zu predigen und aus den Schriften zu lehren, die ihn weise gemacht hatten und die Worte und Gedanken Gottes verstehen ließen. Die Schriften waren alle nützlich, um andere zu lehren, zu korrigieren und zu einem heiligen Leben zu erziehen. Die inspirierten Schriften helfen den Christen, sich für jedes gute Werk zu rüsten.

Paulus beendete seinen letzten Brief mit der Bitte an Timotheus, ihn im Gefängnis zu besuchen. Lukas war die einzige in Rom verbliebene Person, die ihn tröstete und ermutigte. (Es ist nicht überliefert, ob Timotheus vor der Hinrichtung des Paulus in Rom eintraf).

KAPITEL 23

ANDERE BRIEFE AN GLÄUBIGE

Apostel senden allgemeine Briefe an die Kirche

Die meisten Briefe in der Bibel hat Paulus an seine Glaubensbrüder geschrieben, andere Briefe stammen von den Aposteln Petrus und Johannes und den beiden Halbbrüdern Jesu, Jakobus und Judas (der sich selbst Judas nannte). Ein weiterer Brief wurde von einem unbekannten Verfasser an Juden im Allgemeinen geschrieben. Dieses Kapitel fasst diese Briefe zusammen.

Petrus' Briefe

Petrus schrieb zwei Briefe an Gläubige. Der erste Brief wurde an nichtjüdische Gläubige in Städten geschickt, die Paulus besuchte und die wegen ihres Glaubens verbal und physisch angegriffen wurden. Das Hauptanliegen des Briefes war es, die Gläubigen zu ermutigen, in ihrem Glauben stark zu bleiben, während sie in schwierigen Zeiten litten, so wie Jesus es tat. Die Gläubigen sollten einander lieben, gute Bürger sein und eine gute Familie haben, um einen guten Eindruck auf andere zu machen. Am Ende würden ihre Bemühungen im Himmel belohnt werden.

> Gott freut sich, wenn ihr leidet und aushaltet, weil ihr Gutes tut. Ihr seid ein auserwähltes Volk, eine heilige Nation, und Gottes besonderer Besitz, damit ihr von Jesus erzählen könnt, der euch aus der Finsternis in sein wunderbares Licht gerufen hat. Deine Schönheit sollte nicht von dem kommen, was du trägst, sondern von deinem Inneren, von der unvergänglichen Schönheit eines sanften und ruhigen Geistes. Seid immer bereit, jedem, der euch fragt, warum ihr Hoffnung habt, eine Antwort zu geben, aber tut es mit Respekt und Sanftmut. Liebt einander vor allem innig, denn die Liebe deckt viele Sünden. Seid wachsam und nüchtern, denn euer Feind, der Teufel, schleicht umher wie ein brüllender Löwe und sucht jemanden, den er verschlingen kann. Widersteht ihm und steht fest im Glauben, denn ihr wisst, dass die Familie der Gläubigen in der ganzen Welt dasselbe Leid erfährt.

Der zweite Brief des Petrus ist kürzer und konzentriert sich auf ein anderes Thema: den Widerstand gegen Irrlehrer und Übeltäter, die die Kirche beeinflussten. Die Vielfalt der frühen Kirche brachte neue Ideen mit sich, die nicht mit den Lehren von Petrus, Paulus und anderen christlichen Führern übereinstimmten, und Petrus wollte die grundlegenden Lehren der Kirche hervorheben.

Zunächst forderte er die Gläubigen auf, in ihrem Glauben zu wachsen. „Bemüht euch, eurem Glauben die Eigenschaften der Güte, der Erkenntnis, der Selbstbeherrschung, der Beharrlichkeit, der Frömmigkeit, der Unterstützung für andere und der Liebe hinzuzufügen. Wenn ihr diese Eigenschaften vermehrt, werden sie euch helfen, effektiv und produktiv zu sein". Dann schrieb er, dass wahre Propheten immer für Gott und von Gott sprechen und sich nicht auf ihre eigenen Ideen verlassen, um zu versuchen, die Gedanken und Handlungen anderer zu beeinflussen; falsche Lehrer erzählen Geschichten, um leichtgläubige Gläubige auszunutzen.

Eine dieser falschen Lehren war, dass Jesus nicht wiederkommen würde und es kein Endgericht geben würde. Petrus betonte erneut, dass Jesus wiederkommen und der letzte Richter sein werde. Das Böse würde mit Feuer vernichtet werden, so wie das Böse in den Tagen Noahs durch Wasser vernichtet wurde. Der Tag war unbekannt, denn für Gott ist „ein Tag wie tausend Jahre". Am Ende würden die Irrlehrer hart gerichtet werden.

Brief von Jakobus

Jakobus war ein Halbbruder Jesu, der Jesus zunächst nicht folgte, aber nach seiner Auferstehung gläubig wurde. Jakobus leitete die Jerusalemer Gemeinde, an die sich Paulus wandte, wenn er Fragen im Zusammenhang mit den Heiden erörterte. Sein Brief richtete sich an Juden, die außerhalb Palästinas lebten. Sein Brief betonte vor allem, was es bedeutet, Jesus nachzufolgen, und sagte nicht viel über christliche Ideen aus.

Der Brief ist im Grunde ein Handbuch für korrektes christliches Verhalten und setzt daher voraus, dass die Leser bereits gut informierte Juden waren, die nun Christen sind. Das Buch schweift in verschiedene Richtungen ab und erörtert unterschiedliche Themen.

> Freut euch, wenn ihr in der Prüfung steht, denn die Prüfung eures Glaubens bewirkt Ausdauer, die zur Reife führt. Diejenigen, die ausharren, erhalten eine Krone des Lebens .... Wenn es euch an

Weisheit mangelt, bittet Gott um sie, und ihr werdet sie erhalten. Aber wenn du bittest, dann glaube und zweifle nicht. Sonst wirst du nicht bekommen, worum du gebeten hast .... Wenn du in Versuchung gerätst, dann deshalb, weil du böse Begierden hast. Aus diesen Begierden entsteht die Sünde. Gott führt nicht in Versuchung; nur das Gute kommt von oben. Es liegt in Gottes unveränderlichem Wesen, das Gute zu tun und das Böse zu lassen .... Hören Sie nicht nur auf das Wort Gottes – tun Sie, was es sagt .... Diejenigen, die sich für religiös halten, aber ihre Zunge nicht unter Kontrolle haben, haben eine wertlose Religion .... Ein Mensch mit einer reinen Religion kümmert sich um Waisen und Witwen in ihrer Not und ist nicht durch die Wege dieser Welt verunreinigt .... Bevorzuge nicht die Reichen und die, die gut aussehen. Liebt alle gleichermaßen. Der Reichtum der Reichen wird wegen ihrer Selbstsucht zerstört werden .... Verlasse dich nicht zu sehr auf deine eigenen Pläne. Ihr wisst nicht, was in der Zukunft geschehen wird. Es könnte passieren, wenn Gott es will .... Bekennt euch gegenseitig eure Sünden und betet füreinander, damit ihr geheilt werdet. Gebete von rechtschaffenen Menschen sind mächtig und wirksam.

Die andere Hauptbotschaft des Jakobus besteht in seinem Angriff auf diejenigen, die einen Unterschied zwischen Menschen, die behaupten, gläubig zu sein, und denen, die gute Taten tun, sehen. Die beiden gehören zusammen: „Der Glaube eines Menschen ist tot, wenn er nicht auch von Taten begleitet wird. Der Glaube unserer Vorfahren hat sich immer in ihren Taten gezeigt".

Briefe von Judas und Johannes

Judas war der Bruder von Jakobus und der Halbbruder von Jesus. Wie der erste Brief des Petrus konzentrierte sich auch der Brief des Judas auf die Bekämpfung von Irrlehren, die sich in der Kirche verbreiteten. In diesem sehr kurzen Buch (weniger als eine Seite lang) steht nichts über seine Leserschaft und die falschen Lehren. Judas wendet sich lediglich gegen die Irrlehrer, die das Konzept der Gnade und die Rolle Jesu falsch darstellten. Diese Lehrer waren sehr kritisch gegenüber Dingen, die sie nicht verstanden. Judas führt viele Beispiele für Gottes Gericht auf und sagt, dass die Irrlehrer eines Tages bestraft werden würden, so wie Gott die falschen Propheten und Lehrer bestraft hat, die unter den Juden gelebt hatten.

Briefe von Johannes

Johannes war ein Fischer, bevor er einer der 12 ersten Jünger wurde. Er verfasste einen langen Bericht über das Leben Jesu und schrieb Ende des ersten Jahrhunderts nach Christus drei allgemeine Briefe an die Christen. Wahrscheinlich lebte er zu dieser Zeit in Ephesus.

Johannes schrieb seinen ersten Brief, um die Kirche zu ermutigen und zu stärken, während falsche Lehren die Kirche infiltrierten. Zu dieser Zeit entwickelte sich die Irrlehre des Gnostizismus, die den Glauben vertrat, dass alle physischen Dinge böse sind und nur der Geist gut ist. Das bedeutete, dass der Geist Jesu zählte und nicht sein Körper; manche glaubten, Jesus sei gar kein Mensch gewesen. Dieser Glaube brachte die Gnostiker dazu, ein unmoralisches Leben zu führen, da die Einhaltung des Gesetzes keine Konsequenzen hatte. Die Gnostiker waren sehr stolz auf ihren Glauben und sahen auf diejenigen herab, die nicht so glaubten wie sie. Johannes stellt sich gegen jede der gnostischen Ansichten. Als Augenzeuge und enger persönlicher Freund erlebte Johannes die Realität des physischen Lebens Jesu. Jesus war Gott in körperlicher Gestalt. Johannes betonte auch ein rechtschaffenes Leben, Demut und Nächstenliebe. Ein wahrer Christ glaubte, dass Jesus der Messias und der Sohn Gottes war, gehorchte den Geboten Jesu, führte ein gutes Leben und liebte andere Christen.

> Das ist es, was Liebe ausmacht: Jesus Christus ist für uns gestorben. Wir sollten bereit sein, für unsere Brüder und Schwestern zu sterben. Wenn jemand materiellen Besitz hat und einen Bruder oder eine Schwester in Not sieht und ihm oder ihr nicht hilft, wie kann dann die Liebe Gottes in dieser Person sein? Lasst uns nicht mit Worten lieben, sondern mit Taten. Lasst uns einander lieben, denn die Liebe kommt von Gott. Jeder, der liebt, ist aus Gott geboren. Wer nicht liebt, der kennt Gott nicht, denn Gott ist Liebe. In der Liebe gibt es keine Angst. Vollkommene Liebe vertreibt die Angst, denn Angst hat mit Strafe zu tun. Wir lieben, weil Jesus uns zuerst geliebt hat. Jesus hat dieses Gebot gegeben: Wer Gott liebt, muss auch seinen Bruder und seine Schwester lieben.

Der zweite Brief des Johannes war nur ein paar Absätze lang. Er schrieb, um die Kirche vor falschen Lehrern zu warnen, die die Kirche ohne ihr Wissen beeinflussten. Johannes sagte, die Kirche solle nichts mit solchen Leuten zu tun haben. Johannes wiederholte auch die beiden Punkte aus seinem ersten Brief: die Notwendigkeit für die Mitglieder der Kirche, Jesu Gebote zu befolgen und sich gegenseitig zu lieben.

Auch der dritte Brief des Johannes war kurz. Er schickte ihn, um einen Freund darüber zu belehren, wie er mit einer ungewöhnlichen Situation in der Kirche umgehen sollte. Ein Lehrer, der von Johannes zur Unterstützung verschiedener Gemeinden ausgesandt worden war, wurde von dem Leiter einer der Gemeinden nicht akzeptiert. Dieser Leiter benahm sich wie ein Tyrann, kontrollierte die Leute und schloss sogar einige Gläubige aus, die anderen Gastlehrern geholfen hatten. Johannes dankte seinem Freund dafür, dass er den Lehrern, die ihn besucht hatten, geholfen hatte, und er warnte den Leiter indirekt, dass er sich bald persönlich mit ihm befassen würde.

Brief an die Hebräer

Der Hebräerbrief wurde an Juden geschrieben, um sie davon zu überzeugen, dass Jesus allen anderen Helden des Alten Testaments überlegen war. Er sollte jüdische Gläubige davon abhalten, zum Judentum zurückzukehren. Obwohl der Hebräerbrief als Brief betrachtet wird, ist er wie ein Essay aufgebaut. Er beginnt damit, dass er beschreibt, wie Gott zuerst durch die Propheten und jetzt durch Jesus gesprochen hat.

> Gott hat schon früher zu unseren Vorfahren durch die Propheten zu vielen Zeiten und auf verschiedene Weise gesprochen, aber in diesen letzten Tagen hat Gott durch Jesus zu uns gesprochen. Er wurde zum Erben aller Dinge eingesetzt, und Gott hat ihn benutzt, um das Universum zu schaffen. Jesus ist das genaue Abbild Gottes und hält die Welt durch seine Worte zusammen. Jetzt, da er uns von unseren Sünden gereinigt hat, sitzt er zur Rechten Gottes im Himmel. Er ist jedem Engel im Himmel weit überlegen.

Der Autor bezieht sich häufig darauf, dass Jesus „besser als" die Helden des Alten Testaments ist. Der Autor erklärt, dass Christus besser ist als das Alte Testament, besser als die Engel, besser als Mose, besser als Josua, besser als alle Priester und besser als Abraham. Der Neue Bund – das Opfer Jesu hat die Menschen von ihren Sünden gereinigt und bietet dem ganzen Volk Gottes, der Kirche, ewiges Leben – ist besser als der Alte Bund. Jesu Opfer ist besser als die Opfer unter dem Alten Bund, und Jesus zu erleben ist besser als die Ereignisse auf dem Berg Sinai zu erleben. Jesus ist der große Hohepriester, der für das Volk bei Gott Fürsprache einlegt und auch der Richter ist.

> Das Wort Gottes ist lebendig und schärfer als jedes zweischneidige Schwert. Es beurteilt unsere verborgenen Gedanken und Haltungen. Nichts ist vor Gottes Augen verborgen. Alles wird aufgedeckt und vor Gott offengelegt, vor dem wir Rechenschaft ablegen müssen. Wir haben einen Hohenpriester, der sich in unsere Schwächen einfühlen kann. Jesus wurde in jeder Hinsicht versucht, genau wie wir, aber er hat nicht gesündigt.

Jesus kam als das ultimative Opfer in die Welt; es war unmöglich, dass das Blut von Stieren und Böcken Sünden wegnehmen konnte. Opfer, um den Makel der Sünde zu beseitigen, waren nicht mehr nötig. Aber die Befreiung von der Sünde gab den Menschen nicht die Erlaubnis, diese Freiheit zu nutzen, um weiter zu sündigen. Stattdessen sollte das Hauptaugenmerk eines Christen darauf liegen, „einander zu ermutigen, unsere Liebe und guten Taten zu zeigen". Diejenigen, die an Jesus glauben, sollten mutig sein und schwierige Zeiten durchstehen und nicht zaghaft sein.

> Der Glaube ist die Gewissheit dessen, was wir hoffen, und die Zuversicht auf das, was wir nicht gesehen haben. Unser Glaube hilft uns zu glauben, was Gott getan hat. Es war Abrahams Glaube, der ihn dazu veranlasste, sein Haus in Ur zu verlassen und nach Kanaan zu ziehen, und der ihn und Sarah dazu brachte, in hohem Alter ein Kind zu bekommen. Wir glaubten an Gott, als Mose uns durch das Wasser führte, um den Ägyptern zu entkommen. Fast alle starben, bevor sie das verheißene Land sahen, aber sie konnten es aus der Ferne sehen und zweifelten nicht, weil sie an Gottes Verheißungen für uns glaubten.

Durch den Glauben fielen die Mauern von Jericho, und durch den Glauben wurde die Prostituierte Rahab nicht getötet, weil sie die Spione aufnahm. Ich habe keine Zeit, um über Gideon, Barak, Simson, Jephthah, David, Samuel und die Propheten zu sprechen. Durch ihren Glauben eroberten sie Königreiche, sorgten für Gerechtigkeit und erlangten, was ihnen versprochen wurde. Sie stopften den Löwen das Maul, löschten den Zorn der Flammen und entkamen der Schärfe des Schwertes. Ihre Schwäche verwandelte sich in Stärke, als sie im Kampf mächtig wurden.

Andere wurden gefoltert und weigerten sich, freigelassen zu werden, um eine noch bessere Wiederauferstehung zu erreichen. Einige wurden verhöhnt, geschlagen und ins Gefängnis geworfen. Sie wurden gesteinigt, in zwei Teile zersägt und mit dem Schwert getötet. Sie trugen die Felle von Schafen und Ziegen und waren arm und obdachlos, wurden verfolgt und misshandelt. Sie wanderten in Wüsten und Bergen umher und lebten in Höhlen und Erdlöchern.

Da wir von einer so großen Wolke von Zeugen umgeben sind, befreie uns von allem, was uns aufhält, und von der Sünde, die uns gefangen hält. Stärkt eure schwachen Arme und schwachen Knie und lauft das Rennen, das vor uns liegt, mit Ausdauer. Richtet eure Augen auf Jesus, der das Kreuz ertragen hat und nun neben Gottes Thron sitzt.

Der Autor endet damit, dass er die Juden auffordert, weiterhin ein moralisches und liebevolles Leben zu führen, Fremden gegenüber Gastfreundschaft zu zeigen und sich an die zu erinnern, die im Gefängnis saßen und darunter litten, dass sie schlecht behandelt wurden.

KAPITEL 24

---◆◈◆---

VORHERSAGEN ÜBER DIE ZUKUNFT
Mysteriöse Botschaften prophezeien ein katastrophales Finale

Jesus hatte über das Reich Gottes gesprochen, als ob es bereits auf der Erde existierte, aber auch als ob es noch kommen würde. Er sagte, ein König werde die Menschen richten, wie ein Hirte die Schafe von den Böcken trennt und die Schafe in den Himmel und die Böcke in die Hölle schickt. Jesus sprach unter vier Augen mit seinen Jüngern, als sie ihn nach den Ereignissen am „Ende des Zeitalters" fragten. Jesus sagte es ihnen:

> Ihr werdet von Kriegen und Kriegsgerüchten, Erdbeben und Hungersnöten hören – aber das sind nur Geburtswehen. Es wird Bedrängnis geben, und viele werden euch hassen, weil ihr mir nachfolgt. Viele werden abfallen und andere verraten, und falsche Propheten werden viele in die Irre führen. Das Ende wird kommen, nachdem das Evangelium allen Völkern verkündet worden ist. Wenn ihr den Antichristen im Tempel stehen seht, wie Daniel es vorausgesagt hat, müsst ihr so schnell wie möglich fliehen. Die Verfolgung wird so groß sein wie keine andere, und wenn die Zeit nicht verkürzt wird, wird niemand überleben. Falsche Propheten werden euch sagen, dass Jesus zurückgekehrt ist und das Ende naht, aber glaubt ihnen nicht, denn diese anderen Dinge müssen zuerst geschehen.

Die Christen glaubten, dass Jesus bald als König zurückkehren würde, um sie vor Missbrauch und Verfolgung zu retten. Ihre Hoffnung war nicht, dass sie schrecklichen Zeiten entgehen würden, sondern dass sie bald bei Jesus sein würden. Er erzählte Gleichnisse darüber, wie man sich auf seine Wiederkunft vorbereiten sollte – die Gläubigen mussten vorbereitet sein wie eine reine Frau, die auf einen möglichen Ehemann wartete, der jederzeit auftauchen konnte.

Doch gegen Ende des ersten Jahrhunderts nach Christus war klar, dass Jesus nicht so bald zurückkehren würde. Die Römer hatten Jerusalem und den Tempel zerstört, und nach den Vorhersagen über die Rückkehr des Messias musste beides bestehen bleiben. Niemand wusste, wann die Vorhersagen über seine Wiederkehr, die Ausrottung des Bösen und das Gericht über alle Bewohner der Welt eintreten würden. Während seines Dienstes erzählte Jesus ein Gleichnis über die Koexistenz von Gut und Böse.

> Mit dem Himmelreich ist es wie mit einem Bauern, der auf seinem Feld gute Weizensamen säte. Während alle schliefen, pflanzte sein Feind Unkrautsamen in das Weizenfeld und verschwand in aller Stille. Als der Weizen keimte, kam auch das Unkraut zum Vorschein. Die Arbeiter des Bauern fragten ihn: „Hast du nicht guten Samen auf dein Feld gesät? Woher kommt das Unkraut?"
>
> Der Bauer antwortete: „Das war ein Feind".
>
> Die Diener fragten den Mann: „Sollen wir das Unkraut ausreißen?"
>
> Der Mann antwortete: „Nein, wenn du das Unkraut ausreißt, wirst du auch einen Teil des Weizens ausreißen. Lasst beides zusammen wachsen bis zur Ernte. Dann werde ich den Erntehelfern sagen, dass sie das Unkraut einsammeln und es in Bündel binden sollen, die verbrannt werden. Dann werde ich ihnen befehlen, den Weizen zu sammeln und in meine Scheune zu bringen".

Es kann also sein, dass Jesus noch sehr lange nicht wiederkommt. In der Zwischenzeit leben die Gläubigen neben denen, die nicht so glauben wie sie. Die Gläubigen leben auf der Erde und haben ihr Bürgerrecht im Himmel; die Kirchen sind wie kleine Kolonien, die dem Rest der Welt ein wenig davon zeigen, wie der Himmel aussehen wird. Das Reich Gottes ist zum Teil gekommen, wird aber vollständig sein, wenn Jesus wiederkommt und das Böse vernichtet wird.

Viele Vorhersagen über die Israeliten und den Messias haben sich bewahrheitet, aber es gibt immer noch einige Vorhersagen darüber, was in der Zukunft geschehen wird, die noch nicht eingetreten sind. Diese Vorhersagen beziehen sich hauptsächlich auf die „endzeitliche" Rückkehr des Messias und die Trennung der Menschen, die entweder in den Himmel oder in die Hölle kommen. Einige dieser Vorhersagen sind sehr symbolisch und voller anschaulicher Bilder, und die Propheten, die sie von Gott erhielten, wussten nicht, was sie bedeuteten. Aber sie schrieben sie auf, damit andere sie später verstehen konnten. Wegen der andauernden Verfolgung waren die Christen an allen Einzelheiten interessiert, die sie darüber erfahren konnten, wann ihr Leid ein Ende haben würde. Sie hielten hoffnungsvoll durch, anstatt sich selbst zu bemitleiden.

Gegen Ende des ersten Jahrhunderts war Johannes, der Fischer, der zu den ersten Jüngern gehörte, Pfarrer in Ephesus. Er widersetzte sich den Römern, die die Christen töten wollten, weil sie dem Kaiser nicht die Treue schworen und ihn nicht anbeteten (Daniel war in dieser Situation, als er König Nebukadnezar nicht anbetete). Die Römer schickten Johannes allein auf die griechische Insel Patmos.

Schwierigkeiten beim Verständnis der apokalyptischen Literatur

Als Johannes auf Patmos war, schrieb er die **Offenbarung** unter Verwendung einer damals populären Literatur, die sich auf die Zerstörung der Welt bezog (die Apokalypse). In der apokalyptischen Literatur wurde eine stark symbolische Sprache verwendet, z. B. seltsame Tiere und besondere Zahlen, und es fehlten gewöhnlich wichtige Details. Der Inhalt war schwer zu verstehen und konnte viele verschiedene Bedeutungen haben. Diese Art von Literatur wurde von einigen alttestamentlichen Propheten und Autoren des Neuen Testaments verwendet.

Die Christen wurden verfolgt, weil sie sich nicht an die römischen Gesetze hielten, die gegen die Grundsätze ihres Glaubens verstießen.[9] Johannes wollte mit den Mitgliedern der Kirche aus der Ferne kommunizieren, aber es war gefährlich für ihn, in seinen Briefen deutlich zu sein. Da das Leben der Empfänger des Briefes in Gefahr sein konnte, wenn der Brief von römischen Beamten gelesen wurde, verwendete Johannes Begriffe, die eine doppelte Bedeutung hatten oder nur von Gläubigen verstanden wurden. Ähnlich wie eine Sportmannschaft oder die Mitglieder einer Untergrundgemeinschaft geheime Zeichen und Begriffe verwenden, um miteinander zu kommunizieren: Seine Worte waren verschlüsselt und nicht wörtlich zu nehmen. So sprach er zum Beispiel von den Übeln Babylons, meinte aber in Wirklichkeit die Übel des Römischen Reiches. Er benutzte oft die Zahl sieben, um Vollständigkeit zu symbolisieren (sieben Städte und Hügel, sieben Siegel, sieben Sterne, sieben Posaunen).

---

[9] Im letzten Jahrzehnt des ersten Jahrhunderts verfolgte der römische Kaiser Domitian die Christen mit aller Härte und gab sich selbst den Titel "Herr und Gott" und wollte, dass alle ihn anbeten.

Ermutigung für sieben Kirchen

Die ersten drei Kapitel der Offenbarung waren an sieben Gemeinden in Kleinasien gerichtet, beginnend mit Ephesus. Diese Städte waren durch eine Hauptstraße miteinander verbunden, und der Brief sollte auf einem Rundweg an die nächste Gemeinde gesandt werden.

Die Verfolgung hatte die Gläubigen in jeder Stadt dazu veranlasst, ihre Überzeugungen und Handlungen zu kompromittieren, um sich unter die Ungläubigen zu mischen. Johannes schrieb, um sie zu ermutigen, der Versuchung zu widerstehen, den römischen Kaiser zu verehren und ihrem Glauben treu zu bleiben. Die Gläubigen sollten Hoffnung haben, denn Gott hat das Sagen und wird schließlich den Krieg gegen das Böse gewinnen.

Johannes passte seine Botschaften an die spezifische Situation an, in der sich jede Ortsgemeinde befand. Laodizea zum Beispiel war eine wohlhabende Stadt, und die Menschen in ihrer Gemeinde waren faul und selbstgenügsam. Obwohl die Stadt ein Zentrum für das Bankwesen war, sagte Johannes, die Gemeinde sei geistlich arm; obwohl die Stadt schöne Kleider herstellte, sagte Johannes, die Gläubigen seien nackt; obwohl die Stadt eine medizinische Schule hatte, sagte er, die Gemeinde sei blind. Die heißen Quellen in der Gegend eigneten sich gut zum Baden, und das kalte Wasser war in der Hitze erfrischend. Das heiße Wasser, das über Aquädukte in die Stadt floss, wurde lauwarm, wenn es sie erreichte, und lauwarmes Wasser wurde verwendet, um Erbrechen hervorzurufen. Johannes sagte den Menschen in der Kirche diese Worte von Gott:

> Ich weiß, dass du weder kalt noch heiß bist. Weil du lauwarm bist, werde ich dich aus meinem Mund ausspucken! Du sagst: „Ich bin reich, ich habe Reichtum erworben und brauche nichts". Aber du erkennst nicht, dass du erbärmlich, arm, blind und nackt bist. Ich tadle und züchtige die, die ich liebe.

Aber trotz der Trägheit und des Stolzes der Kirche erinnerte Johannes die Kirche an Gottes Güte. Gott sagt: „Ich stehe vor deiner Tür und klopfe an. Wenn du meine Stimme hörst und die Tür öffnest, werde ich hereinkommen und mit dir essen". Der Einzelne hat immer die Wahl, auf die Einladung, Gott kennen zu lernen, zu antworten, ohne dazu gezwungen zu werden. Ein zentrales Thema der Heiligen Schrift ist, dass Gott nach Sünde und Gericht nicht Strafe, sondern Liebe und Gnade anbietet.

Das Ende der Geschichte

Nachdem er an die sieben Gemeinden geschrieben hatte, berichtete Johannes von Zukunftsvisionen, die von Gott als Botschaft an alle Gläubigen kamen. Er beschrieb eine Reihe von Ereignissen im Zusammenhang mit dem Ende der Zeit, wenn Jesus vom Himmel zurückkehren wird. Es wird „Geburtswehen" geben, die anzeigen, dass die letzten Ereignisse bevorstehen, und dann werden die letzten Ereignisse eintreten.

Johannes beschrieb die letzten Ereignisse der Geschichte in Form einer „Entrückung" (Christen kommen in den Himmel), einer „Trübsal" (Jahre intensiver Christenverfolgung, begleitet von vielen Naturkatastrophen und Kriegen), eines „Tieres" (einer bösen Macht, die ihre Kräfte gegen die Christen einsetzt), den Antichristen (ein falscher Prophet, erkennbar an der Zahl 666),[10] eine letzte Schlacht zwischen den Mächten des Guten und des Bösen in Harmagedon (einem Tal im Norden Israels), ein „Millennium" (1.000 Jahre Frieden) und die Wiederkunft Christi, der alle Mächte der Finsternis besiegt und alles Böse verbrennt. Dann wird das Reich Gottes im Himmel und auf Erden errichtet, ohne dass es das Böse gibt.

Es ist nicht klar, wie all diese Personen und Ereignisse zusammenwirken. Manche glauben, dass zuerst die Entrückung kommt, dann die Trübsal, gefolgt von der Wiederkunft Christi und dem Millennium. Dann kommt es zu einem letzten Ansturm des Bösen, woraufhin Christus ein drittes Mal wiederkommt und das Böse in einer letzten Schlacht besiegt. Andere glauben, dass die Christen *nach* der Trübsal die Entrückung erleben werden; danach kommt das Millennium, gefolgt von der Wiederkunft Christi und dem Endgericht. Eine andere Ansicht ist, dass wir uns bereits im Millennium befinden und die Trübsal vor der Entrückung kommt.

Für jede Ansicht gibt es eine Begründung, und auch andere Kombinationen sind möglich. Aber aufgrund der geheimnisvollen Symbolik und des Mangels an Details darüber, wie und wann die Ereignisse stattfinden werden, weiß niemand wirklich, wie sich all diese Ereignisse entfalten werden. Viele Gelehrte sind der Ansicht, dass die Ereignisse in einem allgemeinen Sinn gelten und im Kontext von

---

[10] Die Bedeutung von 666 ist unbekannt. Es wurden Versuche unternommen, die Person anhand eines mit dem Alphabet verbundenen Zahlensystems zu identifizieren. Viele Gelehrte sind der Meinung, dass es ein Symbol für Unvollständigkeit ist (die Zahl 7 steht für Vollständigkeit, also war 666 nicht ganz 777), und es könnte sich auf einen römischen Kaiser beziehen. Die Niederländer dachten, es beziehe sich auf das Jahr, in dem sie 1666 eine große Seeschlacht verloren. Viele behaupteten, Adolf Hitler erfülle die Voraussetzungen für den Antichristen.

Ereignissen zu verschiedenen Zeiten der Geschichte gedeutet werden können, wobei der Hauptpunkt ist, dass Christen in Zeiten extremer Not ausharren und Hoffnung haben sollten. Aus dieser Sicht sind die Offenbarungen nicht dazu gedacht, bestimmte Ereignisse in der Zukunft vorherzusagen. Für viele Gläubige reicht es aus, zu wissen, dass es trotz eines schmerzhaften Prozesses ein Happy End gibt.

Ein Zeichen dafür, dass das Ende der Zeit naht, ist der Bau des Tempels in Jerusalem zum dritten Mal. Es wird vorhergesagt, dass der Antichrist im Tempel dienen wird, um sich dann gegen die Juden zu wenden und sie zu verfolgen. Viele Naturkatastrophen wie Erdbeben, Hungersnöte und Himmelsverfinsterungen werden für die Endzeit vorausgesagt.[11] Johannes bestätigt einige Details, die Jesaja und Paulus für die Wiederkunft Jesu vorausgesagt haben: Die Verstorbenen werden wieder lebendig werden, so wie Jesus es getan hat, und alle Lebewesen, ob tot oder lebendig, werden sich verneigen und Jesus als den König und Herrn des Universums ehren.

Es wird eine Reihe schrecklicher Dinge vorausgesagt, bevor es zu einer letzten Schlacht zwischen Gut und Böse kommt. Die guten Kräfte werden von einem strahlenden König angeführt, dem „Löwen von Juda, der Wurzel Davids" (Jesus), der „würdig ist, Macht, Reichtum, Weisheit, Stärke, Ehre, Ruhm und Lob zu empfangen". Verschiedene Naturkatastrophen, Seuchen, Kriege und Terror werden von bösen Menschen verübt werden. Das Böse wird in dem verzweifelten Versuch der Hölle, die Kräfte des Guten zu besiegen, so stark und weit verbreitet werden.

Aber schließlich wird Gott genug gesehen haben und es wird Zeit für das Gericht sein. In Harmagedon wird eine Schlacht zwischen vielen Völkern stattfinden, und die Beschreibung der Schlacht ähnelt stark der modernen Kriegsführung – die Geräusche von donnernden Jets, Bomben und Raketen, die vom Himmel fallen, Lichtblitze und das Grollen der Erde sowie weitreichende Zerstörung. Böse Mächte greifen den Himmel an, werden aber von Gottes Engelsheer unter der Führung des Erzengels Michael besiegt. Babylon wird wegen seiner Unmoral, seiner falschen Religionen und der Annehmlichkeiten des Materialismus zerstört. Dann werden die Menschen gerichtet, und die

---

[11] Die Gründung des Staates Israel im Jahr 1948 nach fast 1.900 Jahren ohne nationalen Status hat einige Christen und Juden dazu veranlasst, dies als ein Zeichen für das baldige Ende der Zeit zu sehen. Schwerere Naturkatastrophen und Veränderungen des Weltklimas stützen diese Überzeugung.

Ungläubigen werden wie Trauben in einer Kelter zermalmt. Anschließend wirft Gott die meisten der bösen Mächte in den Feuersee.

Das Böse existiert noch, hat aber keinen Einfluss auf die Erde, was zu einer langen Periode des Friedens führt. Dies zeigt den Menschen, wie das Leben ohne den Einfluss des Bösen sein kann. Später wird Satan freigelassen werden, und die bösen Mächte werden das Volk Gottes umzingeln, aber es wird Feuer vom Himmel kommen. Satan und alle verbleibenden Kräfte des Bösen werden in den Feuersee geworfen, wo sie Tag und Nacht bis in alle Ewigkeit gequält werden – sie werden endlich bekommen, was sie verdienen.

Ein neuer Himmel und eine neue Erde

Die Menschen im Himmel werden sich über die Vernichtung des Bösen freuen und singen: „Halleluja, denn der Herr, der allmächtige Gott, regiert". Die heilige Stadt Jerusalem wird auf der Erde wiederhergestellt werden, und Gottes Wohnung (der Himmel) wird unter den Menschen sein. Der König spricht von seinem Thron aus:

> Es wird keine Tränen mehr in ihren Augen geben und keinen Tod, kein Weinen und keinen Schmerz – das Alte ist vergangen und ich habe alles neu gemacht! Es ist vollbracht. Ich bin das Alpha und das Omega, der Anfang und das Ende. Den Durstigen gebe ich umsonst Wasser aus der Quelle des Wassers des Lebens. Diese Sieger werden all dies erben. Ich werde ihr Gott sein, und sie werden meine Kinder sein.

Das Fundament und die Mauern der heiligen Stadt sind spektakulär. Es gibt weder Sonne noch Mond, weil die Herrlichkeit Gottes immer für Licht sorgt; es gibt keine Dunkelheit oder Nacht. Diejenigen, deren Namen im Buch des Lebens stehen, werden für immer als die Braut Gottes leben. Wie im Buch Hiob werden der Schmerz und das Leid des Volkes Gottes schließlich belohnt – die Beharrlichkeit der Gläubigen führt zu einem glücklichen Ende. Die geistlichen Kämpfe waren durch die Jahrhunderte hindurch episch, aber der Krieg kommt zu einem Ende. Es gibt einen totalen Sieg, und das Böse ist für immer vernichtet.

Am Ende schreibt Johannes, dass es Jesus war, der ihm sagte, er solle der Kirche über seine Vision schreiben. Jesus sagt zu allen: „Ich komme bald. Alle, die Durst haben, sollen zu mir kommen". Amen.

EPILOG

———◆•◆•◆———

Die Offenbarung war das letzte Buch, das von einem Augenzeugen des Lebens Jesu geschrieben und in die Bibel aufgenommen wurde. Die christliche Bewegung breitete sich im gesamten Römischen Reich rasch aus, was zum Teil auf den 200 Jahre währenden Frieden im Reich und das ausgezeichnete Straßennetz zurückzuführen war. Diese erleichterten es den Menschen, große Entfernungen sicher zu überwinden. Die Juden waren nach der Zerstörung Jerusalems im Jahr 70 n. Chr. über das ganze Reich verstreut und brachten das Wissen über den Gott Abrahams, die Geschichte der Israeliten und alle Propheten mit. Das machte die Botschaften derer, die die Nachricht von Jesus verbreiteten, verständlicher.

Obwohl das Christentum eine verbotene Religion war und viele Gläubige im ganzen Reich getötet wurden, heißt es in einem Bericht, der um 200 n. Chr. verfasst wurde, dass die Christen „die Städte, Inseln, Festungen, Dörfer, Marktplätze, die Armee selbst, Stämme, Kompanien, den kaiserlichen Palast, den Senat und das Forum bevölkerten". Mit anderen Worten: Christen waren überall zu finden.

Die Ausbreitung des Christentums wurde durch die Verheißungen des Lebens nach dem Tod für die Gläubigen und durch den vorhergesagten Untergang des Römischen Reiches beeinflusst. Justin Martyr versuchte, die römische Regierung davon zu überzeugen, dass Christen gute Bürger waren, auch wenn sie die römischen Götter nicht anbeteten, aber er wurde zusammen mit einigen seiner Jünger im Jahr 165 n. Chr. getötet. Auch andere christliche Führer wurden verfolgt und auf spektakuläre und grausame Weise getötet. Aufgrund der starken Verfolgung der Christen glaubten die meisten Gläubigen damals, sie befänden sich mitten in der Trübsal. Das Römische Reich hörte schließlich 313 n. Chr. unter Konstantin auf, die Christen zu verfolgen. Mehr als 1.700 Jahre später werden Christen in einigen Teilen der Welt immer noch verfolgt und misshandelt.

Im Jahr 1517 äußerte ein Mönch namens Martin Luther in Deutschland Bedenken gegen die religiösen Praktiken und Ideen der römisch-katholischen Kirche. Seine Proteste führten zur protestant-ischen Bewegung, und mehrere religiöse Gelehrte gründeten neue Formen der Kirche. Seitdem haben sich viele andere protestantische Gruppen („Konfessionen") auf der Grundlage ihrer unterschiedlichen religiösen Ansichten gebildet. Die Macht der Kirche wurde in dem Maße eingeschränkt, wie die Auslegung der Heiligen Schrift durch die einzelnen Gläubigen annehmbarer wurde. Wenn die Menschen nicht mit den Lehren oder dem, was in der Kirche geschah, einverstanden waren, verließen sie einfach die Kirche und gingen woanders hin oder gehörten keiner Kirche mehr an. In der Zwischenzeit wird die katholische Kirche von einer Person (dem Papst) geleitet und ist intakt geblieben, während sie ihre Traditionen im Laufe der Zeit immer wieder verändert hat.

In den letzten 200 Jahren ist das Interesse einiger christlicher Gruppen gewachsen, das Evangelium in der ganzen Welt zu verbreiten, manchmal auch, indem sie anderen Menschen notwendige Dienste wie Bildung und medizinische Versorgung anbieten. In seinen letzten Worten auf Erden forderte Jesus die Gläubigen auf, „alle Völker zu Jüngern zu machen" (der „Missionsbefehl" in Matthäus 28,19-20). Das Wort *Nation* bezieht sich auf verschiedene Arten von Menschen, nicht auf Regierungen, und dieser Befehl hat viele dazu veranlasst, Gruppen von Menschen in der Welt zu finden, die die Botschaften Jesu noch nicht gehört haben, und diese Botschaften den Menschen in einer Sprache zu vermitteln, die sie verstehen können.

In den frühen 1800er Jahren startete ein Prediger namens Charles Finney eine Erweckungsbewegung, um Menschen zur Rückkehr in die Kirche zu bewegen und sie zum Christentum zu bekehren. Er setzte verschiedene Methoden ein, um die Zahl der Bekehrten zu erhöhen. Ein neuer Weg, um einen erfolgreichen Christen und eine erfolgreiche Kirche zu definieren, war die Anzahl der Menschen, die sich entschieden, Jesus zu folgen.

In den vergangenen 150 Jahren haben sich die protestantischen Kirchen in den Vereinigten Staaten in ihrer Haltung zu verschiedenen sozialen Fragen wie Sklaverei und Rassenbeziehungen und zu religiösen Fragen wie dem Wahrheitsgehalt der Heiligen Schrift und der Bedeutung der Fürsorge für die körperlichen Bedürfnisse der Menschen erheblich unterschieden. Diese Unterschiede haben zu vielen Spaltungen innerhalb der Kirche geführt. Die Bezeichnung „*Christ*" bedeutet heute viele verschiedene Dinge.

Diejenigen, die sich als Christen bezeichnen, machen etwa 30 % der Weltbevölkerung aus, und das Christentum ist die größte religiöse Gruppe der Welt. Etwa die Hälfte der 2,4 Milliarden Christen ist katholisch, und die meisten von ihnen leben in Afrika, Asien und Lateinamerika. Die Muslime stellen die zweitgrößte religiöse Gruppe dar (etwa 25 % der Weltbevölkerung), und der Islam hat die schnellste Wachstumsrate unter den großen Weltreligionen.

DIE PERSPEKTIVE DES AUTORS

In den ersten Kapiteln der Bibel wird Gottes wunderbare Schöpfung beschrieben, die durch böse Kräfte beschädigt wurde. Den Menschen wurde die Fähigkeit gegeben, zwischen richtig und falsch zu unterscheiden, und die Freiheit, ihren eigenen Lebensweg zu wählen. Diejenigen, die selbstsüchtig sind und Gott nicht folgen, schaden schließlich sich selbst und anderen. Gott vergibt immer und liebt alle Menschen, auch wenn niemand perfekt ist. Gottes Unterstützung für die Menschen hilft oft denen, die nicht glauben, während gleichzeitig das Böse in der Welt diejenigen trifft, die Gott folgen. Das Leben ist nicht immer gerecht, und wir wissen oft nicht, was in unserem Leben geschehen wird.

Böse Mächte gibt es noch

Die Vorhersagen in der Offenbarung über die Vernichtung des Bösen sind offensichtlich noch nicht eingetreten. Viele schlechte Dinge in der Welt verursachen immer noch Schmerz, Leid und Tod.

Böse Kräfte wirken im Stillen auf viele Aspekte des Lebens ein und versuchen, die Kräfte des Guten im Einzelnen und in der Gesellschaft zu stören. Gemeinheit und Ungerechtigkeit sind immer noch Anzeichen für böse Einflüsse.

Paulus sagte den Menschen in Ephesus: „Wir kämpfen gegen die Mächte und Gewalten und gegen die geistlichen Mächte des Bösen" (Epheser 6,12). Die Wege des Bösen können verlockend sein, aber Satan gibt sich als „Engel des Lichts" aus und beeinflusst die Menschen, den falschen Weg einzuschlagen. Das Endergebnis böser Handlungen ist oft eine Form von schrecklichem Schmerz, und niemand weiß, wann das Böse in dieser Welt enden wird.

Diejenigen, die die Lehren Jesu befolgen und praktizieren, repräsentieren das Himmelreich für andere auf der Erde. So wie die heutigen Botschafter in anderen Ländern keine Gesetze befolgen, die gegen die Gesetze und Vorschriften ihres Heimatlandes verstoßen, sollen Christen in dieser Welt leben, aber nicht gegen Gottes Vorschriften verstoßen. Als Einzelne und als Gruppe sollen die Christen ein Beispiel für Gottes Liebe und Vergebung sein. Das Volk Gottes, die Kirche, soll anders denken und handeln. Christen sind Gottes „Musterbeispiel" für die Welt, wie Menschen auf der Erde leben sollten, und fördern den Frieden inmitten von Konflikten.

Gottes Botschafter zu sein, ist eine große Herausforderung

Ein wirksamer Botschafter zu sein, ist keine leichte Aufgabe. Christen sind keine perfekten Vorbilder, und die Kirche wird ständig von bösen Kräften angegriffen, die ihre Bemühungen auf Gläubige und die von ihnen gegründeten Organisationen konzentrieren. Eine Strategie der bösen Mächte besteht darin, den Einfluss und die Botschaften der Kirche zu verringern. Dies geschieht, indem Spaltungen, Ablenkungen und Zweifel geschaffen werden und indem kleine Dinge wichtig gemacht werden, während wichtigere Dinge ignoriert werden. Dies führt dazu, dass Christen sich darauf konzentrieren, über religiöse Ideen zu reden, anstatt in Liebe zu handeln.

Eine andere Art und Weise, wie böse Mächte die Kirche beeinflussen, besteht darin, dass sie die Christen langsam dazu bringen, die Kultur der Nichtchristen zu übernehmen. Paulus hat die Christen davor gewarnt: „Lasst euch nicht von der Welt langsam in ihre Form pressen, sondern ändert euch, indem ihr euren Geist ständig erneuert" (Römer 12,2). Die Welt denkt, dass Erfolg durch Reichtum, Gesundheit und ein angenehmes Leben definiert wird. Nach dieser Definition sind viele Christen erfolgreich, aber nichts davon bringt dauerhaftes Glück oder innere Freude.

Nur relativ wenige Gläubige können in der Welt etwas bewirken, denn dazu muss man Gottes Prioritäten folgen. Um etwas zu bewirken, muss man sich selbst aufopfern, manchmal bis hin zum Tod. Wir alle müssen entscheiden, was wir mit unserem Leben anfangen wollen, wofür wir leben und sterben wollen; unser Leben und unser Tod sollten einen Sinn haben. Die Nachfolge Jesu verlangt von den Menschen, Opfer zu bringen und anderen zu helfen.

Das Gleichnis Jesu von dem Bauern, der Samen säte, das in Kapitel 16 beschrieben wird, behandelt diese Herausforderung. Zwei der drei Arten von Samen, die Wurzeln schlagen, bringen keine Ernte. Die eine Gruppe bezieht sich auf diejenigen, die abfallen, wenn die Dinge schwierig werden, weil sie in ihrem Glauben noch nicht reif sind. Die andere Gruppe bezieht sich auf diejenigen, die von den Sorgen, dem Reichtum und den Vergnügungen des Lebens erstickt werden.

Das Erforderliche tun

Christen sind aufgerufen, die Mächte des Bösen mit Liebe und Mitgefühl zu bekämpfen und Fairness für alle Menschen zu fördern. Gott verlangt von den Menschen, „gerecht zu handeln, die Güte zu lieben und demütig vor Gott zu wandeln" (Micha 6,8). Jesus verurteilte die Pharisäer dafür, dass sie ihre Religion zu einer Show machten, aber diese drei Dinge nicht taten. Tatsächlich wurde Jesus nur dann wütend, wenn er mit religiösen Führern sprach, die das eine sagten, aber das andere taten, die andere hart verurteilten und die Religion zur Durchsetzung ihrer eigenen Interessen benutzten.

Michas Botschaft ist einfach, aber sie zu leben ist sehr schwer. Es ist nur möglich durch den langsamen und stetigen Prozess, Jesus ähnlicher zu werden und sich von Gottes Geist leiten zu lassen, um auf eine Weise zu handeln, die anderen Heilung und Hoffnung bringt. Die Aufgabe ist leichter, wenn wir von denen unterstützt werden, die diese Dinge tun. Das Reich Gottes auf Erden wuchs schnell, weil die ersten Christen andere auf ungewöhnliche Weise liebten. Sie waren die Schafe, die die Hungrigen speisten, den Durstigen zu trinken gaben, die Fremden einluden, die Nackten bekleideten, die Kranken pflegten und die Gefangenen besuchten. Wahrer Glaube und wahre Überzeugung zeigen sich in den Taten, nicht in den Worten.

Christen, die Gottes Charakter widerspiegeln, zeigen bestimmte Arten von „Früchten". Paulus sagte den ersten Gläubigen: „Die Frucht des Geistes ist Liebe, Freude, Friede, Geduld, Freundlichkeit, Güte, Treue, Sanftmut und Selbstbeherrschung" (Galater 5,22-23). Diejenigen, die sich Christen nennen, aber diese Früchte nicht zeigen, sind keine guten Vorbilder, denen man folgen kann. Reife Christen erkennen wir an ihrer Liebe zu anderen, nicht daran, was sie zu glauben vorgeben.

Lohnt es sich?

Ich habe tiefes Glück und Sinn gefunden, indem ich die Ereignisse und Lehren der Bibel studiert und ein Leben im Dienste anderer geführt habe. Mein Glaube zeigt sich in meinem Handeln, und die Erfahrungen in meinem Leben und mit anderen haben mich davon überzeugt, dass Gott sehr real ist und Jesus das beste Beispiel ist, dem man folgen kann.

Mein Leben hat sich auf ungeplante Weise entfaltet und war ein unglaubliches Abenteuer. Ich habe mich dem Fluss des Lebens angeschlossen und bin für alle Möglichkeiten offen geblieben. Wie Abram, als er von Gott gerufen wurde, während er in Ur lebte, habe ich zugehört und gehandelt, ohne zu wissen, wohin ich als Nächstes gehen würde. Ich hatte keine Angst, Risiken einzugehen, und ich möchte in einem Leben, das einen Sinn hat, etwas bewirken. Jetzt sehe ich, wie und warum Gott Türen schloss, die ich verfolgte, während er andere öffnete, die besser mit Gottes Plänen vereinbar waren. Gottes unsichtbare Hand hat mich mein ganzes Leben lang gesegnet. Ich habe normales menschliches Leid erfahren, bin aber auch von extremen Nöten und vielen Versuchungen verschont geblieben. Wenn ich Wunder erlebt habe, kamen sie genau zum richtigen Zeitpunkt. Sie haben mich davon überzeugt, dass Gott immer gegenwärtig ist, so dass ich mir keine Sorgen zu machen brauche.

Ich brauche keine harten, wissenschaftlichen Beweise für die Existenz Gottes, um zu glauben oder zu handeln, denn „nicht alles, was zählt, kann gezählt werden" (ein Albert Einstein zugeschriebenes Zitat). Es gibt eine überwältigende Anzahl von Beweisen für Gottes Gegenwart in der Welt. Viele haben Dinge erlebt, für die es keine logische Erklärung gibt. Mein Glaube und meine Erfahrungen geben mir Hoffnung für die Zukunft und die Inspiration und Energie, andere zu lieben, ohne etwas dafür zu erwarten. Je länger ich lebe, desto mehr bin ich davon überzeugt, dass Liebe und Dienst das sind, was die Welt jetzt mehr denn je braucht, auch wenn es nach dem Tod keine Belohnung gibt. Jesus ist ein vertrauenswürdiges, führendes Licht, das oft unsichtbar bleibt. Er hat seine Macht zum Wohle der anderen eingesetzt, nicht für sich selbst. Diejenigen, die sein Beispiel der Liebe, des Dienens, der Vergebung, der Demut und der Gnade studieren und ihm folgen, während sie in einer gewalttätigen Welt leben, werden die Welt von heute zu einem besseren Ort machen.

Ein Leben im Dienst mag anstrengend und manchmal gefährlich sein, aber es muss nicht zum Burnout führen. Die Zweige eines Baumes mühen sich nicht ab, um Früchte zu tragen – sie bleiben einfach mit dem lebendigen Baum verbunden. Wenn ein Mensch in einer trockenen Wüste Durst auf frisches Wasser hat, findet er einen Brunnen und dreht die Kurbel einer Pumpe immer wieder, bis Wasser herauskommt. Solange die Leitung der Pumpe tief genug in frisches Wasser reicht, kann man mit der Pumpe leicht Wasser fördern. Die Pumpe ist ein Instrument, um die Bedürftigen zu segnen, und sie funktioniert weiter, egal wie oft sie betätigt wird. Das Geheimnis, frisch zu bleiben, um ständig zu dienen, besteht darin, mit der lebendigen Quelle des Wassers, das das Leben erhält, verbunden zu bleiben.

Das christliche Leben kann riskant sein. Die Wahrheit zu sagen, vor allem gegenüber den Mächtigen, ist notwendig, damit die Welt ein besserer Ort wird. Ich hatte mehrere Jobs, bei denen das Aussprechen der Wahrheit an die Macht die Karriere beendet hat. Aber das hat auch zu einem besseren Leben für den Einzelnen und die Gesellschaft geführt. Im Laufe der Geschichte haben diejenigen, die die Wahrheit gesagt haben, manchmal ihre Arbeit verloren, wurden verhaftet und ins Gefängnis gesteckt und sogar getötet. Diejenigen, die mit der lebendigen Quelle verbunden bleiben, haben den Mut, die Wahrheit in Liebe zu sagen und für das Richtige einzutreten. Das Eingehen von Risiken kann in den Augen anderer zum Scheitern führen, aber Gott benutzt unvollkommene Menschen und ihre Schwächen, um die gewünschten Veränderungen herbeizuführen. Auf diese Weise erhält Gott die Ehre, und diejenigen, die Gott gehorchen, versagen nie wirklich.

Wenn dieses Buch Sie dazu veranlasst hat, mehr über die Bibel und ihre Botschaften zu erfahren, sollten Sie einem Freund, dem Sie vertrauen und der Christ ist, sagen, warum Sie mehr wissen wollen. Vielleicht möchten Sie auch einige Kapitel oder Bücher in einer der in Anhang C genannten Bibelversionen lesen. Nehmen Sie auch Kontakt zu einem oder zwei Pfarrern oder Priestern in Ihrer Nähe auf und teilen Sie ihnen Ihr Interesse mit und warum Sie sich an sie gewandt haben. Fragen Sie sie, was ihrer Meinung nach die Hauptbotschaften der Bibel sind und welche Treffen in ihrer Gemeinde stattfinden. Ziehen Sie in Erwägung, als Besucher an mehreren Treffen teilzunehmen – jedes Treffen hat seine eigene Atmosphäre und Kultur, schauen Sie also, welches für Sie das Richtige ist. Diese Schritte werden Ihnen helfen, Ihre Reise fortzusetzen und zu entscheiden, was Sie als nächstes tun wollen.

ANHÄNGE

ANHANG A

BÜCHER DER BIBEL

Die Anzahl der „Kapitel" in jedem Buch ist in Klammern angegeben.

Altes Testament
(39 Bücher)

Genesis (50)	Daniel (12)	
Exodus (40)	Hosea (14)	
Levitikus (27)	Joel (3)	
Zahlen (36)	Amos (9)	
Deuteronomium (34)	Obadja (1)	
Josua (24)	Jona (4)	
Richter (21)	Micha (7)	
Rut (4)	Nahum (3)	
1 Samuel (31)	Habakkuk (3)	
2 Samuel (24)	Zephanja (3)	
1 Könige (22)	Haggai (2)	
2 Könige (25)	Zacharias (14)	
1 Chronik (29)	Maleachi (4)	
2 Chronik (36)		
Esra (36)		
Nehemia (13)		
Esther (10)		
Hiob (42)		
Psalmen (150)		
Sprichwörter (31)		
Kohelet (12)		
Das Hohelied Salomos (8)		
Jesaja (66)		
Jeremia (52)		
Wehklagen (5)		
Hesekiel (48)		

Neues Testament
(27 Bücher)

Matthäus (28)
Markus (16)
Lukas (24)
Johannes (21)
Apostelgeschichte (28)
Römer (16)
1 Korintherbrief (16)
2 Korintherbrief (13)
Galater (6)
Epheser (6)
Philipper (4)
Kolosser (4)
1 Thessalonicher (5)
2 Thessalonicher (3)
1 Timotheus (6)
2 Timotheus (4)
Titus (3)
Philemon (1)
Hebräer (13)
Jakobus (5)
1 Petrus (5)
2 Petrus (3)
1 Johannes (5)
2 Johannes (1)
3 Johannes (1)
Judas (1)
Offenbarung (22)

ANHANG B

CHRONOLOGIE DER BIBLISCHEN HAUPTFIGUREN UND EREIGNISSE

(Daten sind ungefähre Angaben)

Altes Testament	
Vorgeschichte	
Adam und Eva	Die Erschaffung der Welt
Noah	Große Überschwemmung
Patriarchen (1850-1240 v. Chr.)	
Abraham und Sarah	Versprechen, Gottes Volk zu werden
Isaak und Rebekka	Isaak segnet Jakob
Esau, Jakob, Rahel und Lea	Jakob verlässt das Land und kehrt nach Kanaan zurück
Jakob und seine 12 Söhne	Jakob und seine Familie ziehen nach Ägypten
Mose und Aaron	Auszug aus Ägypten, Gott gibt Gesetze
Josua	Die Israeliten ziehen in Kanaan ein und besetzen es
Richter und Unterdrücker (1240-1050 v Chr.)	
Deborah und Barak	Sieg über die in Hazor ansässigen Kanaaniter
Gideon	Sieg über die Räuber aus dem Osten
Jephthah	Sieg über die Ammoniter
Simson	Sieg über die Philister
Eli und Samuel	Schlachten mit Philistern
Boas und Rut	Kind eines Ausländers geht künftigem König voraus
Könige (1050-930 v. Chr.)	
Saul	Erster König von Israel mit vielen Fehlern
David	Der bedeutendste israelitische Held und König
Salomo	Weiser König erweitert Israels Territorium

Geteiltes Königreich (930-586 v. Chr.)

Amos, Elia, Elisa, Jesaja	Israeliten im Nordreich werden schließlich von den Assyrern versklavt (722 v. Chr.)
Jesaja, Micha, Jeremia	Das Volk des südlichen Königreichs (Juda) wurde schließlich nach Babylon verbannt

Exil und Rückkehr (586-400 v. Chr.)

Hesekiel und andere Propheten	Juden lassen sich in Babylonien nieder, viele kehren zurück
Daniel und Esther	Exilierte Juden gedeihen in Babylonien und Persien
Esra und Nehemia	Jerusalem und der Tempel werden wiederaufgebaut

Neues Testament

Jesu Geburt und Vorbereitung (5 v. - 7 n. Chr.)

Maria, Josef und Jesus	Gott wird ein Mensch
Johannes der Täufer	Vorhersagen über den Messias werden wahr

Der Dienst Jesu (25-28 n. Chr.)

Zwölf Jünger	Wunder ziehen große Menschenmengen an
Jüdische Religionsführer	Neue Ideen stellen bestehende Regeln in Frage
Römische politische Führer	Jesus wird getötet, kehrt aber ins Leben zurück

Führungspersönlichkeiten verbreiten gute Nachrichten (28-95)

Zwölf Jünger	Die Nachricht von Jesus verbreitet sich in Israel
Saulus (Paulus)	Die gute Nachricht wird auf die Heiden ausgedehnt
Gläubige in Asien und Europa	Die Apostel ermutigen angeschlagene Kirchen

ANHANG C

---◆·◆·◆---

VORSCHLÄGE FÜR WEITERE LEKTÜRE

Studienbibeln enthalten mehr Informationen über die Bibel, um dem Leser zu helfen, die Geschichten und Bedeutungen zu verstehen. Diese Versionen enthalten oft mehr historische Informationen, Karten, Glossare, Indizes, Wortbedeutungen, geografische Hinweise, Erklärungen zu den in der Bibel erwähnten Personen und Ereignissen sowie Listen mit bestimmten Inhalten (z. B. Gleichnisse, Prophezeiungen, Wunder). Einige Studienbibeln enthalten informative Artikel, die mehr Kontext zu den biblischen Geschichten und der Antike liefern.

Es wurden lesbarere paraphrasierte Übersetzungen der Bibel erstellt, um den Lesern zu helfen, das Geschriebene zu verstehen. Die besten Paraphrasen sind unten aufgeführt.

- Das *Neue Testament in modernem Englisch* wurde von J.B. Phillips, einem anglikanischen Geistlichen, verfasst. Diese Übersetzung wurde erstmals 1958 unter Verwendung britischer Schreibweisen veröffentlicht, und einige Ausgaben enthalten keine Versnummern. Phillips hat das Alte Testament nicht in einen besser lesbaren Text übersetzt.
- Die *Gute Nachricht Bibel* ist eine Übersetzung der Bibel durch die Amerikanische Bibelgesellschaft. Das Neue Testament wurde ursprünglich 1966 unter dem Namen *Good News for Modern Man* veröffentlicht. Die vollständige Bibel wurde 1976 fertiggestellt. Sie verwendet eine vereinfachte Sprache, die auch Kinder lesen können. Dieses Buch ist auch als *Good News Translation* bekannt und wird in vielen Ländern und von vielen Konfessionen verwendet.
- *Die Lebendige Bibel* wurde 1971 von Kenneth Taylor in englischer Sprache verfasst und ist in viele Sprachen übersetzt worden. Taylor schrieb sie, damit seine Kinder den Text der Geschichten verstehen, wenn seine Familie das Buch gemeinsam liest. Eine aktualisierte Version (*New Living Translation*) wurde 1996 veröffentlicht.
- *Die Botschaft: Die Bibel in zeitgenössischer Sprache* wurde von Eugene Peterson, einem amerikanischen presbyterianischen Pastor und Autor, verfasst. Diese Übersetzung verwendet moderne amerikanische Redeweisen. Eine Übersetzung der gesamten Bibel wurde 2002 fertiggestellt.

ANHANG D

GLOSSAR DER WICHTIGSTEN BEGRIFFE

In diesem Anhang werden die wichtigsten Begriffe (Personen, geografische Orte, Konzepte) erklärt, die in *Der Vereinfachten Kurze Bibel* behandelt werden. Sie erscheinen in alphabetischer Reihenfolge in dem Kapitel, in dem sie zum ersten Mal erwähnt werden, und werden **nicht** wiederholt, wenn sie in einem anderen Kapitel wieder auftauchen. In manchen Fällen haben mehrere Personen oder Orte denselben Namen. Zum Beispiel gibt es mehrere Personen, die den Namen Joseph tragen, und sie werden in dem Kapitel, in dem sie zum ersten Mal erwähnt werden, getrennt aufgeführt.

EINFÜHRUNG

Anmut	Ein unverdientes Geschenk oder eine unverdiente Gunst
Canon	Die Sammlung von Dokumenten, die in der Bibel enthalten sind
Gebet	Eine Form der menschlichen Interaktion mit einer göttlichen Macht
Geist	Ein Teil von Gott (Heiliger Geist)
Gott	Bezeichnung für die höchste Kraft im Universum, die drei Teile hat; manchmal auch Herr genannt
Herr	Ein anderes Wort für Gott
Israel	Kanaan, Gebiet, in dem die Israeliten (Juden) lebten
Israeliten	Das von Gott auserwählte Volk Israel
Palästina	Aktuelle Bezeichnung für Kanaan, das Gelobte Land („Heiliges Land")

TEIL 1: ALTES TESTAMENT
Kapitel 1 Der Anfang

Abel	Zweites Kind von Adam und Eva, von Kain getötet
Abram/ Abraham	Mann, der in Ur lebte und mit seiner Frau Sarai/Sarah nach Kanaan zog; erster Vater der Juden
Adam	Erster von Gott geschaffener Mensch, der mit Eva im Garten Eden lebte
Ägypten	Großes Reich südwestlich von Palästina, das von den Israeliten in Krisenzeiten häufig besucht wurde
Asher	Sohn von Jakob und Silpah
Beerscheba	Wüstenartige Stadt im Süden Kanaans und Geburtsort Isaaks
Bilhah	Rahels Magd und Jakobs Frau, die zwei Söhne hatte (Dan und Naphtali)

Bund	Vereinbarung zwischen Gott und dem Volk Gottes
Dan	Sohn von Jakob und Bilha
Dinah	Tochter von Jakob und Lea
Engel	Kosmische Wesen, die gut oder böse sein können und manchmal mit Menschen interagieren
Esau	Älterer Sohn von Isaak und Jakob, verlor Erstgeburtsrecht und Segen an seinen Bruder Jakob, heiratete fremde Frauen und verließ seine Heimat, um in Edom zu leben
Eva	Erste von Gott geschaffene Frau, lebte mit Adam im Garten Eden
Gad	Sohn von Jakob und Silpah
Garten Eden	Idyllische Heimat von Adam und Eva, bevor sie sündigten
Hagar	Ägyptische Dienerin von Sarah, die Ismael zur Welt brachte (Abraham war der Vater)
Haran	Gebiet im nördlichen Mesopotamien, das die Heimat von Rebekka, Laban und seinen Töchtern Rahel und Lea war
Hochwasser	Kataklysmus, der von Gott benutzt wurde, um alle Menschen zu vernichten, und der mit einem Regenbogen endete, was bedeutet, dass Gott nie wieder alle Menschen vernichten wird
Isaac	Sohn von Abraham und Sarah („Sohn der Verheißung"), der zwei Söhne hatte (Esau und Jakob)
Ishmael	Sohn von Abraham und Hagar, der östlich des Jordans lebte
Issachar	Sohn von Jakob und Lea
Jakob	Jüngerer Sohn Isaaks, der das Erstgeburtsrecht und den Segen von Esau erhielt und mit seinen vier Frauen 12 Söhne und eine Tochter hatte
Joseph	Sohn von Jakob und Rahel, der in Ägypten eine führende Rolle spielte
Juda	Sohn von Jakob und Lea
Kain	Erstes Kind von Adam und Eva, das seinen Bruder Abel tötet
Kanaan	Das Abram versprochene Land, das heute Palästina („Heiliges Land") heißt
Laban	Rebekkas Bruder, Rahels Vater und Jacobs' Schwiegervater
Leah	Eine von Jakobs Frauen, die sechs seiner Söhne gebar
Levi	Sohn von Jakob und Lea
Naphtali	Sohn von Jakob und Bilha
Noah	Ein gläubiger Mann, der eine Arche baute, um alle Lebewesen vor einer großen Flut zu retten
Rachel	Ehefrau von Jakob, der zwei Söhne hatte (Joseph und Benjamin)
Rebekka	Ehefrau von Isaak, der zwei Söhne hatte (Esau und Jakob)
Reuben	Sohn von Jakob und Lea
Sarai/Sarah	Ehefrau von Abram/Abraham

Satan	Böser Engelsführer, der aus dem Himmel vertrieben wurde und der „Fürst dieser Welt", der den letzten Kampf mit Gott um die Herrschaft über das Universum verliert (auch Teufel genannt)
Simeon	Ein Sohn von Jakob und Lea
Ur	Stadt im südlichen Mesopotamien und südlich von Babylon, in der Abram und Sarai lebten, bevor sie nach Kanaan zogen
Sebulon	Sohn von Jakob und Lea
Zilpah	Frau von Jakob, der zwei Söhne hatte (Gad und Asser)

Kapitel 2	Jakob kehrt nach Kanaan zurück
Benjamin	Sohn von Jakob und Rachel und Jakobs jüngster Sohn
Edom	Gebirgsregion östlich des südlichen Endes des Salzsees (auch als Seir bekannt, was „rau" bedeutet), in die Esau zog, um dort zu leben
Ephraim	Jüngerer Sohn von Joseph und seiner ägyptischen Frau, wurde von Jakob gesegnet
Goshen	Fruchtbares Gebiet im Norden Ägyptens, in dem sich die Israeliten niederließen, nachdem sie Israel während einer Hungersnot verlassen hatten
Israel	Name, den Jakob nach dem Kampf mit einem Engel vor der Begegnung mit Esau erhielt
Israeliten	Nachkommen von Jakob
Manasse	Älterer Sohn von Joseph und seiner ägyptischen Frau
Nil	Großer Fluss, der Ägypten in Richtung Norden durchfließt
Pharao	Ein ägyptischer König
Potiphar	Anführer der Leibwächter des Pharao
Schechem	Stadt in den Hügeln Zentralisraels in der Nähe von Samaria

Kapitel 3	Leben in Ägypten
Aaron	Der ältere Bruder von Mose, der der erste Hohepriester wurde
Exodus	Der Auszug und die Reise der Israeliten aus Ägypten nach Jahren harter Behandlung
Hebräisch	Von den Israeliten gesprochene Sprache; ein Wort, das verwendet wird, um etwas Jüdisches zu bezeichnen
Jethro	Midianitischer Priester, der Mose half
Midian	Südöstliches Gebiet der Sinai-Halbinsel und Gebiet östlich der Halbinsel, wohin Mose ursprünglich ging, um den Ägyptern zu entkommen
Mose	Sohn levitischer Eltern und jüngerer Bruder von Aaron; er wurde von der Tochter des Pharaos adoptiert, führte die Israeliten aus Ägypten und durch die Wüste und verfasste mehrere Bücher der Bibel

Pessach	Feier der Nacht, in der Gott über die Häuser der Israeliten hinwegging und die erstgeborenen Kinder aller anderen in Ägypten lebenden Familien kurz vor dem Exodus tötete
Wildnis	Bezeichnung für die Gebiete auf und in der Nähe der SinaiHalbinsel nach dem Auszug der Israeliten aus Ägypten; ein allgemeiner Begriff für verlassene Gebiete

Kapitel 4	**Die Israeliten verlassen Ägypten**
Bereuen	Das Eingestehen eines Fehlers und das anschließende „Umkehren" in eine andere Richtung, um eine korrekte und angemessenere Handlung zu verfolgen
Berg Sinai	Höchster Berg auf der Sinai-Halbinsel, nahe dem südlichen Ende der Halbinsel gelegen, wo Mose Gott traf und die 10 Gebote erhielt
Bundeslade	Eine reich verzierte Kiste, die heilige Reliquien der Juden enthielt
Jahr des Jubiläums	Das Jahr nach sieben Zyklen von sieben Jahren (alle 50 Jahre), in dem die Schulden erlassen werden; ein Begriff aus den Schriften Jesajas, der die Ankunft des Messias ankündigt
Josua	Anführer, der mit Mose zum Berg Sinai ging und einer der Spione war, die sagten, dass Kanaan erobert werden könne, und später die erfolgreiche Invasion Kanaans anführte
Manna	Süße, kräckerartige Substanz („Brot"), die während der Tage der Israeliten in der Wüste morgens auf dem Boden erschien
Rotes Meer	Großes Gewässer zwischen Ägypten und Arabien mit zwei nördlichen Ausläufern (Golf von Aqaba und Golf von Suez)
Sabbat	Der letzte Tag der Woche, ein Tag der Ruhe
Tabernakel	Ein Netz von beweglichen Zelten und Höfen, in denen Gott vor dem Bau des Tempels in Jerusalem wohnte
Zehn Gebote	Befehle Gottes an Mose auf dem Berg Sinai

Kapitel 5	**Leben in der Wildnis**
Caleb	Einer der beiden Spione, die sagten, die Israeliten könnten Kanaan erobern, und denen es erlaubt wurde, Kanaan zu betreten
Jericho	Große ummauerte Stadt in der Nähe der nordwestlichen Ecke des Salzsees
Nasiräer	Menschen, die sich für eine bestimmte Zeit dem Dienst an Gott widmen und sich verpflichten, sich nicht den Kopf zu rasieren, keine Weintrauben zu verzehren oder Tote zu berühren
Salziges Meer	Großes salzhaltiges Gewässer, in dem der Jordan endet (Totes Meer)

Kapitel 6	Die Besetzung von Kanaan
Ai	Stadt in der Nähe von Jericho, in der mehrere Schlachten stattfanden
Gibeon	Gebiet nördlich von Jerusalem, dessen Bewohner die Israeliten zum Abschluss eines Friedensvertrags verleitet haben
Hazor	Mächtige Stadt im Norden Kanaans
Hebron	Die Stadt liegt etwa 25 Meilen südlich von Jerusalem.
Phönizien	Gebiet nördlich von Palästina entlang der Mittelmeerküste
Rahab	Prostituierte, die zwei israelische Spione in Jericho versteckte, Mutter von Boas
Shiloh	Stadt mit religiöser Bedeutung im Norden Israels
Städte der Zuflucht	Sechs von den Leviten verwaltete Städte, die jedem, der unabsichtlich einen Menschen tötete (Totschlag), Asyl und Schutz boten, bis sein Fall vor Gericht kam

Kapitel 7	Israel kämpft in Kanaan
Ammoniten	Nachkommen von Ben-Ammi (Sohn von Lot), die östlich des Jordans lebten
Baal	Wichtigster lokaler Gott der in Kanaan lebenden Nicht-Juden
Barak	Mann, der im Norden Kanaans lebte und mit Debora kämpfte, um das Heer von Hazor zu besiegen
Bethlehem	Stadt in der Nähe von Jerusalem und Geburtsort von Jesus
Boaz	Ehemann von Rut, Vater von Jesse und Großvater von David
David	Sohn Isais, der Goliath tötete, in Jerusalem als zweiter König Israels lebte und der Vater Salomos war
Deborah	Prophetin und Richterin, die zusammen mit Barak den Kampf gegen das Heer von Hazor anführte
Delilah	Simsons Freundin, die ihn dazu brachte, das Geheimnis seiner Stärke zu enthüllen
Gideon	Ungewöhnlicher Prophet, der ein Vlies benutzte, um Gottes Aufruf zum Kampf gegen die Midianiter zu bestätigen
Jephthah	Ungewöhnlicher Anführer aus Gilead, der die Ammoniter besiegte, aber tragischerweise sein einziges Kind tötete
Midianiter	Menschen, die in der Region Midian (nördlich des Roten Meeres) lebten
Naomi	Schwiegermutter von Rut und Verwandte von Boas (Ruts Mann)
Obed	Sohn von Boas und Rut und Vater von Jesse
Orpah	Eine Schwiegertochter von Naomi (die andere war Rut)

Othniel	Richter und militärischer Führer und Kalebs jüngerer Bruder, der Israels nördliche Feinde besiegte
Philister	Bewohner von Philistia, einem Land an der Mittelmeerküste (südwestlich von Kanaan)
Prophet	Eine Person, die anderen, oft den Mächtigen, die Wahrheit Gottes sagt und möglicherweise Vorhersagen über die Zukunft macht
Rut	Moabiterin, Schwiegertochter von Naomi, die Boas heiratete
Simson	Jüdischer Held mit Fehlern, der dafür bekannt ist, dass er seine Kraft aus seinem langen Haar bezieht

Kapitel 8	Krönung eines vereinigenden Königs
Hannah	Mutter von Samuel
Jesse	Davids Vater und der Enkel von Boas und Rut
Jonathan	Sauls Sohn und enger Freund von David
Samuel	Wichtiger Prophet und Richter, als Israel seinen ersten König wählte
Saul	Erster König von Israel; der hebräische Name von Paulus

Kapitel 9	König David und König Salomo
Bathsheba	Ehefrau von Urija, die Davids Frau und Salomos Mutter wurde
Damaskus	Die wichtigste Stadt in Syrien, nordöstlich von Palästina
Jeroboam	Beamter, der für Salomo arbeitete, der der erste König des Nordreiches wurde
Nathan	Prophet, der David wegen seiner Affäre mit Bathseba zur Rede stellte
Phönizier	Menschen, die in Phönizien lebten
Rehoboam	Salomos Sohn, der der erste König des Südreichs wurde
Salomo	Sohn von David und Bathseba, der ein weiser König von Israel wurde, den Tempel in Jerusalem baute und mehrere Bücher des Alten Testaments verfasste
Tempel	Gebäude und Höfe in Jerusalem, in denen die Juden Gott verehrten und anbeteten
Uriah	Bathseba's Ehemann, dessen Tod im Kampf von David geplant war
Stadt David	Ein anderer Name für Jerusalem, wo David als König diente
Zion	Ein anderer Name für Jerusalem wegen seines Hügels, der Berg Zion genannt wird

Kapitel 10	Das geteilte Königreich
Ahab	König im Nordreich, Ehemann von Isebel
Ahasja	König im Südreich, Sohn von Jehoram

Amos	Prophet im Nordreich
Babylon	Große Stadt in Mesopotamien (in der Nähe der heutigen Stadt Bagdad)
Elia	Hauptprophet im Nordreich
Elisa	Prominenter Prophet im Nordreich nach dem Verschwinden Elias
Nichtjuden	Menschen, die nicht jüdisch sind
Hosea	Prophet für das Nordreich
Immanuel	Ein Name, der dem Messias gegeben wurde („Gott mit uns")
Jesaja	Wichtiger Prophet, der an beide Teile des geteilten Königreichs schrieb
Israel	Bezeichnung für das Nordreich
Jehoram	König im Südreich, der gemeinsam mit seinem Vater Joschafat regierte
Joschafat	König im Südreich, der seine Herrschaft mit seinem Sohn Jehoram teilte
Isebel	Böse Frau von König Ahab
Manasse	Der am längsten regierende König im Südreich und Sohn Hiskias
Micha	Prophet des Südlichen Königreichs
Naaman	Syrer, der durch Elisa von einer Hautkrankheit geheilt wurde
Samaria	Gebiet im Norden Palästinas, das überwiegend von Nicht-Juden bewohnt wird

Kapitel 11	**Beide Königreiche fallen**
Edomiter	Menschen, die in Edom lebten (ein Gebiet südöstlich von Kanaan)
Habakkuk	Prophet im Südlichen Königreich
Hiskia	König im Südlichen Königreich
Jeremiah	Prophet des Südlichen Königreichs
Joel	Prophet des Südlichen Königreichs
Jona	Prophet für die Assyrer, die sich dem Ruf Gottes entzogen, indem sie nach Spanien gingen
Josiah	König im Südlichen Königreich
Juden	Ein anderes Wort für die Israeliten (nicht für die Nichtjuden)
Mesopotamien	Allgemeines Gebiet mit fruchtbarem Boden entlang der Flüsse Tigris und Euphrat (derzeit im Irak)
Nahum	Prophet im Südlichen Königreich
Ninive	Hauptstadt von Assyrien
Obadja	Prophet im Südlichen Königreich
Samariter	Menschen, die in Samaria lebten und von den Juden verachtet wurden
Zephaniah	Prophet im Südlichen Königreich

Kapitel 12	Leben im Exil, dann Wiederherstellung
Abednego	Treuer Mann, der in Babylon ausgebildet wurde und einer von drei Juden war, die die Verbrennung im Feuerofen überlebten
Aramäisch	Weit verbreiteter syrischer Dialekt, der im Nahen Osten zur Abwicklung von Geschäften und in der Diplomatie verwendet wurde; eine in Palästina zusätzlich zum Hebräischen verwendete Sprache
Artaxerxes	König in Person, Sohn von Xerxes
Daniel	Religiöser und politischer Führer, der in Babylon lebte und überlebte, als er den Löwen vorgeworfen wurde
Esther	Jüdische Frau des persischen Königs Xerxes
Esra	Jüdischer Führer, der im babylonischen Exil lebte und die Erlaubnis für die Rückkehr der Juden nach Palästina erwirkte
Haggai	Prophet der Juden, die nach Palästina zurückkehrten und sich für den Wiederaufbau des Tempels einsetzten
Haman	Premierminister in Persien, der versuchte, alle Juden loszuwerden
Hesekiel	Ungewöhnlicher jüdischer Prophet, der in Babylon lebte
Kores der Große	Persischer König während der Zeit, als die Israeliten im Exil waren
Magi	Priester des zoroastrischen Glaubens
Maleachi	Prophet für die Bewohner der wiederaufgebauten Stadt Jerusalem und der letzte Prophet, der in der Zeit des Alten Testaments lebte
Meshach	Treuer Mann, der in Babylon ausgebildet wurde und einer von drei Juden war, die die Verbrennung im Feuerofen überlebten
Mardochäus	Onkel von Esther, der in Persien lebte
Nehemia	Jude, der als Mundschenk des persischen Königs diente und nach Jerusalem zurückkehrte, um die Stadtmauern und Tore wieder aufzubauen
Shadrach	Treuer Mann, der in Babylon ausgebildet wurde und als einer von drei Juden die Verbrennung im Feuerofen überlebte
Xerxes	Persischer König zur Zeit von Esther und Mardochäus
Zacharias	Prophet der Juden, die nach Palästina zurückkehrten und sich für den Wiederaufbau des Tempels einsetzten
Zoroastrismus	Persische Religion

Kapitel 13	Einzigartige Bücher im Alten Testament
Bildad	Eine der Figuren in Hiob, die Hiob sagt, warum er leidet
Elihu	Eine der Figuren in Hiob, die Hiob sagt, warum er leidet
Eliphas	Eine der Figuren in Hiob, die Hiob sagt, warum er leidet

Hiob	Hauptfigur im Buch Hiob, der sehr leidet, obwohl er Gott treu ist
Psalmen	Buch der Poesie des Alten Testaments; eine Art jüdischer Poesie (Psalm)
Sprüche	Buch der Weisheitsliteratur des Alten Testaments; eine Art weiser Sprüche
Tarshish	Eine Stadt in Spanien, in die Jona floh, anstatt nach Ninive zu gehen
Zophar	Eine der Figuren in Hiob, die Hiob sagt, warum er leidet

TEIL 2: NEUES TESTAMENT
Kapitel 14 Die Ankunft des Messias

Alexander der Große	Griechischer Führer, der einen Großteil der Welt eroberte und dazu beitrug, den Einfluss der griechischen Kultur vor der Zeit von Jesus zu verbreiten
Andrew	Einer der ersten Jünger Jesu, ein Fischer und der Bruder von Simon
Bartholomäus	Einer der 12 Jünger (auch bekannt als Nathanael)
Cäsar Augustus	Römischer Kaiser zur Zeit der Geburt Jesu, der eine Volkszählung anordnete
Kapernaum	Stadt am See Genezareth im Norden Palästinas, in der Jesus während seines Wirkens lebte
Christus	Griechisches Wort für Messias, ein anderes Wort für Jesus
Chanukka	Jüdisches Fest zur Erinnerung an den Sieg über die Griechen im Jahr 142 v. Chr.
Eiferer	Juden, die sich gegen die ausländischen Mächte, die Palästina besetzt hielten, auflehnten und bereit waren, für ihre Sache zu kämpfen und zu sterben
Essener	Juden, die sich von der Welt zurückzogen und ein einfaches Leben in der Nähe des Salzsees führten
Gabriel	Engel, der Zacharias die Geburt von Johannes und Maria die Geburt von Jesus verkündete
Galiläer	Menschen, die im nördlichen Palästina lebten und verachtet wurden, weil sie oft Nicht-Juden heirateten und Außenseiter nicht mochten, die in ihren Gemeinden lebten
Gospel	„Gute Nachricht" über das kostenlose Geschenk des ewigen Lebens durch Jesus
Griechisch	Sprache, die in Griechenland und im gesamten Mittelmeerraum und darüber hinaus zur Zeit Jesu gesprochen und geschrieben wurde; eine Person aus Griechenland
Hellenisten	Juden, die griechischen Traditionen folgten
Herodes	Römischer König, der zur Zeit der Geburt Jesu über Palästina herrschte

Herodes Antipas	Römischer Statthalter von Galiläa, als Jesus lebte
Herodianer	Juden, die römischen Traditionen und Glaubensvorstellungen folgten
Jakobus	Fischer und Bruder von Johannes, der zu den 12 Jüngern Jesu gehörte und später ein Buch in der Bibel verfasste
Jesus	Sohn von Maria und Josef und eine menschliche Form Gottes, der in Bethlehem geboren wurde, dem viele Namen gegeben wurden und der die Vorhersagen des Alten Testament über den Messias (Christus) erfüllte
Johannes	Fischer und Bruder von Jakobus, der zu den ersten Jüngern Jesu gehörte und mehrere Bücher in der Bibel geschrieben hat
Johannes der Täufer	Ungewöhnlicher Prophet und Zeitgenosse Jesu, der die Israeliten auf das Wirken Jesu vorbereitete
Joseph	Der Vater von Jesus
Jünger	Menschen, die von einem Lehrer lernen; Männer, die mit Jesus gereist sind
Lukas	Nichtjüdischer Arzt und Reisegefährte des Paulus, der ein Buch (Lukas) über das Leben Jesu und ein Buch (Apostelgeschichte) über die Ereignisse unter den Jüngern nach Jesu Weggang von der Erde schrieb
Maria	Mutter von Jesus
Meer von Galiläa	Ein sehr großer See im Norden Israels (auch bekannt als Tiberias-See)
Messias	Der Gesalbte, von dem vorhergesagt wurde, dass er die Juden von ihren Unterdrückern erlösen würde (Christus auf Griechisch)
Nazareth	Stadt in Galiläa, 70 Meilen nördlich von Jerusalem und Heimatstadt von Jesus
Petrus	Erster von Jesus ausgewählter Jünger, der zum Leiter der Kirche wurde (auch bekannt als Simon und Simon Petrus)
Pharisäer	Einflussreiche jüdische Religionsführer, die sich eng an die Gesetze des Mose hielten
Philippus	Einer der 12 Jünger Jesu, der später an verschiedenen Orten in Palästina predigte
Rabbiner	Jüdischer Religionslehrer oder Gelehrter
Römer	Menschen, die ein riesiges Reich führten, das mehr als 500 Jahre lang einen Großteil Europas, Nordafrikas und Teile Südwestasiens umfasste
Rom	Größte Stadt Italiens und das Zentrum des Römischen Reiches
Sadduzäer	Kleine Gruppe einflussreicher jüdischer Religionsführer, die mehr Wert auf Moral als auf das Befolgen religiöser Regeln legten

Sanhedrin	Eine Gruppe von jüdischen Führern, die über das religiöse Leben der Juden wachte und die Befugnis hatte, Juden zu bestrafen
Schriftgelehrte	Personen, die wichtige Dokumente (oft religiöser Natur) verfassten und Experten in Rechtsfragen waren
Simeon	Ein alter Mann, dem Gott versprochen hat, dass er den Messias sehen wird
Simon	Jünger auch Petrus oder Simon Petrus genannt
Synagoge	Kultstätte der Juden und derjenigen, die an das Judentum glauben
Zacharias	Priester, der Elisabeth heiratete und im hohen Alter der Vater von Johannes dem Täufer wurde

Kapitel 15	**Taten von Jesus**
Abyss	Ein sehr tiefer und weiter Raum, ein Wort, das die Hölle beschreibt
Apostel	Ein Bote Gottes
Auferstehung	Wenn eine Person nach dem Tod wieder ins Leben zurückkehrt
Beelzebul	Ein anderes Wort für Satan und den Teufel
Cana	Der Anblick einer Hochzeit, bei der Jesus Wasser in Wein verwandelte
Joanna	Frau, die den Haushalt des Herodes führte und Jesus und die Jünger finanziell unterstützte
Judas	Einer der 12 Jünger und Halbbruder von Jesus, der das Buch Judas schrieb
Judas Iskariot	Mann mit finanziellen Kenntnissen, der ein Jünger war und Jesus an die jüdischen Führer verriet
Lazarus	Guter Freund von Jesus, der von den Toten auferstanden ist
Martha	Schwester von Maria Magdalena und Lazarus
Maria Magdalena	Frau, die Jesus geholfen hat, Schwester von Lazarus und Martha, und die erste Person, die Jesus nach seiner Auferstehung gesehen hat (oft Maria genannt)
Matthäus	Jüdischer Steuereintreiber, auch bekannt als Levi, der einer der 12 Jünger Jesu wurde
Nain	Stadt in Galiläa, in der Jesus einen Mann von den Toten auferweckte
Nikodemus	Religiöser Jude, der Jesus heimlich traf und ihm nach der Kreuzigung half, ihn zu begraben
Gleichnis	Eine einfache Geschichte, die eine wichtige Botschaft vermittelt
Reicher junger Herrscher	Der Mann, der Jesus fragte, was er tun müsse, um ewiges Leben zu haben
Simon der Eiferer	Einer der ursprünglichen 12 Jünger Jesu

Susanna	Frau, die Jesus und die Jünger finanziell unterstützte
Thomas	Der Jünger, der daran zweifelte, dass Jesus wieder zum Leben erwacht war
Zacchaeus	Jüdischer Zöllner, der auf einen Baum kletterte, um Jesus zu sehen

Kapitel 16	**Lehren von Jesus**
Barmherziger Samariter	Gleichnis von Jesus über einen Samariter, der sich um einen Mann kümmerte, der auf einer gefährlichen Straße angegriffen wurde, nachdem fromme Juden nichts unternommen hatten, um dem Mann zu helfen
Bergpredigt	Die längste aufeinanderfolgende Reihe von Lehren Jesu zu Beginn seines Wirkens, die die „Seligpreisungen" und das Gebet des Herrn umfasst (der vollständige Text findet sich in Matthäus 5-7)
Goldene Regel	Ein Teil der Bergpredigt (Matthäus 7:12), von dem Jesus sagte, er fasse die Botschaft des Alten Testaments zusammen
Verlorener Sohn (Verlorener Vater)	Gleichnis über einen Mann, der zwei Söhne hat, von denen der jüngere früh um sein Erbe bittet und es für ein wildes Leben vergeudet, später aber von einem liebenden Vater großzügig aufgenommen wird

Kapitel 17	**Verhaftung, Gerichtsverhandlung und Hinrichtung**
Abendmahl	„Gedenkmahl", bestehend aus Brot und Wein, das Christen mit anderen Gläubigen einnehmen, um sich an den Leib und das Blut Jesu zu erinnern, die für seine Anhänger gegeben wurden (auch bekannt als das letzte Abendmahl mit Jesus und seinen Jüngern einige Stunden vor seiner Verhaftung)
Barabbas	Rebellischer Israelit, der anstelle von Jesus freigelassen wurde
Gethsemane	Garten, in dem Jesus vor seiner Verhaftung gebetet hat und in dem er verhaftet wurde
Golgatha	Hügel in Jerusalem, auf dem Jesus am Kreuz getötet wurde („Ort des Schädels")
Joseph	Ein Mann aus Arimathäa, der Jesus in seinem neuen Grab bestatten ließ
Pontius Pilatus	Römischer Statthalter von Judäa, als Jesus noch lebte

Kapitel 18	**Leben nach dem Tod**
Emmaus	Dorf in der Nähe von Jerusalem, wo Jesus nach seiner Auferstehung mit zwei Männern sprach
Joses	Einer der Söhne von Maria, der Mutter von Jesus (sie hatte auch Söhne namens Jakobus, Simon und Judas)
Matthias	Mann, der als zwölfter Jünger ausgewählt wurde, um Judas Iskariot zu ersetzen

Zeuge	Eine Person, die ein Ereignis beobachtet und manchmal anderen davon erzählt (Märtyrer auf Griechisch)
Kapitel 19	**Die Apostel reagieren und zerstreuen sich**
Ananias	1. Mann, der Land verkaufte, aber über den Verkaufspreis log; 2. Mann in Damaskus, der Saulus (Paulus) half, sein Augenlicht wiederzuerlangen
Antiochia	Stadt an der Küste an der nordöstlichen Ecke des Mittelmeers, in der die Gläubigen erstmals Christen genannt wurden (heute in Syrien)
Barnabas	Judenchrist, der mit Paulus reiste und predigte
Diakone	Personen, die ausgewählt wurden, um die unterstützenden Funktionen einer Kirche zu übernehmen
Dorcas	Ältere Christin, die von Petrus von den Toten auferweckt wurde
Gamaliel	Pharisäer, der den Sanhedrin überzeugte, die Apostel nicht zu töten
Joppa	Stadt an der Mittelmeerküste, in der Petrus Dorcas von den Toten auferweckte, bevor Kornelius ihn holen ließ
Kirche	Eine Gruppe von Christen, ein Wort, das zur Beschreibung aller Christen verwendet wird
Kleinasien	Region in der heutigen Türkei
Kornelius	Römischer Soldat, der nach Petrus schickte, was zu einem neuen Denken über die Heiden und die jüdischen Regeln führte
Lydda	Stadt, in der Petrus einen seit acht Jahren gelähmten Mann heilte
Paul	Pharisäer, der die Christen bis zu seiner dramatischen Bekehrung verfolgte und später der wichtigste Evangelist für die Heiden wurde (auch bekannt als Saulus, sein hebräischer Name)
Pfingsten	Nach der Himmelfahrt Jesu der Tag, an dem der Geist den Gläubigen die Fähigkeit gab, in einer anderen Sprache zu sprechen; ein Tag, den die Christen feiern
Sapphira	Frau des Ananias, die Land verkaufte, aber über den Verkaufspreis log
Saul	Der hebräische Name des Paulus
Schawuot	Großes jüdisches Fest, das 50 Tage nach dem zweiten Tag des Pessachfestes gefeiert wird (auch der Tag, an dem die Christen Pfingsten feiern)
Simon	Ein Gerber, der in Joppe lebte, wo Petrus wohnte, bevor er Kornelius besuchte
Stephanus	Einer der ursprünglichen Diakone, der nach seiner Rede vor dem Sanhedrin den Märtyrertod erlitt
Tarsus	Küstenstadt im Süden der Türkei und Heimat von Saulus/Paulus

Der Weg	Ursprünglich Bezeichnung für die religiöse Bewegung, die auf den Lehren Jesu beruht

Kapitel 20	**Pauls Reisen**
Apollos	Jüdischer Gelehrter und Christ aus Alexandria, Ägypten
Aquila	Jüdischer Zeltmacher, der mit Paulus reiste und in Korinth und Ephesus predigte, verheiratet mit Priscilla
Artemis	Fruchtbarkeitsgöttin in Ephesus
Athen	Großstadt und Hauptstadt von Griechenland
Berea	Stadt in Mazedonien (Nordgriechenland), in der Paulus, Silas und Timotheus zu einer gut ausgebildeten jüdischen Bevölkerung predigten
Derbe	Stadt in Kleinasien, in der Paulus und Barnabas gepredigt haben
Epheserbrief	Menschen, die in der Stadt Ephesus lebten
Ephesus	Große Stadt an der Westküste Kleinasiens (nahe dem heutigen Izmir)
Galatien	Region in der Zentraltürkei, in der Paulus gepredigt und Briefe geschrieben hat
Hermes	Einer der Götter in der antiken griechischen Religion
Iconium	Stadt in Kleinasien, in der Paulus und Barnabas gepredigt haben
Jason	Mann, der die Apostel in Thessaloniki beherbergte und ins Gefängnis geworfen wurde
Konzil in Jerusalem	Jüdische christliche Führer, die über das Erfordernis der Beschneidung von Heidenchristen debattierten
Korinth	Eine Hafenstadt in der Nähe von Athen, wo Paulus predigte und 18 Monate lebte
Lydia	Geschäftsfrau, die in Philippi Christin wurde
Lystra	Stadt in Kleinasien, in der Paulus und Barnabas gepredigt haben
Mazedonien	Ein Gebiet nördlich von Griechenland
Perga	Stadt an der Südküste der Türkei
Philippi	Eine große Stadt in Mazedonien
Pisidisches Antiochien	Stadt in Kleinasien, in der Paulus und Barnabas gepredigt haben
Priscilla	Jüdische Zeltmacherin, die mit Paulus reiste und in Korinth und Ephesus predigte und mit Aquila verheiratet war
Silas	Reisebegleiter von Paulus
Thessalonicher	Menschen, die in der mazedonischen Stadt Thessaloniki leben
Thessaloniki	Große Hauptstadt von Mazedonien
Timothy	Reisegefährte von Paulus, Silas und Lukas, der später Bischof von Ephesus wurde

Zeus	Der oberste Gott in der griechischen Religion der Antike

Kapitel 21	**Von Jerusalem nach Rom**
Agrippa	Römischer König in Palästina, den Festus wegen Paulus' Fall konsultierte
Felix	Römischer Statthalter in Cäsarea, der den Fall gegen Paulus anhörte und ihn im Gefängnis festhielt
Festus	Römischer Statthalter in Cäsarea, der Felix ablöste und Paulus' Appell anhörte, in Rom vor Gericht gestellt zu werden (auch bekannt als Porcius Festus)
Kreta	Sehr große griechische Insel im Mittelmeer
Malta	Kleine Insel vor der Südküste Italiens, auf der das Schiff des Paulus auf seiner Reise nach Rom Schiffbruch erlitt
Markus	Judenchrist, der mit Paulus und Barnabas und später mit Petrus reiste; er schrieb das erste Buch über das Leben von Jesus
Nero	Römischer Kaiser, der im ersten Jahrhundert nach Christus Christen tötete

Kapitel 22	**Die Briefe des Paulus an die Gläubigen**
Früchte des Geistes	Paulus' Liste der starken Beweise dafür, dass Gottes Geist in einer Person lebendig ist (Galater 5:22-23)
Kapitel Liebe	Teil des Briefes von Paulus an die Gläubigen in Korinth (1 Korinther 13)
Kolossä	Stadt in Kleinasien in der Nähe von Laodicea, deren Christen einen Brief von Paulus erhielten
Kolosser	Menschen, die in Kolossä (in der Zentraltürkei) lebten
Onesimus	Entlaufener Sklave, der im Gefängnis Christ wurde, zu seinem Herrn (Philemon) zurückkehrte und Bischof von Ephesus wurde
Titus	Griechischer Nichtjude, der mit Paulus und Barnabas reiste und Leiter der Gemeinde auf der Insel Kreta wurde

Kapitel 23	**Andere Briefe an Gläubige**
Gnostizismus	Glaube, dass alle Materie böse ist und nur der Geist gut ist
Hebräer	Name eines Buches des Neuen Testaments, das an die Juden geschrieben wurde
Philemon	Von Paulus bekehrter Heide, der in Kolossä eine Hauskirche leitete und auf Paulus' Bitte hin seinen entlaufenen Sklaven (Onesimus) aufnahm

Kapitel 24	Vorhersagen über die Zukunft
Antichrist	Falscher Prophet, der die Juden während der letzten Trübsal verführt
Apokalypse	Ereignisse im Zusammenhang mit dem Ende der Zeiten
Armageddon	Ort der in der Offenbarung beschriebenen letzten Schlacht (hebräisch für „Berg von Megiddo")
Bestie	Eine böse Macht, die sich den Christen in der Offenbarung entgegenstellt
Domitian	Römischer Kaiser, der sich für einen Gott hielt
Entrückung	Der Akt, dass Christen plötzlich in den Himmel kommen
Laodicea	Reiche Stadt in Kleinasien
Michael	Anführer eines Heeres von Engeln in einer himmlischen Schlacht gegen Satan und Dämonen, wie in der Offenbarung beschrieben
Millennium	Eine in der Offenbarung beschriebene Periode von 1.000 Jahren des Friedens, die vor dem Endgericht stattfindet
Offenbarung	Letztes Buch der Bibel, das apokalyptische Literatur enthält (griechischer Titel bedeutet „Enthüllung")
Patmos	Griechische Insel in der Nähe von Ephesus, wo Johannes die Offenbarung schrieb
Sieben Städte	Im Buch der Offenbarung erwähnte Städte
Thyatira	Stadt in Kleinasien, die zu den sieben in der Offenbarung erwähnten Gemeinden gehörte
Trübsal	Bezeichnung für eine Zeit intensiver Christenverfolgung, bevor das Endgericht eintritt

EPILOG

Großer Auftrag	Das Gebot Jesu an seine Nachfolger, alle Völker zu Jüngern zu machen

Anhang E

SCHRIFTLICHE REFERENZEN

Die zitierten Abschnitte in diesem Buch sind Paraphrasen von Bibelstellen, die in Versionen des Alten und Neuen Testaments zu finden sind. Die meisten Zitate entsprechen der Neuen Internationalen Version (NIV) der Bibel und sind in der Reihenfolge aufgeführt, in der sie in diesem Buch erscheinen. Genaue Zitate sind mit einem Sternchen (*) gekennzeichnet und sind kurze Sätze, die in vielen Versionen verwendet werden.

Kapitel	Book	Kapitel	Vers
1	Genesis	12	2–3
1	Genesis	22	12, 17–18
1	Genesis	27	28–29
2	Genesis	45	4–11
2	Genesis	46	3–4
3	Exodus	2	7
3	Exodus	3	4–22
3	Exodus	4	1–4, 6–17, 22–23
3	Exodus	5	1
4	Exodus	19	3–6
4	Exodus	20	1–17
4	Exodus	21	12–18, 23–24
4	Exodus	22	18–25, 29–30
4	Exodus	23	1–4, 8–10
4	Exodus	32	26
4	Levitikus	17	11
5	Zahlen	6	24–26*
5	Zahlen	11	14–15
5	Zahlen	13	17–20
5	Zahlen	14	8–9, 11–12, 15–20, 29–34
5	Zahlen	16	29–30
5	Zahlen	33	51–53, 55–56
5	Deuteronomium	4	25–27, 29–31
5	Deuteronomium	6	4–5

5	Deuteronomium	9	5–6
5	Deuteronomium	11	18–19, 26–29
5	Deuteronomium	30	2, 6, 10–12, 15–16, 19
6	Josua	24	14–15
7	Richter	16	28
7	Rut	1	16–17
7	Rut	2	10–13
8	1 Samuel	1	11, 17
8	1 Samuel	10	24
8	1 Samuel	15	22–23
8	1 Samuel	16	7
8	1 Samuel	17	34–36, 45–46
8	1 Samuel	18	7
9	2 Samuel	7	9–10, 12–16
9	2 Samuel	12	1–14
10	1 Könige	18	27, 36, 39
10	2 Könige	6	16–17
10	Hosea	12	6
10	Jesaja	1	11, 13, 15-17
10	Jesaja	28	16
10	Jesaja	17	9-14
10	Jesaja	40	31
10	Jesaja	42	16
10	Jesaja	43	1-2, 19
10	Jesaja	53	3-5, 7, 9-12
10	Jesaja	57	21
10	Jesaja	58	1-10
10	Jesaja	61	1-3
10	Jesaja	2	2-4
10	Micha	6	8
10	Micha	7	18
11	Jeremiah	1	4, 7-8
11	Nahum	1	3, 7
11	Habakkuk	2	4
11	Klagelieder	3	22-23, 25
12	Jeremiah	29	5-7
12	Hesekiel	36	22-27

12	Hesekiel	37	24
12	Daniel	2	27-28, 47
12	Daniel	3	16-18
12	Daniel	6	16, 22
12	Haggai	2	4-7, 9
12	Zacharias	2	4
12	Zacharias	7	9-14
12	Zacharias	8	16, 23
12	Esther	3	8-9
12	Esther	4	16
12	Maleachi	3	1-7
12	Maleachi	4	6
13	Sprichwörter	3	35
13	Sprichwörter	1	7, 20-23, 33
13	Sprichwörter	4	23-27
13	Sprüche	6	6-11
13	Sprüche	10	1-5, 8-9, 12-13
13	Sprichwörter	15	1-4
13	Sprichwörter	22	1-2, 6, 9, 16
13	Sprichwörter	25	21-22
13	Prediger	1	2*, 9, 14*
13	Prediger	3	1-8
13	Hiob	1	1, 3, 21
13	Hiob	2	9, 10
13	Hiob	19	25-26
13	Hiob	27	4-6
13	Hiob	38	4-5, 19, 24-25
13	Jona	4	2-3, 8, 10-11
13	Hohelied Salomos	4	1-5, 7
13	Hohelied Salomos	8	6
13	Psalm	1	1-6
13	Psalm	23	1-6
13	Psalm	100	1-5
14	Lukas	1	13-19, 28*, 30-33, 35-36
14	Lukas	1	42, 45, 69-77
14	Matthäus	1	20-23
14	Lukas	2	10-12, 14

14	Lukas	2	29-31, 34-35
14	Matthäus	2	15
14	Lukas	2	48-49
14	Matthäus	3	2
14	Lukas	3	4-5, 7-9
14	Johannes	1	23
14	Lukas	3	11, 14
14	Lukas	3	16-17
14	Johannes	1	29
14	Matthäus	3	14-15, 17
14	Matthäus	4	3-4
14	Lukas	4	6-9
14	Matthäus	4	10
14	Matthäus	4	17
14	Lukas	4	18-19, 21
14	Lukas	4	23-29
14	Lukas	4	34-35
14	Lukas	5	5
14	Lukas	5	8
14	Johannes	1	46-47
15	Johannes	4	9-26, 29
15	Johannes	3	2-21
15	Lukas	7	43-50
15	Johannes	12	8
15	Lukas	18	22-27
15	Lukas	19	8-10
15	Johannes	2	4, 10
15	Matthäus	9	5-6
15	Lukas	7	6-8
15	Matthäus	8	10, 13
15	Markus	8	24
15	Johannes	5	8*, 14
15	Lukas	8	45-48
15	Matthäus	15	24-28
15	Matthäus	12	25-28, 31
15	Matthäus	8	29
15	Johannes	11	21-22, 25-27, 39, 41-43

15	Lukas	5	31-32, 34-38
15	Johannes	2	16-20
15	Lukas	20	3-4
15	Matthäus	14	28, 31
15	Matthäus	8	26
15	Lukas	10	5*
15	Matthäus	11	3-5, 10, 18-19
16	Matthäus	15	7-10, 17-20
16	Markus	7	6-18, 21-23
16	Matthäus	23	25-26
16	Lukas	11	39, 41
16	Markus	2	25-27
16	Matthäus	12	3-7, 11-12
16	Lukas	6	9
16	Lukas	10	27-37
16	Lukas	15	3-10
16	Lukas	15	22-24, 29-32
16	Lukas	14	16-24
16	Matthäus	20	12-16
16	Matthäus	18	23-35
16	Matthäus	13	3-8, 18-23
16	Matthäus	5	3-10*
16	Matthäus	5	11-16, 21-24, 27-30, 38-47
16	Matthäus	6	1-4, 19-20, 25-27, 33-34
16	Matthäus	7	1-5
16	Matthäus	7	12-27
16	Matthäus	7	7-11
16	Matthäus	11	25-30
16	Johannes	8	19, 31-32
16	Johannes	6	30-31
16	Johannes	6	32-40, 51
16	Johannes	6	53-58
16	Johannes	6	68-69
16	Matthäus	10	37-38
16	Lukas	14	26-33
16	Matthäus	10	16-23, 28, 32-33, 39
16	Matthäus	25	1-46

16	Lukas	18	10-14
16	Matthäus	23	4-7, 23, 27-36
16	Lukas	11	46, 52
16	Lukas	20	45-47
16	Matthäus	21	31-32, 38-43
16	Markus	12	13-17
17	Johannes	6	35
17	Johannes	11	25
17	Johannes	10	1-18
17	Johannes	11	47-50
17	Zacharias	9	9
17	Matthäus	21	9*
17	Johannes	13	8
17	Johannes	13	12-15
17	Lukas	22	19
17	Markus	10	42-45
17	Matthäus	26	2, 31-34
17	Johannes	13	33-35, 37-38
17	Johannes	14	2-12, 16-19, 26
17	Johannes	15	1-8, 18-20, 25
17	Johannes	16	33
17	Matthäus	26	39-42, 45-46, 52-56
17	Matthäus	26	59-68
17	Matthäus	27	9
17	Matthäus	26	73
17	Matthäus	27	11, 13
17	Matthäus	27	17-18, 20-23
17	Johannes	19	7, 11
17	Johannes	18	36-38
17	Lukas	23	14-15, 21
17	Johannes	19	14-15, 30
17	Matthäus	27	24-25, 29, 40-43
17	Lukas	23	34, 39-43, 46
17	Matthäus	27	46, 54
17	Johannes	19	25-27
18	Lukas	24	5-7
18	Johannes	20	13-16

18	Lukas	24	17-24, 26
18	Lukas	24	36, 38-39
18	Johannes	20	25-29
18	Lukas	24	44-49
18	Matthäus	28	18-20
18	Johannes	21	15-17*, 19*
18	Handlungen	1	7-8, 11
19	Handlungen	2	22-24, 30-32, 36, 38, 40
19	Handlungen	3	6, 12-16, 22-23
19	Handlungen	4	9-12
19	Handlungen	5	9
19	Handlungen	5	28-32, 35-39
19	Handlungen	6	1-4
19	Handlungen	7	56
19	Handlungen	9	4-6, 15, 17
19	Handlungen	8	32-33
19	Handlungen	10	15, 28-29, 34-36, 42-43
19	Handlungen	11	17
20	Handlungen	13	46-47
20	Handlungen	14	11*
20	Handlungen	15	7-11, 14-20
20	Handlungen	16	17-18
20	Handlungen	16	28, 31
20	Handlungen	17	22-23
20	Handlungen	19	13-15, 28, 34
20	Handlungen	20	35
21	Handlungen	22	25
21	Handlungen	23	6, 11
21	Handlungen	26	17-18
21	Handlungen	28	26-28
22	Galater	5	14, 16-23,
22	Galater	6	1-4, 9-10
22	1 Thessalonicher	4	3, 11-12,
22	1 Thessalonicher	5	13-18
22	1 Korinther	1	27
22	1 Korinther	3	1-6, 10
22	1 Korinther	5	9-13

22	1 Korinther	7	9
22	1 Korinther	2	16
22	1 Korinther	9	19-23
22	1 Korinther	10	13
22	1 Korinther	14	18-19
22	1 Korinther	12	16-24, 26
22	1 Korinther	13	1-13
22	1 Korinther	15	51-52, 54-55
22	Römer	3	11-12, 20, 22-23
22	Römer	5	12-17
22	Römer	8	28, 31, 38
22	Römer	5	3-4, 12, 17
22	Römer	12	1-21
22	Römer	13	1-7
22	Kolosser	1	15-20
22	Kolosser	2	20-23
22	Kolosser	3	5-10, 12-14
22	Kolosser	4	5-6
22	Epheserbrief	2	1-6, 8-9, 11-22
22	Epheserbrief	5	21-29
22	Epheserbrief	6	1-9
22	Epheserbrief	6	12
22	Philipper	2	2-11
22	Philipper	4	6-8, 11-13
22	1 Timotheus	6	6-10, 17-19
23	1 Petrus	2	9, 20
23	1 Petrus	3	3-4, 15
23	1 Petrus	4	8
23	1 Petrus	5	8
23	2 Petrus	1	5-8
23	Jakobus	1	2-7, 13-17, 22, 26-27
23	Jakobus	2	1-4, 8-9, 20-24
23	Jakobus	4	4, 13-15
23	Jakobus	5	1-5, 16
23	1 Johannes	3	16-18
23	1 Johannes	4	7-8, 18-21
23	Hebräer	1	1-4

23	Hebräer	4	12-15
23	Hebräer	10	24
23	Hebräer	11	1, 3, 8, 11, 13, 16, 26-40
23	Hebräer	12	1-2, 12
24	Matthäus	24	6-23
24	Matthäus	13	24-29
24	Offenbarung	3	15-17, 19-20
24	Offenbarung	5	12
24	Offenbarung	19	6
24	Offenbarung	21	4-7
24	Offenbarung	22	12-13, 17, 20
Epilog	Matthäus	28	19-20

ANHANG F

---◆●◆---

ABGLEICH MIT BIBLISCHEN BÜCHERN

Die Kapitel dieses Buches enthalten die wichtigsten Punkte der in der nachstehenden Tabelle aufgeführten Bibelbücher (die Kapitelnummern sind gegebenenfalls angegeben). Wer alle aufgeführten Bibelbücher gelesen hat, hat die ganze Bibel gelesen.

Kapitel	Bibel Bücher
1	Genesis 1-31
2	Genesis 32-48
3	Genesis 48-50, Exodus 1-12
4	Exodus 13-40, Levitikus
5	Numeri, Deuteronomium
6	Josua
7	Richter, Rut
8	1 Samuel
9	2 Samuel, 1 Könige, 1-2 Chronik
10	2 Könige, Amos, Hosea, Jesaja, Micha
11	Jeremia, Joel, Zephanja, Obadja, Nahum, Habakkuk, Klagelieder
12	Hesekiel, Daniel, Haggai, Zacharias, Esther, Esra, Nehemia, Maleachi
13	Sprüche, Kohelet, Hiob, Jona, Hohelied Salomos, Psalmen
14	Lukas 1-5, Johannes 1, Matthäus 1-4
15	Lukas 5-10, 18-21; Johannes 2-5, Matthäus 8-9, 11-12, 14-15, 17
16	Lukas 11-21, Johannes 6-9, Matthäus 5-7, 10-25, Markus
17	Lukas 22-23, Johannes 10-19, Matthäus 26-27
18	Lukas 24, Johannes 20-21, Matthäus 28, Apostelgeschichte 1
19	Apostelgeschichte 1-11
20	Apostelgeschichte 12-20
21	Apostelgeschichte 21-28
22	Galater, 1-2 Thessalonicher, 1-2 Korinther, Römer, Kolosser, Epheser, Philipper, Titus, Philemon, 1-2 Timotheus
23	1-2 Petrus, Jakobus, Judas, 1-3 Johannes, Hebräer
24	Matthäus 13 und 24, Offenbarung

ANHANG G

KARTEN

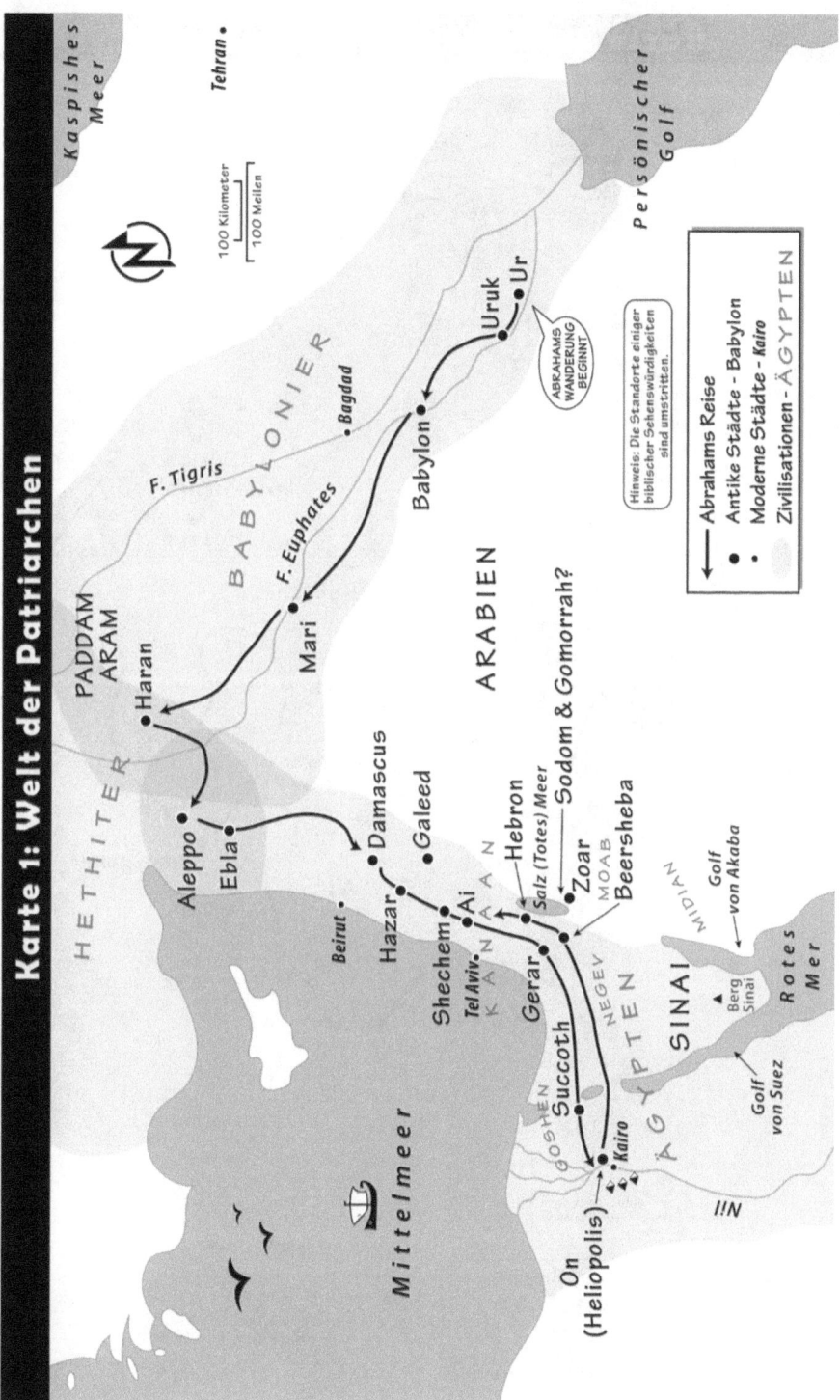

Karte 1: Welt der Patriarchen

Karte 2: Moses und der Exodus

HETHITER

Beirut

Damaskus

Mittelmeer

Meer von Galiläa

Nazareth

Jabbok

F. Jordan

Tel Aviv

ISRAELITEN BETRETEN KANAAN

K A N A A N

Jericho · Berg Nebo

Jerusalem

Salz (Totes) Meer

MOSES STIRBT

Gaza

Hebron

Arnon

MOAB

Nil-Delta

EXODUS BEGINNT

Beersheba

Ramses (Tanis)

DURCHQUERUNG DES ROTES MEER?

WÜSTE VON ZIN

GOSHEN

PHILISTER

NEGEV

Kadesh-Barnea

Succoth

Berg Hor

Bittere Seen

WÜSTE VON SHUR

Gebirge von Edom

EDOM

Heliopolis

Kibbroth-hattaavah?

Kairo

ÄGYPTEN

WÜSTE VON PARAN

Memphis

Ezion-geber

Nil

Marah

WÜSTE DER SÜNDE

SINAI

Elim

Golf von Akaba

MIDIAN

Dophkah?

Hazeroth?

Rephidim?

Berg Sinai (Horeb)

Golf von Suez

MOSES ERHÄLT DIE ZEHN GEBOTE

Hinweis: Die Standorte einiger biblischer Sehenswürdigkeiten sind umstritten.

Rotes Meer

→ Traditionelle Exodus-Route
● Antike Städte - Heliopolis
• Moderne Städte - *Kairo*
Zivilisationen - ÄGYPTEN

50 Kilometer
50 Meilen

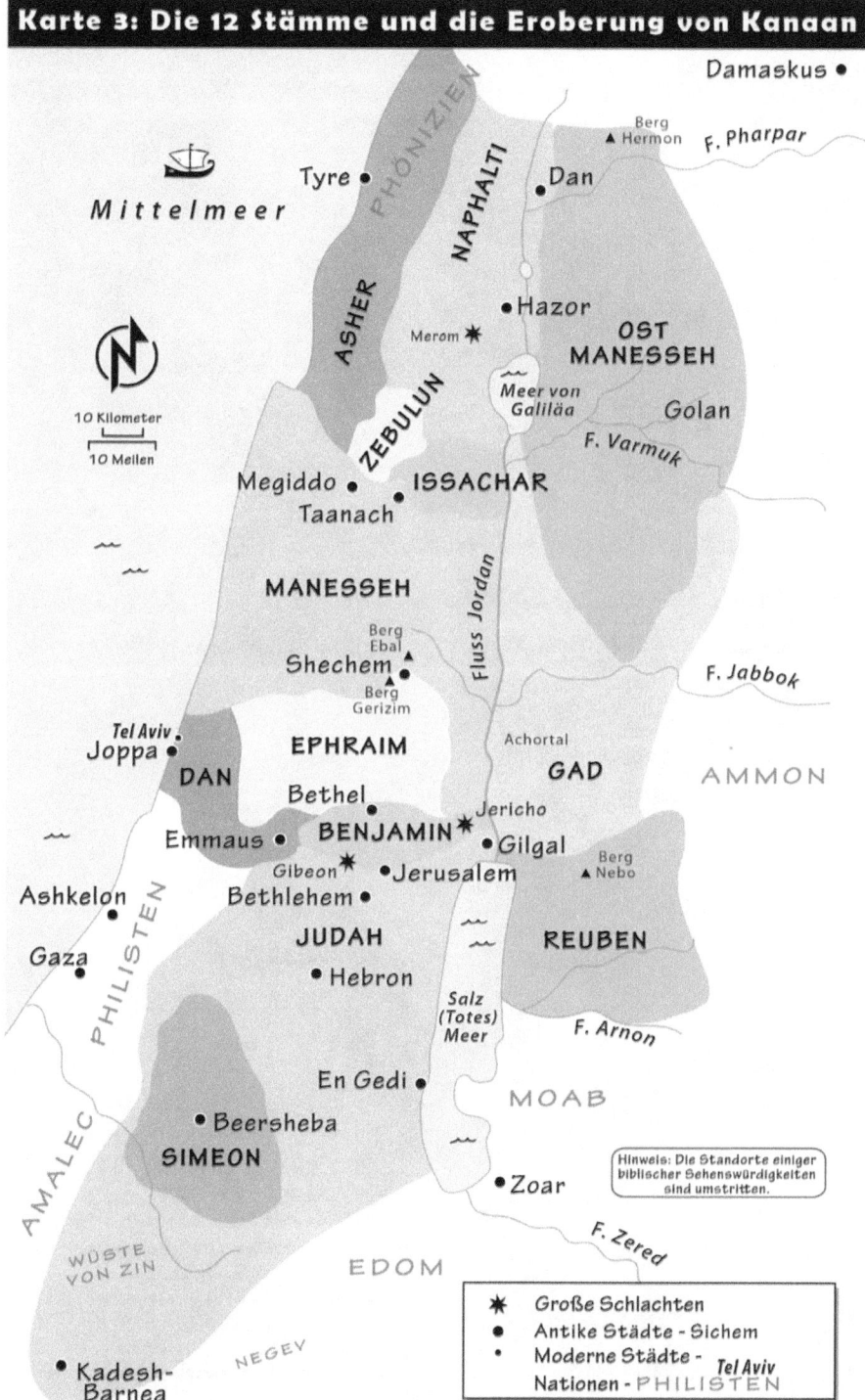

Karte 3: Die 12 Stämme und die Eroberung von Kanaan

Damaskus •

Berg
▲ Hermon   F. Pharpar

Tyre •   PHÖNIZIEN   NAPHALTI   Dan •

Mittelmeer

ASHER

• Hazor

Merom ✳   OST
MANESSEH

Meer von
Galiläa   Golan

ZEBULUN   F. Varmuk

10 Kilometer

10 Meilen

Megiddo •   ISSACHAR
Taanach •

MANESSEH

Fluss Jordan   F. Jabbok

Berg
Ebal ▲
Shechem •
Berg ▲
Gerizim

Tel Aviv •   EPHRAIM   Achortal
Joppa •   GAD   AMMON

DAN   Bethel •
Emmaus •   BENJAMIN ✳   Jericho
Gibeon ✳   • Gilgal   Berg
Bethlehem •   • Jerusalem   ▲ Nebo

Ashkelon   JUDAH   REUBEN
•
Gaza   • Hebron
•   Salz
(Totes)   F. Arnon
Meer

En Gedi •   MOAB

• Beersheba
SIMEON   Hinweis: Die Standorte einiger
biblischer Sehenswürdigkeiten
• Zoar   sind umstritten.

WÜSTE
VON ZIN   EDOM

F. Zered

NEGEV   ✳   Große Schlachten
•   Antike Städte - Sichem
•   Moderne Städte - *Tel Aviv*
• Kadesh-   Nationen - PHILISTEN
Barnea

PHILISTEN

AMALEC

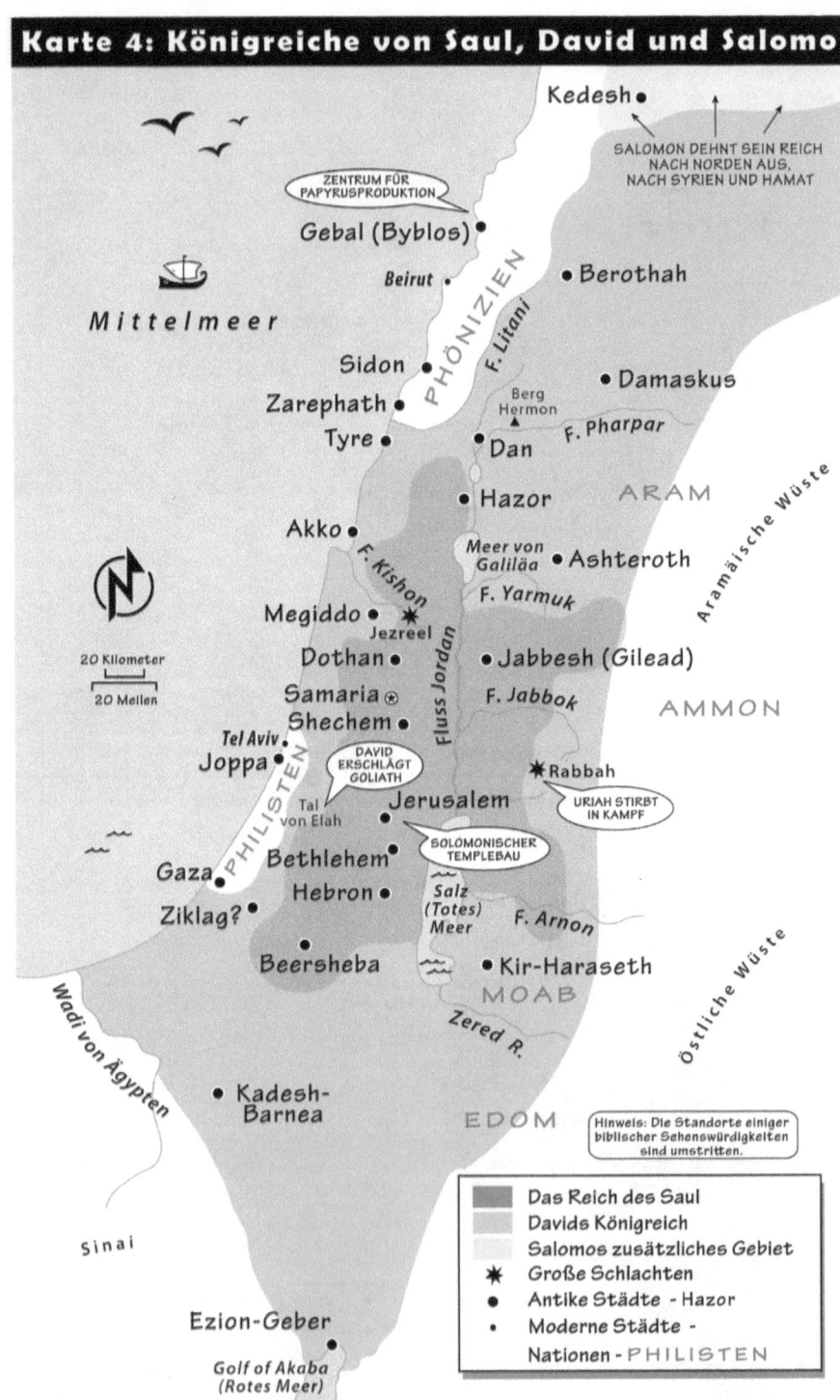

Karte 4: Königreiche von Saul, David und Salomo

Karte 5: Nördliche und südliche Königreiche

HAMATH

Kedesh •

Mittelmeer

PHÖNIZIEN

Beirut •

Berothah •

ARAM

Sidon •

F. Litani

Damaskus •

Zarephath •

Berg
Hermon
▲

Tyre •

Dan •

F. Pharpar

Hazor •

Akko •

Berg ▲
Carmel

Meer von
Galiläa

Ashteroth •

Aramäische Wüste

F. Kishon

Megiddo •

F. Yarmuk

Fluss Jordan

20 Kilometer

Dothan •

Jabbesh (Gilead) •

20 Meilen

Samaria ⊛
Shechem •

F. Jabbok

AMMON

Tel Aviv •

ISRAEL
(NORDREICH)

Rabbah •

Joppa •

Jerusalem ⊛

Gaza •

Bethlehem •

Hebron •

PHILISTEN

Salz
(Totes)
Meer

F. Arnon

Beersheba •

Kir-Haraseth •

JUDAH
(SÜDREICH)

MOAB

F. Zered

Östliche Wüste

Wadi von Ägypten

Kadesh-
Barnea •

EDOM

Hinweis: Die Standorte einiger
biblischer Sehenswürdigkeiten
sind umstritten.

Sinai

VON JUDA UND EDOM
ZEITWEISE UMKÄMPFTE
REGION

Königreich Israel

Königreich Juda

⊛ Antike Hauptstädte - Samaria

• Antike Städte - Hebron

· Moderne Städte - *Tel Aviv*

Nationen - PHILISTEN

Ezion-Geber •

Golf of Akaba
(Rotes Meer)

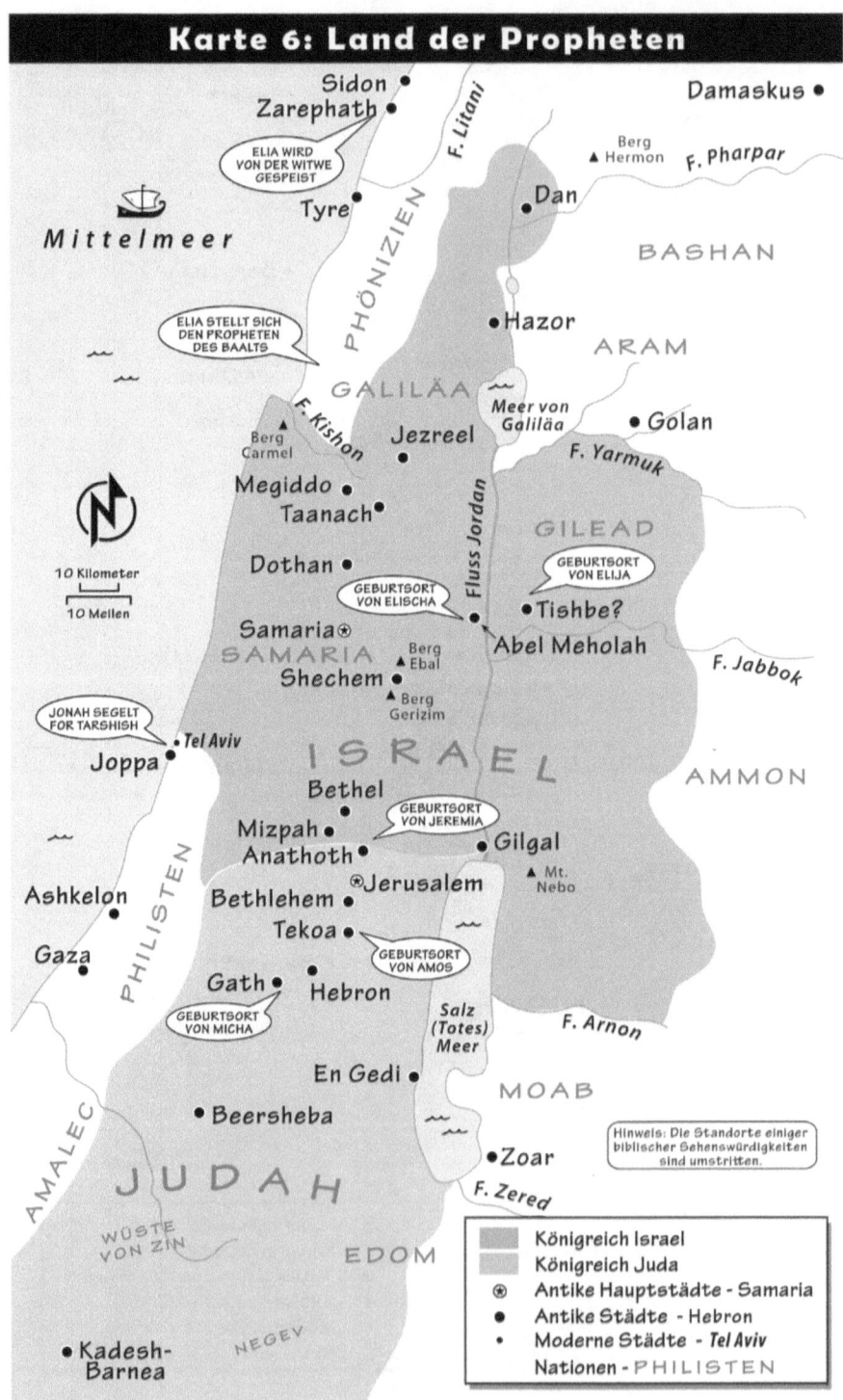

Karte 6: Land der Propheten

Sidon •
Zarephath •
ELIA WIRD VON DER WITWE GESPEIST

Damaskus •

Berg ▲ Hermon
F. Pharpar

Tyre •

F. Litani

PHÖNIZIEN

Mittelmeer

Dan •

BASHAN

ELIA STELLT SICH DEN PROPHETEN DES BAALTS

•Hazor

ARAM

GALILÄA

Meer von Galiläa

• Golan

Berg ▲ Carmel

F. Kishon

Jezreel •

F. Yarmuk

Megiddo •
Taanach •

Fluss Jordan

GILEAD

Dothan •

GEBURTSORT VON ELISCHA

GEBURTSORT VON ELIJA

•Tishbe?

10 Kilometer
10 Meilen

Samaria ⊛

SAMARIA

Berg ▲ Ebal

•Abel Meholah

F. Jabbok

Shechem •

▲ Berg Gerizim

JONAH SEGELT FOR TARSHISH

• Tel Aviv

Joppa •

I S R A E L

AMMON

Bethel •

Mizpah •
Anathoth •

GEBURTSORT VON JEREMIA

•Gilgal

Ashkelon •

PHILISTEN

Bethlehem •

⊛Jerusalem

▲ Mt. Nebo

Gaza •

Tekoa •

GEBURTSORT VON AMOS

Gath •

GEBURTSORT VON MICHA

Hebron •

Salz (Totes) Meer

F. Arnon

En Gedi •

MOAB

• Beersheba

Hinweis: Die Standorte einiger biblischer Sehenswürdigkeiten sind umstritten.

AMALEC

J U D A H

•Zoar

F. Zered

WÜSTE VON ZIN

EDOM

	Königreich Israel
	Königreich Juda
⊛	Antike Hauptstädte - Samaria
•	Antike Städte - Hebron
•	Moderne Städte - *Tel Aviv*
	Nationen - PHILISTEN

•Kadesh-Barnea

NEGEV

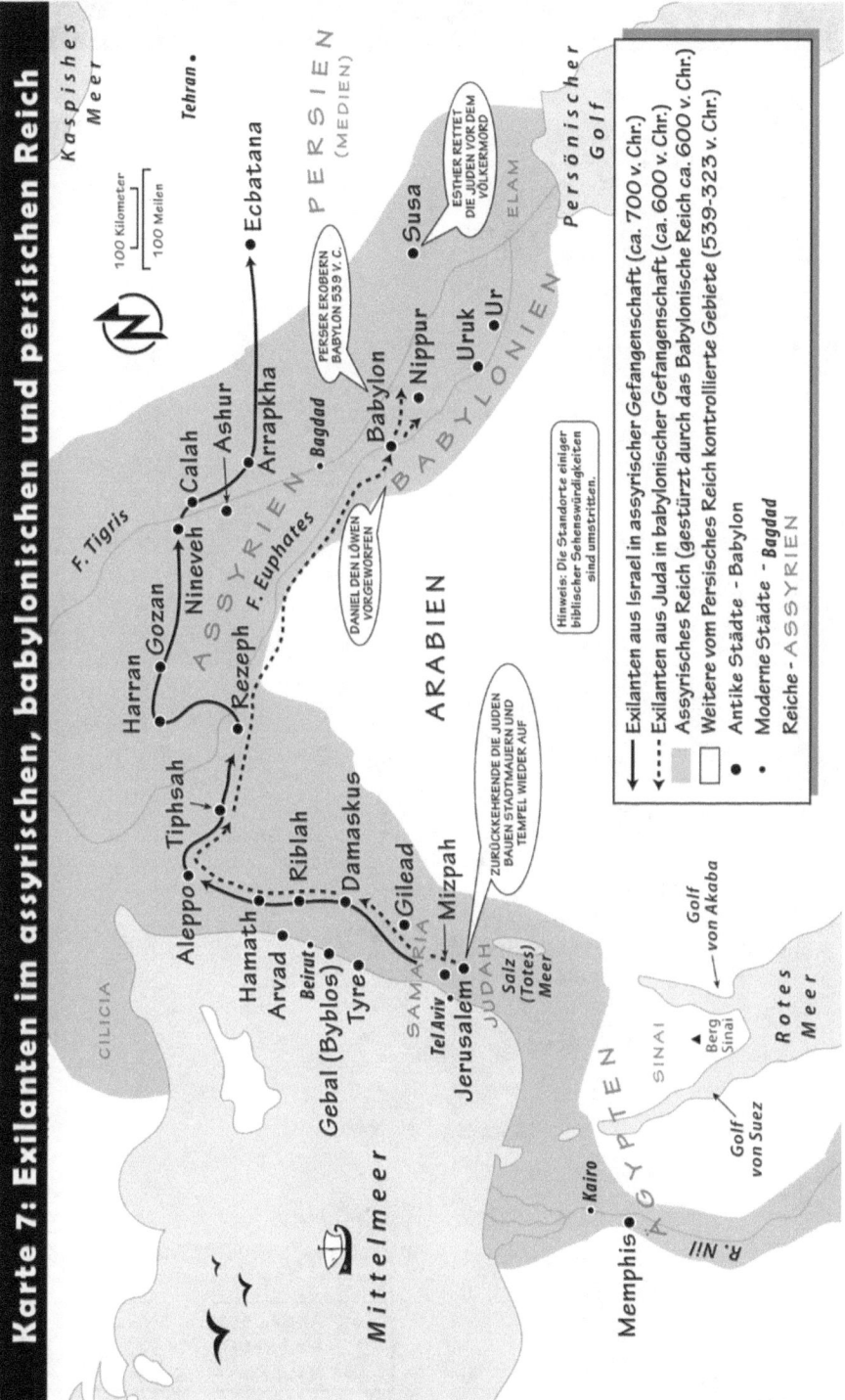

Karte 7: Exilanten im assyrischen, babylonischen und persischen Reich

Legende:
- Exilanten aus Israel in assyrischer Gefangenschaft (ca. 700 v.Chr.)
- Exilanten aus Juda in babylonischer Gefangenschaft (ca. 600 v.Chr.)
- Assyrisches Reich (gestürzt durch das Babylonische Reich ca. 600 v. Chr.)
- Weitere vom Persischen Reich kontrollierte Gebiete (539–323 v.Chr.)
- Antike Städte – Babylon
- Moderne Städte – Bagdad
- Reiche – ASSYRIEN

Hinweis: Die Standorte einiger biblischer Sehenswürdigkeiten sind umstritten.

283

Karte 8: Das Wirken Jesu in Palästina

10 Kilometer
10 Meilen

PHÖNIZIEN

Damaskus ●

Berg
▲ Hermon   F. Pharpar

HEILT DIE TOCHTER
EINER KANAANÄISCHEN
FRAU

Tyre ●

Caesarea
Philippi ●

Mittelmeer

TRIFFT DIE
ERSTEN JÜNGER, HEILT
GELÄHMTE MÄNNER

BERGPREDIGT?

HEILT EINEN
BLINDEN MANN

Chorazin ●
Capernaum ● ● ● Bethsaida
VERWANDELT
WASSER IN WEIN
● Cana   ● Gerasa

GALILÄA   Meer
von
Nazareth ● Galiläa

TREIBT DÄMONEN AUS

WANDERN
AUF WASSER

▲ Berg
Tabor
KINDHEIT   ● Nain

Caesarea ●

ERWECKT
EINEN MANN VON
DEN TOTEN

SAMARIA   PEREA   DECAPOLIS

Sychar ● Berg
▲ Ebal

SPRICHT MIT DER
SAMARITANISCHEN
FRAU AM BRUNNEN

▲ Berg
Gerizim

F. Jabbok

Tel Aviv ●
Joppa ●

Fluss Jordan

VERSUCHUNG
DURCH SATAN
IN DER WÜSTE?

VON JOHANNES
GETAUFT?
(TRADITIONELL)

ERSCHEINT NACH
DER AUFERSTEHUNG

● Bethel

Emmaus ●

Berg
von Oliven
▲

▲ Berg
Nebo

Jerusalem ●
Bethlehem ● ● Bethany

Ashkelon ●

GEBURTSORT

ERWECKT LAZARUS
VON DEN TOTEN

Gaza ●

JUDEA

Hebron ●

LETZTES
ABENDMAHL,
KREUZIGUNG

F. Arnon

Salz
(Totes)
Masada ● Meer

● Beersheba

Nach
Ägypten

F. Zered

Hinweis: Die Standorte einiger
biblischer Sehenswürdigkeiten
sind umstritten.

● Antike Städte - Sychar
· Moderne Städte - *Tel Aviv*
Nationen - PHOENICIA

Kadesh-
● Barnea

284

Karte 9: Die frühen Reisen der Apostel

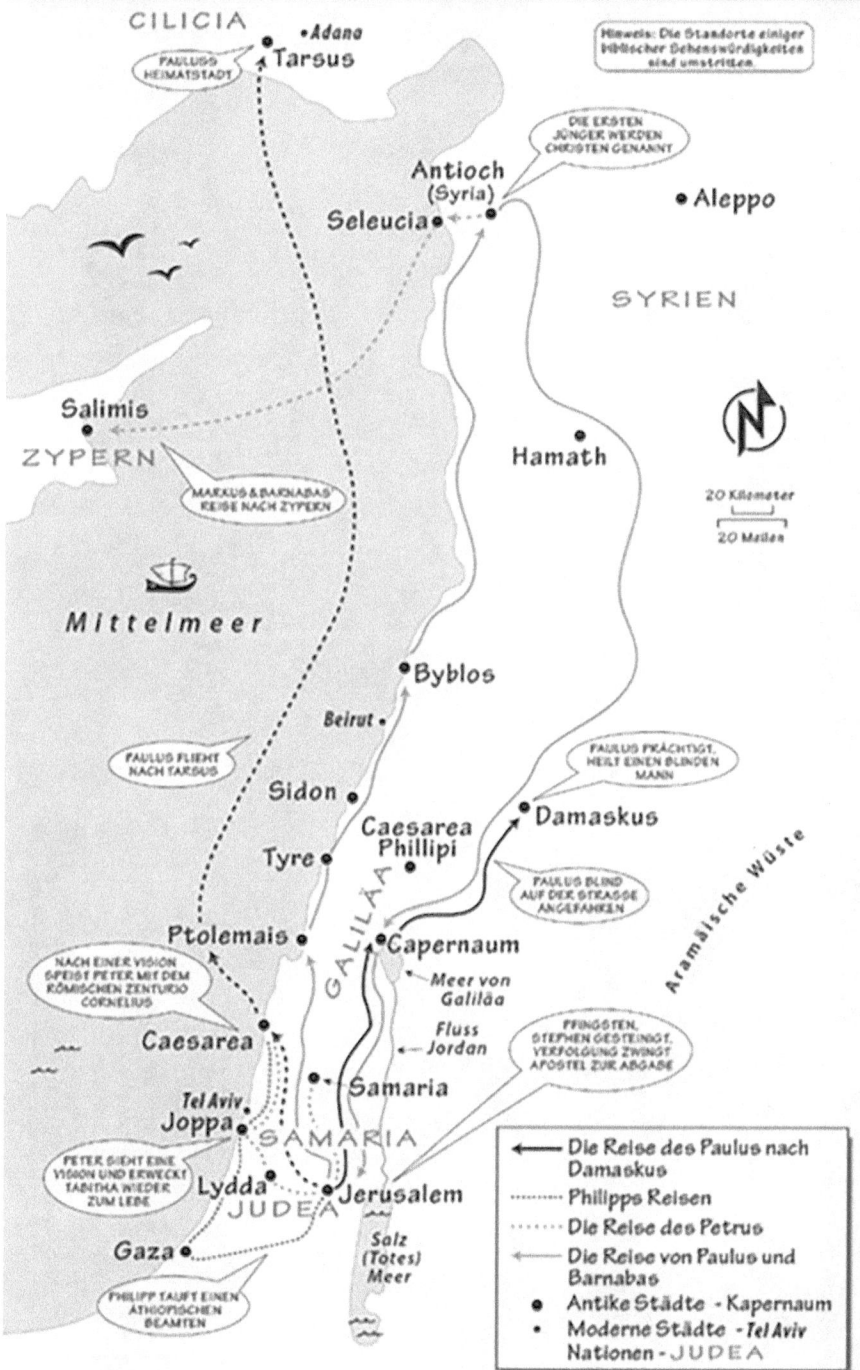

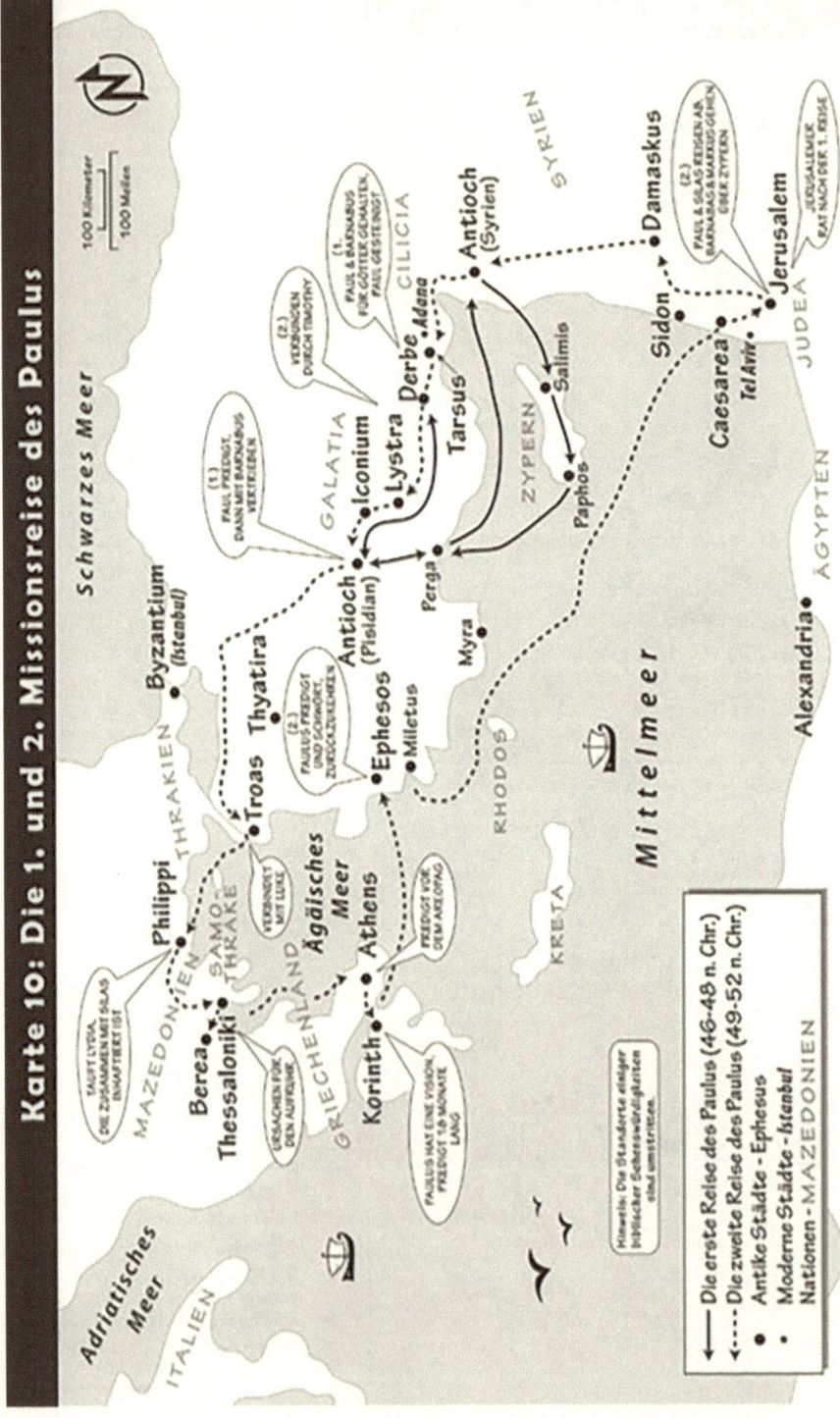

Karte 10: Die 1. und 2. Missionsreise des Paulus

286

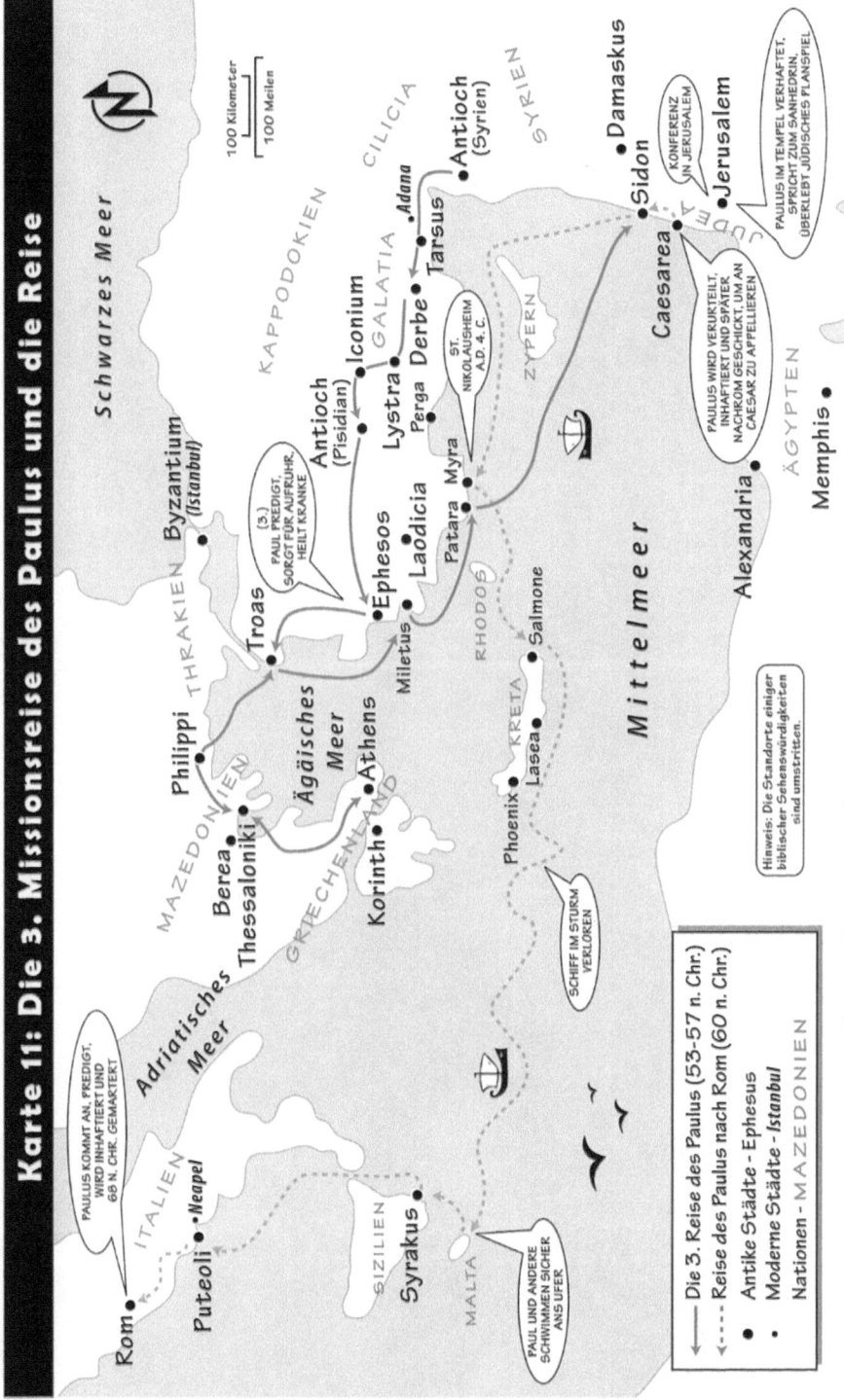

Karte 11: Die 3. Missionsreise des Paulus und die Reise

www.ingramcontent.com/pod-product-compliance
Lightning Source LLC
Chambersburg PA
CBHW021613120626
46545CB00001B/199